संचयिता : निर्मला जैन

महात्मा गांधी अन्तरराष्ट्रीय हिन्दी
विश्वविद्यालय, वर्धा

वाणी प्रकाशन
नयी दिल्ली

संचयिता
निर्मला जैन

सम्पादक

रामेश्वर राय

वाणी प्रकाशन

4695, 21-ए, दरियागंज, नयी दिल्ली 110 002

शाखा

अशोक राजपथ, पटना 800 004

फ़ोन: +91 11 23273167 फ़ैक्स: +91 11 23275710

www.vaniprakashan.in

vaniprakashan@gmail.com

SANCHAYITA : NIRMALA JAIN

Edited by Rameshwar Rai

ISBN : 978-93-5072-403-3

Selected Works

महात्मा गांधी अन्तरराष्ट्रीय हिन्दी विश्वविद्यालय, वर्धा

के लिए प्रकाशित

प्रथम संस्करण

मूल्य: ₹ 495

न्यू कृष्णा ऑफ़सेट, दिल्ली-110093 में मुद्रित

वाणी प्रकाशन का लोगो मक़बूल फ़िदा हुसेन की कूची से

भूमिका

हिन्दी की सुपरिचित आलोचक निर्मला जैन की आलोचना की प्रस्थान-भूमि भारतीय एवं पाश्चात्य काव्यशास्त्र है। उनका शोध-प्रबन्ध 'आधुनिक हिन्दी काव्य में रूप-विधाएँ' 1962 में प्रकाशित हुआ। 1964 में उनकी दूसरी पुस्तक 'प्लेटो का काव्य-चिन्तन' प्रकाश में आयी। 1967 में प्रकाशित 'रस-सिद्धान्त एवं सौन्दर्यशास्त्र' पर उन्हें डी.लिट्. की उपाधि मिली। अध्ययन की व्यापकता, विश्लेषण की गहराई और स्थापनाओं की मौलिकता की दृष्टि से यह हिन्दी का अविस्मरणीय ग्रन्थ है जिसने निर्मला जैन को अखिल भारतीय स्तर पर प्रतिष्ठित किया। काव्यशास्त्र निर्मला जैन की आलोचना की मंजिल नहीं है, बल्कि उसकी भूमिका उड़ान-पट्टी की है। उनकी आलोचना का दायरा भक्तिकाव्य से लेकर आधुनिक हिन्दी साहित्य की विपुल विविधता तक फैला हुआ है। कविता, कथा-साहित्य और अनेक समकालीन विमर्शों में सार्थक साझेदारी के कारण उनकी आलोचना हिन्दी आलोचना का जरूरी अध्याय है।

इतिहास के जिस दौर में निर्मला जैन हिन्दी आलोचना में दाखिल हुईं, वह शीत युद्ध का दौर था। 'प्रगतिशील लेखक संघ' और 'परिमल'—आलोचना के दो शिविर थे जिनकी अपनी-अपनी साहित्य-दृष्टियाँ और तर्क-प्रणालियाँ थीं। साहित्य की अवधारणा, उसकी सार्थकता और आलोचना के प्रतिमानों को लेकर एक वैचारिक घमासान का वह समय था। प्रगतिशील लेखक संघ का समूचा बल व्यवस्था-परिवर्तन में साहित्य की क्रान्तिकारी भूमिका पर था, इसलिए पक्षधरता और प्रतिबद्धता किसी भी सार्थक रचना के प्रतिमान थे। दूसरी ओर 'परिमल' में साहित्य की स्वायत्तता का आग्रह था। उसके अनुसार किसी कृति की श्रेष्ठता उसमें निहित सामाजिक-राजनीतिक विचारों में नहीं, बल्कि उसके भाषिक और रूप के विन्यास में होती है। वह रचना का मूल्यांकन इतिहास-बद्ध सामाजिक यथार्थ के दस्तावेज के रूप में नहीं, बल्कि मानवीय संवेदना को एक विशिष्ट भाषिक विन्यास में रचने वाली कला के रूप में करती है। जैसा कि होता है, इन

शिविरों के भी अपने-अपने अतिवाद थे। एक जागरूक और ईमानदार अध्यापक के रूप में वे शिविरबद्ध आलोचना के अतिवादों से वाक़िफ थीं, इसलिए किसी एक शिविर को चुन लेने की आसान राह को छोड़कर उन्होंने अपनी अलग राह बनाने का प्रयास किया। साहित्य के सामाजिक सरोकार और उसकी रचनात्मक स्वायत्तता की सन्तुलित मीमांसा उन्हें आचार्य रामचन्द्र शुक्ल की आलोचना में दिखाई पड़ी। इसलिए उनकी आलोचना-दृष्टि का विकास आचार्य शुक्ल के बौद्धिक साहचर्य में हुआ। एक प्रसंग में उन्होंने टी.एस इलियट को उद्धृत करते हुए उनसे अपनी सहमति व्यक्त की है—"साहित्य की महानता का निर्णय अकेले साहित्यिक प्रतिमानों से नहीं हो सकता। यद्यपि हमें याद रखना चाहिए कि वह साहित्य है या नहीं इसका निर्णय केवल साहित्यिक प्रतिमानों से हो सकता है।" इस बीज मान्यता का जीवन्त पल्लवन उन्होंने जीवन और साहित्य के सम्बन्धों के सन्दर्भ में किया—"साहित्य के इस रचना-संसार की सत्ता और सार्थकता निश्चय ही इसी संसार के अन्दर होती है और हो सकती है। पर साथ ही इस बात से इनकार नहीं किया जा सकता कि हर रचना के कुछ अपने नियम भी होते हैं जिनकी जानकारी के बिना उस रचना-संसार को समझना और समझ कर विश्लेषण करना आसान नहीं है।" यह मान्यता निर्मला जैन की आलोचना की आधारभूमि है जिस पर पैर टिका कर उन्होंने विभिन्न रचनाकारों एवं कृतियों का विश्लेषण किया है।

निर्मला जैन की आलोचना का एक बड़ा हिस्सा अपने समय की सैद्धान्तिक-बौद्धिक बहसों में हिस्सेदारी से जुड़ा है। इसलिए उनकी आलोचना में तार्किकता एवं संवाद की धैर्यवान लय विद्यमान है। उसमें निष्कर्षों का खूँटा गाड़ देने के बौद्धिक अधैर्य के स्थान पर विश्लेषण की परिपक्व तन्मयता है जिसे उन्होंने आचार्यों की समृद्ध परम्परा से अर्जित किया है। उनकी आलोचना में कहीं भी अमूर्तन नहीं है—न विश्लेषण में और न भाषा में। एक वैचारिक पारदर्शिता उनके सम्पूर्ण आलोचना-कर्म में मौजूद है। निर्मला जैन की आलोचना तटस्थ नहीं है। वे जानती हैं कि तटस्थता अवसरवाद का चोर दरवाजा है। इसलिए अपनी स्थापनाओं में वे बहुत ठोस और स्पष्ट हैं। मोटे तौर पर उनकी आलोचना की मूल प्रकृति समाजशास्त्रीय है। इसलिए रूपवादी आलोचना के प्रतिमानों से असहमति उनकी समूची आलोचना-दृष्टि में व्याप्त है। वे एफ.आर. लीविस की इस मान्यता में यकीन करती हैं कि साहित्य में कोई भी गम्भीर रुचि केवल साहित्यिक नहीं हो सकती। अपनी पुस्तक 'आधुनिक साहित्य : मूल्य और मूल्यांकन' में संकलित एक लेख में वे स्थापना करती हैं—"साहित्य के मूल्यांकन में शुद्धता का आग्रह वस्तुतः साहित्य को जीवन से काटकर देखने का आग्रह है।" लेकिन यहाँ पर

सवाल भी है कि साहित्य और जीवन का रिश्ता क्या है? क्या साहित्य रचनाकार के स्थूल सामाजिक-मानवीय अनुभवों और परिस्थितियों का प्रतिबिम्बन मात्र है? क्या उसकी सार्थकता और महानता अपने समय के दस्तावेजीकरण में है? वह क्या है जो एक औसत यथार्थ या अनुभव को रचना में बदल देता है? निर्मला जैन ने बार-बार इस बात पर बल दिया है कि—"रचना वास्तविक जीवन की अविकल प्रस्तुति नहीं होती, उसकी पुनर्रचना होती है जिसमें सर्जनात्मकता के योग से रचनाकार यथार्थ का नहीं, यथार्थ की सम्भावना का सृजन करता है।" सर्जनात्मकता यथार्थ की प्रस्तुति में नहीं—यथार्थ की सम्भावना की पहचान में होती है यानी रचना में चित्रित यथार्थ अपनी समकालीनता का अतिक्रमण करता है। निर्मला जी मानती हैं कि ठेठ समयबद्ध रचनाओं का प्रभाव समय के साथ क्षीण होता जाता है, क्योंकि जिन सामाजिक तथ्यों से उनका रिश्ता होता है उनमें बदलाव के साथ उनके प्रति पाठकीय अभिरुचि में भी बदलाव आता है। तो क्या किसी रचना की कालजयिता के स्रोत उसमें निहित किसी शाश्वत समय में होते हैं? वे साहित्य में शाश्वतता की धारणा से सहमत नहीं हैं। क्योंकि उनकी दृष्टि में हर साहित्यिक कृति की रचना एक ऐतिहासिक घटना होती है और उसकी यह ऐतिहासिकता हमारे कलात्मक अनुभव में एक तथ्य होती है। चूँकि हर रचना का अस्तित्व इतिहास में स्थित एक इकाई के रूप में होता है, इसलिए किसी रचना के आस्वादन और उसकी सार्थकता की पहचान के लिए इतिहास-बोध अपेक्षित है। रचनात्मक अनुभूति शाश्वत समय में नहीं बल्कि ऐतिहासिक समय में घटित होती है, इसलिए हर युग का पाठक कृति में व्याप्त ऐतिहासिकता के कारण ही उससे जुड़ता है, किसी अमूर्त शाश्वतता के कारण नहीं। इस तरह निर्मला जी साहित्य में शाश्वतता और शुद्धता की धारणा को सिरे से खारिज करती हैं—"क्या साहित्य में शाश्वतता और शुद्धता सम्भव है? यदि हम अपने देशकाल का अतिक्रमण करके किसी कृति के आस्वादन में समर्थ होते हैं तो शाश्वतता और शुद्धता के कारण नहीं, अतीत-बोध के कारण।" निर्मला जी की आलोचना-दृष्टि में इतिहास-बोध मार्क्सवादी रूढ़ि की तरह नहीं बल्कि समय और अनुभव की जीवन्त धारणा के रूप में प्रयुक्त हुआ है। उनके यहाँ रचना की ऐतिहासिकता इतिहास की इकहरी और नियतिवादी व्याख्या से भिन्न एक संश्लिष्ट मानवीय अनुभव के रूप में है जिसमें समय के भौतिक विभाजन घुल जाते हैं। वे साहित्य की स्वायत्तता के रूपवादी आग्रह के साथ उस स्थूल समाजशास्त्रीय स्थापना को भी खारिज करती हैं जिसमें रचना को उसके समय के उत्पाद के रूप में देखने पर बल दिया जाता रहा है। समय और यथार्थ की प्रत्यक्ष और औसत सतह को बेधने में समर्थ रचना ही

जीवन्त और सार्थक बनी रहती है। बेशक किसी भी रचना का प्रस्थान बिन्दु उसके वर्तमान का यथार्थ ही होता है, लेकिन इस प्रस्थान को ही रचना की मंजिल मानने वाली आलोचना-दृष्टि उसकी यात्रा को कदमताल में बदल देती है। दरअसल रचना और समय का रिश्ता विशिष्ट होता है। इस रिश्ते की व्याख्या निर्मला जी इस तरह करती हैं—"कथाकृतियों की एक पहचान उनकी समयबद्धता या यथार्थ-धर्मिता से बनती है, पर सवाल यह है कि क्या यह समय वही होता है जिसमें लेखक रहता है? एक और समय देशकाल परिसीमित समय के अलावा भी होता है जो सभी समयों और कालों का समाहार होता है, जो अपने समय को अतिक्रान्त करता है, जो सभी के बारे में होता है। हमारे पीछे से चला आता है और हमारे समय के बीचोबीच होता हुआ आगे तक चला जाता है। इसलिए रचनाएँ अपने समय के साथ औरों के, सबके समय के साथ भी होती हैं। उनमें आने वाले पाठकों की हिस्सेदारी तभी सम्भव होती है। जिन रचनाओं में यह सम्भावना नहीं होती, काल उन्हें छाँट कर आगे बढ़ जाता है।" यह अकारण नहीं है कि निर्मला जी किसी कृति की अर्थ-मीमांसा में अनुभव को बहुत महत्त्व देती हैं। उनकी नज़र में कृति की मार्मिकता और असर उसके रचना-विधान में निहित अनुभव की गहराई के कारण होता है, उसकी विषयवस्तु के कारण नहीं। तथ्यात्मक समय अनुभव के ताप से पिघलकर स्मृति और आकांक्षा में रूपान्तरित हो जाता है। रचना का एक महत्त्वपूर्ण प्रयोजन रोजमर्रेपन या इकहरे वर्तमान में बीतती हुई जिन्दगी में स्मृति आकांक्षा का पुनर्वास भी है। सभ्यता के विकास-क्रम में जिन मूल्यवान अनुभूतियों का क्षरण होता चलता है तथा अपने समय की अर्थहीनता और अन्याय के विरुद्ध मनुष्य जो स्वप्न देखता है—उनका पुनर्वास सृजन में होता है। इसलिए सृजनात्मकता का मूल तत्त्व अनुभव ही है। वे सृजन-प्रक्रिया और सम्प्रेषण के प्रसंग में अनुभव पर बल देती हैं। वे कृष्णा सोबती की इस धारणा से सहमत हैं कि—"मैं गहरे अनुभव को कथ्य का निर्णायक मानती हूँ।" निर्मला जी के चिन्तन में इस अनुभव की प्रकृति कलावादियों या अनुभववादियों से भिन्न है। इसको वे 'गहरा उतरना' कहती हैं। गहरे में उतरने का अर्थ सतही अनुभवों या जैविक संवेगों तथा अपरीक्षित धारणाओं की सरहदों के पार जाकर अपने समय और समाज के बृहत्तर सांस्कृतिक-राजनीतिक प्रश्नों-चिन्ताओं से जुड़ना है। मुक्तिबोध से शब्द उधार लेकर कहें तो 'अन्तःकरण के संक्षिप्त आयतन' का विस्तार करना है। सृजन के लिए इस अपेक्षित गहराई का आशय स्पष्ट करते हुए वे कहती हैं—"कहना न होगा कि गहरे में यह उतरना सतही अनुभवों से परे जाना होता है। जो प्रत्यक्ष है, उसके पीछे जो अप्रत्यक्ष है, कहे-सुने के पीछे जो अनकहा-अनसुना

है, परत-दर परत उसे पाने की, उसकी थाह लेने की गहन साधना है।" तात्कालिकता के दौड़ में हाँफती और निजी समीकरणों से आयोजित-प्रायोजित होने वाली आलोचना के इस दौर में रचना से निर्मला जी की यह अपेक्षा सम्भवतः अजनबी या आदर्शवादी लग सकती है, लेकिन वास्तव में यह आलोचना की सही जमीन है जहाँ से हिन्दी के शिखर आलोचक आचार्य रामचन्द्र शुक्ल ने 'लोकमंगल' को कविता का धर्म और प्रतिमान बनाया था।

गहराई का यह आग्रह निर्मला जी की व्यावहारिक आलोचना में दो रूपों में व्यक्त हुआ है—पहला—छायावाद से आत्मीयता और दूसरा—स्त्री-विमर्श का सुचिन्तित विरोध। उनकी आलोचना में छायावाद की छाँह सबसे घनी और व्यापक है। ऐसा किसी प्रवृत्ति साम्य के कारण नहीं है। हिन्दी आलोचना में छायावाद की दर्जनों व्याख्याएँ हुई हैं। यह देखना दिलचस्प होगा कि निर्मला जी छायावाद के किन पक्षों को अपने चिन्तन का विषय बनाती हैं। अपने लम्बे लेख 'छायावाद : स्वच्छन्दतावाद का स्वाभाविक पथ' में उन्होंने विस्तार से छायावाद का विश्लेषण किया है। छायावाद पर मुकुटधर पाण्डेय के लेख 'कवि-स्वातन्त्र्य' से संकेत ग्रहण करते हुए निर्मला जी लिखती हैं—"व्यापक अर्थ में स्वातन्त्र्य ही छायावाद का केन्द्रीय मूल्य है जिससे छायावादी काव्य के जीवन और काव्य-सम्बन्धी सभी मूल्य निस्सृत होते हैं।...छायावादी काव्य अपने ऐतिहासिक सन्दर्भ और राष्ट्रीय परिवेश के अनुरूप बहुमुखी स्वातन्त्र्य अथवा मुक्ति की आकांक्षा की अभिव्यक्ति था।... छायावाद की स्वातन्त्र्य-भावना ने परम्परा की रूढ़ियों से अपने आपको मुक्त कर नये सिरे से परम्परा का पुनराविष्कार किया और फिर आधुनिक सन्दर्भ में उसका पुनःसृजन किया...।" कविता में इस स्वतन्त्रता का विस्तार वैयक्तिकता, कल्पना, वेदना, प्रेम और प्रकृति से गहरे रागात्मक लगाव के रूप में हुआ। छायावाद में पहली बार उस व्यक्ति-मनुष्य के दर्शन हुए जो सभी प्रकार के बन्धनों से मुक्ति चाहता था। कल्पना उसकी उड़ान की आकांक्षा थी और वेदना उसके संघर्ष की अनिवार्य परिणति। वह जानते हुए भी कि मंजिल तक पहुँचना सम्भव नहीं है—वह प्रेम करना चाहता था। एक रूढ़िवादी समाज में प्रेम की आकांक्षा को उसने एक रहस्यात्मक ओट में छिपाया। राजनीतिक-सामाजिक पराधीनता एवं यान्त्रिकता के बढ़ते दबाव के कारण वह प्रकृति की विराट नैसर्गिकता के प्रति आकर्षित हुआ। आलोचकों ने छायावाद पर पलायन का आरोप लगाया। निर्मला जैन ने छायावाद के प्रकृति-प्रेम की विवेकसम्मत व्याख्या करते हुए लिखा—"उस प्रकृति-प्रेम के मूल में सभ्यता से सामाजिक रूढ़ियों से मुक्ति और नैसर्गिक जीवन की आकांक्षा ही अधिक थी, पलायन कम!" इस तरह निर्मला जी हिन्दी कविता के

विकास और उसकी समृद्धि में छायावाद के व्यापक काव्यात्मक एवं सांस्कृतिक प्रदेय को रेखांकित करती हैं।

प्रसाद निर्मला जैन के प्रिय कवि हैं। उन्होंने प्रसाद की लम्बी कविता 'प्रलय की छाया' पर 'सौन्दर्य का समाधि लेख' शीर्षक से एक बहुत सुविचारित लेख लिखा है। प्रसाद की कालजयी कृति 'कामायनी' पर उनके तीन लेख प्रकाशित हैं। निराला की सर्वाधिक चर्चित कृति 'राम की शक्तिपूजा' पर उनका आलोचनात्मक लेख 'शक्तिकाव्य के प्रतिमान' शीर्षक से छपा है। छायावाद की इन कृतियों की सर्जनात्मक उत्कृष्टता एवं व्यापक सरोकारों के अनुरूप ही निर्मला जी की आलोचना में दृष्टि की व्यापकता और विश्लेषण की बारीकी दिखाई देती है। छायावादी रचनाशीलता में 'प्रलय की छाया' की विलक्षणता उसका गैररूमानी मिज़ाज है। वह छायावाद की नारी-सम्बन्धी दृष्टि को उलट देती है। इस लम्बी कविता की बीज-चेतना की पहचान वे इस रूप में करती हैं—"आन्तरिक सौन्दर्य से विहीन रूप का प्रमाद नारी की जीवनी-शक्ति का नहीं, मृत्यु का कारण होता है। 'प्रलय की छाया' इसी 'सौन्दर्यमयी वासना की आँधी' की विनाश लीला है।" लेख में दर्जनों महत्त्वपूर्ण सूत्र हैं लेकिन उसका सर्वाधिक प्रभावशाली अंश वह है जिसमें कविता के अन्तिम भाग को वे आलोचक भाव एवं विचार की गहरी तन्मयता से केवल देखती भर है, उसकी व्याख्या नहीं करतीं। अनुभूति के स्तब्धकारी सन्नाटे और दृश्य को जिस समर्थ भाषिक लय में रूपायित किया गया है—वह काबिले-तारीफ है। यह आलोचना के सृजन में रूपान्तरण का विरल उदाहरण है—" 'प्रलय की छाया' का सबसे अधिक प्रभावशाली भाव-चित्र है मृत्यु-क्षण की अनुभूति का। तहखाने में पड़ी हुई कमलावती अपनी मौत का इन्तजार कर रही है। आँखों के सामने शून्य अन्धकार है। सारा वैभव माया-स्तूप-सा बिखर रहा है। वासना किसी पर्दे के पीछे छिपी हुई पिशाची के समान अट्टहास कर रही है। सामने केवल व्यंग्य करती हुई व्रीड़ा की अंगुलियाँ दिखाई पड़ रही हैं। अन्तक शरभ के काले-काले पंख ढकते आ रहे हैं। आकाश में तारा टूट रहा है...सारा वातावरण मृत्यु की भयावहता से आक्रान्त है। 'शरभ पंख' और 'टूटते नक्षत्र' के आर्किटाइप अथवा आदिम बिम्बों के द्वारा प्रसाद ने मृत्यु को कविता में मूर्तिमान कर दिया है।" 'कामायनी' निस्सन्देह आधुनिक हिन्दी कविता की शिखर रचना है। आचार्य रामचन्द्र शुक्ल से लेकर नई पीढ़ी के आलोचकों तक ने उसे अपने-अपने ढंग से समझने की कोशिश की है। निर्मला जैन ने औपनिवेशिक भारत के विराट युग-फलक पर 'कामायनी' को समझने की कोशिश की है। वे एक बड़े प्रश्न के दरवाज़े से 'कामायनी' के समय में प्रवेश करती हैं—"उस युग में ऐसा क्या हुआ

था जिसकी प्रेरणा से युग-पुरुष गाँधी स्वाधीनता से पहले स्वाधीनता की चेतना की अन्तर्ध्वनि को पकड़ने और पुष्ट करने की बात कर रहे थे, आचार्य शुक्ल रस-दशा को हृदय की मुक्तावस्था में खोज रहे थे और कवि प्रसाद सत्य को उसके मूल चारुत्व में आत्मा की संकल्पात्मक अनुभूति से ग्रहण कर लेने की वकालत कर रहे थे। परिवर्तन सब चाहते थे–पराधीनता से स्वतन्त्रता में, बन्धन से मुक्ति में, विषमता से समरसता में। यह एक स्वप्न था जिसे सब देख रहे थे, वेग से उसकी ओर आकर्षित हो रहे थे। इस स्वप्न की ताबीर किस रूप में होगी, इसका ठीक-ठीक उत्तर किसी के पास नहीं था। न राजनेता के पास, न कवि के पास और न आलोचक के पास। दिलचस्प बात तो यह है कि कामायनी के कवि ने जिस असामंजस्य और असन्तुलन को अपने समय के मनुष्य की मूल समस्या के रूप में पहचाना था, उससे कामायनी में असंगतियाँ खोज़ निकालने वाले आचार्य शुक्ल भी सहमत थे।" इस मूल समस्या के समाधान की खोज कामायनी की केन्द्रीय चिन्ता है। प्रसाद जानते हैं कि बुद्धिवाद के पास इसका समाधान नहीं है। अतः वे अपने युग की इस मूल समस्या का समाधान दर्शन में करते हैं। कामायनी के अन्त को आरोपित दार्शनिकता के कारण आलोचकों ने उसे खारिज कर दिया है। निर्मला जी ने प्रसाद के समाधान को उस युग की अनुरूपता में ही देखा है–"जिस द्वन्द्व का काल्पनिक प्रत्याहार करते हुए उन्होंने अभेदानुभूति के आनन्द का सन्देश दिया है वह एकदम युग-विरोधी और परम्परागत नहीं है। यह विचारणीय है कि जिस युग का उपन्यासकार 'सेवासदन' और 'प्रेमाश्रम' की और कवि समत्वपूर्ण, समरस वर्ग विहीन समाज की कल्पना कर रहा था, उसी युग का राजनेता भी तो 'सर्वोदय' का ही स्वप्न देखता था। अतः इस समाधान का सम्बन्ध इस युग की वस्तुस्थिति और मानसिकता से जुड़ा है।" इस कथन में यह भी जोड़ लेना उचित होगा कि कामायनी की पूरी जीवन-दृष्टि गाँधीवाद के निकट है। 'कामायनी' सम्बन्धी निर्मला जैन की आलोचना इस अपेक्षा का आदर करती है कि किसी युग की बड़ी रचना का मूल्यांकन उस युग के विराट फलक पर होना चाहिए। इस आलोचना दृष्टि का निर्वाह वे तुलसी के 'रामचरित मानस' के मूल्यांकन में भी करती हैं। तुलसी के मानस का महत्त्व उस युग के व्यापक असमंजस को व्यक्त करने में है। उनके शब्दों में–"तुलसी में भक्ति के भीतर और भक्ति के बाहर की दोहरी व्यवस्था के रूप में युग का असमंजस अभिव्यक्ति पाता है। समाज की आचार व्यवस्था में ब्राह्मण ब्राह्मण है और चमार-चमार। पर भक्ति के वृत्त के भीतर सब समान हैं। ...आज तुलसी का असमंजस भले ही क्रान्तिकारी साहस का परिचय न देता हो, परन्तु जो है, उसके प्रति चले आते असन्तोष और अस्वीकार को तो प्रकट करता ही है।"

" 'राम की शक्तिपूजा निराला की काव्य-शक्ति का प्रमाण भी है और हिन्दी के शक्ति-काव्य का प्रतिमान भी।" 'शक्ति-काव्य का प्रतिमान' शीर्षक लेख की इन आरम्भिक पंक्तियों से ही इस कविता के प्रति आलोचक की दृष्टि का संकेत मिल जाता है। राम की शक्तिपूजा के कथानक का आधार पौराणिक है, लेकिन उसकी रचनात्मक अन्तर्वस्तु आधुनिक आशयों से निर्मित है। निर्मला जी ने इस कविता को स्वाधीनता-संग्राम के उस सन्दर्भ से जोड़ा है जिसमें भारतीय जनता गाँधी के नेतृत्व में साम्राज्यवाद के विरुद्ध अपने नैतिक बल पर अहिंसात्मक युद्ध कर रही थी। उनके शब्दों में "शक्ति की यही मौलिक कल्पना 'राम की शक्तिपूजा को योरोप की ठेठ शक्तिवादी रोमाण्टिक कविताओं से विशिष्ट प्रमाणित करती है। 'राम की शक्तिपूजा' की भारतीयता इसमें स्वीकृत पौराणिकता से भी अधिक स्वाधीनता-संग्राम की आधुनिक नैतिक चेतना में है जो साम्राज्यवादी योरोप के रोमैण्टिक कवियों के लिए अकल्पनीय थी।" स्थापत्य की दृष्टि से यह कविता हिन्दी की उपलब्धि है। उदात्त स्थापत्य और युग चेतना को गहरी रचनात्मकता में धारण करने के कारण यह हिन्दी की एक कालजयी रचना है। निर्मला जी की इस मान्यता में आलोचकीय ईमानदारी भी है और कृति के मूल्यांकन का विवेक भी।

राष्ट्रकवि मैथिलीशरण गुप्त को उनकी रचना 'भारत भारती' के आधार पर पुनरुत्थानवादी कवि स्थापित किया जा चुका है। इस दृष्टि से आज वे एक ग़ैरज़रूरी कवि हैं। अपने समय के सर्वाधिक चर्चित और सम्मानित कवि के साथ ऐसा आलोचकीय व्यवहार अशोभन की श्रेणी में आता है। निर्मला जैन ने 'रहे पुराण प्रसंग नया हो ढंग हमारा' लेख में मैथिलीशरण गुप्त को यथोचित सम्मान दिया है। उनकी काव्य-चेतना के सकारात्मक पक्षों के साथ उनकी सीमाओं को भी उद्‌घाटित किया है। पहली बात तो यह कि वे संशोधनवादी कवि हैं और उनकी संशोधनवादी मानसिकता अपने समय की राजनीतिक स्थिति के मेल में है। इसलिए तत्कालीन आलोचकों द्वारा गुप्तजी को 'अनिवार्य कवि' कहे जाने का वे समर्थन करती हैं। दूसरी उल्लेखनीय बात यह कि वे गुप्तजी की परम्परानिष्ठ चेतना में निहित आधुनिक आशयों को रेखांकित करती हैं—"समाज के उपेक्षित और कमजोर समझे जाने वाले वर्गों के पात्रों को गुप्तजी ने पूरी सावधानी से चुनकर अपनी सहानुभूति का भागीदार बनाया है।...गुप्तजी में परम्परा के आधुनिक, अतः प्रासंगिक उपयोग की प्रवृत्ति सर्वत्र दिखाई पड़ती है।" गुप्तजी ने उपेक्षित स्त्रियों को पूरी सहानुभूति देने की कोशिश 'साकेत', 'यशोधरा' और 'विष्णु प्रिया' जैसी रचनाओं में की, किन्तु, निर्मला जी के अनुसार—"एक सीमा के आगे वे न उसकी शक्ति का साक्षात्कार कर सके और न उसकी सामाजिक स्थिति में

परिवर्तन के लिए किसी क्रान्तिकारी कार्यक्रम की प्रस्तावना कर सके।"

संचयन में छायावादोत्तर हिन्दी कविता की दो क्लासिक कृतियों—धर्मवीर भारती की 'अन्धा युग' और मुक्तिबोध की 'अँधेरे में' को शामिल किया गया है ताकि निर्मला जी की आलोचना के विस्तृत फलक और मूल्यांकन की गतिशीलता की झलक मिल सके। महाभारत की अन्तिम सन्ध्या पर आधारित इस दृश्य काव्य में युद्ध के बाद की त्रासदियों को प्रभावशाली ढंग से उठाया गया है। आस्था का आधार खत्म हो गया है और उसे देखने वाली दृष्टियाँ अन्धी हो गयी हैं। निर्मला जी की दृष्टि में अन्धा युग की मुख्य कथा मूल्यों की विकृति या मूल्यहीनता की है जिसे विभिन्न पात्रों की मनःस्थितियों एवं गतिविधियों के माध्यम से प्रस्तुत किया गया है। अश्वत्थामा इस कृति का सर्वाधिक क्षुब्ध-प्रश्नाकुल और विद्रोही चरित्र है जिसमें प्रतिशोध से प्रेरित कर्म का आवेग तो है, लेकिन विवेक की रोशनी नहीं है। अवश्वत्थामा तत्कालीन युवा मानस का प्रतिनिधि है। युयुत्सु विवेकाश्रित आस्था से जीवन जीना चाहता है, लेकिन अन्ततः मोहभंग का शिकार होकर आत्महत्या कर लेता है। अन्धा युग की सीमा यह है कि जीवन में उत्तर नहीं है, लेकिन नाटककार उत्तर पाने के लिए प्रतिबद्ध है। इसलिए ज्योति के नाम पर वह अस्तित्ववादी विचारधारा का समाधान सूत्र प्रस्तुत कर देता है। यही नाटक की संरचनात्मक विफलता है। प्रश्न की उठान जितना प्रभावित करती है, समाधान उतना ही अप्रभावी और अतार्किक प्रतीत होता है। मुक्तिबोध की कविता 'अँधेरे में' वस्तु-विधान एवं शिल्प की दृष्टि से एक जटिल, किन्तु लोकप्रिय कविता है। इस कविता के पाठ-विश्लेषण में निर्मला जैन ने रामविलास शर्मा और नामवर सिंह की व्याख्याओं का हवाला दिया है। इस कविता की केन्द्रीय समस्या व्यक्तित्व का द्वन्द्व है—"कवि के चारों ओर एक वास्तविकता है—सामाजिक परिदृश्य है, राजनीतिक दुनिया है। उसकी कठिनाई इस भयानक स्वप्न सरीखी दुनिया के होने की नहीं, उस होने को महसूस करने की है। वह उसे बाहर देखता है और भीतर झेलता है। देखना उसकी सामाजिकता और झेलना उसकी निजता है।" सामाजिकता और निजता का यह द्वन्द्व 'अँधेरे में' कविता का मूल आधार है।

निर्मला जैन की आलोचना का मुख्य सरोकार कविता है, लेकिन कथा-साहित्य में भी उनकी गहरी रुचि है। कथा-समीक्षा से जुड़ी उनकी दो पुस्तकें हैं—पहली—'कथा-प्रसंग यथा प्रसंग' तथा दूसरी 'कथा समय में तीन हम सफ़र'। 'कथा प्रसंग यथा प्रसंग' में उन्होंने प्रेमचन्द, जैनेन्द्र और निराला की कहानियों का विवेचन किया है। इनके साथ कई महत्त्वपूर्ण उपन्यासों का विवेचन किया गया हैं। 'कथा-समीक्षा की दुश्वारियाँ' नामक लेख में उन्होंने विस्तार से उन समस्याओं

पर प्रकाश डाला है जो कथा-समीक्षा से सम्बन्धित हैं। हिन्दी आलोचना कविता केन्द्रित ही रही है और इसलिए आलोचना की शब्दावली और मुहावरों का सन्दर्भ कविता ही है। कथा-आलोचना के लिए एक स्वतन्त्र और व्यवस्थित काव्यशास्त्र का विकास न हो पाने के कारण कथा-साहित्य पर जो गम्भीर लेखन हुआ, उस पर काव्यालोचन का गहरा प्रभाव है। कथालोचक के रूप में निर्मला जैन जिन चुनौतियों का सामना करती हैं, उनमें से एक चुनौती की चर्चा जरूरी है–"हिन्दी कथा-समीक्षा की एक महत्त्वपूर्ण समस्या है–उपन्यास को वास्तविक जीवन के दस्तावेज के रूप में ग्रहण करके जाँचना। यदि कलावादी किसी कथाकृति को स्वतः सम्पूर्ण कलाकृति मानकर एक्र छोर पर जा खड़े होते हैं तो स्थूल यथार्थवादी कथाकृति को जीवन का पर्याय मानकर दूसरे अतिवाद का सहारा लेते हैं। तथ्य तो यह है कि उपन्यास न तो किसी चित्रकृति की तरह 'कला' है और न इतिवृत्त की तरह ठेठ जीवन-वृत्त। इन दोनों छोरों के बीच उपन्यास की स्थिति ऐसी विशिष्ट है कि कुछ लोग इसे एक विशेष प्रकार का कला-रूप मानते हैं। इसलिए उपन्यास की सम्यक साहित्यिक आलोचना के लिए आवश्यक है कि एक विशिष्ट कलाकृति के रूप में उसकी सापेक्ष स्वायत्तता स्वीकार की जाए और उसकी आलोचना जिन्दगी के दस्तावेज के रूप में न की जाए। यदि हमें उपन्यास का कोई स्वतन्त्र समीक्षाशास्त्र विकसित करना है तो उसे एक विशेष प्रकार की कलाकृति का दर्जा देना होगा।" निर्मला जैन की कथा आलोचना कृति के समाजशास्त्रीय भाष्य से परहेज करती हैं। घटनाओं, तिथियों एवं वास्तविक चरित्रों को गैरज़रूरी मानते हुए वे कथाकृति को तथ्य एवं सम्भावना के बीच एक सेतु की तरह देखती हैं। कहानियों की आलोचना करते हुए वे घटना, चरित्र और भाषा के विन्यास पर विशेष ध्यान देती हैं। इनके माध्यम से ही वे कहानी में निहित जीवन-स्थितियों की पहचान करती हैं। किसी कहानीकार की कहानी-कला भी निर्मला जी के आलोचकीय सरोकारों का हिस्सा है। जैनेन्द्र की कहानियों में व्यक्त जीवन-सत्य को उन्होंने उनकी कहानी कला के माध्यम से ही रेखांकित किया है–"कहानी को उसके परम्परागत कहानीपन से उन्होंने (जैनेन्द्र ने) हर धरातल पर मुक्त किया। ...घटना की सतही घटनात्मकता को भेदकर उसमें छिपी सूक्ष्म परतों की जाँच पड़ताल करने की प्रवृत्ति जैनेन्द्र में आरम्भ से ही मिलती है...कहानी में वास्तविक यथार्थ का प्रश्न जैनेन्द्र के लिए शायद इसलिए बहुत महत्त्वपूर्ण नहीं रहा क्योंकि वे कहानी को ठेठ कल्पना की सृष्टि मानते हैं। उनके लिए मूल वस्तु है विचार।" ये सूत्र जैनेन्द्र की कहानियों को समझने में मदद तो करते ही हैं, कहानी और पाठक के पारम्परिक रिश्तों और आस्वाद के नये धरातलों का निर्माण भी करते हैं।

निर्मला जैन के प्रिय कथाकारों में कृष्णा सोबती, मन्नू भंडारी और उषा प्रियंवदा हैं। 'कथा समय में तीन हमसफर' में उन्होंने इन तीनों महिला कथाकारों की पृष्ठभूमि, रचना-प्रवृत्ति, और कथा-भूमि का विवेचन किया है। यह कथा-आलोचना में एक नये प्रयोग की तरह है जिसमें आलोचक किसी संगीत समारोह में तानपूरे की ध्वनि की तरह आद्यन्त मौजूद हैं। कृष्णा सोबती की कहानी 'ऐ लड़की' का संवेदनात्मक विवेचन कथा-आलोचना को समृद्ध करने वाला है। औपन्यासिक कृतियों में उनका अधिक बल 'मित्रो मरजानी' और 'ज़िन्दगीनामा' पर है। 'मित्रो मरजानी' का प्रकाशन हिन्दी कथा-साहित्य में एक विस्फोट की तरह था। निर्मला जी लिखती हैं—'देह की ऐसी प्यास और तपन का ऐसा बेधक स्वीकार अचम्भित करने वाला था।' मित्रो कोई कल्पित या कृत्रिम पात्र नहीं है। एक पितृसत्तात्मक सामाजिक संरचना में उसकी उपस्थिति तो सदियों से है, कृष्णा जी ने उसे उपन्यास के फलक पर उतार दिया। मित्रो को आलोचकों ने सामाजिक मर्यादा के साथ देह की अनियन्त्रित टकराहट के रूप में देखा है। यह भी माना गया कि यह पारिवारिक रिश्तों की समूची परम्परा और पवित्रता को ध्वस्त करने वाली रचना है। इस धारणा के विपरीत निर्मला जैन का मानना है—'अपनी परिणति में यह संयत-सन्तुलित सामाजिकता की तरफ वापसी की कहानी है।' कृष्णा सोबती के 'ज़िन्दगीनामा' को निर्मला जी उनकी सृजनात्मकता का शिखर मानती हैं। विशृंखलता और भाषा की स्थानीयता के कारण कई आलोचकों और ढेरों पाठकों ने इसे अपठनीय करार दिया, लेकिन कालान्तर में उसके महत्त्व को स्वीकार किया गया। 'ज़िन्दगीनामा' की विषयवस्तु भारत का विभाजन है। इसके लक्ष्य और विशेषताओं की पहचान करते हुए निर्मला जी ने लिखा—"इस उपन्यास का लक्ष्य विभाजन की भौगोलिक घटना से पैदा होने वाली सामाजिक समस्याओं और मानवीय स्थितियों की भयावहता का साक्षात्कार करना नहीं है। उसका लक्ष्य है—मानवीय सम्बन्धों में अन्तर्निहित अन्तर्विरोधों का उद्‌घाटन।" मन्नू भंडारी के बहुचर्चित और बहुप्रशंसित उपन्यास 'आपका बंदी' का निर्मला जी ने एक भिन्न और मौलिक पाठ किया है। विषयवस्तु की दृष्टि से यह उपन्यास तलाकशुदा दम्पति के एक बच्चे 'बंटी' की समस्याओं पर आधारित है। निर्मला जी के अनुसार इस उपन्यास का केन्द्रीय चरित्र बंटी नहीं बल्कि शकुन है। इसलिए इस उपन्यास के महत्त्व और सार्थकता को बंटी के प्रति पैदा होने वाले भावोद्वेलन में नहीं, शकुन की जटिल चरित्र-सृष्टि में देखा जाना चाहिए। 'आपका बंटी' एक स्त्री के व्यक्ति में रूपान्तरित होने की व्यथा की कथा है—"व्यक्ति और माँ के बीच बँटी शकुन अवचेतन स्तर पर जिस गहरे आत्मद्वन्द्व से गुजरती है, उससे व्यवहार के धरातल पर एक तनावग्रस्त

व्यक्ति जन्म लेता है।" उषा प्रियंवदा की रचनाओं के सम्बन्ध में उनकी टिप्पणी है—"उषा प्रियंवदा की अधिकांश कहानियाँ मानवीय सम्बन्धों की जटिलता की कहानियाँ हैं।" कहा जा सकता है कि निर्मला जैन की कथा-आलोचना ने कथाकृतियों को नये जीवन-सन्दर्भों में पहचानने की पहल की है। कृति और जीवन के रिश्तों को अधिक गहराई एवं समग्रता में देखने का विवेक विकसित किया है।

एक सजग पाठक और अध्येता होने के कारण निर्मला जी की गहरी रुचि समकालीन साहित्यिक विमर्शों में है। उत्तर-आधुनिकता, दलित एवं स्त्री विमर्शों में उनकी वैचारिक हिस्सेदारी के प्रमाण उनके लेखन में मौजूद हैं। स्त्री और दलित समाज के राजनीतिक-सामाजिक मुद्दों के प्रति वे संवेदनशील और प्रतिबद्ध हैं। 'मित्रो मरजानी', 'ए लड़की', 'आपका बंटी' और 'पचपन खम्भे लाल दीवारें' जैसी रचनाओं के विश्लेषण, तथा 'निराला की कहानियों में दलित चेतना' जैसे निबन्ध इन विमर्शों के प्रति उनके गम्भीर सरोकार के साक्ष्य हैं। लेकिन वे स्त्री व दलित अनुभव भर को रचना की श्रेष्ठता का प्रतिमान नहीं मानतीं। वस्तुतः वे इन प्रश्नों को रचनात्मकता में प्रचारात्मकता की मुहिम चलाने के खिलाफ़ हैं। उनकी नज़र में प्रचारवाद और बांडधर्मिता का अतिक्रमण करने वाली रचना का ही महत्त्व स्थायी होता है। 'कथा समय में तीन हमसफर' में तो वे स्त्री-विमर्श 'छाप' से दूरी को रचनात्मक गुणवत्ता और रचना की दीर्घजीविता की कसौटी मानती हैं—"इन तीनों महिलाओं की कहानियों की दीर्घकालीन लोकप्रियता की एक बहुत बड़ी वजह यह है कि इन्होंने बराबर 'महिला-लेखन छाप' का अतिक्रमण किया।"

निर्मला जैन की आलोचना वैदुष्य के आतंक और 'मैं' वाद की वाचालता से पूरी तरह मुक्त है। उनके लिए आलोचना का अर्थ स्थापनाओं का झण्डा गाड़ना नहीं, बल्कि रचना के साथ एक संवाद है। एक अच्छी आलोचना कभी भी रचना के सम्पूर्ण और अन्तिम अर्थ का दावा नहीं करती। एक आलोचक के रूप में निर्मला जी का मानना है—"किसी रचना को हम उसकी समग्रता में पूरी तरह समझ लेने का दावा कभी नहीं कर सकते। उसका एक अंश हमारे लिए हमेशा रहस्य का विषय, अलभ्य और अगम्य बना रहता है। रचना की अगम्यता भी उसकी कलात्मक विशेषता होती है।" रचना की इस कलात्मक विशेषता का आदर आलोचना का धर्म है। इस धर्म का निर्वाह निर्मला जी की आलोचना करती है। एक ऐसे समय में जब हिन्दी आलोचना की भाषा अंग्रेजी का जूठन खाकर वैदुष्य का आतंक फैला रही हो, निर्मला जी की आलोचना-भाषा हिन्दी की जातीय लय से जुड़ी हुई है। उसमें संवाद और विश्लेषण की धड़कन है। वह पाठक को वैचारिक स्तर पर संस्कारित करने वाली भाषा है।

'दिल्ली : शहर दर शहर' इतिहास और स्मृतियों से रची गयी निर्मला जैन की अनूठी कृति है। तब और अब के किनारों के बीच बहती हुई दिल्ली को देखना बहुत दिलचस्प है। आज की भागती-हाँफती और भीड़ से आक्रान्त दिल्ली और बीसवीं सदी की भोर में औपनिवेशिक सत्ता के दस्तकों से जागती हुई दिल्ली के बीच यह किताब एक धागे की तरह है जिस पर समय की उदास खामोशियाँ लिपटी हैं। संचयन में इस किताब का एक अंश शामिल है। निर्मला जैन की पहचान एक सुयोग्य एवं सृजनशील अनुवादक के रूप में भी है। उनके दो चर्चित अनुवादों—'एडविना और नेहरू' तथा खुशवन्त सिंह की आत्मकथा 'सच, प्यार और थोड़ी-सी शरारत' के महत्त्वपूर्ण अंश परिशिष्ट में दिये गये हैं।

प्रो. निर्मला जैन मेरी गुरु हैं। इस संचयिता के सम्पादन के सिलसिले में अपनी गुरु के लेखन से गुजरना मेरे लिए एक मूल्यवान अनुभव है। अक्टूबर 2012 में वे अपने जीवन का अस्सीवाँ वर्ष पूरा कर रही हैं। इस अवसर पर यह संचयिता एक विनम्र उपहार है। इस संचयिता की योजना का श्रेय महात्मा गाँधी अन्तरराष्ट्रीय हिन्दी विश्वविद्यालय के कुलपति विभूतिनारायण राय को है। संचयिता के सम्पादन के लिए उन्होंने मुझे योग्य समझा, इसके लिए मैं उनके प्रति हृदय से आभारी हूँ। वाणी प्रकाशन के प्रबन्ध निदेशक अरुण माहेश्वरी के प्रति भी आभार जिनके प्रयास से अल्प अवधि में ही इस संचयिता का प्रकाशन सम्भव हो सका।

रामेश्वर राय

हिन्दू कॉलेज
दिल्ली विश्वविद्यालय
दिल्ली-110007

विषय-सूची

तृतीय खण्ड
विविध

परिशिष्ट : अनुवाद

प्रथम खण्ड

काव्य-आलोचना

रहे पुराण प्रसंग नया हो ढंग हमारा

1985 इंडियन नेशनल कांग्रेस का शताब्दी वर्ष था और 1986 राष्ट्रकवि मैथिलीशरण गुप्त का जन्म-शती वर्ष यह संयोग गुप्त जी के कवि व्यक्तित्व की समझ में बहुत दूर तक सहायक है। जिस परिवार में मैथिलीशरण ने जन्म लिया उसके बारे में जैनेन्द्र कुमार का कहना था कि "घर बहुत-सी बातों में आधुनिक नहीं है। पुरातन है या कहो सनातन है। वह घर याने मैथिलीशरण एक ही बात है। घर और वह एक हैं, दोनों में प्रकृति की एकता है...।"

यह 'पुरातनता' गुप्त जी का वैष्णव संस्कार है, उनके परिवार का भक्ति और संस्कृतमय वातावरण है। वैष्णव वे उसी अर्थ में हैं 'जे पीर पराई जाने'। आधुनिकता के ग्राहक और परम उदार। पुराण उनकी रचनाओं के अक्षय स्रोत हैं, पर इस शर्त के साथ कि :

रहे पुराण प्रसंग नया हो ढंग हमारा,
जितना भी चढ़ सके भला है रंग हमारा।

भजन-पूजा तथा उपासना में निरन्तर लीन रामभक्त पिता सेठ रामचरण के परिवार में मुंशी अजमेरी जी के पिता का प्रवेश, एक ऐसी घटना है जिससे उनके समय के उदार हिन्दूवाद को बखूबी समझा जा सकता है। मुंशी अजमेरी के निरन्तर साहचर्य ने उनकी धर्म-भावना को व्यापक रूप देने में निश्चय ही योगदान दिया होगा। उनकी आराधनात्मक प्रवृत्ति न कभी आचार पक्ष को महत्त्व दे पायी और न ही धर्म के साम्प्रदायिक रूप को। धर्म का अर्थ उनके लिए था मानव-हित-साधन, जीवन में अगाध विश्वास और नवीन विवेकपूर्ण दृष्टिकोण की स्वीकृति।

गुप्त जी की मानसिक बनावट को समझने के लिए इस बात पर ध्यान देना जरूरी है कि भारतीय नवजागरण और नवोत्थान की मूल चेतना सांस्कृतिक थी। राष्ट्रीय जीवन में परिवर्तन की कल्पना केवल राजनीतिक क्रान्ति के रूप में न करके धार्मिक और विचारात्मक क्रान्ति के रूप में की गयी थी। इस पृष्ठभूमि को भारतीय राष्ट्रीय कांग्रेस और राष्ट्रकवि मैथिलीशरण गुप्त दोनों ने विरासत में पाया था। स्पष्ट

करना अप्रासंगिक नहीं होगा कि आधुनिक युग के इस नव-जागरण का एक महत्त्वपूर्ण पक्ष जीवन के लिए विशेष आचार-पद्धति का प्रस्ताव था।

स्वामी दयानन्द सरस्वती ने 1875 ई. में आर्यसमाज की स्थापना कर वेदों की ओर लौटने का सन्देश दिया और रामकृष्ण परमहंस एवं स्वामी विवेकानन्द के हिन्दू धर्म के युगानुरूप पुनरुज्जीवन में शक्ति-स्रोत का सन्धान किया। प्रमुख बात यह थी कि ये सभी प्रयास मात्र धार्मिक कार्यक्रम भी नहीं थे। इन्होंने धर्म को जीवन के आचार-पक्ष से जोड़ते हुए समाज-सुधार का निश्चित कार्यक्रम प्रस्तुत किया। यह आकस्मिक नहीं था कि आर्यसमाज में एक वर्ग ने स्वामी श्रद्धानन्द के नेतृत्व में गुरुकुल पद्धति को प्रश्रय दिया और दूसरा आधुनिक ढंग की शिक्षा-संस्थाओं के माध्यम से पश्चिमी संस्कृति को आत्मसात कर भारतीय समाज में नव-जीवन और नयी चेतना प्रदान करने की दिशा में अग्रसर हुआ। लाला लाजपतराय इस वर्ग के नेता थे।

ठीक इसी तरह 'लोक-संग्रह' और समाज-सुधार के कार्यक्रम रामकृष्ण मिशन की कार्य-पद्धति का महत्त्वपूर्ण अंग थे। कांग्रेस के जन्म से पूर्व राष्ट्रीय पुनर्जागरण के अन्तिम दौर का आरम्भ रामकृष्ण परमहंस ने किया था। उनके द्वारा दिखाये मार्ग का विश्वव्यापी प्रसार उनके शिष्य विवेकानन्द के हाथों हुआ। कहने का तात्पर्य यह है कि भारत की राष्ट्रीय चेतना का निर्माण जिन सूत्रों से हुआ उनमें प्रमुख बात यह थी कि ये तमाम आन्दोलन किसी न किसी रूप में प्राचीन परम्परा को नया जीवन देकर, वेदान्त की नयी व्याख्या प्रस्तुत कर, उसे नये युग की राष्ट्रीयता के अनुरूप ढालने के लिए प्रयत्नशील थे। स्वाधीनता-आन्दोलन का चरित्र भी आरम्भ में राजनीतिक से अधिक सामाजिक-सांस्कृतिक था।

यह बात ध्यान देने की है कि लार्ड डफरिन की राय से श्री ह्यूम ने जो शुरुआत की उसमें आरम्भिक प्रस्ताव इतना भर था कि भारतीय राजनेता वर्ष में एक बार मिलकर बातचीत करें और सरकार को शासन की खामियाँ बताते हुए, उसमें सुधार के तरीके सुझाएँ। कहने का अभिप्राय यह है कि राजनीतिक-सामाजिक जीवन के प्रति आलोचनात्मक रवैया अपनाते हुए उसमें सुधार की सम्भावनाओं पर विचार करना उस समय के राजनेता, समाज-सुधारक और सजग साहित्यकार सभी का बीज भाव था। इस प्रक्रिया में प्राचीन परम्परा के पुनःशोध और नये सिरे से पहचान की महती आवश्यकता को सब ने बड़ी शिद्दत से महसूस किया था। इसीलिए गुप्त जी का यह कहना कि "हम कौन थे क्या हो गये और क्या होंगे अभी। आओ मिलकर के विचारें, ये समस्याएँ सभी", अपने समय की मानसिक बनावट को सही-सही प्रकट करता है। अतीत के पुनःशोध और सिद्धि की आवश्यकता पर बल देते हुए रवीन्द्रनाथ ठाकुर ने भी कहा था : "पूर्वजों की इस विरासत में पाये महान सन्देश को पुनः सजीव करना हमारा धर्म

है। यह केवल तार्किक या भावात्मक सन्देश नहीं है। इसका जीवन के आचरण पर गहरा प्रभाव है। इसे कार्यान्वित करना होगा।" विरासत को सजीव रूप में जीवन के आचरण से सम्बद्ध करने का आशय था परम्परा के प्रति अन्धविश्वासपूर्ण रवैये को त्याग कर नवीन विवेकपूर्ण दृष्टिकोण की स्वीकृति।

गुप्त जी ने अपने अधिकांश काव्यों में पौराणिक कथा-अंशों को आधार बनाया तो इस विश्वास के कारण–

निज पूर्वजों के सद्गुणों का गर्व जो रखती नहीं
वह जाति जीवित जातियों में रह नहीं सकती कहीं। **(भारत भारती)**

उनकी धारणा थी कि "यदि सौभाग्य से किसी जाति का अतीत गौरवपूर्ण हो और वह उस पर अभिमान करे तो उसका भविष्य भी गौरवपूर्ण हो सकता है।" ('मौर्य विजय' की भूमिका) अतीत का पुनरान्वेषण ही वर्तमान के चरित्र-निर्माण का आधार हो सकता है, ऐसा उनका विश्वास था–

ज्यों ज्यों प्रचुर प्राचीनता की खोज बढ़ती जाएगी।
त्यों त्यों हमारी उच्चता पर ओप चढ़ती जाएगी। **(भारत भारती)**

परन्तु गुप्त जी उन लोगों से अलग थे जिन्होंने परम्परा के त्याग को ही वर्तमान स्थिति के लिए उत्तरदायी ठहराया था। आधुनिकता की दौड़ के बीच एक ओर उन्होंने अपना मत स्पष्ट किया : किन्तु मुझे तो सीधे सच्चे पूर्व भाव ही भाते हैं। तो दूसरी ओर शर्त लगा दी–

प्राचीन बातें ही भली हैं यह विचार अलीक है
जैसी अवस्था हो जहाँ वैसी व्यवस्था ठीक है। **(भारत भारती)**

समय के ढाँचे में ढालकर, जीवन्त सन्दर्भ के रूप में परम्परा का उपयोग वह प्रक्रिया है जिससे गुजरकर भारतेन्दुयुगीन राष्ट्रीय भावना छायावाद की मानसिकता तक की यात्रा पूरी करती है। गुप्त जी 'भारत दुर्दशा' का चित्रण करने के लिए कल्पित/अमूर्त पात्र-योजना करने के बजाय, महाभारत का सहारा लेते हैं। कौरव पाण्डव युद्ध के कारण का विश्लेषण करते हुए वे युग-धर्म की ओर इशारा करते दिखाई पड़ते हैं–

अधिकार खोकर बैठ रहना यह महा दुष्कर्म है।
न्यायार्थ अपने बन्धु को भी दण्ड देना धर्म है
इस तत्त्व पर ही कौरवों का पाण्डवों से रण हुआ **(जयद्रथ वध)**

परम्परा का साक्ष्य वर्तमान के तर्क को गुप्त जी के काव्य में बराबर विश्वसनीयता प्रदान करता दिखाई पड़ता है। पारम्परिक कथानकों के बारे में अपने दृष्टिकोण को उन्होंने 'मेघनाद वध' की भूमिका में स्पष्ट करते हुए कहा था : "किसी कथानक में आवश्यकतानुसार फेर-फार करने का अधिकार कवियों को है, पर आदर्श को

विकृत करने का अधिकार किसी को नहीं।" जिसे वे आवश्यकतानुसार फेर-फार करना कहते हैं, उसकी दिशा उनके यहाँ निश्चित है। परम्परा के प्रति अन्धविश्वासपूर्ण रवैये के स्थान पर विवेकपूर्ण दृष्टिकोण की स्वीकृति ही गुप्त जी की 'आवश्यकता' थी। उन्हें परम्परा के विकास की दिशा इसलिए आपत्तिजनक लगती थी कि–

श्रुतिशास्त्र सूत्र पुराण रामायण हटे
'वे' नायिकाभेदादि उनके स्थान में हैं आ डटे। **(भारत भारती)**

पुराण प्रेम के कारण जैनेन्द्र को वे 'पुराण पुरुषोत्तम' प्रतीत हुए। यह सही है कि गुप्त जी जिस नये ढंग का समर्थन करते हैं, वह कहीं 'पुराणप्रसंग' से टकराकर रूप ग्रहण नहीं करता। हम कौन थे? का निश्चित उत्तर है उनके यहाँ : "है कौन जो उन पूर्वजों के शील की सीमा कहे।" (**भारत भारती,** पृ. 8) पूर्वजों का चरित्र उनके लिए प्रश्न का नहीं युगानुरूप व्याख्या का, अनन्त सम्भावनाओं का विषय है 'जयद्रथ वध' का आरम्भ इस आदेश से होता है–

वाचक! प्रथम सर्वत्र ही 'जय जानकी जीवन कहो,
फिर पूर्वजों के शील की शिक्षा-तरंगों में बहो!'

पूर्वजों का शील वह प्रवाह है जिससे पतित होने में नहीं, उसमें डूबकर बहने में वे वर्तमान और भविष्य दोनों की सार्थकता देखते हैं। गुप्त जी का काव्य आर्य-सभ्यता और संस्कृति को पुष्ट-प्रतिष्ठित करने का विराट प्रयत्न है। यह चिन्ता उनकी आरम्भिक रचनाओं में ही प्रकट होने लगती है और 'साकेत' तक पहुँचकर उसकी परिणति इस आत्मतोष में होती है–

आर्य सभ्यता हुई प्रतिष्ठित,
आर्य-धर्म आश्वस्त हुआ

यह एक ऐसा सरोकार है जिसको लेकर गुप्त जी की काव्य-यात्रा में आद्यन्त एक संगति और अविरोध तो है ही, परिवर्तन और विकास भी है। यह केवल संयोग नहीं है कि उनमें हिन्दू पुनरुत्थानवाद खोज निकालने का उत्साह जिन्होंने दिखाया, उन्हें अक्सर उनकी आरम्भिक रचनाओं का सहारा लेना पड़ा। हिन्दुत्व की साग्रह प्रतिष्ठा भारत के आधुनिक नवजागरण का एक महत्त्वपूर्ण और समयानुसारी आग्रह था। यह बात अलग है कि आगे चलकर उसमें से एक रास्ता उदार जातीय-बोध की राष्ट्रीय-भावना की ओर चला गया और दूसरा कट्टर संकीर्ण साम्प्रदायिक कठमुल्लेपन की ओर। परम्परा से गुप्त जी का लगाव उस उदार राष्ट्रीय-चेतना की संगति में है जिसके तहत वेद मत और हिन्दू धर्म के पुनरुत्थान और प्रतिष्ठा का सिलसिला पहले से चला आ रहा था।

गुप्त जी का रास्ता पहला रास्ता था। कठमुल्लापन तो उनमें कभी रहा ही नहीं किन्तु जैसे-जैसे वे आगे बढ़ते गये अतीत-वर्तमान और भविष्य की सम्बन्ध-व्याख्या

में स्पष्ट अन्तर दिखाई पड़ने लगा। अतीत की भूमिका 'द्वापर' तक पहुँचकर कुछ इस रूप में बदली दिखाई पड़ी—

पीछे पितर पृष्ठ पोषक हैं,
पर भविष्य तो आगे,
यदि अपना परिणाम न देखें,
तो हम अन्ध अभागे।
वर्तमान, यह आयोजन है
निज भावी जीवन का,
कुछ अतीत-संकेत मिले तो
अधिक लाभ वह जन का **(पृ. 51)**

ये पंक्तियाँ कवि के जिस सरोकार को प्रस्तावित करती हैं उसमें वर्तमान केवल स्थिति है जहाँ से वह अतीत के सहारे भविष्य की, यानी गत और अनागत की चिन्ता करता प्रतीत होता है। वह एक साथ अतीतजीवी और भविष्योन्मुख दिखाई पड़ सकता है। कोई चाहे तो ऐसी उक्तियों का सहारा लेकर उन पर वर्तमान की उपेक्षा का आरोप लगाने का उत्साह भी दिखा सकता है, परन्तु ऐसा है नहीं।

गुप्त जी के काव्य में उन तमाम बातों की चिन्ता दिखाई पड़ती है जो राष्ट्रीय आन्दोलन की रीढ़ हैं। स्वाधीनता की माँग की भूमिका, भारत के सामाजिक-आर्थिक ढाँचे की पड़ताल, राजा-प्रजा के बीच सम्बन्ध की सही समझ है गुप्त जी यह बखूबी जानते थे। यह आकस्मिक नहीं है कि 'वक-संहार' जैसे परम्परित आख्यान में भी उन्होंने यह कहने का सुयोग ढूँढ़ निकाला—

राजा प्रजा का पात्र है
वह लोक प्रतिनिधि मात्र है
यदि वह प्रजा-पालक नहीं तो त्याज्य है।
हम दूसरा राजा चुनें,
जो सब तरह अपनी सुने,
कारण, प्रजा का ही असल में राज्य है **(पृ. 22)**

कहना न होगा कि गुप्त जी की इस जनतांत्रिक दृष्टि की निरन्तरता काल में, उनके अतीत से आरम्भ होकर वर्तमान से गुजरती हुई उनके भविष्य, यानी हमारे वर्तमान तक चली आयी है। देश में भी इस दृष्टि की व्याप्ति कम नहीं है। शासन-व्यवस्था से 'अनघ' के कवि का प्रश्न है—

पर जिनके धन से महाराज,
है पूर्ण हमारा कोष आज
कैसे हैं वे सब प्रजा लोग!

करते हैं सुख या दुःख भोग!
क्या हैं उनके व्यवसाय, आय!
कैसे हैं जीवन के उपाय!
कैसे हैं तन, मन, धन निकेत!
बन हाट, बाट, सर, कूप खेत!
कर देते हैं वे किस प्रकार
इसका है कितना हमें ध्यान। **(पृ. 76)**

देश के सामाजिक-आर्थिक ढाँचे का कायाकल्प और राष्ट्रीय चरित्र-निर्माण, स्वाधीनता आन्दोलन की बुनियादी शर्त है, इस बात को जितना राष्ट्रीय आन्दोलन का संचालक राजनीतिक नेता समझता था, उतना ही राष्ट्रकवि भी। यह बात ध्यान देने की है कि एक लम्बे अरसे तक बने-बनाये ढाँचे के बीच सुधारों और अधिकारों की माँग करते रहने के बाद ही 'भारत छोड़ो' का नारा बुलन्द किया जा सका था।

गुप्त जी के समूचे पुराण-प्रेम की मानसिकता की सही समझ के लिए एक और बात को ध्यान में रखना बहुत जरूरी है। भुजंगभूषण भट्टाचार्य के छद्म नाम से छपे महावीरप्रसाद द्विवेदी के 'कवियों की उर्मिला विषयक उदासीनता' शीर्षक लेख से प्रेरित होकर 'साकेत' की रचना तो बात की बात थी। दरअसल यह एक प्रवृत्ति, एक सिलसिले की शुरुआत है जो क्रमशः 'यशोधरा', 'विष्णुप्रिया', 'रत्नावली' आदि रचनाओं में चल निकलता है, और समाज में स्त्रियों की स्थिति के प्रति उनके रवैये को प्रकट करता है। ध्यान देने की बात यह है कि गुप्त जी के समय के राजनीतिक नेताओं ने सामाजिक-सुधार के जिन कार्यक्रमों को संयोजित किया था, उसके लिए साहित्य ने परम्परा का साक्ष्य भी प्रस्तुत किया और उसमें परिवर्तन भी प्रस्तावित किया। जहाँ तक स्त्री पात्रों का प्रश्न है, गुप्त जी की दृष्टि उपेक्षिताओं के उद्धार पर ही विशेष रूप से केन्द्रित रही। उन्होंने पुरुष चरित्रों की सिद्धि की पृष्ठभूमि में नारी चरित्रों की भूमिका को उजागर करने का प्रयास तो किया, कुछ उसी भाव के साथ कि behind every great man there is a woman किन्तु एक सीमा के आगे वे न उसकी शक्ति का साक्षात्कार कर सके और न उसकी सामाजिक स्थिति में परिवर्तन के लिए किसी क्रान्तिकारी कार्यक्रम की प्रस्तावना कर सके। भूलना नहीं चाहिए कि जो कवि, अतीत की भारतीय नारी का आदर्श इस रूप में देखता हो—

पूजन किया पति का स्त्रियों ने भक्ति-पूर्ण विधान से,
आँचल पसार प्रणाम कर फिर की विनय भगवान से—
"विश्वेश! हम अबला जनों के बल तुम्हीं हो सर्वदा,
पतिदेव में मति, गति तथा दृढ़ हो हमारी रति सदा"।

(भारती भारती, पृ. 58)

उसके लिए नारी का चरम आदर्श विरह भोगने, समर्पण करने और अवलम्ब देने में ही हो सकता है। इसलिए 'साकेत' की सीता–

औरों के हाथों यहाँ नहीं पलती हूँ,
अपने पैरों पर खड़ी आप चलती हूँ। **(पृ. 223)**

जैसी घोषणा के बावजूद नारी की सार्थकता इसी रूप में देखती हैं–

निश्चिन्त नारियाँ आत्म समर्पण करके,
स्वीकृति में ही कृत्कृत्य भाव हैं नर के। **(पृ. 228)**

अतः 'उर्मिला', 'यशोधरा', 'विष्णुप्रिया' जैसे समर्पित चरित्र, पुरुष के अहंकार का पोषण कर सकते हैं। शोषण की सुविधा के लिए गढ़े गये इस तर्क को बल दे सकते हैं कि नारी जीवन की चरम सार्थकता समर्पण और आत्मदान में है पर नारी के प्रति किसी मौलिक दृष्टि-भेद को प्रस्तावित नहीं करते। अधिक से अधिक स्त्री के प्रति सम्मान भाव और उदार-दृष्टि का श्रेय कवि को दिया जा सकता है।

वस्तुतः इन नारी-चरित्रों के महत्त्व का निरूपण इनसे सम्बद्ध कृतियों की रचना के अनेक कारणों में से एक कारण है–आधिकारिक नहीं, प्रासंगिक कारण। 'साकेत' के विषय में यह बात कुछ ज्यादा सही प्रतीत होती है। देवत्व के आतंक को गुप्त जी ने कभी स्वीकार नहीं किया। 'पंचवटी' में मनुष्य को सुरत्व की जननी कहने वाले गुप्त जी के राम भू पर अवतरित होकर उसे अभिभूत नहीं करते। उनकी प्रतिज्ञा है–

भव में नव वैभव व्याप्त कराने आया
नर को ईश्वरता प्राप्त कराने आया। **(पृ. 234)**

ईश्वरता उनके यहाँ ऐसा दर्जा है जिसे प्राप्त कर लेना मनुष्य मात्र के लिए सम्भव है। यह संयोग भर नहीं है कि जब वे स्कंदपुराण से 'दिवोदास' का कथा-वृत्त ग्रहण करते हैं तो कथा काशी खण्ड के 39वें अध्याय तक ही सीमित रहती है। दिवोदास, एक बार काशी से देवों का निष्कासन कर वहाँ के शासक बनते हैं तो देवता पुनः काशी में प्रवेश नहीं कर पाते। रिपुंजय का श्रेय, प्रेय और ध्येय, सब कुछ मनुष्य ही है। वहाँ भी 'निज मर्यादा पुरुषोत्तम ही मानव का आदर्श'। राम उनके लिए बराबर पुरुष उत्तम हैं, मध्ययुगीन भक्ति-भावना से संवलित अवतार-रूप नहीं।

किन्तु मध्यकालीन भक्ति-भावना के दबाव से गुप्त जी एकदम मुक्त हो सके हों ऐसा नहीं। 'साकेत' के जिस राम का संकल्प है–

मैं आर्यों का आदर्श बताने आया,
जन-सम्मुख धन को तुच्छ जताने आया।
सुख-शान्ति हेतु मैं क्रान्ति मचाने आया;
विश्वासी का विश्वास बचाने आया।

मैं आया उनके हेतु कि जो तापित हैं,
जो विवश, विकल, बल-हीन, दीन, शापित हैं। **(पृ. 234)**

वही राम अपनी नाम-महिमा के प्रति भी पूर्ण आश्वस्त हैं–

जो नाम मात्र ही स्मरण मदीय करेंगे,
वे भी भवसागर बिना प्रयास तरेंगे। **(पृ. 235)**

नाम-स्मरण के माहात्म्य में कवि की आस्था, इस तथ्य के प्रकाश में और भी अर्थवान प्रतीत होने लगती है कि शायद ही उनकी किसी रचना का आरम्भ राम नाम के स्मरण के बिना किया गया हो। किन्तु गुप्त जी की यह आस्था उनका प्रस्थान बिन्दु है। वे इसका विस्तार करते हैं–गुण और कर्म में–

पर जो मेरा गुण, कर्म, स्वभाव धरेंगे
वे औरों को भी तार, पार उतरेंगे। **(साकेत, पृ. 35)**

आस्था उनकी परम्परा है, गुण-कर्म में उसका अनुवाद उनकी आधुनिकता। इसीलिए पारम्परिक कथा-प्रसंगों का युगानुरूप विनियोग गुप्त जी की पुष्कल काव्य-सृष्टि का प्राण तत्त्व है। पुराख्यानों का समयानुकूल पुनः सर्जन करना परम्परा और आधुनिकता के बीच एक निरन्तरता, एक अविकल क्रम स्थापित करने का प्रयास है। 'साकेत' की राज्य-व्यवस्था में गाँधीवाद के स्वप्न को साकार करने का उपक्रम है। रामवनगमन के प्रसंग में अयोध्या की प्रजा 'सत्याग्रह' करती है और आगे चलकर 'जयभारत' का एकलव्य प्रश्न उठाता है–

गुरुवर नहीं अराजन्यों में क्या ईश्वर का अंश,
और नहीं है क्या उनका भी वही मूल मनुवंश।

निज स्वरूप की पहचान, गौरवपूर्ण जीवन-यापन और अधिकारों की माँग की पहली शर्त है। इसलिए जब गुप्त जी ने 'जन्मना जायते शूद्रः कर्मणा जायते द्विजः' के साक्ष्य पर "कुल से नहीं शील से ही तो होता है कोई जन आर्य" कहा तो वे एक ओर जन्मना वर्ण-व्यवस्था पर चोट कर रहे थे और दूसरी ओर कर्म-सौन्दर्य की छटा का उद्घाटन कर रहे थे।

समाज के उपेक्षित और कमजोर समझे जाने वाले वर्गों के पात्रों को गुप्त जी ने पूरी सावधानी से चुनकर अपनी सहानुभूति का भागीदार बनाया है। अतीतोन्मुखता पुनरुत्थानवाद की विशेषता होती है अतः महत्त्वपूर्ण बात यह नहीं है कि वे परम्परागत स्रोतों से कथानकों का चयन करते हैं बल्कि ध्यान देने की बात यह है कि वे अतीत का मुख भविष्य की ओर फिरा रहे हैं। सवाल जाति-वर्ग व्यवस्था का हो या नारी की उपेक्षा और उसके स्वत्व-बोध का, या फिर आध्यात्मिकता के बरक्स भौतिकता का, अर्थात मानव जीवन को महत्त्व देने का। गुप्त जी में परम्परा के

आधुनिक, अतः प्रासंगिक उपयोग की प्रवृत्ति सर्वत्र दिखाई पड़ती है। हिडिम्बा उनके यहाँ राक्षसी नहीं रहती और सीता देवी नहीं रहतीं। उनकी विषय-परिधि में 'गुरुकुल' भी आता है और 'काबा और कर्बला' भी। उधर 'अनघ', 'यशोधरा' और 'साकेत' जैसी रचनाओं के साथ मार्क्स और जेनी की ओर ध्यान देना भी वे लाज़मी समझते हैं।

संस्कार, शिक्षा-दीक्षा से परम वैष्णव, और सही अर्थ में जातीय संस्कारों के कवि थे मैथिलीशरण गुप्त। समकालीन परिवेश, और उसकी अपेक्षाओं के बारे में पूरी तरह चौकस। जड़ता जिन्हें छू नहीं गयी और आधुनिकता उनका कुछ बिगाड़ नहीं सकी। परिवर्तन मात्र को उन्होंने उन्नति नहीं माना और अगतिमय जड़ पुरातन को उनका समर्थन न मिला। कुल मिलाकर उनकी संशोधनवादी मानसिकता अपने समय की राजनीतिक स्थिति से एकदम मेल खाती है। इसीलिए तत्कालीन समीक्षकों ने उन्हें हिन्दी का 'अनिवार्य कवि' कहा है।

छायावाद की प्रासंगिकता के बहाने प्रसाद के काव्य पर साहित्यिक दृष्टिपात

जन्मशतवार्षिकी से सम्बन्धित आयोजनों की एक रूढ़ि होती है—उस रचनाकार या सम्बद्ध काव्य-प्रवृत्ति की प्रासंगिकता पर विचार। इस रूढ़ि की प्रयोजनीयता है विषय का पुनराविष्कार (री-डिस्कवरी) श्रोताओं के बहाने अपने लिए। यही इसकी सबसे बड़ी सार्थकता भी है। कहने की आवश्यकता नहीं कि हर छायावादी कवि की जन्मशतवार्षिकी के अवसर पर छायावाद की प्रासंगिकता का सवाल फिर-फिर उठेगा, उठाया जाएगा। इस आलेख के लिए प्रस्तावित विषय की पुनर्रचना का यही कारण है।

नये और बाद के कवियों ने छायावाद में जिस कवि में आत्मीयता की तलाश सबसे अधिक की, वे प्रसाद नहीं निराला थे। आधुनिकता और प्रयोगशीलता के प्रवक्ता अज्ञेय ने जिस छायावादी कवि को 'केवल विश्वविद्यालयों का कवि' कहकर एक तरह से कवि बिरादरी से बाहर करने का प्रस्ताव किया वे प्रसाद थे। गरचे उन्हीं के समकालीन मुक्तिबोध को समस्त छायावादियों में अगर कोई कवि ऐसी चुनौती सरीखा दिखाई पड़ा जिससे निबटे बिना आगे बढ़ना कठिन हो तो वे भी प्रसाद ही थे। बहरहाल, प्रासंगिकता का सवाल इतना इकहरा और सतही नहीं है कि उसका फैसला यह कहकर कर लिया जाय कि छायावाद के कुछ कवि केवल विश्वविद्यालयों के सन्दर्भ में प्रासंगिक हैं, और कुछ विश्वविद्यालयों के बाहर। अगर ऐसा है, तो इस तथ्य से क्या निष्कर्ष निकाला जाय कि उपर्युक्त फतवे के लगभग तीस वर्ष बाद छायावाद-परवर्ती कवियों में से विश्वविद्यालयों में सर्वाधिक स्वीकृत कवि अज्ञेय ही हैं। यह भी कि बाद के रचनाकारों में यह भरोसा दिखाई पड़ा कि "अज्ञेय, आगे के इतिहासकार को, प्रसाद की 'परम्परा' में ही दिखलाई पड़ेंगे।" तर्क भले ही यह दिया गया हो कि परम्परा का अर्थ केवल पुनरावृत्ति नहीं होता, बल्कि "परम्परा हमेशा परिवर्तन और वैपरीत्य की दिशाओं में फूटती हुई चलती है।"

परम्परा के अनुवर्तन और परम्परा में परिवर्तन, दोनों से उसके साथ सापेक्षता

या प्रासंगिकता का सम्बन्ध कायम होता है। जो अपेक्षणीय है उपेक्षणीय नहीं–समर्थन से या विरोध से वही प्रासंगिक भी है। सवाल है कितनी दूर तक और किस रूप में।

छायावाद की पुष्कल काव्य-सृष्टि ने वायवीपन या कल्पनातिशयता की शिकायत का बराबर सामना किया। इन कवियों की आदर्शोन्मुखता और रहस्योन्मुखता को इस वायवीपन के एक आयाम या भंगिमा के रूप में ही देखा जाना चाहिए। विजयदेव नारायण साही ने इसे लघु और महत, यथार्थ और आदर्श की मिलन-भूमि कहकर, उस मनोभूमि की अनुभूति की, दोनों के आपसी सम्बन्ध और प्रकृति की पड़ताल करने का प्रयत्न किया था। व्याख्याएँ और भी सामने आयीं। परन्तु उत्तरवर्ती मानसिकता में यथार्थ के बढ़ते आग्रह ने इस युग की कालबद्ध आदर्शोन्मुखता और कालातीत रहस्योन्मुखता की विश्वसनीयता और अनुभव सम्पन्नता पर बराबर सन्देह किया।

छायावाद ही नहीं इतिहास के उस दौर में सारे भारतीय साहित्य की मनोभूमि ऐसी ही थी। इससे न प्रेमचन्द बच सके न प्रसाद, और न दूसरी भाषाओं के कवि। छायावादी कवियों में यह आदर्श प्रायः या तो अपरिभाषेय है या अव्यावहारिक। आदर्श उनके यथार्थ का लक्ष्य है। पर यह लक्ष्य कैसा है? इसका ठीक ठिकाने का दो टूक उत्तर उनके पास नहीं है। कुछ है जो क्षितिज के पार से चुम्बकीय आकर्षण से खींचता है। कहीं जिज्ञासा से–'कौन तम के पार रे कह?' कहीं बीच का व्यवधान भेद कर देख लेने की उत्कंठा और ललक से–'तोड़ दो यह क्षितिज, मैं भी देख लूँ, उस पार क्या है?' और कहीं संकल्प से–'इस पथ का उद्देश्य नहीं है श्रान्त भवन में टिक रहना, किन्तु पहुँचना उसके आगे, जिसके आगे राह नहीं'। इस पार से उस पार की यह ताक-झाँक तो सभी में समान रूप से है, पर उस पार की किसी सीमा तक तात्त्विक व्याख्या करने का प्रयत्न प्रसाद ने ही सबसे अधिक किया है। यह बात अलग है कि ऐसा करते हुए वे प्रायः इस देशकालातीत अनन्त तत्त्व का मेटाफिजिकल प्रभामण्डल रचने लगते हैं, जिसका ताल्लुक कल्पनासिद्ध आस्था से अधिक प्रतीत होता है। 'श्रम विश्राम क्षितिज वेला से करते जहाँ सृजन मेला से', में दर्शन का जो आभास दिखाई पड़ता है आगे उसकी परिणति एक ओर रहस्यधर्मी अन्तस्साधना में होती है : स्वप्न, स्वाप, जागरण भस्म हो/इच्छा क्रिया ज्ञान मिल लय थे/दिव्य अनाहत पर निनाद में/श्रद्धायुत मनु बस तन्मय थे/और दूसरी ओर एक ऐसी काल्पनिक वस्तुस्थिति में जहाँ पापितों और शापितों से विहीन वसुधा समतल है। जहाँ जड़-चेतन सब समरस हैं। मुक्तिबोध ने इसे लक्ष्य करते हुए सही कहा था कि "'कामायनी' इस बात का प्रत्यक्ष प्रमाण है कि किस प्रकार ज्ञान-क्रिया-इच्छा के सामंजस्य के प्रश्न को आध्यात्मिक प्रश्न बना दिया गया है, और अद्वैतवादी

सामरस्य के द्वारा उसे सुलझाया गया है। ज्ञान-क्रिया-इच्छा के सामंजस्य का प्रश्न व्यावहारिक जगत का तथा मानव मन का—दोनों का प्रश्न है, उसे रहस्यवादी ढंग से हल नहीं किया जा सकता है"। हल के बारे में असहमति अपनी जगह सही है। पर खुद मुक्तिबोध की समस्या भी तो है ही : समस्या एक/मेरे सभ्य नगरों में/सभी जन/सुखी सुन्दर और शोषण मुक्त कब होंगे/अन्तर दोनों के प्रश्न के धरातल का है। मुक्तिबोध के पास उत्तर नहीं है, और प्रसाद के पास है—नितान्त अव्यावहारिक दिखाई पड़ने वाला। यह अन्तर दोनों के ऐतिहासिक समय का अन्तर है।

ध्यान से देखें तो यह मानसिकता उस समय की राजनीतिक स्थिति से एकदम मेल खाती है। गुलामी की विषमता से आकुल आज़ादी की समरसता का स्वप्न देखता भारतीय मानस, जो 'सर्वोदय' और 'रामराज्य' की बात ही कर सकता था, उसका ठीक-ठीक स्वरूप-निरूपण नहीं। इसीलिए आज अगर इस काव्य की प्रासंगिकता का सवाल उठता है, तो यह ठीक उसी तरह है जैसे राजनीति में गाँधी की प्रासंगिकता का सवाल है।

समस्याओं के समाधान ढूँढ़ने की प्रक्रिया में मेटाफिजिकल हो जाना भारतीय संस्कृति और चिन्तन-परम्परा का लक्षण भी है और उपलक्षण (कन्वेंशन) भी। आधुनिक नवजागरण में 'भारतीय संस्कृति' की तलाश के दार्शनिक अनुषंग और गाँधी जी की पद्धति में मेटाफिजिकल तत्त्व प्रमाण की अपेक्षा नहीं रखते। उस विराट परिदृश्य में छायावादी कवियों की, और उनमें भी विशेषकर प्रसाद की मेटाफिजिकल दार्शनिक भंगिमा यदि बेठिकाने और आज अप्रासंगिक प्रतीत होती हो तो उन समकालीन रचनाकारों की पुनरुत्थानवादी धर्मोन्मुखता की प्रासंगिकता को कैसे समझा-समझाया जाएगा जो धर्म-निरपेक्षता की ऐतिहासिक आवश्यकता के वर्तमान दौर में तत्त्व-चिन्तन नहीं, धर्म का कर्मकाण्ड या तीर्थाटन करने निकल रहे हैं। वस्तुस्थिति के अनुरोध से उत्पन्न छायावादियों की तात्त्विक आध्यात्मोन्मुखता यदि राष्ट्रीय धारा के अनुकूल थी, तो अज्ञेय और निर्मल वर्मा की हिन्दुत्व की चिन्ता छद्म नहीं तो इतिहास-विरुद्ध तो कही ही जाएगी। ऐतिहासिक क्रम में यह परिवर्तन विकास का नहीं विकृति का सूचक है। इस विकृति की समझ के लिए उस प्रकृति की प्रासंगिकता की समझ बहुत जरूरी है।

उस युग में ऐसा क्या हुआ था, जिसकी प्रेरणा से युग पुरुष गाँधी स्वाधीनता से पहले स्वाधीनता की चेतना की अन्तर्ध्वनि को पकड़ने और पुष्ट करने की बात कर रहे थे, आचार्य शुक्ल रसदशा को हृदय की मुक्तावस्था में खोज रहे थे और कवि प्रसाद सत्य को उसके मूल चारुत्व में आत्मा की संकल्पात्मक अनुभूति से ग्रहण कर लेने की वकालत कह रहे थे। यही श्रेय को प्रेयात्मक पद्धति से सिद्ध कर लेना था।

परिवर्तन सब चाहते थे—पराधीनता से स्वतन्त्रता में, बन्धन से मुक्ति में, विषमता से समरसता में। यह एक स्वप्न था जिसे सब देख रहे थे, वेग से उसकी ओर आकर्षित हो रहे थे। इस स्वप्न की ताबीर किस रूप में होगी, इसका ठीक-ठीक उत्तर किसी के पास नहीं था। न राजनेता के पास न कवि के पास और न आलोचक के पास। दिलचस्प बात तो यह है कि कामायनी के कवि ने जिस असामंजस्य और असन्तुलन को अपने समय के मनुष्य की मूल समस्या के रूप में पहचाना था, उससे कामायनी में असंगतियाँ खोज निकालने वाले आचार्य शुक्ल भी सहमत थे : "अपने कई निबन्धों में हम जगत की वर्तमान अशान्ति और अव्यवस्था का कारण इसी सामंजस्य का अभाव कह चुके हैं।" रोग के निदान की प्रासंगिकता के बारे में शंका हो सकती है, पहचान के बारे में नहीं। पर सवाल पहचान और निदान से ज्यादा 'एप्रोच' या निदान की प्रक्रिया का है। प्रासंगिकता की इस चर्चा के बीच जवाहरलाल नेहरू को याद करना अप्रासंगिक न होगा। यह वर्ष नेहरू का भी जन्मशतवार्षिकी वर्ष है। युग की समस्याओं को उन्होंने भी प्रसाद के समानान्तर झेला था पर उनकी फिक्र समाधान से ज्यादा 'एप्रोच' की थी। पुरानी समस्या से जूझने के लिए आधुनिक मानस की व्याख्या करते हुए नेहरू ने कहा था : "The modern mind, that is to say the fetter type of the modern mind is practical and pragmatic, ethical and social, altruistic and humanitarian. It is governed by a practical idealism for social betterment. *(Discovery of India, p. 592)* प्रसाद की समस्या शायद नेहरू के शब्दों में better modem mind के रहते idealism के अभाव की practical समस्या है।

आरम्भ में छायावाद को योरप के रोमैंटिसिज्म से मिलाकर देखने का जो भ्रम दिखाई पड़ा था, उसका निराकरण होते हुए देर नहीं लगी। योरप के रोमैंटिक आन्दोलन की विस्फोटक शक्तिमत्ता से अलग छायावाद की नैतिक उदात्तता ने अपनी जातीय पहचान बहुत जल्दी बना ली। हिन्दी प्रदेश की एक और निजी विशेषता थी—द्वन्द्व की तीव्र प्रखरता से अधिक संयम और सन्तुलन की तलाश, भले ही यह तलाश अन्ततः सन्तोषप्रद मनोवैज्ञानिक या व्यावहारिक नतीजों तक न पहुँचे। पर क्या इतने से ही वह अप्रासंगिक हो जाती है? क्या बाद के कवियों ने सभी प्रश्नों के दो टूक व्यावहारिक और विश्वसनीय समाधान पा लिए? जीवन-व्यवहार में 'अन्धा युग' का आशावाद अस्तित्ववादी शब्दावली के प्रयोगभर से क्या तत्त्वतः 'कामायनी' के आशावाद से भिन्न हो जाएगा? विनाश के अन्धकार में से दोनों प्रकाश की किरणें खोजते हैं—दोनों अलग-अलग ढंग से प्रतीक-कथा कहते हैं। यथार्थ पर दोनों आदर्श की मुहर लगाते हैं, रूप रंगत अपनी-अपनी है। यथार्थ उनके

आन्तरिक सत्य पर हावी नहीं होता, उसके आगे अड़चन बनकर नहीं खड़ा होता। सारी कटुता और कठोरता आदर्श के एक जादुई स्पर्श से निःशेष हो जाती है।

यथार्थवाद की आग्रही दृष्टि को छायावाद की आदर्शोन्मुखता बराबर खटकी है। प्रसाद के सन्दर्भ में एक हद तक उनकी अतीतोन्मुखता भी। उन्हें अतीतजीवी रचनाकार के रूप में देखने समझने के प्रयत्न लगातार हुए हैं। छायावाद के कवियों के लिए यह प्रश्न अतीत और भविष्य का नहीं ठेठ वर्तमान का है। ये कवि इतिहास के क्रम में जहाँ खड़े हैं उसकी वर्तमानता को इन्होंने अतीत और भविष्य की सापेक्षता में ग्रहण किया है। वे निरन्तरतावादी हैं क्षणवादी नहीं। प्रसाद के वर्तमान में अतीत अपने अतीतपन के साथ नहीं, पूरी वर्तमानता के साथ विद्यमान है। इलियट ने परम्परा के इसी नैरन्तर्य-बोध की वकालत की थी। छायावादी काव्य की वेदना और अपराजेय संकल्प दोनों का उत्स यही निरन्तरता-बोध है। यह संयोग-मात्र नहीं है कि प्रसाद की कविताओं में एक 'पैटर्न', एक बुनियादी एकता तो दिखाई पड़ती ही है एक रचनाक्रम भी दिखाई पड़ता है। उनके काव्य में विकास के चरण हैं। जहाँ आपको सूरदास, घनानन्द, भारतेन्दु, यहाँ तक कि मैथिलीशरण गुप्त भी मिलेंगे। और इन्हीं के बीच उनकी अपनी कविताओं की एक बुनियादी एकता है, जो आरम्भ की छोटी कविताओं से शुरू होकर 'कामायनी' तक पहुँचती है। मनु की 'चिन्ता' का, विषमता-बोध का, एक आर्थिक-सामाजिक पक्ष तो है ही, जिसे मुक्तिबोध विस्तार से प्रकाशित कर चुके हैं, उसका एक ऐतिहासिक-सांस्कृतिक पक्ष भी है। यह समस्या मनुष्य ने विरासत में, ऐतिहासिक दाय के रूप में पायी है। देह धरे के इस दण्ड को भोगने के लिए प्रसाद को मनु जैसे मिथकीय चरित्र की ही अवतारणा आवश्यक प्रतीत हुई थी।

कामायनी के मनु में आत्मान्वेषण की, अपने को अपने अतीत के सन्दर्भ में समझने की जो गहन चिन्ता, व्याकुलता दिखाई पड़ती है वह प्रसाद की आरम्भिक कविताओं से ही मिलने लगती है। 'कल्पनातीत काल की घटना' में 'छिपी हुई गहरी बात' की स्मृति, जीवन-रथ पर चढ़कर चलते हुए प्रलय की चेतना, अपनी दुर्बलता का अहसास, फिर भी हारी होड़ लगाने का उत्साह और संकल्प। यह प्रसाद की मानसिक बनावट है, जिससे उस संस्कृति की 'गोधूलि' को समझा जा सकता है, जिसके वे कवि हैं। निराला की 'राम की शक्तिपूजा' से मिलान करने पर, जिस जातीय सांस्कृतिक इतिहास की झलक मिलती है वह इससे बहुत भिन्न नहीं है। यहाँ उस तुलना की गुंजाइश नहीं है। कहना सिर्फ़ इतना है कि जिस 'नाविक अतीत को उतराई' देते हुए छायावादी कवि वर्तमान में संचरण करते हैं, वह अतीत उनकी रचनाओं में बराबर स्पन्दित होता है। "यह अतीत की विकल कल्पना ही मानो कवि

की कविता का प्रमुख उत्स है : अतीत का सम्मोह नहीं, 'अतीत की विकल कल्पना'। जो कि एक साथ नितान्त आत्मीय-वैयक्तिक भी है और सामूहिक-सांस्कृतिक भी।" दरअस्ल छायावादी कवियों में ऐतिहासिक-सांस्कृतिक चेतना प्रसाद में सबसे अधिक प्रखर है। यह चेतना बहुतों को आज अप्रासंगिक प्रतीत हो सकती है, उन्हें तो और भी जिन्हें प्रेमचन्द की दुहाई देते हुए आगे का हिसाब बैठाने के फेर में पीछे देखना बेमानी या फिर अप्रासंगिक लगता है।

इस सबके बावजूद यह सही है कि प्रसाद की अपेक्षा छायावाद के अन्य तीन कवियों के प्रति पाठकों में अधिक समुत्सुकता या ग्रहणशीलता दिखाई पड़ी। पर उसका कारण केवल प्रसाद में प्रासंगिकता की कमी नहीं है। वस्तुतः उनमें निराला की संवेगात्मक ऊर्जा, महादेवी का वेदना-विगलन, और पन्त की सरल-चटुल गति नहीं है। आवेग के क्षण उनके यहाँ बहुत कम आते हैं। यदि आते हैं तो अत्यन्त थिराए हुए, अनुशासित रूप में। उनकी शब्द-लय में भी द्रुत नहीं, विलम्बित गति विन्यास है। वे सीधे भावावेश के क्षणों में काव्य-रचना नहीं करते। उनकी कविता विचारों के दीर्घ-दोहन की, चिन्तन-मनन की प्रक्रिया से गुजर कर आकार लेती है। वे ज्ञानात्मक संवेदन के कवि हैं—वैचारिक कविता के सबसे प्रासंगिक कवि। यह बात अलग है कि उन्होंने विचार का प्रयोग विरोध और संघर्ष के लिए नहीं, अनुकूलन और समाधान के लिए अधिक किया है। परवर्ती कवि-परम्परा की दृष्टि में यही उनकी सबसे बड़ी सीमा है, शायद अप्रासंगिकता भी।

संवेदन अपनी तात्कालिकता में विकलता उत्पन्न करता है। वह "संवेदन जीवन-जगती को, जो कटुता से देता घोंट", बौद्धिकता के ताप के बिना प्रसाद की कविता में व्यक्त नहीं होता। यह बौद्धिकता ज्ञानात्मक चेतना है जिसे सांस्कृतिक जीवन से टकराकर कवि अर्जित करता है। यह सांस्कृतिक बोध कवि के व्यक्तिगत बोध को संस्कार-परिष्कार देता है, उसका रूपान्तरण करता है। कभी-कभी उसमें गुणात्मक परिवर्तन भी घटित होता है।

सांस्कृतिक चेतना की परम्परा को प्रसाद ने गम्भीर अध्ययन से अर्जित किया था जिसका दबाव उनकी कविता पर बराबर बना रहा। संस्कृति उनके अनुसार "सौन्दर्य बोध के विकसित होने की मौलिक चेष्टा" है। इसीलिए, साहित्य के विवेचन में भारतीय संस्कृति और तदनुकूल सौन्दर्यानुभूति की खोज अप्रासंगिक नहीं, किन्तु आवश्यक है। प्रसाद ने भारतीय दार्शनिक संस्कृति के लक्षण भी बताये हैं और सौन्दर्य-बोध-सम्बन्धी रुचि-भेद के भी। काव्य में इस रुचि के प्रतिफलन की व्याख्या करते हुए उन्होंने साहित्य की विवेचना में इस "भारतीय रुचि-भेद को लक्ष्य" में रखने की वकालत की। उनका सारा बल कलाओं के प्रसंग में रुचि और सौन्दर्य-बोध की

'भारतीयता' पर था। प्रसाद के सामने यह सवाल जातीय अस्मिता की पहचान और प्रतिष्ठा का सवाल था।

'आलोचकों के गीत' की इस टेक से वे आहत हुए थे कि "हिन्दी में जो कुछ नवीन विकास हो रहा है, वह सब बाह्य वस्तु (foreign element) है। उन्होंने इसे चुनौती के रूप में स्वीकार किया। उनके उत्तर में न गर्जन-तर्जन था, न आवेश-आवेग, संयत विवेक था, जो शायद इस विश्वास से पैदा हुआ था कि "भारतीय विचारधारा इस सम्बन्ध में जो अपना मत रखती है, वह विलक्षण और अभूतपूर्व है।" भारतीय संस्कृति की व्याख्या उन्होंने सम्पूर्ण संस्कृति (टोटल कल्चर) के रूप में की थी। उसे वे बीती हुई घटना के रूप में नहीं, परिवर्तनशील विकासमान सत्ता के रूप में देखते थे और वर्तमान को उसी निरन्तरता में व्याख्यायित करते थे। अपने इस सरोकार में वे उन सबके समानधर्मा हैं, जिन्हें संस्कृति की निरन्तरता के खण्डित या बाधित होने की चिन्ता सालती है या 'संस्कृति के चार अध्याय' लिखने के लिए प्रेरित करती है। जिन्हें ऐसे प्रयासों में कोरी गतानुगतिकता अतः अप्रासंगिकता दिखाई पड़ती हो, उनके लिए बहुत से रचनाकारों की प्रासंगिकता की जाँच एक बार फिर से करनी आवश्यक होगी।

प्रसाद के विषय में सबसे अधिक असमंजस पैदा करने वाला तत्त्व उनका यथार्थवाद विषयक चिन्तन है। बहुतों को उनकी यथार्थवाद सम्बन्धी समझ पर ही एतराज हो सकता है। वे यथार्थवाद को इतिहास की सम्पत्ति मानते थे, पर लगे हाथों आदर्शवाद की खामियों की तरफ भी संकेत करते जाते थे। उनकी समझ से "यथार्थवादी, सिद्धान्त से ही इतिहासकार से अधिक कुछ नहीं ठहरता", और "सिद्धान्त से ही आदर्शवादी धार्मिक प्रवचनकर्ता बन जाता है"। ऐसे में साहित्य क्या करता है? प्रसाद के पास इस प्रश्न का उत्तर बहुत साफ़ है : "साहित्य इन दोनों की कमी को पूरा करने का काम करता है। साहित्य समाज की वास्तविक स्थिति क्या है, इसको दिखाते हुए भी उसमें आदर्शवाद का सामंजस्य स्थिर करता है। दुःख-दग्ध जगत और आनन्दपूर्ण स्वर्ग का एकीकरण साहित्य है, इसीलिए असत्य, अघटित घटना पर कल्पना को वाणी महत्त्वपूर्ण स्थान देती है, जो निजी सौन्दर्य के कारण सत्य पद पर प्रतिष्ठित होती है। उसमें विश्वमंगल की भावना ओत-प्रोत रहती है।"

दुःख-दग्ध जगत में यह स्वर्गीय हस्तक्षेप आज बहुतों को अमान्य होगा, भले ही उसमें विश्वमंगल की दुहाई दी गयी हो। छायावाद को प्रसाद मूल में रहस्यवाद भी नहीं मानते थे। हिन्दी में यथार्थवाद की एक निश्चित परम्परा को उन्होंने अपने ढंग से पहचाना था। उसके ऐतिहासिक कारणों की व्याख्या की थी। पर उसकी विशेषताओं में वे प्रधानता लघुता के प्रति साहित्यिक दृष्टिपात को देते थे। उनकी

राय में महत्ता का काल्पनिक चित्रण साहित्य का माना हुआ सिद्धान्त था, और लघुता से उनका तात्पर्य था "व्यक्तिगत जीवन के दुःख और अभावों का वास्तविक उल्लेख"। काव्य-जगत के लिए अनुभूतिमय आत्मस्पर्श को 'अत्यन्त आवश्यक' मानने वाले प्रसाद की दृष्टि में काल्पनिक चित्रण और वास्तविक उल्लेख के बीच संगति का क्या रूप था? कहा नहीं जा सकता।

दरअस्ल सारी समस्या प्रसाद के निष्कर्षों को लेकर है। मुक्तिबोध ने कामायनी के बारे में जो प्रश्न उठाये थे, वे आज भी अनुत्तरित हैं : "क्या 'कामायनी' के सामान्यीकरण तथा निष्कर्ष यथार्थ से संगति रखते हैं? क्या वे निष्कर्ष अनुभव-सिद्ध तर्क-शुद्ध अद्यतन ज्ञान-विज्ञान के प्रतिकूल तो नहीं हैं?" कुछ यही स्थिति उनकी प्रासंगिकता के सन्दर्भ में है। मुक्तिबोध इस प्रश्न को शायद ऐसे पूछना पसन्द करते : प्रसाद के काव्य में प्रस्तुत प्रश्नों की प्रासंगिकता कहीं उनके उत्तरों की अप्रासंगिकता में तो पर्यवसित नहीं है? कहना न होगा कि उत्तर प्रश्न में निहित है।

सौन्दर्य का समाधि-लेख : 'प्रलय की छाया'

'प्रलय की छाया' छायावाद की विलक्षण कविता है, जिसे एक हद तक गैर-रोमैण्टिक भी कहा जा सकता है। काव्य-नायिका कमला छायावाद के आदर्श नारी-चरित्रों के विपरीत एक पतिता है, और उसका आत्मविश्लेषण कविता की मुख्य विषयवस्तु है। जिस युग में पद्मिनी जैसी ऐतिहासिक नारियों के आत्मबलिदान की गौरव-गाथा काव्य-जगत में गूँज रही थी, पतन की प्रतिमा कमला को काव्य का विषय बनाना अप्रत्याशित ही कहा जाएगा। वैसे 'पतित के प्रति करुणा' एक प्रकार का रोमैण्टिक भावबोध ही है, कुछ उसी ढंग का जैसा शरच्चन्द्र के उपन्यासों में मिलता है। किन्तु 'प्रलय की छाया' की असाधारणता इस बात में है कि उसमें पतित के प्रति करुणा का भाव जगाने की जगह उसके पतन का निर्मम विश्लेषण किया गया है जो रचना-विन्यास में बहुत-कुछ यथार्थवादी है।

उस स्थिति में जहाँ "मरना ही भारत की नारियों का गीत-भार" हो, प्रसाद की दृष्टि को एक ऐसे नारी चरित्र ने बाँधा, जिसने संकल्प किया था :

"पद्मिनी जली थी स्वयं किन्तु मैं जलाऊँगी...
वह दावानल ज्वाला
जिसमें सुलतान जले।"

अलाउद्दीन के हरम में गुजरात-नरेश कर्णसिंह की रानी के वर्तमान होने का उल्लेख इतिहास में मिलता है। इस वस्तु-तथ्य के मूल में स्थित मनोवैज्ञानिक जटिलता कवि की सर्जनात्मक कल्पना की सृष्टि है।

जिस छायावाद में नारी का संग पावन गंगा-स्नान सरीखा पुनीत प्रतीत होता हो, जिस सहचरी के रूप का प्रभाव मन-प्राणशोधक और उन्नयनकारी ही होता हो वहाँ कमला की चरित्र-सृष्टि अपनी विलक्षणता में बेजोड़ है। छायावादी वातावरण में ऐसी रूप-गर्विता नारी की कल्पना दुर्लभ ही कही जाएगी जो 'प्रचण्ड रूप-ज्वाला'-सी धधककर सुलतान को जलाने का हौसला रखती हो। जो नारी के त्रिगुणात्मक नयनों के 'सन्निपात' के प्रति पूर्ण सजग हो और उसे अपना अस्त्र मानती हो।

पर बात यहीं तक नहीं है। विडम्बना तो यह है कि 'प्रलय की छाया' नारी के रूप-गर्व की कविता न होकर रूप के मोह-भंग की कविता है। यह बात अलग है कि यह मोह-भंग उस क्षण तक घटित नहीं होता, जब तक मृत्यु साक्षात सामने आकर खड़ी नहीं हो जाती। मृत्यु को सामने पाकर ही जीवन में पहली और अन्तिम बार कमलावती को अहसास होता है कि "दृप्त अधिकार ने जितना विभव, रूप, शील और गौरव को" लूटा था, "आज़ वे स्वतन्त्र हो बिखरते हैं।" सौन्दर्य और मृत्यु के बीच द्वन्द्व बार-बार उपस्थित होता है, किन्तु रूप-गर्व उस क्षण तक विजयी होता रहा है जब तक अन्तिम और चरम सत्य के रूप में मृत्यु साक्षात उपस्थित नहीं हो जाए।

तोल्स्तोय की प्रसिद्ध कहानी 'इवान इलिच की मृत्यु' की व्याख्या करते हुए अस्तित्ववादी विचारकों ने कहा था : "मृत्यु के प्रथम साक्षात्कार के क्षणों में वह जीवन में पहली बार आत्मसाक्षात भी कर रहा था।" अस्तित्ववाद में मृत्यु की महत्त्वप्रतिष्ठा इसी तर्क के सहारे की गयी है कि आधुनिक मानव के लिए जीवन का अर्थ रह नहीं गया है और इस अर्थ की पुनः प्रतिष्ठा सिर्फ मृत्यु ही करा सकती है। उससे कम कोई अनुभव ऐसा करने में कारगर नहीं हो सकता।

मृत्यु ही सही अर्थ में व्यक्ति को जीवन की पहचान कराती है—इस सूत्र के आलोक में यदि इस कविता को समझने का प्रयास किया जाए तो इसमें स्पष्ट ही एक नयी अर्थ-सम्भावना दिखाई पड़ती है। ठीक उसी प्रकार जैसे मृत्यु से साक्षात्कार के क्षणों में पहली बार कमलावती आत्मसाक्षात्कार करती हुई जीवन को एक नया अर्थ प्रदान करती है। मृत्यु-बोध के क्षणों में आत्मविश्लेषण का यह स्वर छायावाद में नया है। मृत्यु को सामने पाकर विगत जीवन के अनुस्मरण की रूढ़ि साहित्य की अतिपरिचित रूढ़ि है। 'उसने कहा था' और 'शेखर : एक जीवनी' इस शैली के समर्थ उदाहरण हैं। परन्तु इस शैली में रचित कविताएँ हिन्दी में बहुत नहीं, और छायावाद में तो और भी नहीं। अंग्रेजी के रोमैण्टिक कवियों में कीट्स की कविता में प्रेम और मृत्यु का द्वन्द्व अवश्य उभरा है।

'प्रलय की छाया' में यह द्वन्द्व सौन्दर्य और मृत्यु के बीच उपस्थित है, किन्तु विडम्बना यह है कि सौन्दर्य-मोह के रूप में जो प्रच्छन्न जिजीविषा आद्यन्त मृत्यु को टालती रही वही अन्त में सौन्दर्य की निस्सारता की घोषणा करती हुई मृत्यु का कारण बन जाती है। "पुण्य ज्योतिहीन कलुषित सौन्दर्य का नक्षत्र" अन्तक शरभ के अन्धतम से काले-काले पंखों के अन्धकार में डूब जाता है। शायद इसलिए कि वह "मिथ्या अधिकार की छलना मात्र" थी। सौन्दर्य का जो बोध आजीवन मृत्यु के समानान्तर युगपत् स्थित रहकर 'प्रलय की छाया' में सृष्टि की सत्ता बनाये रहा, वही

अन्त में असफल हो जाता है। सौन्दर्य के चपल आवरण की सत्ता हिमबिन्दु-सी ढुलक जाती है और रूपगर्विता कमला की आँखों के सामने से एक माया-स्तूप-सा लुप्त होता दिखाई देता है।

कमलावती का यह रूप-मोह वह सौन्दर्य-बोध नहीं है जिसे 'चेतना का उज्ज्वल वरदान' कहा जाता है, बल्कि उस मृत्यु-भीरु मन की जीवन-लालसा है जो रूप-गर्व के बहाने रह-रहकर आत्मरक्षा के लिए लालायित हो उठती है।

आन्तरिक सौन्दर्य से विहीन रूप का प्रमाद नारी की जीवनी-शक्ति का नहीं मृत्यु का कारण होता है। 'प्रलय की छाया' इसी "सौन्दर्यमयी वासना की आँधी" की विनाश-लीला है। सौन्दर्य और मृत्यु का यह विरोधपूर्ण सहवास आद्यन्त अनेक विडम्बनापूर्ण स्थितियाँ उत्पन्न करता है। आरम्भ में जो रूपदम्भ पद्मिनी की स्पर्धा में अपनी श्रेष्ठता सिद्ध करने के लिए लालायित है, अपमान और अवहेलना की एक ठोकर से भयावह जिजीविषा में रूपान्तरित हो जाता है। जो गरिमामय दर्प सुलतान के हृदय में दावानल ज्वाला जलाकर मृत्यु-संवलित सौन्दर्य का साक्षात्कार कराने के लिए उत्सुक था वही 'मृत्यु महागत' का क्षण टल जाने पर जीवन को सौभाग्य और अलभ्य मानने लगता है और फिर शेष रह जाता है रूप-दम्भ के बहाने जीवन-रक्षा का एक प्रकाण्ड उपक्रम-मात्र। मानिक की प्राण-रक्षा के लिए किया गया अनुनय भी मानो आत्म-मोह का ही प्रक्षेपण-मात्र है। पद, प्रतिष्ठा और जीवन का लोभ रूप-गर्व के आवरण में अभिव्यक्ति की शत-शत सरणियाँ खोजता है। यहाँ तक कि गुजरेश के भेजे 'जीवन-लीला समाप्त कर देने' के आदेश में भी वह अपने अनुकूल स्वार्थपरता ढूँढ़ निकालता है। सबसे बड़ी विडम्बना तो यह है कि वही अपराजेय सौन्दर्य, जो आरम्भ में गुजरेश के पतन का कारण बना, क्रमशः अलाउद्दीन की मृत्यु का कारण हुआ और अन्त में स्वयं कमला की मृत्यु का भी—'अकिंचन परिवारी', आजीवन दास मानिक के हाथों और वह भी इस बोध के साथ कि :

"मैं जो करने थी आयी
उसे किया मानिक ने"

इतने बड़े मोह-भंग के लिए सैकड़ों वृश्चिकों के डंक-से आघात की ही अपेक्षा थी। इस अविजेय सौन्दर्य की अन्तिम भर्त्सना, मानिक के द्वारा इस रूप में की गयी है—

नारी यह रूप तेरा जीवित अभिशाप है
जिसमें पवित्रता की छाया भी पड़ी नहीं।

यह केवल वैर-शोध नहीं, सौन्दर्य का मृत्यु-घोष है, और 'प्रलय की छाया' सौन्दर्य का समाधि-लेख। यही उसकी सबसे बड़ी शक्ति है।

क्या यह सर्वथा आकस्मिक कहा जाएगा कि प्रसाद के अनेक महत्त्वपूर्ण नारी

पात्र आत्मछल के शिकार रहे हैं—'स्कन्दगुप्त' की अनन्तदेवी और विजया, और 'अजातशत्रु' की छलना तो 'छलना' है ही। पात्रों की इस आवृत्ति का एक निश्चित क्रम या पैटर्न है जिसकी प्रलम्बित अनुगूँज मनोलोक में देर तक बनी रहती है। कहना शायद गलत न होगा कि इन पात्रों की असाधारण प्रभावक्षमता उनके इसी छलनामय रूप में निहित है। नाटकों में ये चरित्र प्रायः आत्मछल का बहिर्मुखी प्रसार कर अन्य पात्रों को उसका भागी बना लेते हैं, पर कमलावती की वंचना सर्वथा आत्मकेन्द्रित और अन्तरंग है। शायद इसीलिए जीवन के अन्तिम क्षणों में अपने प्रति ईमानदार आत्मस्वीकृति से कविता का आरम्भ होता है। यह कविता इस दृष्टि से एक 'कन्फ़ेशन' है जिसका आरम्भ 'धूसर क्षितिज में', 'थके हुए दिन के निराशा भरे जीवन' की उस सन्ध्या से हुआ है जब पहली बार कमलावती ने निज अपमान की कलुषित छाया में यह अनुभव किया कि :

> *जीवन में आता है परखने का*
> *जिसे कोई एक क्षण,*
> *लोभ, लालसा या भय, क्रोध, प्रतिशोध के*
> *उग्र कोलाहल में*
> *जिसकी पुकार सुनायी ही नहीं पड़ती।*

'अन्तक शरभ' के काले-काले अन्धतम से ढकते पंखों का साक्षात् करती उसकी चेतना ने पहली बार तटस्थ और विभाजित होकर अपने उस व्यक्तित्व का बेलाग विश्लेषण किया जो जीवन की रंगशाला में पूरी ईमानदारी से प्रवंचक की भूमिका निभाता रहा। कमलावती की व्यवसायात्मिका बुद्धि ने जीवन को तटस्थ होकर तार-तार देखा और जीवन की अन्तिम घड़ियों में पहली बार उसने अनुभव किया कि वह आत्मछल का जीवन जीती रही है।

प्रत्यभिज्ञान के इस आघात (शॉक ऑफ़ रिकगूनिशन) से प्रेरित होकर कमला प्रेम जैसे नितान्त अन्तरंग और स्वयंसिद्ध भाव के प्रति भी एक बेमुरौवत तलखी से भरकर सन्देहशील हो उठती है : यह एक ऐसी गैर-रूमानी और निर्मम तटस्थता है जिसके कारण पति के साथ ही स्वयं अपने प्रेम के बारे में भी उसके मन में शक पैदा हो गया—

> *बन्दिनी हुई थी मैं अबला थी;*
> *प्राणों का लोभ उन्हें फिर क्यों बचा सका?*
> *प्रेम कहाँ मेरा था?*
> *और मुझमें भी कैसे कहूँ शुद्ध प्रेम था।*

केवल प्रेम ही नहीं 'मिथ्या अधिकार' की छलना को भी कमला ने ईमानदारी से

स्वीकार किया है। पूरी आत्मसजगता के साथ उसने माना है—

बाधा-विघ्न-आपदा के तीव्र प्रतिघात का
सबल विरोध करने में कैसा सुख है?—
इसका भी अनुभव हुआ था भलीभाँति मुझे
किन्तु वह छलना थी मिथ्या अधिकार की।

सच्चाई के सीधे साक्षात्कार का ऐसा साहस छायावाद में दुर्लभ है। द्वन्द्व के अवसर कमलावती के जीवन में लगातार उपस्थित होते रहे और इन अवसरों पर जिस निर्णय को उसने सही समझा, वही आत्म-प्रवंचना सिद्ध हुआ। इस सच्चाई का बोध कुछ देर से हुआ और उसे यह बोध भी केवल मृत्यु का क्षण ही करा पाया—सार्त्र की भाषा में यही 'आयरनी ऑफ़ सिन्सिएरिटी' ईमानदारी की विडम्बना है।

'प्रलय की छाया' की असाधारणता इसी में है कि इसमें मृत्युबोध के क्षण को उसकी घनता में, पूरी ईमानदारी के साथ तार-तार कर विश्लेषित किया गया है—उस क्षण को जिसमें व्यक्ति पहली और आखिरी बार अपने प्रति सत्य-कथन के लिए बाध्य होता है। यह ईमानदारी मृत्यु के द्वार पर खड़े व्यक्ति की अन्तिम घोषणा की ईमानदारी है। कल्पनाजीवी छायावाद में अनुभूति की यह निर्मम प्रामाणिकता विरल ही कही जाएगी। किन्तु इस अनुभूति की विडम्बना यही है कि इसमें फँसा व्यक्ति पूरी ईमानदारी से अपने को छलता है। उसका चेतन और अवचेतन दोनों जिस बात के अनौचित्य से पूरी तरह परिचित रहते हैं उसी को उचित सिद्ध करने के लिए अवचेतन तर्क जुटाता है और चेतन को छलता है। अनुचित का यह 'रेशनलाइज़ेशन' सत्य से कतराने का प्रयत्न-मात्र, और इस तरह अपने प्रति बहुत बड़ा झूठ होता है।

झूठ और छलना का यह क्रम इतनी दूर तक चलता है कि ज़रूरत पड़ने पर व्यक्ति अपनी दुर्बलताओं और असफलताओं की मनोवैज्ञानिक व्याख्याएँ करने से भी नहीं चूकता। कमलावती जब कहती है—

अन्तर्निहित थीं,
लालसाएँ, वासनाएँ जितनी अभाव में
जीवन की दीनता में और पराधीनता में,
पलने लगीं वे चेतना के अनजान में।

तो स्पष्ट हो जाता है कि वह अपने आचरण की व्याख्या में फ्रायडीय युक्तियाँ जुटा रही है। जीवन की वे लालसाएँ और वासनाएँ, जो दीनता और पराधीनता की प्रतिकूल परिस्थिति में अभिव्यक्त होने का सुयोग न पा सकीं, कहीं उपचेतन में अन्तर्लीन हो गयीं।

ये अभुक्त संवेदन उपचेतन के गहन अन्धकार में वासना के बिन्दुओं से सींचे

जाते रहे, इस बात को अगली पंक्तियों में प्रसाद ने और भी स्पष्ट कर दिया—

किन्तु इस युग से वासना के बिन्दु रहे सींचते
मेरे संवेदनों को।
यामिनी के गूढ़ अन्धकार में
सहसा जो जाग उठे तारा से।

फ्रायड ने जीवन के सभी व्यापारों के मूल में 'लिविडो' की प्रतिष्ठा की है। मनोविश्लेषण-पद्धति में जिस उपचेतन को अभुक्त मनोवृत्तियों का भण्डार-घर माना गया है उसकी व्याख्या चेतना के अन्धकारपूर्ण स्तर के रूप में की गयी है। कविता में प्रयुक्त 'चेतना के अनजान', 'अन्तर्निहित', 'वासना', 'गूढ़ अन्धकार' आदि शब्दों से स्पष्ट है कि प्रसाद ने कविता की बुनावट में भी फ्रायडीय शब्दावली का प्रयोग किया है।

प्रसाद ने आत्मप्रवंचना की विडम्बना के मूल में जिस कामदर्शन की प्रतिष्ठा की है वही आगे चलकर शैवागम के आनन्दवाद में रूपायित होकर 'कामायनी' में प्रतिफलित हुआ है। वह काम का दार्शनिक सांस्कृतिक संस्करण कहा जाएगा। 'प्रलय की छाया' में यही कामवृत्ति—हिंसा, प्रतिशोध, अहंकार, रूप-मोह आदि अनेक सहज-यथार्थ रूपों में प्रकट हुई है। 'प्रलय की छाया' के रचना काल तक प्रसाद 'कामायनी' की परिकल्पना कर चुके थे और उसके कुछ अंश प्रकाशित भी हो चुके थे। 'प्रलय की छाया' काम का मनोविज्ञान है तो 'कामयनी' उसी का दार्शनिक संस्कार।

कमलावती में काम की यह वृत्ति मुख्यतः आत्मप्रवंचना के रूप में ही प्रकट हुई है। विडम्बना यह है कि आत्मवंचना आत्मनिषेध को जन्म देती है। ऐसी स्थिति में व्यक्ति या तो किसी अप्रिय सत्य को अपने से छिपाता है अथवा किसी असत्य को सत्य की तरह पेश करता है। क्योंकि ये सभी प्रयत्न आत्मोन्मुख होते हैं, अन्तः छलने और छले जानेवाले व्यक्तित्व की सत्ता दोहरी न रहकर एक हो जाती है। द्वन्द्व तो वहाँ भी रहता ही है, किन्तु सर्वथा अन्तरंग रूप में।

द्वन्द्वमूलक या तनावपूर्ण स्थितियों को उठाकर चलनेवाली कविताओं के रूप-गठन में नाटकीयता के समावेश की गुंजाइश अधिक रहती है। किन्तु इस द्वन्द्व की अर्थभूमि यदि सीमित और कार्यक्षेत्र भी अन्तरंग हो तो उसको नाटकीय रूप देना कठिन हो जाता है। इस स्थिति में कवि या तो द्वन्द्वमय अन्तरंग स्थितियों को उनके पूरे उलझाव और तनाव के साथ शब्दों में बाँधता है अथवा द्वन्द्व को चित्रित न करके उसका वर्णन करता है। दूसरी युक्ति के प्रयोग से कविता का स्वर सूचनाधर्मी हो जाता है।

नन्ददुलारे वाजपेयी ने प्रसाद का रहस्यवाद 'जीवन-द्वन्द्वों की स्वीकृति और

उनके परिहार' में देखा है। उनका विचार था कि 'द्वन्द्वों की तीव्रता के कारण' प्रसाद का साहित्य प्राणमय और उदात्त हो गया है। यह कहना सही है कि प्रसाद-साहित्य की प्राणवत्ता द्वन्द्वों की स्वीकृति में निहित है। किन्तु सर्वत्र वे उनके परिहार में सफल हुए हैं या ऐसा उनका प्रयत्न रहा है, यह कहना एक सीमा के आगे ठीक नहीं है। यथार्थ के धरातल पर द्वन्द्व की समाहिति सदा सम्भव नहीं होती। प्रसाद ने प्रायः इसी वस्तुगत यथार्थ को स्वीकार करते हुए द्वन्द्वों को बने रहने दिया है। कम-से-कम उनका पूर्ण सन्तोषप्रद परिहार आरोपित नहीं किया और जहाँ किया वहाँ उसका रूप सैद्धान्तिक या दार्शनिक-सांस्कृतिक हो गया—जैसे 'कामायनी' में। उनके सभी नाटकों के अन्त इसी संशयजन्य द्विधाग्रस्त स्थिति में होते हैं जहाँ पात्र करुणा जगाते हैं, आश्वस्ति नहीं। यही बात 'प्रलय की छाया' के विषय में सत्य है।

इस कविता की नाटकीयता द्वन्द्व-संघर्षमय स्थितियों के तनाव से अधिक उनके दृश्य-चित्रण में है। कमलावती की पूर्व-स्मृतियाँ एक के बाद एक दृश्यों के रूप में कौंधती हैं—ऐसी कला-दीर्घा की भाँति जिसका हर चित्र दूसरे से बेबाक अलगाया जा सकता है। कविता साफ़ सात दृश्यों में बँटी है। तीन सन्ध्याएँ हैं और तीन रात्रियाँ जिनमें अन्तिम काल-रात्रि भी शामिल है। मनःस्थितियों के अनुरूप सन्ध्या और रात्रि के चित्रों में परिवर्तन होता गया है, जिन्हें एक-दूसरे के परिपार्श्व में परस्पर-विरोधी रंगों के रूप में रखा जा सकता है। इनका अन्तर एक-दूसरे के विरोध में उभरता है, पर यह विरोध सम्पूर्ण कविता में खण्डित रूप-बन्ध की सूचना न देकर परिवर्तन, विविधता और नाटकीयता को ही रेखांकित करता है मानो एक के बाद एक रूप-रंग के अन्तरपट खुलते जा रहे हों, जिनमें हर अन्तर्दृश्य का एक अपना रूप है और अपनी सज्जा।

काल-रात्रि से पूर्व जहाँ 'थके हुए दिन के निराशा भरे जीवन की सन्ध्या' धूसर क्षितिज में है वहाँ जीवनारम्भ की सन्ध्या 'रागमयी' है जिससे 'निर्जन जलधि वेला' भी 'सौरभ से भरी रंग-रलियाँ' सीखने का हौसला रखती है। इन दोनों से अलग वह उदास सन्ध्या है जो मृत्यु और जीवन के प्रत्यक्ष संघर्ष की रंगभूमि है। स्वभावतः निज क्षोभ से लाल-पीला होता हुआ दिगन्त उदास हृदय-पटल का उपमान हो जाता है और यमुना की प्रशान्त मन्द-मन्द धारा धरा के तरल अवसाद-सी प्रतीत होती है।

यही बात निशा-चित्रों के विषय में सत्य है। दो मानवीकृत रूप—एक उस युवती का जिसके 'तारक-खचित नीलपट परिधान' पर ज्योतिमयी, हासमयी, विकल विलासमयी लालसा की दीप्त मणियाँ चमकती हैं और दूसरा, जब वही मधुयामिनी क्षोभ के, छलना के क्षणों में 'ताराओं की विरल दशन पंक्ति' खोलकर दूर व्योम में अट्टहास करती कृष्णा रजनी दिखाई पड़ती है।

प्रसाद वस्तुतः गोधूली वेला और सन्ध्या के सिद्ध चित्रकार हैं। सन्ध्या का उदास, मादक सौन्दर्य अनेक रूपों में उनके साहित्य में रस-बस गया है। वह शतरूपा उनके काव्य में पुनः-पुनः अवतरित होती है। कभी मधुर-माधवी रूप में और कभी कृष्ण-कुन्तला भीमा रूप में, किन्तु इस विविधा का प्रत्येक चित्र पुनर्नवा होता है।

सन्ध्या और रात्रि के दृश्य-चित्रों के अतिरिक्त 'प्रलय की छाया' में कुछ मोहक भावचित्र भी गुँथे हैं; जैसे अगरुवर्तिका की शेष धूमरेखा का निम्नांकित वर्णन–

कृष्णागुरुवर्तिका
जल चुकी स्वर्णपात्र के ही अभिमान में
एक धूमरेखा मात्र शेष थी,
उस निस्पन्द रंग-मन्दिर के व्योम में
क्षीण गन्ध निरवलम्ब।

इन पंक्तियों में कमलावती का सम्पूर्ण जीवन-वृत्त एक संश्लिष्ट बिम्ब में मूर्तिमान हो उठा है। राजकीय वैभव के अभिमान में उसका जीवन अन्ततः उसी प्रकार निःशेष हो गया जैसे स्वर्णपात्र में रखी हुई अगरुवर्तिका जलकर अपने पीछे एक क्षीण गन्ध निरवलम्ब धूमरेखा मात्र छोड़ जाती है। असहायता का यह करुण भावचित्र कविता की बुनावट में विशेष स्थान रखता है। प्रसाद को शेष धूमरेखा का यह बिम्ब इतना प्रिय था कि इसकी आवृत्ति उन्होंने अनेक कविताओं में की है; जैसे 'आँसू' में–

जल उठा स्नेह-दीपक-सा
नवनीत हृदय था मेरा
अब शेष धूमरेखा-सा
चित्रित कर रहा अँधेरा।

शेष धूमरेखा के साथ 'अगरु धूम' भी प्रसाद के प्रिय बिम्बों में से है जो 'अगरु धूम की श्याम लहरियाँ बिखरी हों इन अलकों में' (स्कन्दगुप्त) जैसी पंक्तियों में व्यक्त हुआ है। बिम्ब वही हैं किन्तु सन्दर्भ और संयोजना के भेद से प्रत्येक प्रयोग की अपनी विशेषता है। 'प्रलय की छाया' में अंकित इस बिम्ब की विशिष्टता उसकी संश्लिष्टता है जिसमें शेष धूमरेखा अगरु के साथ संयुक्त होकर स्वर्ण-पात्र के सन्दर्भ में अंकित है।

'प्रलय की छाया' का सबसे अधिक प्रभावशाली भाव-चित्र है मृत्यु-क्षण की अनुभूति का। तहखाने में पड़ी हुई कमलावती अपनी मौत का इन्तजार कर रही है। आँखों के सामने शून्य अन्धकार है। सारा वैभव मायास्तूप-सा बिखर रहा है। वासना किसी पर्दे के पीछे छिपी हुई पिशाची के समान अट्टहास कर रही है। सामने केवल

व्यंग्य करती हुई व्रीड़ा की अँगुलियाँ दिखाई पड़ रही हैं। अन्तक शरभ के काले-काले पंख ढकते आ रहे हैं। आकाश में तारा टूट रहा है। कुल मिलाकर सारा वातावरण मृत्यु की भयावहता से आक्रान्त है। 'शरभ पंख' और 'टूटते नक्षत्र' के 'आर्किटाइप' अथवा आदिम बिम्बों के द्वारा प्रसाद ने मृत्यु को कविता में मूर्तिमान कर दिया है।

प्रसाद की यह कविता उनकी सम्पूर्ण साहित्य-सृष्टि में अपने कथ्य (कंटैंट) की आधुनिकता के कारण विशिष्ट है। रोमानी भाव-बोध का सम्बन्ध जिस आदर्श-मोह और रंगीन काल्पनिकता से होता है, उसमें प्रायः मृत्यु भी रोमानी रंग में रँगकर सम्मोहक और कमनीय दिखायी पड़ने लगती है। वह न तो भय का विषय रह जाती है और न ही व्यक्ति का मोह-भंग कर उसे अपने प्रति इतना सजग, ईमानदार, बेलाग और निर्मम बनाती है। मृत्यु का बोध व्यक्ति को अपनी अनुभूतियों में इतना 'प्रामाणिक' इतना कठोर बना दे, वह अस्तित्ववादी अवधारणा स्पष्टतः गैर-रोमैण्टिक है। इस दृष्टि से यह कविता रोमानी भाव-बोध की मौत का अभिलेख है।

फिर भी अगर अब तक इसकी यह आधुनिकता सहसा उभरकर नहीं आ सकी तो इसकी जिम्मेदारी भाषा-शैली के संस्कार पर है। इसके कथ्य का टटकापन यदि अब तक उजागर नहीं किया जा सका तो साफ़ है कि अभिव्यंजना-शिल्प आड़े आया है। भाषा, छन्द, बिम्ब आदि को किसी कविता के कथ्य और विषय से दो टूक अलगाकर यह नहीं कहा जा सकता कि उसमें से एक पुराना और दूसरा नया या ताजा है। अतः जाहिर है कि इस कविता के कथ्य को, थीम को ठीक-ठाक ग्रहण करने में सबसे बड़ी बाधा यही है।

धूसर क्षितिज, रागमयी सन्ध्या, निर्जन जलधि-वेला, मालती-मुकुल और रजनी की नीली किरणें—सब मिलकर जो रोमानी चित्रपट तैयार करती हैं उसमें यथार्थ के रंग डूबने लगते हैं। नूपुरों की झंकार जब चरण-अलक्तक की लाली से घुलमिलकर दिगन्तव्यापी सन्ध्या संगीत को पीती हुई अन्तरिक्ष की अरुणिमा का उपमेय हो जाती है तो वर्ण और संगीत के मेल-मिलाप से उभरने वाला चित्र विषय से अधिक वायवी हो जाता है। यही नहीं, नादानुरंजक शब्दों का छायावादी मोह 'मादक पवन' के समान 'ले ले फूलों से मधुर मरन्द-बिन्दु उसमें' मिलाने लगता है। यही छायावादी संस्कार ध्वनि-संगीत से आगे बढ़कर 'शब्द-मोह' बन जाता है। 'छायावाद का पतन' में छायावादी काव्य-भाषा की इस विशेषता का जिक्र करते हुए डॉ. देशराज ने स्पष्ट किया है कि ऐसी स्थिति में कवि की दृष्टि शब्दार्थ की अपेक्षा शब्दों के अनुषंगों पर टिक जाती है। अतः 'नन्दन की शत-शत दिव्य कुसुम कुन्तला अप्सराएँ' काव्य में झट अवतरित हो जाती हैं। पृथ्वी पर 'क्रीड़ा के मधु-अभिषेक में नत-शिर' देखकर अन्तरिक्ष में अनंग बालिकाओं को हँसते देर नहीं लगती। सामान्य रमणियों का

क्रन्दर भी भैरव-संगीत बन जाता है और हर युद्ध शिव-ताण्डव नृत्य-सा दिखाई पड़ता है। सौन्दर्य की रंगशालाएँ मणि-नूपुरों की झनकार से गूँज उठती हैं। गरज कि रूप-रंग कि रंगीन दुनिया में और संगीत की अनुगूँजों में यथार्थ और अर्थ की वास्तविकता पिछड़ने लगती है। रूप-रंग और नाद के घटाटोप में लिथड़े शब्द बेमानी होने लगते हैं। ऐसे माहौल में 'दुखिया अंखड़ियों' जैसा शब्द-प्रयोग या अपमान-ज्वाला में अधीर होकर जलने के लिए डोरी-सी ऐंठने जैसा उपमान बेजा लगता है। 'अवभृत स्नान', 'गत-प्रत्यागत-प्रत्यावर्तन' और 'सुख-रजनी की विश्रम्भ-कथा' के बीच 'हृदय की कमी के इतरा चलने' की बात या 'जीवन सुरा की वह पहली ही प्याली' का लहजा भाषा में ऊबड़खाबड़पन का आभास देने लगता है। नतीजा यह कि कुछ ऐसी पंक्तियाँ, जिनका सौन्दर्य उनकी सपाटबयानी में है, सहज ही पहचान में आ जाती हैं। जैसे कमलावती का यह पश्चात्ताप—

हाय रे हृदय! तूने
कौड़ी के मोल बेचा जीवन का मणि-कोष
और आकाश को पकड़ने की आशा में
हाथ ऊँचा किये सिर दे दिया अतल में।

स्पष्ट ही इन पंक्तियों का सौन्दर्य भाषा की मुहावरेदानी और सपाटबयानी में है। परन्तु ऐसी पंक्तियाँ तो पूरी कविता में गिनी-चुनी हैं और फिर छन्द का चुनाव भी तो कहीं-न-कहीं पुराने ब्रजभाषा के जीवित संस्कार का ही प्रमाण है। वही कवित्त की लय जो छायावाद में 'निराला' और 'प्रसाद' को विशेष प्रिय रही और संयोग से उधर मैथिलीशरण गुप्त को भी। यह अवश्य है कि कविता के पूरे ढाँचे में लय का रचाव कुछ इतना अनुकूल है कि उसके ब्रजभाषापन का कहीं पता नहीं चलता, अतः वह सहज ही पकड़ में भी नहीं आता। शायद इसका एक कारण यह भी है कि कवित्त की लय का निरन्तर एकरूप प्रयोग करके उसे नीरस बनाने की बजाय प्रसाद ने उसे खटकों से तोड़ा है। कुछ दूर तक लम्बी पंक्तियों का क्रम चलने पर वे बीच में छोटी पंक्ति डाल देते हैं, अतः वहाँ एकरसता झटके से खण्डित होती है और फिर प्रवाह पुनः बह निकलता है। उदाहरण के लिए—

आँखें खुलीं,
देखा मैंने चरणों में लोटती थीं
विश्व की विभव-राशि,
और थे प्रणत वहीं गुर्ज्जर-महीप भी!
वह एक सन्ध्या थी।

इस युक्ति का प्रयोग उन्होंने प्रसंग के अनुकूल आद्यन्त किया है—कुछ ऐसे कि

कवित्त का मध्ययुगीन कवित्तपन भी ओझल हो गया है। यह आकस्मिक नहीं है कि कवित्त और सवैया की लय के साथ प्रयोग करने की प्रवृत्ति नयी कविता तक चली आयी है। इस प्रकार के प्रयोग इन छन्दों की मध्ययुगीनता को नहीं, इनमें निहित लयात्मक सम्भावनाओं को ही सिद्ध करते हैं। 'प्रलय की छाया' में इस सम्भावना का पूरा उपयोग किया गया है, जो शायद इस बात का प्रमाण है कि शैली की किसी विधि या भंगिमा का प्रयोग किसी भी भाषा में और किसी विषय के अनुरूप ढालकर किया जा सकता है—शर्त इतनी ही होनी चाहिए कि प्रयोग सर्जनात्मक हो। कहना न होगा 'प्रलय की छाया' ने एकाधिक स्तरों पर प्रसाद की सर्जनात्मक क्षमताओं का प्रमाण प्रस्तुत किया है।

'कामायनी' और वर्गहीन साम्यवादी समाज

'कामायनी' की समीक्षा के दौरान आचार्य रामचन्द्र शुक्ल ने अपने इतिहास में प्रसंगवश लिखा था कि "वर्गहीन समाज की साम्यवादी पुकार की भी दबी-सी गूँज दो-तीन जगह है।" (पृ. 835) स्पष्टतः परवर्ती समीक्षकों ने इसे विशेष महत्त्व नहीं दिया। किन्तु मार्क्सवादी आलोचक डॉ. रामविलास शर्मा को आचार्य शुक्ल का यह कथन इतना महत्त्वपूर्ण प्रतीत हुआ कि उन्होंने 1952 में प्रकाशित 'साहित्य में लोकजीवन की प्रतिष्ठा और जयशंकर प्रसाद' शीर्षक लेख में तो उसका उल्लेख किया ही, इधर हाल ही में प्रकाशित 'निराला की साहित्य साधना भाग-2' में उसे फिर आग्रहपूर्वक दोहराया है। और, इस प्रकार उन्होंने 'कामायनी' पर मार्क्सवाद की छाप दिखाने की कोशिश की है।

पहली बार शुक्लजी का उद्धरण देते समय उन्होंने कहा था कि "आचार्य शुक्ल ने 'कामायनी' की चर्चा में इस *अस्पष्ट साम्यवादी आकांक्षा* की ओर संकेत किया है।" उनके इस कथन में जो सावधानी दिखाई पड़ती है वह इस बात को दोहराते समय आग्रह में बदल गयी है। उन्होंने एक बार फिर शुक्लजी का उद्धरण प्रस्तुत करते हुए कहा : "शुक्लजी ने 'कामायनी' में गाँधीवाद की गूँज नहीं सुनी; जो दबी-सी गूँज उन्हें सुनाई दी, वह वर्गहीन समाज की साम्यवादी पुकार की गूँज है। जो आलोचक छायावाद को गाँधीवाद का साहित्यिक प्रतिबिम्ब मानते हैं, उनकी तुलना में शुक्लजी का दृष्टिकोण अधिक तथ्यपरक है।" (पृ. 551)

शुक्लजी के कथन की तथ्यपरकता की जाँच करने से पहले उस सन्दर्भ की जाँच ज्यादा जरूरी है जिसमें उन्होंने यह वाक्य लिखा है। वस्तुतः 'कामायनी' का विश्लेषण कर चुकने के बाद आचार्य शुक्ल ने अन्त में उस पर कतिपय आधुनिक पाश्चात्य विचारधाराओं के प्रभाव की चर्चा आवश्यक समझी। सबसे पहले उन्हें "बुद्धिवाद के विरुद्ध उस आधुनिक आन्दोलन का आभास भी कवि को इष्ट" जान पड़ा जिसके प्रवर्तक अनातोले फ्रांस हैं। वैज्ञानिकता और यान्त्रिकता के कारण "जनता के बीच फैली घोर अशक्तता, दरिद्रता आदि के कारण वर्तमान जगत की

जो *विषम* स्थिति हो रही है उसका भी *थोड़ा आभास* मनु की विद्रोही प्रजा के वचनों" में आचार्य शुक्ल ने देखा। और तब "वर्गहीन समाज की साम्यवादी प्रकार की भी दबी-सी गूँज दो-तीन जगह" सुनने के बाद उन्हें "विद्युत्कण (electrons) मिले झलकते-से" पंक्ति में विज्ञान की भी झलक दिखाई पड़ी।

इस सन्दर्भ में आचार्य शुक्ल ने चार बातों का जिक्र किया है : (1) बुद्धि का विरोध, (2) विज्ञान और यन्त्रों की वृद्धि के प्रति क्षोभ, (3) वर्गहीन समाज की साम्यवादी पुकार और (4) विज्ञान के नये अनुसन्धानों का परिचय। आचार्य शुक्ल ने जिस क्रम में इन चारों प्रभावों का जिक्र किया है, 'कामायनी' में और उनकी दृष्टि में इनके महत्त्व का भी वही क्रम है। जिस बुद्धिवाद के विरोध का आभास उन्हें कवि का इष्ट जान पड़ा है वह 'कामायनी' में आद्यन्त व्याप्त है। और विज्ञान और यन्त्रों से उत्पन्न विषम स्थिति का जो थोड़ा आभास शुक्लजी को दिखाई पड़ा वह वस्तुतः 'कामायनी' के उत्तरार्ध में केवल 'संघर्ष' सर्ग में ही प्रकट हुआ है। इसके विपरीत वर्गहीन समाज की साम्यवादी प्रकार की तो उन्हें गूँज ही सुनाई पड़ी, वह भी दबी-सी और केवल दो-तीन जगह और अन्ततः विज्ञान की झलक भी उन्हें केवल 'विद्युत्कण' में दिखी।

प्रस्तुतः सन्दर्भ में उक्त विचारधाराओं का अनुक्रम भी ध्यान देने योग्य है। जिसका प्रभाव अधिक है उसका उल्लेख पहले है और जिसका अपेक्षाकृत कम है उसका बाद में। इसके अतिरिक्त शुक्लजी ने यह बात जिस अन्दाज से कही है उससे स्पष्ट है कि वे प्रसाद पर पश्चिमी यूरोप के विभिन्न प्रभावों की चर्चा कुछ इस रूप में कर रहे थे, जैसे उनकी बहुज्ञता या जानकारी का हवाला दे रहे हों। इस चर्चा से यह कहीं सिद्ध नहीं होता कि इन प्रभावों में से किसी एक को भी वे 'कामायनी' का मूल दर्शन मानते थे, क्योंकि इस विषय में उनके मन में कोई सन्देह न था कि 'कामायनी' में प्रसाद ने "अपने प्रिय 'आनन्दवाद' की प्रतिष्ठा ...की है।"

इसके बावजूद यदि शुक्लजी के साक्ष्य के आधार पर डॉ. रामविलास शर्मा 'कामायनी' में 'साम्यवादी पुकार' देखना चाहें तो उनके जैसे वरिष्ठ मार्क्सवादी आलोचक से यह पूछना धृष्टता होगी कि साम्यवाद के साथ बुद्धिवाद-विरोध, विज्ञान-विरोध, यन्त्र-विरोध की संगति कैसे बैठती है? वैसे शुक्लजी की दृष्टि में जाहिर है कि साम्यवादी पुकार की दबी-सी गूँज की तुलना में 'कामायनी' का बुद्धिवाद-विरोध और वैज्ञानिक-यान्त्रिक जीवन-पद्धति से उत्पन्न विषमताओं का वर्णन प्रधान है।

स्वयं डॉ. रामविलास शर्मा भी इस असंगति से एकदम बेखबर नहीं हैं। इसीलिए उन्होंने अपने पहले निबन्ध में सावधानी बरतते हुए आचार्य शुक्ल के इस कथन को 'अस्पष्ट साम्यवादी आकांक्षा की ओर' संकेत कहा था। परन्तु 'निराला की

साहित्य-साधना' तक आते-आते उन्होंने इसे जैसे गाँधीवाद बनाम साम्यवाद के विरोध का रूप देते हुए अपना मत साम्यवाद के पक्ष में दे दिया।

बात यदि साम्यवादी समाज की आशा, आकांक्षा और स्वप्न देखने तक ही सीमित होती तो उसके लिए मार्क्सवाद के ज्ञान की विशेष आवश्यकता नहीं थी। मार्क्स से बहुत पहले से यूटोपियन चिन्तक यूटोपियन साम्यवाद का स्वप्न देखते आ रहे थे। यदि प्रसाद ने भी ऐसा स्वप्न देखा तो कोई हर्ज नहीं। हर्ज तब है जब उसे यूटोपियन समाजवाद न कहकर मार्क्स के वैज्ञानिक समाजवाद से सम्बद्ध करने का प्रयास किया जाता है। आचार्य शुक्ल ने 'कामायनी' में जो साम्यवादी पुकार सुनी वह 'वर्गहीन समाज' की है। और वर्गों की समझ का मार्क्सवाद के सही ज्ञान से गहरा ताल्लुक है क्योंकि वर्गों का स्वरूप और परिभाषा, उनका निर्माण, उनके आपसी रिश्ते, उनमें संघर्ष आदि प्रश्न मार्क्सवाद के सैद्धान्तिक पक्ष से जुड़े हैं। डॉ. रामविलास शर्मा ने शुक्लजी के कथन का जो भाष्य किया है उसमें प्रसादजी को इसी समझ का श्रेय दे डाला है। स्वयं शुक्लजी 'वर्गहीन' शब्द के प्रयोग द्वारा मार्क्सवाद के विषय में प्रसाद के ज्ञान की ओर संकेत करना चाहते थे या नहीं, कहा नहीं जा सकता। पर डॉ. रामविलास शर्मा जोर देकर कहते हैं कि "वर्ग हैं, वर्ग-संघर्ष है, इस संघर्ष का अन्त करके वर्गहीन समाज में मनुष्य की प्रतिष्ठा होनी चाहिए, यह सब उनके (प्रसादजी के) सामने स्पष्ट था।"

इतना ही नहीं, डॉ. रामविलास शर्मा ने अपने कथन की पुष्टि में प्रमाण भी प्रस्तुत किया है : "मनु और प्रजा का संघर्ष ही यह सूचित नहीं करता, कि प्रसादजी के अनुसार भारतीय समाज में वर्ग-संघर्ष था। उन्होंने वर्गों का निर्माण और उनके संघर्ष का स्पष्ट उल्लेख भी किया है–

"अधिकारों की सृष्टि और उनकी वह मोहमयी माया,
वर्गों की खाई बन फैली कभी नहीं जो जुड़ने की।"

विडम्बना यह है कि जहाँ रामविलास शर्मा प्रसाद को इतनी दूर तक वर्गों की समझ का श्रेय देते हैं वहाँ दूसरे मार्क्सवादी कवि-समीक्षक मुक्तिबोध को प्रसाद की इस समझ के बारे में पूरा सन्देह है।

वर्ग-निर्माण से लेकर वर्ग-संघर्ष तक उन्होंने प्रसाद की दृष्टि की अवैज्ञानिकता की आलोचना की है। वर्ग-विभाग के बारे में मुक्तिबोध का कहना था कि वर्ग-विभाजन के बारे में प्रसादजी के खयाल अजीब हैं। वे समझते हैं कि मानो किसी व्यक्ति ने या कई व्यक्तियों ने मिलकर वर्ग-निर्माण, वर्ग-विभाजन आदि किया हो। इसीलिए इड़ा कहती है–

"मेरे सुविभाजन हुए विषम..."

और श्रद्धा कहती है–

"चेतनता का भौतिक विभाग...
कर, जग को बाँट दिया विराग।"

इड़ा के व्यवहार से क्षुब्ध मनु ने भी एक स्थल पर कहा है–

"चार वर्ण बन गये बँटा श्रम उनका अपना।"

इस पंक्ति से तो ऐसा लगता है कि प्रसादजी 'वर्ण' को ही वर्ग समझते हैं और उन्हें दोनों के अन्तर का स्पष्ट बोध नहीं है।

प्रसाद ने वर्ग-विभाजन को एक ऐतिहासिक प्रक्रिया के रूप में न देखकर व्यक्तिकृत और वैज्ञानिक या यान्त्रिक सभ्यता का परिणाम माना है। वर्ग-भेद के स्वरूप के बारे में प्रसाद की दृष्टि की अवैज्ञानिकता पर आक्षेप करते हुए मुक्तिबोध ने कहा है कि "प्रसादजी के पास वर्गभेद के सम्बन्ध में कोई वैज्ञानिक कल्पना नहीं है। वे वर्ग-भेद के साथ सभी भेद-विषमताएँ मिला देते हैं जो उन्हें दिखाई पड़ती हैं। वास्तविकता तो यह है कि वे वर्ग-भेद के यथार्थ स्वरूप को समझते ही नहीं।"

प्रसाद के मन में वर्ग-संघर्ष की कितनी भ्रामक धारणा थी–इसका प्रमाण यह है कि उन्होंने इसके लिए अर्थ-व्यवस्था को नहीं, जनता की धन-लालसा को उत्तरदायी ठहराया है। मुक्तिबोध के शब्दों में "आज जितने जन-संघर्ष चल रहे हैं उनके पीछे ऐसा धन-लोभ काम कर रहा है जो अहितकर है। अपने लिए आवश्यक जितनी सामग्री है उससे अधिक संग्रह करने की लालसा जनता में पैदा की गयी है," जो गलत है।

इड़ा को खेद इस बात का है कि–

"मेरे सुविभाजन हुए विषम"

यानी विभाजन बुरा नहीं, विभाजनों का विषम होना बुरा है। जब तक ये सुविभाजित वर्ग अपनी औकात में रहते हैं तब तक व्यवस्था या (Statusquo) बनी रहती है। इड़ा की दृष्टि में तो 'संघर्ष कर्म का मिथ्या बल' है। तब संघर्ष या क्रान्ति के मार्ग की आवश्यकता ही क्या रही? प्रसाद शोषितों से भी अव्यवस्था पैदा करने के लिए समान रूप से नाराज हैं, क्योंकि उनकी दृष्टि में वे भी अहंकारी हो गये हैं–

"श्रम भाग वर्ग बन गया जिन्हें,
अपने बल का है गर्व उन्हें।"

उनकी शिकायत शासक और शासित, शोषक और शोषित दोनों से है। इड़ा जब प्रश्न करती है कि "अपराधी किन्तु यहाँ न कौन?" तो उसकी दृष्टि में अपराधी वे सभी हैं, क्योंकि–

सुख-दुख जीवन में सब सहते,
पर केवल सुख अपना कहते।

अधिकार न सीमा में रहते,
पावस-निर्झर से वे बहते।

यानी समस्या निर्बाध अधिकार-भोग और एकान्त सुख-साधना की है। प्रसाद जिस व्यवस्था की बात कर रहे हैं उसका कसूर यह नहीं है कि वह जैसी है, वैसी क्यों है। इस व्यवस्था में व्याप्त विषमता को उन्होंने अर्थ-विषमता से जोड़कर देखा ही नहीं; उनकी दृष्टि में तो—

"द्वन्द्वों का उद्गम तो सदैव
शाश्वत रहता यह मूल मन्त्र।"

विश्व के स्पन्दन के मूल में ही वे वैषम्य की चिरन्तनता का दार्शनिक रूप देखते हैं—

"विषमता की पीड़ा से व्यस्त—
हो रहा स्पन्दित विश्व महान।"

और इस संघर्ष का स्वरूप भी कैसा? मुक्तिबोध के शब्दों में "प्रसाद स्वयं किसी-न-किसी अंश में जीवन-संघर्ष में योग्यतम की विजय के सिद्धान्त को मानते-से प्रतीत होते हैं।" डार्विन के विकासवाद की प्रचलित उक्ति 'survival of the fittest' का अनुवाद-सा करते हुए वे काम से कहलाते हैं : "ठहरा जिसमें जितना बल है।"

आगे चलकर 'संघर्ष' सर्ग में इड़ा फिर दोहराती है—

"स्पर्धा में जो उत्तम ठहरें वे रह जावें"

इस प्रकार प्रजा और मनु के बीच जिस संघर्ष को रामविलास शर्मा ने वर्ग-संघर्ष के रूप में देखा है वह प्रसाद की दृष्टि में वस्तुतः 'मिथ्या' है और उसका रूप मार्क्सवादी नहीं बल्कि डार्विनवादी है।

मुक्तिबोध ने इसीलिए जब यह कहा कि प्रसाद 'शोषणविहीन समतापूर्ण समाज-व्यवस्था' के समर्थक थे, तो लगता है कि उन्होंने जानबूझकर 'वर्गहीन' शब्द का प्रयोग बचाया। क्योंकि मुक्तिबोध के मन में इस बारे में कोई भ्रम न था कि "प्रसादजी वास्तविक वर्ग-सम्बन्धों को जानते नहीं थे। वे इतिहास के मूल विकास-नियमों से परिचित नहीं थे, यद्यपि द्वन्द्वों की सत्ता मानते थे।" (पृ. 99) उनकी द्वन्द्व-दृष्टि पर टिप्पणी करते हुए उन्होंने अन्यत्र भी कहा, "ध्यान में रखने की बात है कि ये द्वन्द्व ऐतिहासिक भौतिकवाद से कोई सम्बन्ध नहीं रखते।" (पृ. 179) मुक्तिबोध ने तो यहाँ तक कह दिया है कि प्रसादजी प्रथम विश्वयुद्ध के कुछ पूर्व से लेकर द्वितीय विश्वयुद्ध तक चलनेवाली उन विचारधाराओं से पूर्णतः अवगत थे जो पश्चिमी दुनिया में चलीं और हमारे यहाँ आयीं परन्तु वे "मार्क्सवाद से अनभिज्ञ जान

पड़ते हैं।" (पृ. 175) यदि मुक्तिबोध की बात एकदम सही भी नहीं तो भी इतना तो निश्चित है कि मार्क्स प्रसाद की चिन्ताधारा के केन्द्र में तो नहीं ही थे, हाशिये पर भले ही रहे हों।

यदि यह मान भी लिया जाए कि प्रसाद को समाज में वर्गों के अस्तित्व का ज्ञान था और उन्होंने उनके निर्माण और संघर्ष का उल्लेख किया है, तो भी मुक्तिबोध के कथन का खण्डन नहीं होता। इस सन्दर्भ में 5 मार्च 1852 को जोजेफ वेडमेयर के नाम लिखे गये मार्क्स के उस प्रसिद्ध पत्र का हवाला देना अप्रासंगिक न होगा जिसमें उन्होंने अपने योगदान को स्पष्ट करते हुए कहा है : "...जहाँ तक मेरा सवाल है, आधुनिक समाज में वर्गों के अस्तित्व की खोज करने के श्रेय का मैं अधिकारी नहीं हूँ। न ही उनके संघर्ष की खोज करने का श्रेय मुझे मिलना चाहिए। मुझसे बहुत पहले ही पूँजीवादी इतिहासकार वर्गों के इस संघर्ष के ऐतिहासिक विकास का और पूँजीवादी अर्थशास्त्री वर्गों की आर्थिक बनावट का वर्णन कर चुके थे। मैंने जो नयी चीज की, वह यह सिद्ध करना था कि (1) वर्गों का अस्तित्व उत्पादन के विकास के खास ऐतिहासिक दौरों के साथ बँधा हुआ है, (2) वर्ग-संघर्ष हमें लाजिमी तौर से सर्वहारा के अधिनायकत्व की दिशा में ले जाता है, (3) यह अधिनायकत्व स्वयं सभी वर्गों के उन्मूलन तथा वर्गहीन समाज की ओर संक्रमण मात्र है।"

स्वयं डॉ. रामविलास शर्मा ने भी इस बात को स्वीकार किया है कि "सामाजिक क्षेत्र में प्रसादजी के लिए वर्गों की भूमिका स्पष्ट नहीं है, यह स्पष्ट नहीं है कि श्रमिक वर्ग अपने नेतृत्व में शेष जनता का संगठन करके मुक्त मानव समाज की रचना कर सकता है।...प्रसादजी के चिन्तन की सीमाएँ उनके युग की सीमाएँ हैं।"

कहने की आवश्यकता नहीं कि यदि प्रसाद की दृष्टि में वर्गों की भूमिका स्पष्ट नहीं है, और न मुक्त मानव-समाज की रचना की विधि ही, तो उन्हें समाजवादी सिद्ध करने की कृच्छ-साधना क्यों की जाए। समस्या के बोध या अनुभूति से उसके समाधान का महत्त्व कम नहीं होता। प्रसाद के सामने वर्गों की भूमिका भले ही स्पष्ट न हो किन्तु एक 'मुक्त मानव समाज' की कल्पना उनके मन में अवश्य थी। मुक्तिबोध ने उसे 'एक वायवीय मनोमय आदर्श' कहा है। एक ऐसी सरलतर सभ्यता और शोषणहीन समाज का आदर्श स्वप्न जो "उनकी इच्छित कल्पना के आधार पर खड़ा था।" अर्थात् जो शायद अस्पष्ट तो नहीं, अवास्तविक जरूर था।

डॉ. रामविलास शर्मा ने इस अस्पष्टता के कारणों का जिक्र करते हुए तत्कालीन ऐतिहासिक-सामाजिक सन्दर्भ को इसके लिए उत्तरदायी ठहराया है : "जिस समय प्रसादजी ने अपना साहित्य रचा था, देश के जन-आन्दोलन की बागडोर पूँजीवादी नेताओं के हाथ में थी। मजदूर वर्ग असंगठित था और राष्ट्रीय आन्दोलन में उसकी

क्रान्तिकारी भूमिका स्पष्ट नहीं हुई थी।" प्रसाद के रचना-काल की इस वस्तुस्थिति का वर्णन मुक्तिबोध ने भी किया है। प्रसाद की सीमा को एक हद तक वे भी 'तत्कालीन सामाजिक विकास-स्तर की सीमाओं' का परिणाम मानते हैं : "भारतीय समाज के अन्दर, मार्क्सवादी विचारधारा का उनके जमाने में कोई निर्णायक प्रभाव न होने के कारण, तथा तत्कालीन सामाजिक विकास-स्तर की सीमाओं से ग्रस्त होकर, वे इस वर्ग-वैषम्यपूर्ण अराजक भयानकता के विश्व का कोई वैज्ञानिक विश्लेषण-निरूपण न कर सके।" संगठित शक्ति के रूप में सर्वहारा वर्ग की किसी महत्त्वपूर्ण भूमिका का चित्रण यदि 'कामायनी' में नहीं मिलता तो इसलिए कि "प्रसादजी के जमाने में सामाजिक और राजनैतिक क्षेत्र में इन वर्गों (गरीब निम्नमध्य-वर्ग, किसान-वर्ग और मजदूर-वर्ग) का कोई निर्णायक प्रभाव न हो पाया था।"

निःसन्देह प्रसाद के युग की यह सीमा वास्तविक है और इस सीमा के कारण यदि 'वर्गहीन साम्यवादी समाज' के विषय में उनकी कल्पना अस्पष्ट रह गयी तो इसके लिए उन्हें दोष भी नहीं दिया जा सकता, किन्तु उसी युग में तो प्रेमचन्द भी थे, जिनके विचार इस विषय में काफी स्पष्ट और यथार्थ थे। इस आधार पर यह सोचना असंगत न होगा कि प्रसाद की दृष्टि को सीमित करने में युग-सीमा के अतिरिक्त किसी और तत्त्व का भी योग रहा होगा।

इस युग-सीमा के अतिरिक्त कामायनीकार प्रसाद की दृष्टि को सीमित करनेवाली एक और सीमा है—स्वयं उनकी वर्ग-स्थिति, जिसके विषय में मार्क्सवादी रामविलास शर्मा चुप हैं, लेकिन मुक्तिबोध पर्याप्त मुखर हैं। कहने की आवश्यकता नहीं कि मार्क्सवादी आलोचना के अन्तर्गत किसी साहित्यकार की जीवन-दृष्टि को निर्धारित करने में उसकी वर्ग-स्थिति को सबसे महत्त्वपूर्ण माना गया है, क्योंकि वर्ग-स्थिति से उसके वर्ग-चरित्र का निर्माण होता है और उसी से लेखक की वर्गीय पक्षधरता तथा वर्गीय सहानुभूति की अभिव्यक्ति होती है। मुक्तिबोध के अनुसार मध्यवर्गीय स्थिति और मध्यवर्गीय चरित्र प्रसाद की दृष्टि की सबसे बड़ी सीमा है। फलस्वरूप प्रसादजी जहाँ उच्च वर्ग के अतिचार की आलोचना करते हैं वहीं श्रमिक वर्ग के विषय में भी वे यह कहते पाये जाते हैं कि "अपने बल का है गर्व उन्हें।" इस प्रकार यदि दोनों वर्ग गलत हैं तो सही कौन है? मुक्तिबोध के शब्दों में प्रसादजी गोया यह व्यंजित करना चाहते हैं कि "वह वर्ग सही है जो दोनों को यह बताता है कि तुम अपनी-अपनी मर्यादा के घेरे मत तोड़ो। संक्षेप में, वह मध्य वर्ग है—ऐसा मध्य वर्ग जो पूँजीवादी समाज-रचना को, उसके भीतर की वर्ग-व्यवस्था को अक्षुण्ण बनाये रखना चाहता है।" प्रसादजी की अपनी यही वर्ग-सीमा है जो उन्हें मजदूर-वर्ग को सहानुभूति देने से रोकती है और मजदूर की यह आलोचना ही उन्हें पूँजीपति

वर्ग की कड़ी आलोचना के बावजूद पूँजीपति-वर्ग के हितों का रक्षक बना देती है। अपनी इस वर्ग-सीमा के कारण ही प्रसादजी की समझ इस विषय में अस्पष्ट रह गयी है कि वर्ग-संघर्ष का अन्त कैसे हो! जब मजदूर-वर्ग द्वारा वर्ग-संघर्ष के अन्त का अहसास न हो तो फिर दया-माया-ममता, प्रेम-श्रद्धा आदि के उपदेश का मनोवैज्ञानिक उपचार ही शेष रहता है। श्रद्धा-प्रवर्तित समरसता इसी मनःस्थिति की उपज है। श्रद्धा ने अपने पुत्र मानव को अन्तिम उपदेश देते हुए जब कहा कि "सबकी समरसता कर प्रचार" तो वह मुक्तिबोध के शब्दों में ऐसी ही 'वर्गातीत' दृष्टि है जिसका मूल मध्यवर्गीय स्थिति में है। 'सबकी समरसता' एक प्रकार से 'सर्वोदय' का ही पूर्वाभास है। जैसा कि मुक्तिबोध ने कहा है, "निश्चय ही, इस समरसता का अर्थ यह भी हो सकता है कि प्रसादजी सामाजिक स्तर पर समता के पक्षपाती थे। ...किन्तु इस समरसता की द्वि-अर्थशालिता के पीछे वस्तुतः प्रसाद जी का यह विश्वास है कि समाज के सम्बन्ध में अधिक-से-अधिक *अतिचारिता* ही बन्द हो सकती है; इस प्रकार की विषमताएँ तो रहेंगी ही।" निष्कर्ष यह है कि "यहाँ समरसता का अर्थ वर्ग-मैत्री और हृदय-परिवर्तन से अधिक नहीं है।" इसलिए मुक्तिबोध ने इसका सम्बन्ध मार्क्सवाद या साम्यवाद से जोड़ने की अपेक्षा उदार मतवाद (लिबरलिज्म) से जोड़ना अधिक संगत समझा।

इसलिए जब डॉ. रामविलास शर्मा कामायनीकार प्रसाद में गाँधीवादी 'वर्गशान्ति' के अभाव का ही नहीं, बल्कि उसके विरोध का आग्रह करते हैं तो वह स्पष्टतः दुराग्रह-मात्र प्रतीत होता है।

प्रसाद का श्रद्धावाद इस उदार मतवाद का दार्शनिक आधार है और बुद्धिवाद का विरोध भी इसी के समर्थन में खड़ा किया गया एक आनुषंगिक ढाँचा है। रहस्यवाद इसकी अनिवार्य परिणति है। आकस्मिक नहीं कि 'कामायनी' में समरसता की स्थिति अत्यन्त रहस्यात्मक ढंग से प्रकट होती है। ज्ञान-इच्छा-क्रिया के त्रिपुर का मिलन तो श्रद्धा की रहस्य-स्मिति से होता ही है, नटराज का नृत्य भी उस रहस्यात्मकता की सृष्टि के निमित्ति आ जुड़ता है और चरम समरसता के दर्शन अन्ततः शिव के कैलाश में होते हैं। निश्चय ही डॉ. रामविलास शर्मा ने 'निराला की साहित्य-साधना, भाग-2' में प्रसादजी के 'रहस्यवाद' शीर्षक निबन्ध की विस्तृत व्याख्या करके यह दिखलाने का प्रयास किया है कि प्रसाद का रहस्यवाद 'प्रचलित धारणाओं के एकदम विपरीत' है क्योंकि उसमें दुखवाद और मायावाद का खण्डन है, फिर भी इस रहस्यवाद के बुद्धिवाद-विरोधी पक्ष पर पर्दा डालना उनके लिए सम्भव न हो सका। विडम्बना सिर्फ यह है कि डॉ. रामविलास शर्मा 'कामायनी' की समीक्षा करते समय इस रहस्यवादी सीमा का उल्लेख करना भूल जाते हैं। जिस तत्परता से वे प्रसाद की दृष्टि के सन्दर्भ में

'अस्पष्ट' विशेषण का प्रयोग करते हैं, उसी को जरा और आगे बढ़ाते हुए यदि वे इस 'अस्पष्टता' का विश्लेषण करते तो शायद 'रहस्यवाद' का अपरिहार्य निष्कर्ष इस तरह छूट न जाता। विचित्र बात है कि अपने मत के समर्थन में आचार्य शुक्ल को प्रायः उद्धृत करनेवाले डॉ. रामविलास शर्मा 'कामायनी' के प्रसंग में परिलक्षित रहस्यवाद को बड़ी सुविधा से भूल गये। क्या उन्हें यह याद दिलाना धृष्टता होगी कि जो आलोचक 'कामायनी' में रहस्यवाद न देखकर साम्यवाद देखते हैं उनकी तुलना में आचार्य शुक्ल का दृष्टिकोण अधिक तथ्यपरक है।

निष्क्रियता और कर्म का अभाव रहस्यवाद की अनिवार्य परिणति है जो स्वभावतः डॉ. रामविलास शर्मा को 'कामायनी' में नहीं दिखाई देती और मुक्तिबोध को साफ दिखाई देती है। निस्सन्देह मनु की स्वेच्छाचारिता के विरुद्ध सारस्वत प्रदेश की प्रजा का विद्रोह 'निष्क्रिय प्रतिरोध' नहीं बल्कि 'सक्रिय प्रतिरोध' है। परन्तु प्रश्न यह है कि तथाकथित 'वर्गहीन साम्यवादी समाज' अर्थात समरसता की प्राप्ति की दिशा में 'कामायनी' के प्रमुख पात्रों—श्रद्धा, मनु, इड़ा आदि—की क्या क्रियाशीलता है? कहने की आवश्यकता नहीं है कि यहाँ क्रियाशीलता के नाम पर अधिकांशतः वाग्विलास है—आयास है तो हिमालय की चढ़ाई की यात्रा। यहाँ मुक्तिबोध का पर्यवेक्षण अधिक तथ्यपरक है जिन्होंने स्पष्ट शब्दों में समरसता की संस्थापिका श्रद्धा को 'कामायनी' का सबसे निष्क्रिय और गतिहीन चरित्र घोषित किया है और साथ ही इस उद्देश्य की पूर्ति में कर्म का नितान्त अभाव पाया है।

इस प्रकार प्रसाद के अपने वर्ग-चरित्र के कारण जिस उदारमतवादी अबुद्धिवाद, रहस्यवाद आदि मान्यताओं की अभिव्यक्ति 'कामायनी' में हुई है वह मूलतः 'भाववादी' ही ठहरती है—भौतिकवादी नहीं। इस भाववादी दृष्टि के कारण ही प्रसादजी विज्ञान का विरोध करते हैं। इसी भाववादी दृष्टि के कारण वे वर्तमान वर्ग-विषमता के लिए पूँजीवादी अर्थव्यवस्था को दोषी ठहराने की जगह यन्त्रों को दोष देते हैं और मानव द्वारा प्रकृति-विजय को अभिशाप मानते हैं। इस भाववादी दृष्टि के कारण ही वे वर्ग-संघर्ष को 'चिति केन्द्रों का द्वन्द्व' समझते हैं और इसका कारण ठोस भौतिक वास्तविकता में न ढूँढ़कर काम-जनित 'स्पर्धा' तथा 'संवेदन' आदि मनोविन्यासों में देखते हैं। इस भाववादी दृष्टि के कारण ही उन्हें द्वन्द्व शाश्वत मालूम होता है और इसमें किसी प्रकार की ऐतिहासिकता के दर्शन नहीं होते।

विडम्बना यह है कि प्रसादजी के इतने सुसंगत भाववादी दर्शन को एकदम अनदेखा करके डॉ. रामविलास शर्मा दबी जबान से यह कहते हैं कि "प्रसाद के साहित्य में कहीं-कहीं भाववाद (आइडियलिज्म) की छाप है।" आचार्य शुक्ल और डॉ. रामविलास शर्मा में कैसी अद्‌भुत संवादिता है। शुक्लजी को 'कामायनी' में कहीं-कहीं

साम्यवाद दिखाई पड़ता है। डॉ. रामविलास शर्मा को 'कामायनी' में कहीं-कहीं भाववाद दिखाई पड़ता है। कौन अधिक तथ्यपरक है, निर्णय कौन करे?

दरअसल मुख्य समस्या है 'कामायनी' में लोकमंगलपरक प्रगतिशील तत्त्वों के निरूपण की और कहने की आवश्यकता नहीं कि इसके लिए प्रसादजी को मार्क्सवादी अथवा मार्क्सवाद से प्रेरित या प्रभावित सिद्ध करना आवश्यक नहीं है। अपने भाववादी दर्शन के बावजूद अन्य अनेक लेखकों की तरह प्रसादजी भी अपनी रचना में लोकमंगल विधायक प्रगतिशील मूल्यों की प्रतिष्ठा कर सकते हैं, जैसा कि मुक्तिबोध ने स्पष्ट किया है। उन्होंने 'कामायनी' में अभिव्यक्त प्रतिक्रियावादी तत्त्वों की ओर संकेत करने के साथ ही प्रगतिशील तत्त्वों को भी रेखांकित करते हुए लिखा है कि (1) "वर्ग-भेद का विरोध और उसकी भर्त्सना, अहंकार की निन्दा। यह प्रसादजी की प्रगतिशील प्रवृत्ति है, (2) शासक वर्ग की जन-विरोधी आतंकवादी नीतियों की तीव्र भर्त्सना। यह भी प्रगतिशील प्रवृत्ति है, (3) वर्ग-भेद का विरोध करते हुए भी, मेहनतकशों के वर्ग-संघर्ष का तिरस्कार—यह एक प्रतिक्रियावादी तत्त्व है। (4) वर्गहीन सामंजस्य और सामरस्य का वायवीय अमूर्त आदर्शवाद—यह तत्त्व अपने अन्तिम अर्थों में इसलिए प्रतिक्रियावादी है कि (क) वर्ग-वैषम्य से वर्ग-हीनता तक पहुँचने के लिए उसके पास कोई उपाय नहीं। इस उपायहीनता का आदर्शीकरण है आदर्शवादी-रहस्यवादी विचारधारा। (ख) इस उपायहीनता का एक अनिवार्य निष्कर्ष यह है कि वर्तमान वर्ग-वैषम्यपूर्ण स्थिति चिरंजीवी है। (ग) अगर इस यथार्थ की भीषणता में कुछ कमी की जा सकती है तो वह शासक की अच्छाई और उसके उदार दृष्टिकोण द्वारा ही सम्पन्न हो सकती है। श्रद्धा अपने पुत्र को इड़ा के पास इसीलिए रखती है। (घ) इस विचारधारा के कारण, आदर्श और यथार्थ के बीच अनुलंघ्य, अवांछनीय खाई पड़ जाती है।"

कहने की आवश्यकता नहीं कि ये निष्कर्ष कामायनीकार प्रसाद को कुल मिलाकर लगभग *गांधीवाद के निकट ही ले जाते हैं, न कि मार्क्सवाद के निकट*। इस मान्यता का खण्डन करने के प्रयास में डॉ. रामविलास शर्मा को मुक्तिबोध को छोड़कर आचार्य शुक्ल के निकट जाने से और जो भी उपलब्धि हुई हो, 'कामायनी' सत्य से दूर जरूर चली गयी। ज्ञान, इच्छा और क्रिया के त्रिक् के समान ही क्या इस त्रिक् की दूरी को भी मिटाना सम्भव नहीं है?

शक्ति-काव्य का प्रतिमान : 'राम की शक्तिपूजा'

'राम की शक्तिपूजा' निराला की काव्य-शक्ति का प्रमाण भी है और हिन्दी के शक्ति-काव्य का प्रतिमान भी। प्रचलित धारणा है कि शक्ति का जो प्रचण्ड रूप पश्चिम के रोमैण्टिक काव्य में मिलता है, वह हिन्दी के छायावाद में दुर्लभ है। छायावाद को प्रेम और सौन्दर्य की कोमल-कान्त पदावली मात्र समझनेवालों के लिए 'राम की शक्तिपूजा' एक चुनौती है। इस कविता के माध्यम से रचना के क्षेत्र में निराला ने उसी लक्ष्य को व्यवहारसिद्ध रूप दिया जिसका निरूपण आचार्य शुक्ल ने 'काव्य में लोकमंगल की साधनावस्था' नामक निबन्ध में सैद्धान्तिक स्तर पर किया था। डण्टन ने जिसे 'शक्ति-काव्य' कहा था उसी को भारतीय संस्कार देते हुए शुक्लजी ने स्थापना की थी कि "लोक में फैली दुःख की छाया को हटाने में ब्रह्म की आनन्द-कला जो शक्तिमय रूप धारण करती है उसकी भीषणता में भी अद्भुत मनोहरता, प्रचण्डता में भी गहरी आर्द्रता साथ लगी रहती है। विरुद्धों का यही सामंजस्य कर्मक्षेत्र का सौन्दर्य है।" निराला ने 'राम की शक्तिपूजा' में आनन्द-कला के इसी 'शक्तिमय रूप' की प्रतिष्ठा की जिसमें 'विरुद्धों के सामंजस्य' का वह सौन्दर्य अपने अनूठे ढंग से उद्घाटित हुआ है जिसका निरूपण आचार्य शुक्ल ने किया था।

शक्ति-विषयक अपनी अवधारणा को निराला 'राम की शक्तिपूजा' की रचना से बहुत पहले अपने 'शून्य और शक्ति' नामक निबन्ध में व्यक्त कर चुके थे। इस निबन्ध में शक्ति की परिभाषा 'विश्व-भावना', 'युग-धर्म', 'सर्जनात्मकता' आदि रूपों में करते हुए अन्त में उन्होंने कहा था कि "हम समाज तथा साहित्य में अपनी बहुत दिनों की भूली हुई उस शक्ति को आमन्त्रित करना चाहते हैं जो अव्यक्त रूप से सब में व्यक्त, अपनी ही आँखों से विश्व को देखती हुई अपने ही भीतर उसे डाले हुए है।" कहना न होगा कि 'राम की शक्तिपूजा' अपनी बहुत दिनों की भूली हुई उस शक्ति को आमन्त्रित करने का रचनात्मक प्रयास है। 'शक्ति की करो मौलिक कल्पना, करो पूजन' राम के प्रति जाम्बवान का यह कथन जैसे स्वयं कवि का आत्म-सम्बोधन है; और 'राम की शक्तिपूजा' में निराला ने 'शक्ति की मौलिक कल्पना' की है।

'राम की शक्तिपूजा' की शक्ति को दैवी या आध्यात्मिक शक्ति के रूप में देखना भूल होगी। 'शोभित शत-हरित-गुल्म-तृण से सुन्दर' जिस भूधर में राम पार्वती की कल्पना करते हैं वह शक्ति का विराट प्राकृतिक रूप है। किन्तु निराला की शक्ति-विषयक मौलिक कल्पना इस प्राकृतिक रूपान्तर से और आगे बढ़कर शक्ति को नैतिक 'विजन' से संवलित कर देती है।

"आराधन का दृढ़ आराधन से दो उत्तर
तुम वरो विजय संयत प्राणों से प्राणों पर"–

जाम्बवान का यह कथन निराला के इस विश्वास का सूचक है कि विजय के लिए शस्त्र-शक्ति, सैन्य-शक्ति अथवा भौतिक शक्ति पर्याप्त नहीं है। आराधन का आश्रय राम इसीलिए लेते हैं कि उन्हें नैतिक शक्ति अभीष्ट है। इस प्रकार तमाम अलौकिक चमत्कारों के रहते भी अपने प्रतीकार्थ में 'राम की शक्तिपूजा' नैतिक शक्ति की सिद्धि का काव्य है। इस नैतिक शक्ति की पूर्ण अर्थ-व्यंजना स्वाधीनता-संग्राम के उस सन्दर्भ में ग्रहण की जा सकती है जिसमें भारतीय जनता गाँधी के नेतृत्व में अँग्रेजी साम्राज्यवाद की विराट सैन्य शक्ति के सम्मुख अपनी मुक्ति के लिए नैतिक बल का सम्बल लेकर अहिंसात्मक युद्ध कर रही थी। शक्ति की यही मौलिक कल्पना 'राम की शक्तिपूजा' को यूरोप की ठेठ शक्तिवादी रोमैण्टिक कविताओं से विशिष्ट प्रमाणित करती है। 'राम की शक्तिपूजा' की भारतीयता उसमें स्वीकृत पौराणिकता से भी अधिक स्वाधीनता-संग्राम की आधुनिक नैतिक चेतना में है जो साम्राज्यवादी यूरोप के रोमैण्टिक कवियों के लिए अकल्पनीय थी।

शक्ति की मौलिक कल्पना करने के साथ ही निराला ने शक्ति के साधक राम की प्रतिमा का निर्माण भी 'नवीन पुरुषोत्तम' के रूप में किया है। 'जय होगी, जय होगी, हे पुरुषोत्तम नवीन' कहकर महाशक्ति जिस राम के वदन में लीन हुईं वे न तो वाल्मीकि के राम हैं न तुलसी के। जिस प्रकार 'स्थिर राघवेन्द्र को हिला रहा फिर, फिर संशय' और फिर 'भावित नयनों से सजल गिरे दो मुक्ता दल'–वे राम मर्यादा पुरुषोत्तम से अधिक 'नवीन पुरुषोत्तम'–आधुनिक मानव हैं। 'धिक जीवन को जो पाता ही आया विरोध। धिक साधन जिसके लिए सदा ही किया शोध' कहकर अपने-आपको धिक्कारनेवाले राम के व्यक्तित्व में पुराणों की अपेक्षा अपने आधुनिक विधाता के हृदय की ही प्रतिध्वनि अधिक है। यदि वे नर-वानरों से ही नहीं बल्कि देवताओं द्वारा वन्दित भगवान राम ही हैं तो उन्हें साधनों की क्या कमी और विरोध की क्या चिन्ता। इसलिए जब निराला के राम कहते हैं कि 'जानकी! आह उद्धार! दुख जो न हो सका।' तो इसमें सन्देह नहीं रहता कि यह जानकी केवल चिराचरित राम-कथा की जानकी नहीं है और न उनके उद्धार का दुःख केवल अपनी प्रिया के

उद्धार का दुःख है। तात्पर्य यह कि निराला की सर्जनात्मक प्रतिभा में ढलकर वाल्मीकि और तुलसी के राम आधुनिक स्वाधीनता-संग्राम के संवेदनशील मानव के रूप में मूर्तिमान हो उठे हैं। इस प्रकार जातीय संस्कार का एक मिथक नये अर्थ से दीप्त हो गया है और परम्परा का पुनस्सृजन हुआ है।

किन्तु 'राम की शक्तिपूजा' एक भारतीय कविता होने के साथ ही हिन्दी की ठेठ निजी छाप लिये हुए है। शक्तिपूजा के बँगला स्रोतों की ओर संकेत करते हुए विद्वानों ने प्रायः इस हिन्दीपन को नजरअन्दाज कर दिया है। निराला के राम निस्सन्देह एकाधिक बार रो पड़ते हैं। हनुमान की दृष्टि में कभी वे 'व्याकुल... व्याकुल...निश्चेतन' हो जाते हैं, तो विभीषण की दृष्टि में उनका 'विषण्णानन' झलक उठता है; कभी उनका कण्ठ रुक जाता है तो कभी 'छल-छल हो गये नयन'। किन्तु बँगला कवियों की-सी गलदश्रु भावुकता के बावजूद निराला के राम प्रायः 'भावस्थ' एवं 'संयत' हो जाते हैं। यहाँ तक कि विभीषण द्वारा 'राघव, धिक-धिक्' जैसे उत्तेजक वचन सुनकर भी 'राम के स्तिमित नयन छोड़ते हुए शीतल प्रकाश देखते विमन'। सारी मानसिक उथल-पुथल और सारे भावावेगों के बीच भी निराला के राम जिस प्रकार निष्कम्प दीपशिखा के सदृश संयत बने रहते हैं वह तुलसीदास और प्रेमचन्द की ठेठ हिन्दी-परम्परा के सर्वथा अनुकूल है। वैसे तो मानसिक द्वन्द्व और संयम के इस अद्भुत संयोग को रोमैण्टिक भावाभूमि में 'क्लासिकी' तेवर की उपलब्धि भी कहा जा सकता है, किन्तु वस्तुतः उसके मूल में हिन्दी का जातीय संस्कार ही क्रियाशील है।

द्वन्द्व और संयम के सन्तुलन ने 'राम की शक्तिपूजा' को अद्भुत नाटकीयता प्रदान की है जो इस कविता के कथाविन्यास, वातावरण, चरित्र-सृष्टि, भावबोध, बिम्ब-योजना, भाषा-शैली, छन्द-विधान आदि सभी स्तरों पर स्पष्ट दृष्टिगत होती है। इस दृष्टि से 'राम की शक्तिपूजा' हिन्दी की अद्वितीय नाटकीय कविता है।

शेक्सपियर की महान त्रासदियों को एक आलोचक ने 'द स्टोरी ऑफ़ द नाइट' अर्थात् 'रात की कहानी' कहा है। 'राम की शक्तिपूजा' नियमतः त्रासदी नहीं है, फिर भी उसे उसी गहन अर्थ में 'रात की कहानी' कहा जा सकता है। प्रभात के गायक तो हिन्दी में अनेक मिल जाएँगे, किन्तु रात के चित्रकार विरल ही हुए। रात का चित्र निराला के बाद मुक्तिबोध में ही उपलब्ध हो सका। मुक्तिबोध की कविता 'आशंका के दीप : अँधेरे में' जैसे निराला की 'राम की शक्तिपूजा' का ही संकेतपूर्ण उपशीर्षक है। अन्धकार से आँखें मिलाने की क्षमता बीहड़ प्रतिभाओं में ही होती है। कहते हैं, निराला को अल्पवय से ही रात-रात-भर श्मशानों में घूमने की आदत रही है। यदि यह सच न भी हो तो निराला का काव्य गहन अन्धकार के भयावह चित्रों

की कलादीर्घा है। 'गहन है यह अन्धकारा' निराला का बीज भाव है। जीवन में बहुत पहले उन्होंने 'दुख की गहन अन्ध तम निशि' का साक्षात्कार कर लिया था और इसके साथ ही निश्चय कर लिया था कि 'क्या होगी इतनी उज्ज्वलता'। सूर्यकान्त त्रिपाठी 'निराला' की अनेक कविताएँ सूर्य डूबने से शुरू होती हैं। 'तुलसीदास' काव्य 'भारत के नभ का प्रभापूर्य/शीतलच्छाय सांस्कृतिक सूर्य/अस्तमित' होने से शुरू होता है तो 'राम की शक्तिपूजा' का आरम्भ होता है 'रवि हुआ अस्त' से।

किन्तु 'राम की शक्तिपूजा' में यह अन्धकार राशिभूत हो उठता है—सम्भवतः सभी कविताओं से कहीं अधिक। यहाँ अमावस्या की रात में आकाश मानो अँधेरा उगल रहा है। इस अन्धकार को विशाल समुद्र का अप्रतिहत गर्जन और भी गाढ़ा कर देता है। पृष्ठभूमि में तुरत के बीते हुए युद्ध का धीमा पड़ता कोलाहल, पार्श्व में भीमकाय भूधरों की श्रेणियाँ और सामने नीलश्याम समुद्र का अबाध प्रसार। प्रकारान्तर से यह 'रावण-महिमा श्यामा विभावरी अन्धकार' ही है। रावण का अट्टहास इस अन्धकार को और भी भयावह बना देता है। यह अन्धकार श्यामा शक्ति का ही एक रूप है। इस अन्धकार में प्रकाश के नाम पर केवल एक मशाल जल रही है। और यह मशाल राम हैं। इस प्रकार 'राम की शक्तिपूजा' मुख्यतः एक रात और प्रसंगतः नवरात्र की कहानी है जिसकी पृष्ठभूमि में गहरा अन्धकार है। पूरी कविता में प्रकाश का उल्लेख केवल दो बार आया है : एक बार 'केवल जलती मशाल' के रूप में और दूसरी बार जब राम शक्ति की पूजा के लिए बैठते हैं : "निशि हुई विगत, नभ के ललाट पर प्रथम किरण फूटी... ।" एक ओर गहन अन्धकार और दूसरी ओर क्षीण प्रकाश के द्वन्द्व से ही निराला ने 'राम की शक्तिपूजा' में नाटकीयता का विधान किया है। अन्धकार और प्रकाश का यही अनुपात कविता में सभी स्तरों पर दृष्टिगोचर होता है। युद्धभूमि से लौटते हुए राम ऐसे दिखाई पड़ते हैं—

उतरा ज्यों दुर्गम पर्वत पर नैशान्धकार
चमकतीं दूर ताराएँ ज्यों हों कहीं पार।

निराशा के अन्धकार में केवल दो आँखें दूर की ताराओं के समान चमक रही हैं। भावबोध के स्तर पर यही दो रंग छायामय मेल से अनेक संश्लिष्ट रूप प्रस्तुत करते हैं। निराशा, आँसू, विवशता, शंका, आत्मविस्मृति, उत्साह, आत्मविश्वास, संयम आदि अनेक भावों के उत्थान-पतन से 'राम की शक्तिपूजा' संश्लिष्ट भाव लोक की रागमाला बन जाती है।

मन्त्रणा के लिए बैठी हुई सानु-सभा के मध्य राम एक बार 'रावण-जय-भय' से संशयग्रस्त हो जाते हैं, फिर उनका मन कल लड़ने को विकल हो उठता है; किन्तु दूसरे ही क्षण 'असमर्थ मानता मन उद्यत हो हार-हार'। ऐसे समय उन्हें विदेह-उपवन

का लतान्तराल मिलन याद आ जाता है और तन सिहर जाता है, मन क्षण-भर को भूल जाता है। उत्साह में 'हर धनुर्भंग को पुनर्वार ज्यों उठा हस्त', किन्तु रण में देखी हुई भीमा-मूर्ति का ध्यान आते ही मन पुनः शंकाकुल हो जाता है। इस प्रकार दुःख और सुख के अनेक भावों के उत्थान-पतन का क्रम चलता रहता है, जिसकी चरम परिणति उस नाटकीय क्षण में होती है जब दुर्गा चुपके से पूजा का अन्तिम कमल चुरा ले जाती हैं और राजीवनयन राम अपना एक नयन अर्पित करने का संकल्प करते हैं, किन्तु दुर्गा स्वयं उपस्थित होकर उनका हाथ थाम लेती हैं। कलात्मक दृष्टि से यह अतिनाटकीयता विवादास्पद हो सकती है, किन्तु भावबोध के स्तर पर निराला ने निश्चय ही इसके द्वारा उस नाटकीय सन्तुलन की उपलब्धि की है जिसे आचार्य शुक्ल ने 'विरुद्धों के सामंजस्य का सौन्दर्य' कहा है। सम्पूर्ण संशय, निराशा, विवशता के बावजूद सच्चाई यही है कि—

वह एक और मन रहा राम का जो न थका;
जो नहीं जानता दैन्य, नहीं जानता विनय।

इस संकल्प-शक्ति की नाटकीय महिमा प्रदर्शित करते हुए निराला ने लिखा है—

जिस क्षण बँध गया बेधने का दृग दृढ़ निश्चय
काँपा ब्रह्माण्ड, हुआ देवी का त्वरित उदय।

इस अतिनाटकीयता से ब्रह्माण्ड भले ही न काँपे, किन्तु इस परिणति के मूल में जो विकल्प-संकल्प का जटिल द्वन्द्व है वह निश्चय ही अत्यन्त प्रभावक्षम है।

भावबोध के अनुरूप ही कथा-विन्यास में भी निराला ने नाटकीय-योजना की है। 'राम की शक्तिपूजा' मुख्य रूप से तीन दृश्य-खण्डों में नियोजित है। प्रथम दृश्य में युद्ध-वर्णन एवं दोनों दलों का अपने-अपने शिविरों की ओर लौटना। दूसरा दृश्य राम की सानु-सभा का है। तीसरे दृश्य में राम की शक्ति-साधना है। इन तीनों दृश्यों में प्रधान है सानु-सभा। आचार्य शुक्ल ने 'रामचरितमानस' की चित्रकूट-सभा को एक विशेष अर्थ में 'आध्यात्मिक घटना' कहा है। इस वजन पर 'राम की शक्तिपूजा' की 'सानु-सभा' को भी आध्यात्मिक घटना कहा जा सकता है। विचित्र बात है कि जो दृश्य बाह्य घटना की दृष्टि से सबसे कम नाटकीय है, वही आन्तरिक क्रिया-व्यापार की दृष्टि से सबसे अधिक नाटकीय है। इस दृश्य-खण्ड में हनुमन्त आवेश में महाकाश पहुँच जाते हैं और माता से प्रबोधन पाकर पुनः अपने स्थान पर वापस आ रहते हैं। किन्तु इस दृश्य-खण्ड का सबसे नाटकीय क्षण वह है जब विभीषण के लम्बे भाषण के बाद सारी सभा निस्तब्ध रह जाती है और राम कुछ क्षण मौन रहकर सहज कोमल स्वर में कहते हैं कि 'मित्रवर, विजय होगी न समर'। कहते-कहते राम की आँखों से आँसू ढुलक पड़ते हैं और कण्ठ रुक जाता है। इस

जटिल स्थिति को निराला ने केवल छः पंक्तियों में अद्‌भुत कौशल के साथ समेटकर शब्दों में बाँध दिया है–

रुक गया कण्ठ, चमका लक्ष्मण तेजःप्रचण्ड
धँस गया धरा में कपि गह युग-पद मसक दण्ड
स्थिर जाम्बवान,–समझते हुए ज्यों सकल भाव
व्याकुल सुग्रीव,–हुआ उर में ज्यों विषम घाव
निश्चित-सा करते हुए विभीषण कार्यक्रम,
मौन में रहा ज्यों स्पन्दित वातावरण विषम।

प्रस्तुत चित्र में जिस लाघव के साथ निराला ने एक-एक करके लक्ष्मण, हनुमान, जाम्बवान, सुग्रीव और विभीषण की प्रतिक्रियाओं को अंकित करते हुए अन्त में 'मौन में रहा ज्यों स्पन्दित वातावरण विषम' के द्वारा एक विषम वातावरण के स्पन्दन की ओर संकेत किया है–वह कविता के क्षेत्र में एक नाटकीय सिद्धि है। इसी नाटकीय प्रतिभा के द्वारा निराला ने 'राम की शक्तिपूजा' में 'गहन भाव के ग्रहण की शक्ति' का प्रमाण प्रस्तुत किया है।

बिम्ब-योजना निराला की सर्जनात्मक कल्पना-शक्ति का दूसरा धर्म है जिसके द्वारा 'राम की शक्तिपूजा' की भावभूमि को उदात्तता प्राप्त हुई है। अपने एक निबन्ध में रवि बाबू के विराट चित्रों का उदाहरण देते हुए निराला ने लिखा था कि "काव्य में साहित्य के हृदय को दिगन्तव्याप्त करने के लिए विराट रूपों की प्रतिष्ठा करना अत्यन्त आवश्यक है।" हिन्दी में इन विराट रूपों का अभाव देखकर ही जैसे 'राम की शक्तिपूजा' में निराला ने विराट बिम्बों की सृष्टि की। सम्पूर्ण कविता की पटभूमि विशाल पैमाने पर सज्जित की गयी है : युद्ध, समुद्र, भूधर, महाकाश, दिगन्तव्यापी अन्धकार आदि सभी वस्तुएँ निराला की सर्जनात्मक भाषा में अपनी विराटता के साथ उपस्थित होकर एक विशाल दिग्व्यापी बिम्ब-लोक की सृष्टि करती हैं। इन सबके बीच हनुमान का आकाश-गमन जैसे निराला की दिगन्तव्यापी कल्पना की ऊँची उड़ान का मूर्तिमान प्रतीक है। हनुमान के रूप में राम की मूर्तिमान अर्चना ही नहीं, बल्कि स्वयं कवि निराला की कल्पना महाकाश की उड़ान भरती है। परिणामस्वरूप–

शत घूर्णावर्त, तरंगभंग, उठते पहाड़
जल राशि-राशि जल पर चढ़ता खाता पछाड़
तोड़ता बन्ध-प्रतिसन्ध धरा, हो स्फीत वक्ष
दिग्विजय-अर्थ प्रतिपल समर्थ बढ़ता समक्ष।

उदात्त कल्पना की एक दिशा यह है और दूसरी दिशा है स्मृत्याभास कल्पना में उपस्थित लतान्तराल मिलन की अनुभूति, जिसमें चराचर प्रकृति अपनी विराटता के साथ भाग लेती हुई दिखाई पड़ती है–

काँपते हुए किसलय-झरते पराग-समुदय
गाते खग नव-जीवन-परिचय, तरु मलय-वलय
ज्योतिः प्रपात स्वर्गीय,—ज्ञात छवि प्रथम स्वीय
जानकी नयन कमनीय प्रथम कम्पन तुरीय।

किन्तु इन सभी बिम्बों में सम्भवतः सबसे उदात्त है राम का वह रूप जब विपर्यस्त लटोंवाले राम दुर्गम पर्वत पर उतरते हुए नैशान्धकार के समान दिखाई पड़ते हैं। स्पष्ट है कि अन्धकार की बिम्ब-रचना में निराला की उदात्तता अधिक प्रकट होती है। उल्लेखनीय है कि निराला के राम नितान्त मानवीय होते हुए भी तुलसी के भगवत्स्वरूप राम की तुलना में कहीं अधिक विराट प्रतीत होते हैं और यह निराला की विशाल कल्पना का द्योतक है।

इस बिम्ब-योजना और नाटकीयता की सृष्टि का सारा श्रेय निराला की बहुस्तरीय व्यंजक भाषा को है। अर्थ-गौरव की दृष्टि से निराला वाक्सिद्ध कवि हैं। 'राम की शक्तिपूजा' मुख्यतः तत्सम-बहुल सुसंस्कृत हिन्दी की काव्यकृति है। प्रसंग और प्रयोग के भेद से एक ही भाषा की कितनी भिन्न छायाएँ हो सकती हैं 'राम की शक्तिपूजा' इसका ज्वलन्त उदाहरण है। विराट, कोमल और उदात्त चित्रों के वैविध्य को स्वर और व्यंजन ध्वनियों के भेद से व्यंजित करने में निराला ने अद्भुत कौशल का परिचय दिया है। उनचास पवनों की गति और समुद्र के आन्दोलन की परुषता और भयंकरता को वे संयुक्त महाप्राण ध्वनियों में बाँधते हैं : 'तोड़ता बन्ध प्रतिसन्ध धरा, हो स्फीत वक्ष' तो गति के विस्तार प्रसार को वे गुरु स्वरों—विशेषकर 'आ' के प्रयोग से व्यक्त करते हैं : 'जल राशि-राशि जल पर चढ़ता खाता पछाड़'।

नादानुरंजित शब्दों में भी कवि ध्वनियों के अन्तर को खूब पहचानता है। रावण यदि खल-खल अट्टहास करता है तो वामा के दृगों में वह्नि झक-झक झलकती है और राम हाथ में लक-लक करता महाफलक उठा लेते हैं।

निराला की शक्तिगर्भा पौरुषदीप्त शैली कोमल तरल प्रसंगों में ह्रस्व स्वरों और अल्पप्राण व्यंजनों के सहारे समासहीन प्रसन्न और श्रुति-मधुर हो जाती है—

काँपते हुए किसलय, झरते पराग समुदय,
गाते खग नव-जीवन-परिचय-तरु मलय वलय।

यही नहीं, निराला समास-निर्माण के कुशल शिल्पी हैं। लय में स्फीति लाने के लिए वे 'आ' की सन्धि पर आश्रित समास बनाते हैं। दुर्गम पर्वत पर उतरता नैशान्धकार जहाँ प्रसार का द्योतक हो जाता है वहाँ 'बिंध महोल्लास से...' में ऊर्ध्व गति व उच्छ्वास व्यंजित होता है। जब मन की सहज भावनाएँ अनायास व्यक्त होती हैं तो कवि छोटे-छोटे वाक्यों में एकाक्षर शब्दावली का प्रयोग करने लगता है। वहाँ न वर्णों का द्वित्व होता है और न शब्द-रचना समास-बोझिल होती है।

धिक् जीवन को जो पाता ही आया विरोध,
धिक् साधन जिसके लिए सदा ही किया शोध,

'राम की शक्तिपूजा' में भाषा के इतने रंग हैं कि चकित हो जाना पड़ता है। सामान्यतः भाषण-शैली रोमैण्टिक काव्य की अपनी शैली नहीं, किन्तु प्रसंगवश निराला ने उसका प्रयोग भी किया है। हतोत्साहित राम के सखा विभीषण के प्रबोधन में भाषण का ही स्वर है–

रघुवीर, तीर सब वही तूण में है रक्षित,
है वही वक्ष, रण-कुशल-हस्त, बल वही अमित

'वही' की निरन्तर आवृत्ति से विभीषण के पूरे कथन में भाषण का आग्रह व्याप्त हो गया है। एक ओर भाषण-शैली का विस्तार है तो दूसरी ओर सूक्ति-शैली के संक्षेपण की वृत्ति : 'अन्याय जिधर है उधर शक्ति' और 'आराधन का दृढ़ आराधन से दो उत्तर' नयी तर्ज की सूक्तियाँ हैं। इसके अतिरिक्त निराला ने खड़ी बोली की शक्ति और सम्भावना का शोध ही नहीं संवर्धन भी किया है। भारतेन्दु को खड़ी बोली के खिलाफ शिकायत थी कि उसमें काव्य-भाषा के लिए अपेक्षित समास-गुण का अभाव है–अर्थात् उसका रूप-गठन व्यास-शैली का है। निराला ने इस चुनौती को स्वीकार करते हुए खड़ी बोली में उसी अर्थ-गौरव की नियोजना की जिसका सफलतापूर्वक निर्वाह ब्रजभाषा में बिहारी जैसे कुछ ही कवियों में मिलता है। कवि दो पंक्तियों में पाँच क्रियाएँ इस प्रकार बाँधता है–

पश्चात, देखने लगीं मुझे, बँध गये हस्त,
फिर खिंचा न धनु, मुक्त ज्यों बँधा मैं हुआ त्रस्त।

निराला विषय और भाव के अनुकूल जैसे भाषा का रूप-विन्यास करते हैं वैसे ही छन्द का गठन भी। उनकी अधिकांश कविताओं का छन्द-विन्यास मौलिक है। सामान्यतः हिन्दी के मात्रिक छन्दों में दो या चार यतियों के प्रयोग का विधान है। 'राम की शक्तिपूजा' का छन्द इस परिपाटी से मुक्त चौबीस मात्राओं का प्रायः लघ्वन्त छन्द है जिसमें कवि ने तीन यतियों का प्रयोग किया है–

राघव-लाघव–रावण-वारण–गत युग्म प्रहर

आठ-आठ मात्राओं की इकाई या लय-खण्ड का निर्माण कवि की प्रिय रीति है। 'तुलसीदास' के छन्द में भी उसने आठ मात्राओं के लय-खण्डों का प्रयोग किया है और 'राम की शक्तिपूजा' के छन्द की तो पूरी पंक्ति का ही निर्माण इस इकाई से होता है। यह छन्द कोमल, मधुर, उदात्त, ओजपूर्ण सभी प्रसंगों का सफल माध्यम बन पड़ा है। एक ओर उसमें मन्थर किन्तु प्रलम्बित लय-विधान की सुविधा है तो दूसरी ओर झटके से ओजपूर्ण प्रसंगों की उद्धत गति को बाँधने की भी : 'पलकों

का नव पलकों पर प्रथमोत्थान पतन' और 'दिग्विजय-अर्थ प्रतिपल समर्थ बढ़ता समक्ष' एक ही छन्द की दो पंक्तियाँ हैं।

इस छन्द का निराला ने आवश्यकतानुसार दूरान्तरप्रवाही वाक्य-रचना के लिए भी प्रयोग किया है। चरणान्त के साथ वाक्य का अन्त न करके कवि उसका विस्तार अगले चरण तक करता है जिसे अंग्रेजी छन्द-परम्परा में 'एम्जेम्बमेंट' कहते हैं–

रवि हुआ अस्त : ज्योति के पत्र पर लिखा अमर
रह गया–

कुल मिलाकर 'राम की शक्तिपूजा' उन रससिद्ध कविताओं में से है जो टी.एस. इलियट के शब्दों में, समझ में आने से पहले ही हृदय तक पहुँच जाती है। उसमें पद-झंकार मात्र से ही पाठक को अभिभूत कर लेने की शक्ति है, जो अर्थग्रहण के साथ क्रमशः समृद्धतर होती जाती है। 'राम की शक्तिपूजा' लगभग चालीस वर्ष पहले लिखी गयी थी, किन्तु आज के परिवर्तित सन्दर्भ में भी वह नवीन अर्थों को ध्वनित करने में समर्थ है। अन्धकार की शक्तियाँ कम होने की जगह और बढ़ी ही हैं; विजय में संशय का भाव भी और गाढ़ा ही हुआ है; और अपनी असमर्थता का अहसास कुछ तीव्रतर ही प्रतीत होता है। टूटते हुए मूल्यों के वातावरण में नैतिक शक्ति अर्जित करने की आवश्यकता भी कम नहीं है। इसलिए अपने सन्दर्भ की ऐतिहासिक सीमाओं के बावजूद 'राम की शक्तिपूजा' का नैतिक विज़न सार्वभौम सार्थकता से सम्पन्न है। द्वन्द्वाश्रयी नाटकीयता, उदात्त बिम्ब-योजना, आवर्तमयी छन्द-रचना एवं ओजपूर्ण काव्यभाषा कविता की इस सार्थकता को एक कालजयी कृति का गौरव प्रदान करते हैं। कुल मिलाकर 'राम की शक्तिपूजा' क्लासिकी शिल्पसिद्धि के साथ रोमाण्टिक कल्पनावैभव में आधुनिक मानव की अनूठी सर्जनात्मक प्रतिमा है।

'दायित्व-गहन भाषा अपूर्ण श्रोता अन्धे' की सर्जनात्मक पीड़ा की परिणति : 'अन्धा युग'

'अन्धा युग' का रचनाकाल (1954) 'मानव-मूल्य और साहित्य' में संकलित लेखों के आसपास का रचनाकाल है। कवि के अनुसार : "इस दृश्य-काव्य में जिन समस्याओं को उठाया गया है, उनके सफल निर्वाह के लिए महाभारत के उत्तरार्ध की घटनाओं का आश्रय ग्रहण किया गया है। "महाभारत के अट्ठारहवें दिन की सन्ध्या से लेकर प्रभास-तीर्थ में कृष्ण की मृत्यु के क्षण तक 'प्रख्यात' और 'उत्पाद्य' के मेल से इस काव्य-रूपक की प्रसंग व पात्र-योजना की गयी है। महाभारत की सभी महत्त्वपूर्ण घटनाओं का निवेश कुछ प्रत्यक्ष और कुछ परोक्ष रूप में कर लिया गया है। कथानक की घटनाएँ समस्याओं का माध्यम भर हैं क्योंकि उठाया घटनाओं को नहीं समस्याओं को गया है।

'राष्ट्रवाणी' में मानव की धुरीहीनता पर प्रकाशित लेख की भी चिन्ता यही है। कहने का आशय यह है कि कवि की चिन्ता द्वापर के बाद अवतरित होते हुए कलियुग की नहीं बल्कि उस अन्धे युग की है जो "बीतता नहीं रह-रहकर दुहराता है।" महत्त्वपूर्ण वह मानव अवस्थिति है जो समय-समय पर किन्हीं परिस्थितियों में अपने को दोहराती है। यह आकस्मिक नहीं है कि विश्व युद्ध से प्रेरित भारती के समसामयिक अन्य वरिष्ठ/कनिष्ठ कवियों ने भी पीछे मुड़कर महाभारत की ओर ही देखा है। दो-दो भयंकर विश्व-युद्धों का साक्षी कवि अनुभव करता है कि—

"हर क्षण होती है प्रभु की मृत्यु कहीं न कहीं
हर क्षण अँधियारा गहरा होता जाता है।"

युद्ध है तो प्रश्न है। प्रश्न के अनेक पहलू हैं, आयाम हैं। महाभारत की अन्तिम सन्ध्या में उसका प्रतिबिम्ब है। यही उसकी देशकालातीत है। समस्या जब देशकालातीत है, तो उसकी विचारणीयता भी क्रमिक है। समय-सन्दर्भ के अनुरूप अनेक प्रतिप्रश्न हैं। उत्तर की खोज है, और प्रायः आकांक्षित या फिर प्रस्तावित हल

भी हैं ही। पर अन्त में प्रश्न अपनी जगह वहीं का वहीं है। प्रश्न की भाषा की तुलना में उत्तर की भाषा अधिक बदली है।

नीति/अनीति, मर्यादा/मर्यादाहीनता, उचित/अनुचित, धर्म/अधर्म, कर्तव्याकर्तव्य का प्रश्न महाभारतकार के सामने न उठा हो, ऐसा तो नहीं है। वहाँ तो प्रश्न युद्धारम्भ में ही प्रस्तुत है पर उस युग का सबसे सबल उत्तर है आस्था। मानव-अस्तित्व का एक सर्वाधिक ठोस आधार—समस्त तर्क-वितर्क की पर्यवसान-भूमि। जीवन के केन्द्र से उतर जाने का मतलब है इसी आस्था का शंकास्पद हो जाना। महाभारत-युग के अर्जुन के लिए सभी कर्म (भले ही वह हिंसा हो) कृष्णार्पित कर देना सम्भव था क्योंकि शंका करना वहाँ पाप है। इसके ठीक विपरीत आधुनिक मानव का अस्तित्व ही शंका-जीवी है। भारत-पाक विभाजन और गाँधी की हत्या इसका प्रमाण है।

'अन्धा युग' की संरचना का मूल यही शंकास्पद मानसिकता है। दो महायुद्धों के परिणामस्वरूप अन्तर्राष्ट्रीय स्तर पर घटित मूल्य-विनाश वैचारिक स्तर पर जिस सर्वनिषेधवाद और नैराश्यजनक मानसिकता को जन्म देता है उसी का एक लघु-संस्करण भारत में राजनीतिक फेरबदल के निजी एवं तात्कालिक सन्दर्भ में घटित होता दिखाई पड़ता है।

आस्था का आधार लुप्त हो गया है यह वस्तुस्थिति है और उसे देखने वाली दृष्टियाँ अन्धी हो गयी हैं—यह आत्मस्थिति। गाँधी की मृत्यु पर नेहरू की प्रतिक्रिया "द लाइट इज़ गान..." इसी सत्य को व्यंजित करती है। मूल्य-संकट से उत्पन्न यह आपात स्थिति संवेदनशील कवि के सामने दूसरा असमंजस उपस्थित करती है : "दायित्व गहन, भाषा अपूर्ण, श्रोता अन्धे/पर सत्य वही देगा उनको संकट क्षण में।" यह बात अलग है कि वह भी "इस मोहनिशा से घिर कर/है भटक रहा/ जाने किस कंटक-पथ पर।" वह प्रतिबद्ध है—"सत्य कितना कटु हो/कटु से कटुतर हो/कटुतर से कटुतम हो/फिर भी कहूँगा मैं।" किन्तु समस्या अपनी जगह है "लेकिन आज अन्तिम पराजय के अनुभव ने/जैसे प्रकृति ही बदल दी है सत्य की/आज कैसे वही शब्द/वाहक बनेंगे इस नूतन अनुभूति के"? यानी समस्या दुहरी है—पहली सत्य की प्रकृति के बदल जाने की और दूसरी बदली हुई प्रकृति के अनुरूप भाषा की अपर्याप्तता के एहसास की।

अन्धा युग की मुख्य कथा इस प्रकार मूल्यों की विकृति या मूल्यहीनता की है। पूरा प्रश्न जिस ढाँचे में उठाया गया है, वह अस्तित्ववादी विचारधारा का है। युद्ध की स्थिति इसका विभावन-व्यापार (आब्जेक्टिव कोरिलेटिव) है। यह युद्ध महाभारत हो सकता था, कोई और हो सकता था। जो वस्तुगत ढाँचा मनुष्य के विवेक, नीति, मर्यादा, आस्था आदि के लिए चुनौती प्रस्तुत कर दे, वही कवि के लिए ग्राह्य है। महाभारत के युद्ध से जीवन की चरम स्थितियों (हत्या/आत्महत्या/सामूहिक हत्या)

के समावेश के लिए पर्याप्त अवकाश है। इन्हीं स्थितियों के माध्यम से अन्धा युग में दर्शन का रूप निखरता है।

कथानक-संरचना इस रूप में की गयी है कि ये तमाम स्थितियाँ 'अन्धा युग' के कथानक को उसकी चरम स्थिति 'प्रभु की मृत्यु' की ओर बढ़ाती हैं। आस्था के आधार कृष्ण की मृत्यु का परिणाम है "प्रभुहीन धरा पर आस्थाहत/कलियुग ने धरा प्रथम चरण।" प्रश्न तो इस घटना से पहले भी बहुत से हैं, किन्तु वास्तविक समस्या तो कलियुग के आरम्भ से सम्बद्ध है। एक ओर प्रभु की मृत्यु का प्रतीकात्मक प्रतिफलन है कि "हर क्षण होती है प्रभु की मृत्यु कहीं न कहीं" और दूसरी ओर प्रेतात्मा युयुत्सु का विश्वास है "नियति है बँधी हमारी/प्रभु के मरण से नहीं/मानव भविष्य से।" स्वयं प्रभु का सन्देश है "मरण नहीं है ओ व्याध/मात्र रूपान्तरण है वह..." और इसके उपरान्त अस्तित्ववाद की शब्दावली में 'दण्डित मुक्त' अश्वत्थामा, और प्रेत रूप युयुत्सु "दायित्व युक्त मर्यादित आचरण" का सन्देश ग्रहण करते हैं। प्रभु-वचन के स्वीकार के लिए आस्था अनिवार्य है और आस्था की उपलब्धि के लिए व्यक्ति-स्वातन्त्र्य। व्यक्ति-स्वातन्त्र्य की इस शर्त को अश्वत्थामा दण्ड रूप में ग्रहण करता है : "मैं हूँ दण्डित/लेकिन मुक्त हूँ।" मुक्ति दण्ड है क्योंकि वह "मर्यादायुक्त आचरण" का दायित्व है, अमर्यादित स्वेच्छाचार का भोग नहीं। प्रभु की मृत्यु के बाद अपना दायित्व प्रभु को सौंप कर मुक्तता के अनुभव का विकल्प भी समाप्त हो गया। जिस युग ने प्रभु की हत्या की है उस आस्थाहीन प्रभुहीन युग में प्रत्येक व्यक्ति स्वयं अपना दायित्व वहन करने के लिए विवश है, अभिशप्त है। आस्था का आधार उसके लिए अब न ईश्वर है न धर्म, बल्कि अपना विवेक है। इसीलिए "वे हैं भविष्य/किन्तु हाथ में तुम्हारे हैं"। भविष्य की यह साधना कर्म-निर्भर है अन्यथा "दिव्य दृष्टि" सम्पन्न संजय भी "कर्म से पृथक क्रमशः अपने अस्तित्व का अर्थ" खोता जाता है। उसकी विडम्बना यही है कि "जीवन भर रहा है मैं निरपेक्ष सत्य। कर्म में उतरा नहीं।"

'अन्धा युग' की 'लोक-सम्पृक्ति' "समूचे कथानक और प्रेरणा" को समसामयिक आलोचकों ने प्रायः यथार्थधर्मी कहा है। कवि के वक्तव्य के अनुसार भी "कुण्ठा, निराशा, रक्तपात, प्रतिशोध, विकृति, कुरूपता, अन्धापन"—इन सबने उसे निडर धँसकर छिपे हुए सत्य के दुर्लभ कणों को ढूँढ़ निकालने के लिए आमन्त्रित किया है। जाहिर है उसमें इस तमाम विकृति में धँसने का उत्साह है, आवेग है, सबकी वेदना भोगने और सत्य को पाने का भ्रम और एहसास भी है, और इस सत्य को बाँटने का हौसला भी। 'अन्धा युग' की तात्कालिक प्रभावात्मकता और लोकप्रियता का एक बड़ा कारण युग-स्थिति के प्रति कवि का यह आवेगमय रुझान है।

नाटककार ने स्वयं रंगमंच सम्बन्धी 'निर्देश' देते हुए अन्धे युग को 'दृश्य-काव्य' कहा है। रंग-निर्देश जितने विस्तार से दिये गये हैं, उससे स्पष्ट है कि इसकी रचना

रंगमंच/रेडियो पर प्रस्तुति के लिए की गयी है। महाभारत का कथानक अनेक सजीव एवं सशक्त प्रसंगों का कोश है। 'अन्धा युग' में विचाराधीन प्रश्नों के लिए ऐसी अनेक घटनाएँ प्रासंगिक हैं : जिनमें कार्य-व्यापार-संकुलता एवं गति हो। दुर्योधन एवं भीम का युद्ध, अश्वत्थामा द्वारा पाण्डव शिविर का ध्वंस, अर्जुन एवं अश्वत्थामा का ब्रह्मास्त्र प्रयोग, धृतराष्ट्र-गान्धारी, कुन्ती का दावाग्नि में जलना, पाण्डवों का हिमालय प्रस्थान, कृष्ण की मृत्यु (जो इस कृति की चरम घटना भी है) आदि अनेक महत्त्वपूर्ण प्रसंग इस घटक में उपस्थित हैं—और इस सबके बीच है विचारात्मक ऊहापोह। विडम्बना यह है कि युद्ध सम्बन्धी इस नाटक में एक भी युद्ध रंगमंच पर घटित नहीं होता। नाटककार को सुविधा है—दिव्य दृष्टि सम्पन्न एक ऐसे पात्र की योजना की जो परम्परानुमोदित भी है। यह पात्र संजय है। समूचे कथानक में घटनाओं को शब्द-चित्रों में साकार करके प्रस्तुत करते रहने का दायित्व उसी पर है। और इसीलिए शंका, सन्देह, मूल्य-विकृति के भयावह माहौल में उपयुक्त शब्द-माध्यम खोजने की पीड़ामय अनुभूति भी उसी की है। पीड़ा इसलिए कि वह सत्य कहने के लिए प्रतिबद्ध है। यह बात अलग है कि वस्तुस्थिति के दबाव से सत्य की परिभाषा बदल गयी है और इस बदली हुई परिभाषा के लिए सही भाषा की तलाश ही समसामयिक लेखक की भी सबसे बड़ी पीड़ा है। नाटककार इसी 'तटस्थद्रष्टा' 'शब्द-शिल्पी' के माध्यम से अधिकांश घटनाओं को सूच्य बनाकर प्रस्तुत करता है और अभिनय सम्बन्धी अनेक व्यावहारिक कठिनाइयों से बचाव का मार्ग ढूँढ़ लेता है। जहाँ संजय की भूमिका नाकाफी होने लगती है वहाँ वह 'कथा-गायन' की योजना से काम लेता है या फिर प्रहरी, विगत या अनागत प्रसंगों पर टिप्पणी करके या उनका पूर्वाभास देते हुए सूत्रों को जोड़ते चलते हैं।

इस नाटक की सबसे बड़ी खूबी है वाच्य से दृश्य का प्रभाव उत्पन्न करना। कथा न कहीं रुकती है न ठिठकती है। कृष्ण की मृत्यु के प्रसंग तक घटनाएँ तीर की तरह बढ़ती चली जाती हैं। कार्य-व्यापार की अनुपस्थिति को अश्वत्थामा के चरित्र की गत्यात्मकता ने और गान्धारी की तर्क-कर्कशता ने काफी दूर तक भरा है। पाँच दृश्यों में विभाजित इस काव्य-रूपक में किसी भी सफल नाटक के अनुरूप-स्थापना-अन्तराल एवं समापन किया गया है। भारती ने काव्य के उपकरणों से नाटक के उपकरणों का काम लिया है। वर्णनों की चित्रात्मकता इसका प्रमाण है।

इसी कारण एक बार 'अन्धा युग' को एक साथ श्रेष्ठ काव्य और समर्थ नाटक कहकर दोनों तत्त्वों में परस्पर पोषण का गुण देखने वाले आलोचकों को दूसरी वार उसमें वस्तु योजना और रंग-विधान की पारस्परिक असंगति का भ्रम होने लगता है : "उसकी रचना के नाटकीय अंकों में कथा का फैलाव है, घटना-स्थलों में विलगाव है, कई धरातलों की विचारधारा का ऊहापोह है। इसी सबके बीच पात्र स्वगत और अर्ध-स्वगत कथनों में युद्ध के धर्म-अधर्म पक्षों पर व्याख्याएँ करते हुए आते-जाते हैं।

इस सबको समेकित करने का एकमात्र साधन कथा गायन रखा गया है। वही अंकों की कथा को समेटता है, वही घटनास्थलों को अन्विति देता है : किन्तु नाटक की धर्मिताओं को वह शक्ति नहीं देता, शायद उनको दुर्बल ही करता है...”

जिसे सुरेश अवस्थी फैलाव और विलगाव कहते हैं उसे भारती ने बड़े कौशल से 'समेकित' किया है। केवल कथा-गायन के द्वारा नहीं, संजय के वर्णनों के और प्रहरियों के बीच संवाद के माध्यम से भी नाटक की घटनाओं में तीव्रता आती है। संकलनत्रय का निर्वाह होता है। दृश्यों के भीतर दृश्य-योजना करने पर भी अभिनय की व्यावहारिकता के प्रति पूर्ण सजगता है। युद्ध के दौरान और युद्ध के उपरान्त मूल्य-संकट और मूल्य-विघटन की जिस मानव-अवस्थिति को लेखक ने उठाया है उसकी बहुआयामी प्रस्तुति के लिए स्वीकृत विभावन व्यापार सर्वथा संगत है। नाटक की स्थितियों के बीच जिस वैचारिक ऊहापोह की चर्चा सुरेश अवस्थी ने की है उसमें नाटकीयता वहीं तक है जहाँ तक ऊहापोह है। कृष्ण की मृत्यु की घटना के साथ यह ऊहापोह समाप्त हो जाता है। रह जाती है केवल विचारधारा। जिस अलौकिक, तर्कातीत, आस्थावाद के विरोध में सारी तर्कशीलता, सारा विरोध द्वन्द्वात्मक/नाटकीय रूप धारण करता है, उसी अलौकिक, तर्कमुक्त आस्था की युक्ति से विरोध का शमन किया जाता है। यही इस नाटक की सबसे बड़ी विडम्बना और असंगति है। आकस्मिक नहीं है कि इसकी अधिकांश रंगमंचीय प्रस्तुतियों का अन्त कृष्ण की मृत्यु के उपरान्त की घटनाओं को शीघ्रता से समेकित करके किया जाता रहा है। वस्तुतः अन्त में वृद्ध याचक के माध्यम से अस्तित्ववादी भाषा में प्रसारित सन्देश नाटक की तार्किक नहीं आरोपित परिणति प्रतीत होता है। शायद सम्पूर्ण नाटक में व्याप्त मूल्य-संकट के बोध के प्रति थिराए हुए विवेक के बजाय जो विस्फोटक आवेग दिखाई पड़ता है उसका यही अतार्किक अन्त हो सकता था। आवेग का प्रभाव अपनी तात्कालिकता में तीव्र एवं आक्रामक होता है, प्रायः स्थायी और गहन नहीं। इसीलिए प्रायः उस प्रभाव में कालातिक्रम से विशेष मौलिक अन्तर नहीं आता। बहुआयामी या बहुस्तरीय अर्थ-सम्भावनाएँ भी पैदा नहीं होतीं। एक विशेष कालावधि में अत्यन्त लोकप्रिय और प्रभावक्षम होने पर भी 'अन्धा युग' के पुनर्मूल्यांकन का प्रश्न यदि नहीं उठा तो यह केवल संयोग नहीं है।

इसमें सन्देह नहीं कि इस रचना में प्रचुर काव्य-गुण है। अन्धों को दृष्टि देने वाला संजय अपने वर्णनों में अर्थ ग्रहण नहीं बिम्ब ग्रहण कराता चलता है। वह सूचनाएँ नहीं देता अपने अन्धे श्रोताओं की कल्पना के लिए चित्र खड़े करता है। इस “दिव्यदृष्टि सम्पन्न शब्द शिल्पी” की भाषा अक्सर आलंकारिक और मूर्तिविधायनी हो उठती है। अवध्यता का वरदान पाकर भी आसन्न मृत्यु की भयावहता उसे ऐसी लगती है—

जैसे तेज बाण किसी
कोमल मृणाल को
ऊपर से नीचे तक चीर जाय
चरम त्रास के उस बेहद गहरे क्षण में
कोई मेरी सारी अनुभूतियों को चीर गया
कैसे दे पाऊँगा मैं सम्पूर्ण सत्य
उन्हें विकृत अनुभूति से?

मृत्युबोध की यही अस्तित्ववादी मुद्रा सत्य की विकृत अनुभूति के लिए जिम्मेदार है। इसी प्रकार धृतराष्ट्र को जब अपनी वैयक्तिक सीमाओं/मूल्यों और ज्ञानहीन आस्थाओं के बाहर सत्य की व्यापक वस्तुगत स्थिति का भान होता है तो ऐसे कि–

सहसा यह लगा कोई बाँध टूट गया है
कोटि-कोटि योजन तक दहाड़ता हुआ समुद्र
मेरे वैयक्तिक अनुमानित सीमित जग को
लहरों की विषम जिह्वाओं से निगलता हुआ
मेरे अन्तर्मन में पैठ गया।

आचार्य शुक्ल ने मार्मिक स्थलों की पहचान को प्रबन्ध की कसौटी माना है। प्रबन्धकार के विवेक की परीक्षा इसी बात में होती है कि वह विस्तृत एवं बिखरे हुए कथा-प्रसंगों में से अपनी रचना के लिए व्यापार-शोध किस रूप में करता है। 'अन्धा युग' में कथ्य के अनुरूप मर्मस्पर्शी स्थितियों की पहचान और उनके काव्यात्मक-चित्रण का पर्याप्त प्रमाण मिलता है।

प्रबन्ध में मार्मिकता का आग्रह यदि केवल भाव-विगलन की दिशा में होता है तो उससे कारुणिक प्रगीतात्मक प्रभाव पेदा करने की सम्भावना/आशंका होती है। 'अन्धा युग' में गृहीत मार्मिक प्रसंगों की शक्ति उनकी विडम्बनापूर्ण स्थिति में है भावाकुलता में नहीं। अश्वत्थामा का चरित्र युवा मानस की प्रश्नधर्मी प्रकृति को जिस आवेश की मुद्रा से प्रस्तुत करता है, उतने ही अप्रभावी ढंग से उसके विरोध का शमन हो जाता है। 'अन्धा युग' की वास्तविक प्रश्नाकुलता के वाहक पात्र इसीलिए अपनी सारी मुखरता के बावजूद अश्वत्थामा और गान्धारी नहीं, बल्कि युयुत्सु और संजय हैं। युयुत्सु के चरित्र की रीढ़ उसकी विडम्बनापूर्ण स्थिति है। इसी प्रकार धृतराष्ट्र और गान्धारी का अन्धापन महज एक तथ्य नहीं है–वह एक स्थिति है, प्रवृत्ति है जिसका बोध और दंश पूरे नाटक में इन दोनों पात्रों के साथ ही पूरे वातावरण पर लटका है। अश्वत्थामा में पशुत्व का उदय एक भावावेग, उत्तेजना मात्र नहीं है वह युधिष्ठिर के 'अर्धसत्य' की तार्किक परिणति है जो क्रमशः मनोग्रन्थि का रूप ग्रहण

करती है। नाटक का घटना चक्र जिस क्रम से गान्धारी के शाप के प्रसंग तक पहुँचता है, उस विधान में कृष्ण द्वारा शाप की नतमस्तक स्वीकृति पूरी स्थिति को एक विडम्बनापूर्ण नाटकीयता प्रदान करते हुए प्रभावी बनाती है। कृष्ण पक्ष से प्रस्तुत तमाम तर्क युक्तियों की अपेक्षा यह एक प्रसंग उस आस्था को स्वर देने में कहीं अधिक समर्थ है जो 'अन्धा युग' का कथ्य है। पूरे नाटक की संरचना द्वन्द्वधर्मी न होकर असमंजसधर्मी है। यह असमंजस ही मूल्य-संक्रमण की ढुलमुल मानसिकता का लक्षण है। द्वन्द्व प्रायः प्रश्नों को अनुत्तरित छोड़ देता है और असमंजस उन्हें आरोपित, अप्राकृतिक एवं अतार्किक परिणतियों तक ले जाता है। ऐसी परिणति उस स्थिति में और निश्चित हो जाती है जब आस्था या आदर्श सहज प्रेरित न होकर अर्जित हो। उत्तर तक पहुँचने का आग्रह 'अन्धा युग' की वस्तु-योजना के नाटकीय तनाव को शिथिल ही करता है। कवि का संकल्प अन्धों के माध्यम से 'ज्योति' तक पहुँचने का है जबकि वास्तविकता में ज्योति है कहाँ?

कृति के नाट्य शिल्प को भारती ने आरम्भिक 'निर्देश' में सविस्तार समझाया है। और तमाम बातों के अतिरिक्त इस रचना में प्रयुक्त भारतीय और पाश्चात्य परम्परा के साक्ष्य को प्रमाणित करने का आग्रह उनमें विशेष रूप से दिखाई पड़ता है। नाट्य में शिल्प की दृष्टि से मौलिक या प्रयोग क्या है? की अपेक्षा भारती की चिन्ता यह अधिक है कि 'शास्त्र' और परम्परा किस बात की अनुमति कितनी दूर तक देते हैं और इसमें पूर्व और पश्चिम का मेल-मिलाप किस हद तक होता है।

'अन्धा युग' के सन्दर्भ में प्रतीकात्मकता की बात प्रायः उठाई जाती रही है। प्रतीकात्मकता निश्चय ही किसी भी रचना में अर्थ विस्तार करती है। प्रतीक की प्रकृति आत्मनिषेधपरक होती है। प्रतीकात्मकता कभी-कभी अतिरिक्त दुरूहता या अस्पष्टता का खतरा भी पैदा कर सकती है।

ऐसा प्रायः प्रतीक के अन्योक्तिधर्मी प्रयोग से होता है जहाँ प्रस्तुतार्थ गौण होकर सांकेतिक अर्थ प्रधान हो जाता है। 'अन्धा युग' की कथा में पात्र एवं घटनाओं का प्रयोग समासोक्तिपरक है। देश कालगत अर्थ-व्याप्ति उनके निजी ऐतिहासिक सन्दर्भ का निषेध कर उसे अप्रासंगिक नहीं बनाती।

'अन्धा युग' के हर प्रसंग या पात्र का एक नियत ऐतिहासिक एवं दूसरा अनियत देश-कालातीत सन्दर्भ है। इसलिए एकातिरिक्त अर्थ की सम्भावना बराबर बनी रहती है। पूरा 'अन्धा युग' जो कवि के अनुसार कलियुग है 'आस्था हत' युग का प्रतीक है। आस्था का आधार इस युग में विलुप्त हो गया है—यह वस्तुस्थिति है और देखने वाली दृष्टियाँ अन्धी हैं यह आत्मस्थिति या मानसिक स्थिति है। इस अन्धी पीढ़ी को सत्य से अवगत कराने वाला संजय स्वयं दिव्यदृष्टि सम्पन्न किन्तु अकर्मण्य पात्र है। उसकी समस्या दुहरी है—"कर्म-क्षेत्र में उतरे बिना जीवन की

सार्थकता की खोज" और सत्य एवं अनुभूति का रूप अनिश्चित एवं विकृत हो जाने के कारण भाषा की अपर्याप्तता या अपूर्णता की गहरी पीड़ा। नाटक के कई पात्र 'अन्तराल' के रूप में रचित फैंटेसी के माध्यम से अपने और स्थितियों के प्रतीकात्मक स्वरूप की व्याख्या करते हैं। 'अन्तराल' की रचना नाट्य-तत्त्व के अनुरोध से नहीं, प्रतीकों की व्याख्या के उद्देश्यों से की गयी है। नाट्यधर्मिता को यह अंश, किसी रूप में शक्ति नहीं देता।

'अश्वत्थामा' इस कृति का सर्वाधिक विद्रोही, प्रश्नाकुल और क्षुब्ध चरित्र है। आधुनिक युग के उस युवा-मानस का प्रतिनिधि, जिसमें प्रतिशोध से प्रेरित कर्म का आवेग तो बहुत है किन्तु सुस्थिर व्यवहार का विवेक उतना नहीं। उसमें आवेश है, असन्तुलित आतुरता है, क्योंकि कर्म के परिणाम के प्रति दायित्वबोध का उसमें एकान्त अभाव है। उसकी मनोग्रन्थियों का दायित्व दूसरों पर है। उसकी विवेकहीन अनास्था की परिणति भी विवेकातिक्रान्त आस्था में होती है। अश्वत्थामा से भिन्न युयुत्सु तर्कशील चरित्र है। उसकी स्थिति पूरे नाटक में अत्यन्त विडम्बनापूर्ण है। वह विवेकाश्रित आस्था से आरम्भ करता है और मोहभंग की निराशाजन्य आत्मघाती नियति को प्राप्त होता है। प्रश्न का विवेकसम्मत समाधान उसे भी नहीं मिलता। वस्तुतः स्थितियाँ अपने प्रकृत रूप में किसी निदान की ओर बढ़ती ही नहीं किन्तु नाटककार उत्तर पाने के लिए प्रतिबद्ध है। अतः ज्योति के नाम पर वह अस्तित्ववादी विचारधारा की रूढ़ शब्दावली का संयोजन समाधान-सूत्र में कर देता है–

पर एक तत्त्व है बीच रूप स्थिति मन में
साहस में, स्वतन्त्रता में, नूतन सर्जन में
वह है निरपेक्ष उतरता है पर जीवन में
दायित्वयुक्त, मर्यादित, मुक्त आचरण में

यही नाटक की संरचनात्मक विफलता है। प्रश्न की उठान जितना प्रभावित करती है समाधान उतना ही अप्रभावी और अतार्किक प्रतीत होता है।

रचनाकार की क्षमता चित्रात्मक वर्णनों में, बिम्ब-रचना में, मूर्त विधान में, शब्दों की मितव्ययता में, यहाँ तक कि भाषण-कला में जितनी प्रकट होती है उतनी प्रबन्ध-परिणति में नहीं। अनिवार्य जीवन-मूल्य के रूप में स्वतन्त्रता की प्रतिष्ठा कर रचनाकार जिस मानवीय-विवेक और मर्यादित-आचरण पर बल देता है वह आस्था के अभाव में धुरीहीन मानव की स्वाभाविक चिन्ता का शाब्दिक समाधान ही हो सकता, उसका कोई व्यावहारिक या सम्भावित रूप सामने नहीं आता। फिर भी इतना तो असंदिग्ध है ही कि रचना के उपरान्त लगभग एक दशक तक इस रचना की अनेक प्रभावूपर्ण आवृत्तियाँ रेडियो और रंगमंच पर लगातार होती रही हैं। इसकी लोकप्रियता का सबसे बड़ा प्रमाण और क्या हो सकता है?

अन्तस्तल का पूरा (?) विप्लव : अँधेरे में

'अँधेरे में' उत्तरशती की सबसे महत्त्वपूर्ण और शायद सबसे विवादास्पद कविता है। विवाद भिन्न रुचि और विचारधारा वालों के बीच ही नहीं, समानधर्मा आलोचकों के बीच भी है। यह तथ्य कविता की सम्भावनाशीलता का प्रमाण है। यह भी सही है कि मुक्तिबोध के जीवन-काल में इस कविता को खुद उनसे सुना तो बहुतों ने होगा। ('चाँद का मुँह टेढ़ा है'—की भूमिका में शमशेर बहादुर सिंह ने भी राजनाँदगाँव में 1961 में इस कविता को उनके मुख से सुनने का जिक्र किया है) लेकिन इसे सराहा उनकी मृत्यु के बाद ही गया। इस विलम्ब का कारण उपेक्षा या उदासीनता नहीं बल्कि ऐतिहासिकता है। 1960 के बाद भारत के राजनीतिक और सामाजिक जीवन में होनेवाले परिवर्तनों की गति और विधि दोनों में निकट अतीत से भी बुनियादी अन्तर था। स्थितियाँ जिस तेजी से और जिस रूप में मोड़ ले रही थीं, उन्हें देखते हुए बहुतों को मुक्तिबोध की क्रान्तदर्शिता और सोच की पहचान करना और सराहना जरूरी महसूस हुआ होगा। इस ऐतिहासिक दबाव का जो सिलसिला उस समय शुरू हुआ था, वह आज भी कायम है। अपने समय का अतिक्रमण हर कालजयी रचना में होता है। लेकिन आनेवाले समय के इस कदर साथ चलनेवाली रचनाओं की संख्या बहुत नहीं होती। इस दृष्टि से देखने पर यह बात हैरत में डाल देनेवाली है कि अपने सारे जटिल अर्थ-विन्यास और अपारदर्शी शिल्प के बावजूद इस कविता के पाठकों की संख्या उत्तरोत्तर बढ़ती गयी है। मुक्तिबोध की जिन कविताओं को किसी समय लगभग अबूझ और अभेद्य मानकर किनारे रख दिया जाता था, उन्हीं में धीरे-धीरे पाठकों को 'साथीपन' का अहसास होने लगा। निजी सोच में सार्वजनिक जीवन और राजनीतिक विचारों का इतनी दूर तक सीधा-सीधा हस्तक्षेप औसत आदमी ने पहले इस हद तक झेला भी नहीं था। ऐसा हस्तक्षेप जिसने उसके लिए नये सिरे से अपनी पहचान को तलाशने और व्याख्यायित करने की मजबूरी पैदा की। बाहर के जीवन जगत का दबाव मुक्तिबोध की कविताओं पर कुछ इस कदर दिखाई पड़ा कि लोगों को उनकी कविता के द्वारा 'सार्वजनिक दुनिया और राजनीतिक विचारों का पुनर्वास'

होता दिखाई पड़ने लगा मानो इससे पहले के दौर में वे प्रवासी या अनुपस्थित रहे हों।

अपनी तमाम कविताओं में मुक्तिबोध फैण्टेसी शिल्प के माध्यम से पूरी तरह अपने समय के साथ हैं। अन्तर और बाह्य के इस रिश्ते को मुक्तिबोध ने 'दुःस्थिति' के रूप में अनुभव किया है। 'तारसप्तक' के पहले संस्करण के 'वक्तव्य' में ही उन्होंने इस सम्बन्ध की बनावट के वारे में कहा था : "यहाँ यह स्वीकार करने में मुझे संकोच नहीं कि मेरी हर विकास-स्थिति में मुझे घोर असन्तोष रहा और है। मानसिक द्वन्द्व मेरे व्यक्तित्व में बद्धमूल है। यह मैं निकटता से अनुभव करता आ रहा हूँ कि जिस भी क्षेत्र में मैं हूँ वह स्वयं अपूर्ण है, और उसका ठीक-ठीक प्रकटीकरण भी नहीं हो रहा है। फलतः गुप्त अशान्ति मन के अन्दर घर किये रहती है।"

बीस वर्ष बाद जब 'तारसप्तक' के दूसरे संस्करण की तैयारी हो रही थी, तब इस अन्तराल के बीच होने वाले अनुभव ने उन्हें यह समझा दिया था कि "व्यक्ति-स्वातन्त्र्य की वास्तविक स्थिति केवल उनके लिए है जो उस स्वातन्त्र्य का प्रयोग करने के लिए सुपुष्ट आर्थिक आधार रखते हों, जिससे कि वे परिवार सहित मानवोचित जीवन व्यतीत कर सकें और साथ ही व्यक्ति-स्वातन्त्र्य का ऐसा प्रयोग भी कर सकें जो विवकेपूर्ण हो और लक्ष्योन्मुख हो।" (पुनश्च, पृ. 75)। यहीं उन्होंने व्यवसायीकरण-व्यापारीकरण के मार्ग के बढ़ते दबाव और इस मार्ग के अनौचित्य का भी ज़िक्र किया है।

'अँधेरे में' का रचनाकाल भी यही है। अतः क्या यह निष्कर्ष निकालना उचित न होगा कि रचना-कर्म के इस दौर का संघर्ष मुक्तिबोध के लिए सुपुष्ट आर्थिक आधार के अभाव या अपर्याप्तता के कारण व्यक्ति-स्वातन्त्र्य के विवेकपूर्ण और लक्ष्योन्मुख प्रयोग की असमर्थता का संघर्ष है।

कवि के चारों ओर एक वास्तविकता है—सामाजिक परिदृश्य है, राजनीतिक दुनिया है। उसकी कठिनाई इस भयानक दुःस्वप्न सरीखी दुनिया के होने की नहीं, उस होने को महसूस करने की है। वह उसे बाहर देखता और भीतर झेलता है। देखना उसकी सामाजिकता और झेलना उसकी निजता है। यह झेलना द्वन्द्व रूप में है, और सकारण है क्योंकि "आज का वैविध्यमय जीवन विषम है, आज की सभ्यता ह्रासगत, इसलिए आज की कविता में तनाव होना स्वाभाविक ही है। किसी भी युग का काव्य अपने परिवेश से या तो द्वन्द्व रूप में स्थित होता है, या सामंजस्य के रूप में। नयी कविता अधिकतर द्वन्द्व रूप में स्थित है।" **(मुक्तिबोध रचनावली, खण्ड पाँच, पृ. 189)**

मुक्तिबोध की अधिकतर लम्बी कविताएँ इसीलिए अनिर्णीत स्थिति में खत्म होती हैं। 'अँधेरे में' का वाचक दो टूक कहने का साहस भले ही कविता के अन्त तक पहुँच कर जुटा पाता है, लेकिन वह जानता शुरू से है कि "वर्तमान समाज में चल नहीं सकता।" सारे संघर्ष और छटपटाहट का कारण भी यही एहसास है। इतमीनान से खाकर सोने वाला संसार तो परम सुखी है दुखी तो दास कबीर हैं जिनका जागना ही उनके रोने का कारण है।

'अँधेरे में' का नायक भी जाग्रत् है, पर दिन के उजाले में नहीं। इसीलिए किसी का होना उसे केवल सुनाई देता है—आहट की तरह, दिखाई नहीं देता और जब दिखाई देता है तो 'किसी' मनु-पुत्र की यह आकृति पहचानी नहीं जाती। वह केवल सर्वनाम रूप है—'कोई'। यह 'कोई' कौन है, इसका कोई निश्चित उत्तर नहीं है वाचक के पास। यह संयोग भर नहीं है कि इस आकृति का जो बयान मुक्तिबोध ने किया है वह दर्पण में देखे अपने चेहरे से बहुत भिन्न नहीं है। इसलिए एक हद तक इस मान्यता को बल देता है कि " 'अँधेरे में' कविता के नायक से मुक्तिबोध को अलग करके देखना असम्भव है।" यह प्रश्न अलग है कि यह नायक व्यक्ति मुक्तिबोध है या कवि मुक्तिबोध।

जिस अनजाने-अनपहचाने चेहरे के सामने कविता का वाचक हतप्रभ है उसकी समझ जवाब दे जाती है, वही जब प्रकट होता है तो पूरी जादुई करामात की तरह—अचानक। किसी तिलस्मी खोह के शिला-द्वार के अकस्मात्, धड़ से खुल जाने पर, रक्तालोक स्नात् पुरुष के रूप में। जो साक्षात् भी है, साथ ही रहस्य भी। वह प्रियदर्शन आकर्षक रूप होने पर भी 'विलक्षण शंका' और 'गहन सन्देह' जगाता है।

सारी आशंका और सन्देह के बावजूद कवि का सजग अन्तस् उसकी व्याख्या करता है—

वह रहस्यमय व्यक्ति
अब तक न पायी गयी मेरी अभिव्यक्ति है,
पूर्ण अवस्था वह
निज सम्भावनाओं, निहित प्रभावों, प्रतिमाओं की,
मेरे परिपूर्ण का आविर्भाव

जो पाया नहीं गया वह व्यक्ति और अभिव्यक्ति दोनों एक साथ हैं। एक ऐसा आदर्श जो लक्ष्य की तरह 'रहस्य साक्षात्' है। यह ज्ञान वाचक को राहत नहीं, पीड़ा देता है। प्रश्न अपनी जगह हैं ही और पर्याप्त होने के साथ गम्भीर और खतरनाक भी हैं। आत्मसाक्षात्कार का यह आलोकित क्षण बाहर के गुंजान जंगलात को सह्य नहीं, अतः अचेतन के अँधियारे खड्डे में गिरना उसकी नियति है।

'मैं' के द्वारा निरन्तर 'वह' को सिद्ध करने की यह प्रक्रिया कविता के आरम्भ में रह-रहकर दोहरायी गयी है। भीत पर फूले हुए पलिस्तर से खिसकती पपड़ियों से बना चेहरा, तालाब की गहराइयों से उभरती कुहरीली मुखाकृति, तिलस्मी-खोह में साक्षात् रहस्य-पुरुष, द्वार पर रह-रहकर बजती साँकल, ऐसे न जाने कितने और प्रतीकों के रूप में जो अवसर-अनवसर सुविधा का बिना खयाल किये प्रकट होता रहता है। समस्या उसे पहचानने की नहीं, पहचान कर न पहचानने की है। वाचक की आत्मस्वीकृति है–

परन्तु, भयानक खड्डे के अँधेरे में आहत
और क्षत-विक्षत, मैं पड़ा हुआ हूँ,
शक्ति ही नहीं है कि उठ सकूँ ज़रा भी
(यह भी सही है कि
कमज़ोरियों से ही लगाव है मुझको)।

जो प्रिय है उसी को टालना, उससे कतराना 'मैं' की विवशता है। पहचानने और गले लगाने का अर्थ है खतरों का आह्वान, चुनौतियों का स्वीकार। उस गुरुवत 'पूर्णतम परम अभिव्यक्ति' के इस पलातक शिष्य को 'डर लगता है ऊँचाइयों से' इसलिए वह विवश है 'पीड़ाएँ समेटे', खड्डे के अँधेरे में पड़े रहने के लिए। पर रह-रहकर आत्मा में 'भीषण सत्-चित्-वेदना' जल उठती है; क्योंकि यह मजबूरी भी तो अपनी जगह है ही कि "नहीं, नहीं, उसको मैं छोड़ नहीं सकूँगा, सहना पड़े। चाहे मुझे चाहे जो भले ही।"

एक ओर "मुझे नहीं चाहिए शिखरों की यात्रा" और दूसरे ओर "अब अभिव्यक्ति के सारे खतरे उठाने ही होंगे।"

पलायन और संकल्प की विरोधी मनःस्थितियों के रूप में जो द्वन्द्व काव्य-नायक के चरित्र में बद्धमूल है उसकी परिणति होती है आत्म-निर्वासन की बेचैन अनुभूति में, और अन्ततः आत्मालोचन में।

जो बराबर प्रकट अन्तर्धान होता रहता है, समय-असमय, अवसर-अनवसर वह कोई और नहीं, आखिर है तो "व्यक्तित्व अपना ही अपने से खोया हुआ। **वही** उसे **अकस्मात** मिलता था रात में।"

अपने ही खोए हुए व्यक्तित्व के अकस्मात सामने आ जाने पर जो दुविधा, असुविधा और असमंजस पैदा होता है, उसकी जिम्मेदारी बाहरी तंत्र पर तो है ही वाचक का निजी सोच भी उसमें बराबर का हिस्सेदार है। वह ऐसा व्यक्ति है जो स्वयं अपने विरोध में खड़ा है। सार्वजनिक घटनाओं की दुनिया में वैचारिक/सक्रिय हस्तक्षेप खतरे का कारण हो सकता है, अतः विचारों की मणियों को अवचेतन के

गर्त में फेंक देना ही अधिक सुरक्षित रास्ता है। प्रकट होकर वह : “हृदय को देता है बिजली के झटके। भविष्य का नक्शा दिखाता है।” वह जगत का प्रबुद्ध समीक्षक है। विवेक पुंज है। इसलिए दुर्बल मैं के लिए असह्य है : “इस तम शून्य में तैरती है जगत-समीक्षा/की हुई उसकी/(सह नहीं सकता) विवेक-विक्षोभ महान उसका/तम अन्तराल में (सह नहीं सकता)”।

पूरी कविता इस दुर्बल, जिज्ञासु, साधक ‘मैं’ के द्वारा आदर्श, रहस्य सरीखे वह को सिद्ध करने के प्रयास और न पा सकने की असफलता/असमर्थता के बीच की द्वन्द्वात्मकता का बयान है। नामवर सिंह ने इस ‘मैं’ को पूर्णता में कवि समझ लेने की सम्भावना के विरुद्ध सावधान किया है। वे कविता के ‘मैं’ और ‘वह’ दोनों में से किसी को कवि का सम्पूर्ण रूप मानने के पक्ष में नहीं हैं। उनके अनुसार ‘मैं’ और ‘वह’ के समवेत रूप से ही कविता के आदर्श/अभिप्रेत पूर्ण व्यक्तित्व की सिद्धि सम्भव है।

अधूरेपन के बोध को लिये दिये काव्य-नायक के क्रमशः अपने लिए अजनबी होते जाने को रामविलास शर्मा ने एक ‘अत्यन्त आत्मग्रस्त’ चरित्र का लक्षण माना है। ऐसी आत्मग्रस्तता ‘जिसका एक रूप है रहस्यवाद, दूसरा रूप है अस्तित्ववाद’। एक बार यह मान लेने के बाद, मुक्तिबोध की आत्म चेतस संवेदना के साथ उसके सामाजिक सरोकार का तालमेल रामविलास जी ने यह कहकर बैठाया कि “मुक्तिबोध के आत्मसंवेदन समाज के व्यापकतर छोर छूते हैं—इसका अर्थ है, वह रहस्यवाद और अस्तित्ववाद से मार्क्सवाद का समन्वय करने का प्रयत्न करते हैं, किन्तु वह समन्वय हो नहीं पाता।” **(नयी कविता और अस्तित्ववाद, पृ. 129)**

कविता में जिस तरह जीवन की कठोर और घोर वास्तविक सचाई का लगभग एक दुःस्वप्न की तरह सामना करते हुए वे बारम्बार अभीष्ट परिवर्तन की ऐन्द्रजालिक स्वप्निल दुनिया में लौट जाते हैं, उसे देखते हुए ऐसा निष्कर्ष एकदम संगत नहीं तो पूरी तरह बेबुनियाद भी नहीं कहा जा सकता। अस्तित्ववाद के साथ मार्क्सवाद का समझौता कराने का प्रयास तो स्वयं अस्तित्ववादी चिन्तकों ने भी किया था परन्तु ‘रहस्यवादी’ अनुभव के लिए जिस असाधारण भाव-भूमि के संस्पर्श की अपेक्षा होती है उसका समन्वय मार्क्सवाद से कराना सहज नहीं है। दरअसल ‘अँधेरे में’ की संवेदना को ‘वादों’ की पारिभाषिकता में बाँधकर देखना-समझना कठिन है। कविता में एक ऐसा क्षण आता है, जहाँ पहुँचकर वाचक को लगता है कि—

‘रात्रि के श्यामल ओस से क्षालित/कोई गुरू गम्भीर महान अस्तित्व/महकता है लगातार/मानो खँडहर-प्रसारों में उद्यान/गुलाब-चमेली के, रात्रि-तिमिर में/महकते हों महकते ही रहते हों हर पल/किन्तु वे उद्यान कहाँ हैं, अँधेरे में पता नहीं चलता।

मात्र सुगन्ध है सब ओर/पर, उस महक-लहर में/कोई छिपी वेदना, कोई गुप्त चिन्ता/छटपटा रही है, छटपटा रही है।'

इन पंक्तियों में किसी ऐसे गुरू गम्भीर महान अस्तित्व का एहसास भर है जिसकी व्याप्ति केवल महक-लहर की तरह महसूस होती है। इस सुगन्ध के स्रोत का ठीक-ठीक पता नहीं चलता। उसकी तुलना कवि रात्रि के अन्धकार में अदृश्य महकते हुए गुलाब-चमेली के सदाबहार उद्यानों से करता है। यह व्याख्यातीत संवेदन किसी रहस्यानुभूति का नहीं, उस आशावाद का संकेत करता है जिसे आत्मभर्त्सना और आत्मालोचन की कँटीली राह से गुज़रकर काव्य-नायक ने पाया है। इस प्रसंग से ठीक पहले वह अपने दायित्व को पहचानता है, अपराध-बोध के साथ। "मानो मेरे कारण ही लग गया। मॉर्शल-लॉ वह।...मानो मेरे कारण ही दुर्घट/हुई यह घटना।" सारी समस्या तो समझौतावादी निष्क्रियता की है : 'मानों मेरी निष्क्रिय संज्ञा ने संकट बुलाया।' सुगन्ध का स्रोत कहाँ है? इसको पहचानने में बाधक अँधेरा है। जो भीतर और बाहर दोनों जगह है। पहचान के लिए अँधेरे का छँटना जरूरी है।

प्रकाश विकीर्ण करने वाले विवेक और अनुभव के रत्न-मणियों की ढेरी तो अवचेतन की गुफा में दबी केवल उसी की बेडौल भीतों को ही आलोकित करती रहती हैं। वे गुहावासी होने के लिए अभिशप्त हैं। गुहावास उन्हें दिया गया है अन्यथा 'बच्चे भीख माँगते खेर'।

इसीलिए जो रामविलास शर्मा की दृष्टि में आत्मग्रस्त है, वह नामवर सिंह की राय में आत्मनिर्वासित है। उसकी तथाकथित आत्मग्रस्तता फ्रायडियन न्यूरोसिस, विकृति, मानसिक रोग नहीं है। इस 'आत्मनिर्वासित' बेचैन व्यक्तित्व को सामाजिक-आर्थिक दबावों ने वैसा होने के लिए विवश किया है। वह आत्मकेन्द्रित निपट अन्तर्मुख व्यक्ति नहीं है। उसकी निजी दुनिया के साथ सार्वजनिक घटनाओं की दुनिया बराबर कारण-कार्य सम्बन्ध से जुड़ी है : 'जितना ही तीव्र है द्वन्द्व क्रियाओं-घटनाओं का/बाहरी दुनिया में/उतनी ही तेज़ी से भीतरी दुनिया में/चलता है द्वन्द्व कि/फ़िक्र से फ़िक्र लगी हुई है।'

इसीलिए उसे समस्याओं की चिन्ता के साथ सम्भावनाओं का एहसास है। शहर का जुलूस उसे बेचैन भी करता है और आतंकित भी। क्रान्ति का स्वप्न उसमें गहरा दायित्व बोध जगाता है। बाहरी और भीतरी दुनिया, चेतन और अवचेतन के बीच अटूट सम्बन्ध लगातार बना रहता है। पर इन दोनों स्तरों पर वे जिस जादुई करामात, कहीं-कहीं नितान्त निजी शब्द और प्रतीक-व्यवस्था के माध्यम से संतरण करते हैं वह एक साथ ऐन्द्रजालिक और वास्तविक, काल्पनिक और ठोस होने का बोध जगाता है—लगभग चमत्कारिक ढंग से। ये दोनों रूप किसी क्षण विशेष में या किसी

एक बिन्दु पर समन्वित या समंजित नहीं होते। जब ऐसा दुर्लभ अवसर आता है तो एक दूसरे से अनजाने या समझ-बूझकर मुँह चुराता है या फिर 'होने लगी बहस और/लगने लगे परस्पर तमाचे'।

इस तमाम तनाव को झेलता हुआ यह काव्य-नायक हरपल पीछा करती हुई हिंसक शक्तियों के संकट तले जीना चाहता है—मौत का खतरा उठाकर भी। उसके मन में दुविधा या सस्पैंस नहीं, गहरा अपराध-बोध है। दरअसल उसकी यात्रा संकट-बोध, उस संकट को पैदा करनेवाली शक्तियों की पहचान, आतंक, आतंक का सामना करने के संकल्प से उत्पन्न तनाव, आत्मालोचन और आत्मभर्त्सना, क्रान्ति-स्वप्न की राह से गुजरती हुई अन्ततः रात के अँधेरे से सुबह की सुनहली धूप में आत्माभिज्ञान पर जाकर रुकती है—एक बार फिर नये सिरे से शुरुआत करने के लिए। कविता के आरम्भ में जो रक्तालोक-स्नात पुरुष साक्षात् रहस्य रूप था वह जनयूथ में प्रकट तो होता है, पर झलक दिखाकर ओझल हो जाता है। पर इस बार संकल्प जगाकर जिसका स्वर सम्भावनापूर्ण नहीं, एक हद तक निश्चयात्मक है।

कविता का नायक जिन्दगी के अँधेरे कमरों से निकलकर जिस सुनहली धूप में उस रहस्य-पुरुष का साक्षात्कार किसी अद्‌भुत, लोकोत्तर सत्ता के रूप में नहीं, भीड़ के सामान्य जन के रूप में करता है, उससे कविता में व्याप्त अनिश्चय का अन्त तो होता है, द्वन्द्व का नहीं। पुकारने के लिए उठी बाँह, उठी ही रह जाती है और वह जन एक बार फिर खो जाता है। पर इस बार अँधेरी रातों में नहीं दिन के उजालों में—भीड़ के बीच। आत्मगत अमूर्त अवधारणा की यह मूर्त, वस्तुगत सिद्धि है।

इस बार का साक्षात्कार 'मौत की सज़ा सरीखा' नहीं है, न ही वह संकेतों, इशारों में सामने आकर पहचान बताता और समझाता है। भीड़ का हिस्सा होने पर भी उसकी पहचान स्पष्ट है 'वही जन जिसे मैंने देखा था गुहा में'। वह जैसे 'एकाएक' 'आँखों के सामने दिखता है, वैसे ही अकस्मात् फिर खो जाता है। पर इस बार अँधेरे में नहीं बल्कि किसी जन-यूथ में...'। पुकारने के लिए खुला मुँह और उठी हुई बाँह लिये-दिये वाचक एक बार फिर 'अनखोजी निज-समृद्धि का वह परम-उत्कर्ष' खोजने के लिए विवश है—पठार...पहाड़...समुन्दर सब कहीं। पर वह तो स्वयंभू है, अनिवार है आत्मसम्भवा। अतः खोज और उपलब्धि के बीच का अन्तराल दुर्लंघ्य है और खोजने की प्रक्रिया अन्तहीन। यही इस कविता का द्वन्द्व है।

सुविधाभोगी, मौकापरस्त, अपराध-बोध से ग्रस्त मध्यवर्ग के मानव-चरित्र का वर्तमान है यह। जो जैसा है उसे उसी रूप में स्वीकार करने की असमर्थता और बदलने की अक्षमता के बीच अपनी निजता को पहचानने और परिभाषित करने में अपने को पूरी तरह असमर्थ पाना एक ऐसी पीड़ा है जिसने उसे बीचोबीच चाक

करके, खुद अपने खिलाफ खड़ा कर दिया है। यह अनुभव जिस ठोस वस्तुजगत के माध्यम से व्यक्त होता है उस घटनास्थल में गलियाँ हैं, सड़कें और चौराहे हैं, जीवन की पूरी गतिविधि है। सम्भावित क्रान्ति है, दमन है, सैनिक शासन और मार्शल लॉ हैं। मुक्तिबोध के शब्दों में 'भाव का वस्तुमूलक आकलन' है। भाव का विभावन व्यापार ऑब्जेक्टिव कोरिलेटिव है। यह बात अलग है कि जो स्थितियाँ घटित होतीं या होती प्रतीत होती हैं, उनका माध्यम स्वप्न है—एक ऐसा ऐन्द्रजालिक दुःस्वप्न जो बेतरह मानवीय और ठोस है, दृश्य रूप। जिसके बीच वाचक रह-रहकर 'समझ न पाया कि चल रहा स्वप्न या जागृति शुरू है।'

खुद अपने लिए अजनबी हो जाने के सामाजिक कारणों का वह मृत्यु-दल की शोभा-यात्रा और नगर पर लगे सैनिक शासन और मार्शल लॉ के रूप में साक्षात्कार करता है। इस भयावह स्थिति से बचाव का एक ही मार्ग है सम्भावित जनक्रान्ति का स्वप्न। इन दो छोरों के बीच काव्य-नायक निरन्तर भाग रहा है : 'भागता मैं दम छोड़/घूम गया कई मोड़/इससे पहले भी वाचक एक बार भागता है। हर बार यह भागना निरर्थक नहीं है। हर मोड़ पर एक अनुभव है और उस अनुभव की पड़ताल और व्याख्या। भागने की प्रक्रिया में उसकी मुठभेड़ तिलक और गाँधी दोनों से होती है। तारों के बीच उसे ताल्स्ताय का चेहरा झाँकता दिखाई देता है क्योंकि वे ही तो 'अनलिखे मेरे उपन्यास का/केन्द्रीय संवेदन' हैं।

कविता के ठोस मानवीय संसार में गरीबों की बस्तियाँ हैं, अनेक समानधर्मा साथी कलाकार हैं। इस सबके बीच जवाबदेही अपनी जगह है : 'अब तक क्या किया/जीवन क्या जिया?' 'इस प्रश्न के उत्तर में आत्मधिक्कार और अपराध-बोध है : 'अरे मर गया देश/जीवित रह गये तुम।' एक सिरफिरा पागल कलाकार आत्मोद्‌बोधमय गान गाता है और दूसरा 'असंग व्यक्तित्व', अचानक झोंक में आकर कुछ ऐसा कर गुज़रता है कि मारा जाता है। खुद काव्य-नायक स्क्रीनिंग और क्रॉस एक्ज़ामिनेशन की यातनामय प्रक्रिया से गुज़रता है। कहने की आवश्यकता नहीं कि यह यात्रा कितनी तनावपूर्ण और दुःखदायी होगी।

'चाँद का मुँह टेढ़ा है' की भूमिका में श्रीकान्त वर्मा ने कहा था : मुक्तिबोध 'जिन्दगी में एक-एक स्नायु के तनाव को एक बार जीवन में और दूसरी बार अपनी कविताओं में जीते थे'। (पृ. 7-8) मुक्तिबोध के लिए दोनों स्तरों पर इस तनाव को जीने का अर्थ है दोनों का एकमेक हो जाना : "कला-कर्म में अपने मन की धारा को न केवल तीव्र और गहन करना पड़ता है, वरन यह भी कि उस धारा को अत्यन्त संयमित-नियन्त्रित और एक विशेष दिशा की ओर उन्मुख करना पड़ता है। जब कलाकार ऐसा करता ही है तो ऐसी स्थिति में—जब कि उसके हृदय के दो भाग (जो

भीतर से निगूढ़ रूप से सम्बद्ध हैं, क्योंकि वे एक ही लक्ष्य की पूर्ति के लिए दो हुए हैं; मेरा मतलब भोक्ता और स्रष्टा मन से है) हो ही गये हैं तो—स्रष्टा मन, संवेदनात्मक उद्देश्यों के अनुसार ही नहीं, वरन् उससे अनुप्राणित होकर अधिकाधिक जीवन-तत्त्व अपने आप में क्यों न समेटे? संक्षेप में, वह किसी भी कलाकृति में अपना पूरा व्यक्तित्व—जीवनानुभव-सम्पन्न, ज्ञानानुभव-सम्पन्न अपना पूरा आत्मैक्य—क्यों न क्रियाशील करे? और, वह पूरे क्षण के भीतर से सारा वैविध्यपूर्ण वास्तविक जीवन-दर्शन क्यों न करे?" **(रचनावली : पाँच, पृ. 160)** कहने का तात्पर्य यह है कि मुक्तिबोध के लिए भोक्ता और स्रष्टा मन के बीच वैसा द्वैत नहीं है जैसा कुछ सौन्दर्यवादी मानते हैं। जीवनानुभूति और सौन्दर्यानुभूति के बीच वैसा अन्तराल न मानने के कारण उनकी एक समस्या जीवनानुभूति की अभिव्यक्ति की है। इसीलिए 'अँधेरे में' व्यक्ति के साथ अभिव्यक्ति की खोज की कविता है—यानी आज के मनुष्य के बारे में कविता और आज की कविता के बारे में कविता।

वर्तमान समाज-व्यवस्था ने व्यक्ति को आत्मनिर्वासन ही नहीं दिया, उसके लिए पूर्ण व्यक्तित्व की, पूर्ण मनुष्यता की प्राप्ति की समस्या पैदा कर दी है। कलाकार के लिए यह समस्या दोहरी है—वह सर्जनात्मक शक्ति के लिए घातक स्थिति पर विजय प्राप्त करके सार्थक काव्य-सृष्टि कैसे करे? परिवेश और परिस्थिति मनुष्य के व्यक्तित्व, उसकी मनुष्यता और उसकी सृजनात्मक प्रतिभा दोनों के लिए घातक है।

बाधा बाहर और भीतर दोनों स्तरों पर है। सामाजिक अव्यवस्था और असंगति से जिस भयावह रहस्यमय वातावरण की सृष्टि होती है उसमें बाहरी स्तर पर तो अँधेरा है ही सूक्ष्म स्तर पर व्यक्ति मन की निविड़ता ने एक 'अंडरग्राउंड संसार' रच लिया है जिसमें मध्यवर्ग के चेतन, समझौतावादी और अर्धचेतन आदर्शवादी निरन्तर संघर्षरत हैं। आज का मनुष्य अँधेरी शक्तियों के मायाजाल की गिरफ्त में है : 'क्या करूँ? किससे कहूँ? कहाँ जाऊँ? उसका प्रश्न है जिसका कोई दो टूक उत्तर नहीं है उसके पास।'

प्रश्न एक और भी है कैसे कहूँ? क्योंकि :
किन्तु, असन्तोष मुझको है गहरा
शब्दाभिव्यक्ति-अभाव का संकेत।
काव्य चमत्कार उतना ही रंगीन
परन्तु, ठण्डा।
मेरे भी फूल हैं तेजस्क्रिय, पर
अतिशय शीतल।

समस्या तेजस्क्रिय फूलों में अंगार भरने की है। 'गम्भीर आवेश भी है और अथाह

प्रेरणा स्रोत का संयम भी'। नहीं है तो अभिव्यक्ति का समुचित माध्यम—

अरे, इन रंगीन पत्थर-फूलों से मेरा
काम नहीं चलेगा।

कहना न होगा कि ये पत्थर-फूल जमीन से चुने-गढ़े गये हैं। दूर क्षितिज पर बिजली की नंगी लताओं से झर रहे फूलों के समतुल्य उपकरण बनाने के इरादे से। पर राह नहीं मिलती। परिणामत :

मस्तक-कुण्ड में जलती
सत-चित वेदना-सचाई व ग़लती—
मस्तक शिराओं में तनाव दिन-रात।

यह संयोग नहीं है कि 'अभिव्यक्ति के सारे खतरे उठाने' का संकल्प ठीक इसी प्रसंग के बाद आता है और साथ ही शुरू होता है भागने का अटूट सिलसिला। इस बार भागना पूर्व प्रसंगों से भिन्न है। लक्ष्य की दिशा में काव्य-नायक की यह आखिरी दौड़ है। इसी बीच उसे बोध होता है—

मेरे ही विक्षोभ-मणियों को लिये वे,
मेरे ही विवेक-रत्नों को ले कर,
बढ़ रहे अँधेरे में सोत्साह।
किन्तु मैं अकेला
बौद्धिक जुगाली में अपने से दुकेला।
कोई चुपचाप एक पर्चा जेब में डाल जाता है जिसमें :
चमकता है आशय मनोज्ञ मुखों से
पारिजात-पुष्प महकते"

परिणामतः पहले एक बार किये गये संकल्प को वह फिर कुछ इस रूप में दोहराता है—

कविता में कहने की आदत नहीं, पर कह दूँ
वर्तमान समाज में चल नहीं सकता।
पूँजी से जुड़ा हुआ हृदय बदल नहीं सकता,
स्वातन्त्र्य व्यक्ति का वादी
छल नहीं सकता मुक्ति के मन को,
जन को।

इसके बाद बचा रहता है काल्पनिक क्रान्ति-चित्र। कवि ने इस सम्भावित स्थिति को सभी पहलुओं से देखा है—पूरे मानवीय सरोकार के साथ—एक ऐसी घटना के रूप में जिसके बाद 'अब युग बदला है वाकई' ऐसा युग जिसमें 'मेरे युवकों में

होता जाता व्यक्तित्वान्तर'। यह स्थिति आकांक्षित ही हो सकती है, यथार्थ नहीं। रह-रहकर कवि याद दिलाता है—

एकाएक फिर स्वप्न भंग
बिखर गये चित्र कि मैं फिर अकेला।

पर इस बार स्वप्न का टूटना इस एहसास के साथ है कि—

मेरे इस कमरे में आकाश उतरा,
मन यह अन्तरिक्ष-वायु में सिहरा।

आत्मनिर्वासन से आत्मालोचन और अपराध-भावना की गहरी पीड़ा से गुज़रता हुआ काव्य-नायक अन्ततः आत्मबोध के जिस बिन्दु तक पहुँचता है उसमें कोई प्रकट तार्किक क्रम नहीं है—कम से कम वह सहज रूप से लक्षित नहीं किया जा सकता। उसकी इस यात्रा का कोई सुनिश्चित भूगोल नहीं है। यह यात्रा जिस अँधेरी दुनिया में तय की गयी है, उसमें उतना ही दिखाई पड़ता है जितना कवि दिखाना चाहता है—लगभग स्पॉट लाइट डालकर। आसपास का बाकी संसार अन्धकार में गर्क है। जो दिखाई देते हैं वह भी एकाएक, अचानक, अकस्मात्—एक तिलस्म, दुःस्वप्न की तरह। शमशेर ने सही कहा है कि उनकी कविताओं के अंश जासूसी उपन्यासों के अंशों की याद दिलाते हैं।

यही फैंटेसी शिल्प को अपनाने का कारण भी है। चारों ओर घटित होती राजनीतिक घटनाएँ हैं—जिन्होंने विभाजित अधूरी जिन्दगी जीने की मजबूरी पैदा की है। दमनकारी अदृश्य शक्तियाँ अँधेरे में घेरा डाले हैं। पूरा माहौल मानो मनुष्यता के विरुद्ध विराट षड्यन्त्र रचने में संलग्न है। कवि की विडम्बना यह है कि जिस षड्यन्त्र को रचने में उसकी हिस्सेदारी/ज़िम्मेदारी है, वह खुद उसी का शिकार भी है। इस पूरी वस्तुस्थिति को जाँचने-परखने के लिए वह एक यथार्थ और प्रतीकात्मक रूप धारण करने के लिए विवश है। फैंटेसी शिल्प उसकी अपेक्षा ही नहीं विवशता है। मुक्तिबोध ने 'एक साहित्यिक की डायरी' में अनुभव के फैंटेसी में रूपान्तरण को सृजन-प्रक्रिया की अनिवार्य कड़ी बताते हुए इस प्रक्रिया के विभिन्न चरणों का विस्तार से विश्लेषण किया है। फैंटेसी शिल्प उनके लिए वैकल्पिक नहीं, अपरिहार्य है। रामविलास शर्मा ने ठीक कहा है कि 'यथार्थ को स्वप्न चित्रों में बदले बिना वह मानो उसे समझ नहीं सकते।' नामवर सिंह को उनकी फैंटेसी की विविधता और व्यापकता आकर्षित करती है। इसलिए और भी कि वे "फैंटेसी का उपयोग यथार्थ की परतों के उद्घाटन के लिए करते हैं, कल्पना-विलास के लिए नहीं।" कहने का तात्पर्य यह कि उनका शिल्प कल्पनापेक्षी होने पर भी यथार्थ से अभिन्न रूप में जुड़ा है। इस शिल्प ने "वास्तविकता के प्रदीर्घ घटनात्मक ब्योरों के चित्रण" से बचाव का रास्ता तो मुहैया किया ही है, साथ ही वर्णनों में मितव्ययता और सघनता आ गयी है।

अनुभव को फैंटेसी में रूपायित करने का परिणाम होता है उसे अपने से विलग करके मूर्त विभावन-व्यापार के माध्यम से सम्प्रेष्य बनाना। दिलचस्प बात यह है कि ऐसी स्थिति में रचनाकार की हैसियत खुद तटस्थ प्रेक्षक की हो जाती है। उसका अनुभव उसके सामने ठोस बाहरी मूर्त घटना या स्थिति के रूप में आ खड़ा होता है। भोक्ता मन और स्रष्टा मन रूबरू होकर रचना-कर्म को साधते हैं—यथासम्भव वस्तुनिष्ठता के साथ।

रामविलास शर्मा ने इस रचना-पद्धति का मिलान काफ़्का की कला से किया है : "इस कला की विशेषता है, किन्हीं अमूर्त विचारों और भावनाओं के लिए पात्रों और वस्तुओं को निश्चित करना।"

मुक्तिबोध की फैंटेसी कहने को स्वप्न, पर वास्तव में एक ऐसी प्रतीक-व्यवस्था है जिसका गहरा सम्बन्ध जीवन की ठोस और कठोर सचाई से है। इसीलिए वे अक्सर बिम्बों का प्रयोग करके अनुवर्ती व्याख्या के माध्यम से उन्हें स्पष्ट करते हैं। खोह की बेडौल झिलमिलाती भीतों में तेजस्क्रिय रत्नमणियों को विलुब्ध नेत्रों से देखते-देखते इस दृश्य की वास्तविकता उन पर प्रकट होती है—अकस्मात् :

पाता हूँ अकस्मात्
दीप्ति में वलयित रत्न वे नहीं हैं
अनुभव, वेदना, विवेक निष्कर्ष,
मेरे ही अपने यहाँ पड़े हुए हैं
विचारों की रक्तिम अग्नि के मणि वे
प्राण-जल-प्रपात में घुलते हैं, प्रतिपल
अकेले में किरणों की गीली है हलचल
गीली है हलचल

रह-रहकर चेतन और अवचेतन के बीच यह संवाद उनकी कविताओं में प्रायः दिखाई पड़ता है। मन के रत्नों को अवचेतन के गड्ढे में धँसाने का बोध उनका बीज भाव है। 'ओ काव्यात्मक फणिधर' में भी उन्हें इस बात का एहसास हुआ था—

चुपचाप धँसाये गये, छिपाये गये रत्न मन के, जन के
जो मूल्य सत्य हैं इस जग के परिवर्तन के।
वे विविध असुविधाओं के कारक होने से
नित उपेक्षिता भूमि में फिंके।

असुविधाओं का भय और परिवर्तन की कामना के बीच करणीय को अंजाम देने की असमर्थता के बोध से निर्मित त्रिशंकु स्थिति मुक्तिबोध की तमाम कविताओं की तनावपूर्ण बनावट की कारक है। यही 'बद्धमूल द्वन्द्व' उनकी लम्बी कविताओं

को नाटकीय विधान देता है। 'मैं' से आरम्भ होकर 'मैं' पर खत्म होने वाली उनकी इस कविता में पूरे जीवन-जगत की परिक्रमा न प्रगीतात्मक लय में तय की गयी है और न समाख्यानात्मक ब्योरों से गुज़रकर। कविता में लोग हैं, स्थितियाँ हैं, घटनाएँ हैं, पर कथानक-विधान नहीं है। सम्पूर्ण वस्तु-विन्यास दृश्यों में रूपान्तरित हो गया है। कविता के आठ खण्ड किसी नाटक के आठ दृश्यों के समान हैं। अन्धकार के विराट दृश्य-पटल पर सिनेमेटोग्राफी की तकनीक से घटनाएँ एक के बाद एक चित्र के रूप में प्रक्षेपित की गयी हैं। पूरी घटनावली के बीच कविता का केन्द्रीय चरित्र 'मैं' और 'वह' में विभक्त होकर बराबर किसी न किसी रूप में उपस्थित है। 'वह' स्वेच्छया अत्यन्त नाटकीय शैली में कभी अन्तर्धान हो जाता है और कभी प्रकट; जबकि 'मैं' हर घटना का स्थिर साक्षी रहकर स्थिति और गति के द्वन्द्व को झेलने के लिए अभिशप्त है। दरअसल 'वह' का रह-रहकर प्रकट होना इस स्थिर एकरसता को नाटकीय ढंग से खंडित करता है। यह आकस्मिक नहीं, सुनियोजित है कि कविता के अधिकांश घटना-प्रसंग 'सहसा', 'एकाएक', 'अचानक', 'अकस्मात' घटित होते हैं।

कविता के पाठक-आलोचकों ने तरह-तरह से इस बात को दोहराया है कि मध्यवर्ग के सुविधाजीवी, समझौतावादी और आदर्शजीवी मन का संघर्ष ही 'अँधेरे में' की काव्य-वस्तु है। इस आत्मनिर्वासित आधुनिक मनुष्य के विभाजित व्यक्तित्व के संघर्ष का एक आयाम और है। कविता का 'मैं' जिसे पहचानने और पाने के लिए व्यग्र है उसी की पहचान और उपलब्धि की सम्भावना उसके लिए भय का कारण भी है। भय और प्रीति का यह द्वन्द्व इस आत्मनिर्वासित मन का मुख्य आकर्षण है। 'खोज और उपलब्धि' के बीच की इस दुविधा या 'सस्पेंस' को नामवर सिंह ने कविता की अद्‌भुत नाटकीयता का श्रेय दिया है। मुक्तिबोध के लिए यह कथ्य का दबाव है, मात्र शैलीगत प्रयोग नहीं। इसीलिए कविता के मोड़ लेने पर वे शैली में यथावश्यक परिवर्तन कर लेते हैं। आत्म-संवाद या दो के बीच संवाद के माध्यम से बढ़ती कविता में आत्मभर्त्सना का प्रसंग उपस्थित होते ही कविता का कलाकार गीत की टेक का सहारा लेकर अपनी जवाबदेही करता है–

अब तक क्या किया
जीवन क्या जिया।

टेक का प्रयोग कविता में दो बार और हुआ है पर दूसरे उद्देश्य से। गीत की व्यंजना और दोहराव के माध्यम से कथ्य पर वजन देने के लिए।

जान हथेली पर लिए काव्य-नायक भाग रहा है :

भागता मैं दम छोड़
घूम गया कई मोड़

भागना बराबर है और अपनी जगह है। भागने की इस अनवरत प्रक्रिया में कई मोड़ हैं और हर मोड़ पर एक नयी दृश्य स्थिति। टेक की ये पंक्तियाँ इसी तथ्य की व्यंजना करती हैं। इसी तरह एकाएक हृदय के धड़क कर रुक जाने के बाद जब क्रान्ति का स्वप्न-चित्र प्रस्तुत होता है तो तेजी से परिवर्तमान दृश्यों के बदलाव को वे मानो टेक की पंक्तियों से रेखांकित करते चलते हैं। विद्रोह की आग और दमन की गोली के बीच चोली-दामन का साथ है। इसलिए एक तरफ यह दोहराना जरूरी है कि, 'कहीं आग लग गयी, कहीं गोली चल गयी।' वहाँ लगे हाथों यह जताते चलना भी जरूरी है कि स्थिति हर बार वही नहीं है। आरम्भ होता है इस बोध से कि 'चढ़ गया उर पर कहीं कोई निर्दयी', तो सिलसिला आगे बढ़ता है इस एहसास के साथ कि 'नपुंसक श्रद्धा/सड़क के नीचे की गटर में छिप गयी।' पर सक्रिय क्रान्ति से पहले जरूरी है 'विश्व की मूर्ति में आत्मा ही ढल गयी।' क्रान्ति की सकर्मकता में सन्देह न हो इसलिए आश्वस्त करना जरूरी है कि 'यह कथा नहीं है, यह सब सच है, हाँ भई'। जब क्रान्ति कथा न रहकर वास्तविकता हो जाय तो यह आत्मविश्वास स्वाभाविक है कि 'अब युग बदला है वाकई'। इस बदले युग की पहचान है युवकों में होता हुआ 'व्यक्तित्वान्तर' जिसके परिणामस्वरूप 'द्रुत वेग बहती हैं शक्तियाँ निश्चयी।' कहने का तात्पर्य यह कि गीत की टेक वाली शैली का प्रयोग करने पर भी इस कविता की संरचना गीत की तरह आवर्तमयी नहीं है बल्कि रेखीय है—विकासशील।

मुक्तिबोध की कविताओं का शिल्प काफ़ी समय तक अपने मौलिक, अपरिचित विन्यास के कारण सम्प्रेषण की कठिनाई पैदा करता रहा। उन्होंने सार्वजनिक जीवन की घटनाओं के साथ अपनी निजी दुनिया का जो सार्थक सम्बन्ध कायम किया उसे उतनी ही निजी प्रतीक-व्यवस्था के माध्यम से व्यक्त किया। विशिष्टता उनके शब्द प्रयोग में उतनी नहीं जितनी संयोजनाओं में है। निकट अतीत से सुदूर अतीत तक अनेक काल-क्षणों को उन्होंने समकालिक यथार्थ में केन्द्रित कर कविता को कालगत आयाम दिया है। समकालीन जीवन को वे उसकी सम्पूर्ण विविधता, जटिलता और अनेकस्तरीयता के साथ तदनुरूप मुहावरे के माध्यम से चरितार्थ करते हैं।

उन्हें किसी भाषा से परहेज नहीं है। महत्त्वपूर्ण है सन्दर्भ और उसकी अपेक्षा। अंग्रेज़ी के प्रोसेशन, स्क्रीनिंग, रेडियो एक्टिव, हाइफ़न, डैश, रेल-एक्सीडेंट, स्प्लिट सेकेंड जैसे बातचीत में प्रयुक्त होने वाले शब्दों से लेकर प्रसंग के अनुरोध से 'क्रॉस एक्ज़ामिन हिम थॉरोली मिस्टर गुप्ता' जैसे आदेशात्मक वाक्य भी यथास्थान मौजूद

हैं। मराठी के संस्कार से उनकी भाषा में नक्शा, कंदील, गजर, हंकाल दिया तो अनायास ही चले आये हैं कोहरीला, किरगीली जैसे विशिष्ट प्रत्यय प्रयोग भी दिखाई पड़ते हैं। बातचीत के स्वाभाविक मुहावरे की रक्षा के लिए वे उर्दू की तर्ज अपनाने से नहीं चूकते : 'फिज़ूल है इस वक्त कोसना खुद को' और जरूरत पड़ने पर वे तेजस्क्रिय, सत-चित-वेदना भास्कर जैसे प्रयोग खुद गढ़ते हैं। कहने का तात्पर्य यह कि विषय के अनुसार उनकी भाषा विविध रूप-संरचनाएँ ग्रहण करती हैं। अक्सर एक प्रलम्बित वाक्य के साथ दूसरा छोटा वाक्य लगाकर वे बात पूरी करते हैं–

सब चुप, साहित्यिक चुप और कविजन निर्वाक्
चिन्तक, शिल्पकार, नर्तक चुप हैं
उनके ख़याल से यह सब गप है
मात्र किंवदन्ती।

प्रसंग आने पर यही शैली संवाद-सुलभ सरल वाक्य-विन्यास में रूपान्तरित हो जाती है–

किन्तु न जाने क्यों खुश बहुत हूँ।
जिसको न मैं इस जीवन में कर पाया,
वह कर रहा है

जरूरत पड़ने पर ऐसी ही प्रवाहपूर्ण शैली में वे घटनाओं और उनकी प्रतीति का वर्णन करते हैं–

और, तब प्रतीत हुआ भयानक
गहन मृतात्माएँ इसी नगर की
हर रात जुलूस में चलतीं,
परन्तु दिन में
बैठती हैं मिलकर करती हुई षड्यन्त्र
विभिन्न दफ़्तरों-कार्यालयों, केन्द्रों में घरों में!

सामान्यतः मुक्तिबोध की शैली में अलंकृति का अभाव है। किन्तु सूक्ष्म अर्थ-व्यंजना के लिए उन्होंने बिम्बधर्मी भाषा का सहारा लिया है। ऐसा प्रायः उन स्थालों पर हुआ है जहाँ वे अन्तर्मन की सूक्ष्म संवेदनात्मक विवृति करते हैं–

उदास मटमैला मन रूपी वल्मीक
चलविचल हुआ सहसा

अथवा जहाँ वस्तुस्थिति में ऐन्द्रिय बोध के परे कल्पनाश्रयी संवेदन उनका लक्ष्य होता है–

'साँवली हवाओं में काल टहलता है'

ऐसे प्रसंगों में उनकी भाषा अर्थ नहीं, बिम्ब ग्रहण कराने लगती है।

कहने का अर्थ यह नहीं है कि मुक्तिबोध की भाषा सामान्य अर्थ में सज्जापूर्ण, अलंकृत या प्रांजल भाषा है। पन्त और अज्ञेय की भाषा की सी खरादी-तराशी भाषा तो वह नहीं ही है। कुल मिलाकर उनकी भाषा अनगढ़ तेजोदीप्त भाषा है जिसमें नदी का कलकल निनाद व मन्थर गति नहीं, पहाड़ी निर्झर का सा दुर्धर्ष उद्दाम वेग है जो राह में आने वाले पत्थर, ढोकों और मिट्टी के किरगीले कणों को समेटे चलता है, अपनी राह खुद बनाता हुआ।

इसीलिए नन्ददुलारे वाजपेयी को उनकी भाषा में लय और संगीत की अपेक्षा चिल्लाहट सुनाई पड़ती थी। श्रीकान्त वर्मा ने सही कहा था कि मुक्तिबोध ने संगीत से पैदा शून्य को तनाव से भरा है। प्रश्न अपनी जगह है कि क्या यही वह परम अभिव्यक्ति नहीं है, मुक्तिबोध को जिसकी खोज थी? वह 'परम' भले ही न हो, आत्मसम्भवा/स्वयंभू निश्चित रूप से है।

प्रकृति की यायावरी आत्मीयता का कवि–नागार्जुन

"मैं रूपक हूँ दबी हुई दूब का"

यह टुकड़ा है उस संवाद का (या आत्मालाप का) जो बाबा नागार्जुन की ओर से 'रवि ठाकुर' को सम्बोधित है। वे 'रवि ठाकुर' जिनका "यश-सागर असीम लहरा रहा/अग-जग में भू पर"/जिसके सामने "मेरा क्षुद्र व्यक्तित्व रुद्ध है, सीमित है–/आटा-दाल-नमक-लकड़ी के जुगाड़ में/पत्नी और पुत्र में/सेठ के हुक्म में।" यह आत्मकथ्य सभी ओर से सुख-सुविधा सम्पन्न 'सुशिक्षित-अभिजात धनाढ्य द्विज कुलोत्पन्न' महाकवि के सामने एक जनकवि का दैन्य प्रकाशन-भर नहीं है; यह कवि की वर्गीय स्थिति का बयान है। उस कवि की जिसका "बहुत बुरा हाल है" जिसकी कलम ही "उसका हल है, कुदाल है"।

कलम को हल और कुदाल समझकर इस्तेमाल करने वाला कवि उससे ठीक वही काम नहीं लेता, न ही ले सकता, जो रवि ठाकुर या उन्हीं की लीक पर चलने वाले और बहुत से कवि लेते रहे हैं। 'महामानव', 'तुंगभद्र' महानाम 'विश्ववंद्य'–रवि ठाकुर से कवि का सवाल है "कहाँ से मिलीं तुम्हें इतनी अनुभूतियाँ/पीड़ित मनुष्य के निम्न स्तर की?" अपने वर्ग का अतिक्रमण करने की सामर्थ्य ही रवि ठाकुर के प्रति नागार्जुन के आकर्षण का मुख्य कारण है। प्रतिभा की प्रसादी का अभाव नागार्जुन को भी नहीं है पर उनका "जीवन गुजरता प्रतिपल संघर्ष में" अतः "जब तक विकल है जनगण/दुर्लभ है अन्न कण" तब तक "मैं भी अकिंचन"। इस अकिंचन कवि का वस्तुजगत बहुत ठोस है। उसके रूप-संवेदन मूर्त और साकार हैं। विविध भी हैं पर इस बोध के साथ "कवि हूँ पीछे पहले तो मैं मानव ही हूँ।" अतिमानव या "लोकोत्तर" की जानकारी उसके हिस्से नहीं आयी क्योंकि–

सुख-सुविधा में हुलस-हुलस कर
दुख-दुविधा में झुलस-झुलस कर
सब जैसे अपने जीवन को बिता रहे हैं
वैसे मैं भी अपना जीवन बिता रहा हूँ।

कवि होने के बावजूद न वह फूल सूँघकर रह सकता है और न "अशोक के कोमल किसलय पहन ओढ़कर"। न उसमें क्षणिक तथ्यों को अवहेलित करने का हौसला है न "शाश्वत के सीमान्त छू पाने" की सामर्थ्य। पर "बहुजन समाज की अनुपम प्रगति के निमित्त" (1975) प्रतिबद्ध होने की दो टूक घोषणा करने के लिए कवि ने बड़ी लम्बी यात्रा तय की है।

नागार्जुन की आरम्भिक कविताओं में यदि कहीं छायावादी अनुगूँजें सुनाई पड़ती हैं तो आश्चर्य नहीं। एक बार केदारनाथ अग्रवाल और नागार्जुन के काव्य की विशेषता के दावेदार एक आवेदक से मैंने पूछ दिया—"अमल-धवल गिरि के शिखरों पर/बादल को घिरते देखा है" कविता तो आपने पढ़ी होगी। उन्होंने निःसंकोच प्रसन्न मुद्रा में बड़े आत्मविश्वास के साथ उत्तर दिया—"जी हाँ। कवि पन्त की कविता है।" 1938 में रचित इस कविता की प्रसंगगर्भित बुनावट और तत्समबहुल पदावली बहुतों को इस भ्रम में डाल सकती है। इस बात को लक्ष्य कर पाना हर किसी के बस की बात नहीं कि "बादल को घिरते देखा है" जैसे वाक्य के काव्यात्मक प्रयोग में गद्य और पद्य के व्याकरण-भेद को छायावादी शैली से प्रस्थान करने वाला कवि ही मिटा सकता था। बात सिर्फ भाषा और वाक्य रचना की नहीं, दृष्टिकोण की है—

"रजत-रचित मणि-खचित कलामय
पानपात्र द्राक्षासव पूरित
रखे सामने अपने-अपने
लोहित चन्दन की त्रिपटी पर,
नरम निदाग बाल-कस्तूरी
मृग छालों पर पल्थी मारे
मदिरारुण आँखों वाले उन
उन्मद किन्नर-किन्नरियों की
मृदुल मनोरम अँगुलियों को
वंशी पर फिरते देखा है
बादल को घिरते देखा है।"

पंक्तियों को रचने वाला कवि इससे ठीक पहले कवि-कल्पना और काव्यानुभव के भेद को इस प्रकार स्पष्ट कर चुका था—

"ढूँढ़ा बहुत परन्तु लगा क्या
मेघदूत का पता कहीं पर
कौन बताए वह छायामय
बरस पड़ा होगा न यहीं पर
जाने दो, वह कवि कल्पित था

मैंने तो भीषण जाड़ों में
नभचुम्बी कैलाश शीर्ष पर
महामेघ को झंझानिल से
गरज-गरज भिड़ते देखा है।"

जो कवि कल्पना भर है, वह देखने से ताल्लुक नहीं रखता अतः टाल जाने योग्य है, और जो बार-बार देखा जाता है वह सारे मिथकीय और पौराणिक अनुषंगों के बावजूद अपने प्रकृत रूप में ध्वनित-प्रतिध्वनित होता है। इन्द्रियों की परिधि में आने वाली एक ऐसी घटना की तरह, ऐसी हलचल की तरह, जिसे देखना ही उनके वश में है, अलक्ष्य रहने देना नहीं। 'अमल धवल गिरि के शिखरों पर घिरते और महामेघ बनकर झंझानिल से गरज-गरज भिड़ते' देखकर जो पुलक, जो हुलास नागार्जुन के मन में उमड़ता है वह पन्त के ही नहीं निराला के 'बादल राग' से भी प्रकृत्या भिन्न है।

नागार्जुन की सौन्दर्याभिमुखता में अकुंठ निरौपचारिकता मिलती है। उसमें प्राकृतिक सहजता है। रूप-रस-गन्ध, स्पर्श ध्वनि से भरी एक दुनिया है। इस दुनिया का सम्बन्ध सीधे उनके अनुभव-जगत से है। जो यायावरी वृत्ति उनके जीवन-यापन की विशेषता है वही उनके रूपबोध की भी–

"पहन शुक्र का कर्णफूल जब
पीछे की नीरव घड़ियों में
रजनी को निखरा पाता हूँ
नील गगन के नक्षत्रों को
जब अविरल बिखरा पाता हूँ
तब मैं तुम्हें भूल जाता हूँ।"

इन पंक्तियों की मूल वृत्ति उस छायावादी कवि की-सी प्रतीत होती है जिसे प्राकृतिक सौन्दर्य को छोड़कर बाले के बाल जाल में लोचन उलझा देने में संकोच का अनुभव होता था। पर यह नागार्जुन की कविता का बीज भाव नहीं है। उन्होंने बहुत पहले स्वीकार कर लिया था–

मैं भी तो पहले देखा करता था सपने
साथी अब तो रंग ढंग ही बदल गये हैं
समझ गया हूँ
जीवन में इस धरा धाम का क्या महत्त्व है
कैसे कहलाता कोई धरनी का बेटा
आसमान में सतरंगी बादल पर चढ़कर
कैसे जनकवि धान रोपता
समझ गया हूँ–

कविता में स्वीकार बाद की और बात की बात है। 'द्वन्तुरित मुस्कान' की छविमानता कवि को पहले ही संजीवनी-सी लगती रही और "धूलि धूसरगात" तालाब को छोड़कर "झोंपड़ी में खिलते जलजात" से। यह झोंपड़ी मेरी है। प्रकृति का सौन्दर्य प्रकृत ही नहीं सहज और आत्मीय हो गया है। ये जलजात समाज के किस वर्ग से ताल्लुक रखते हैं, स्पष्ट करने की जरूरत नहीं।

पन्त के आरम्भिक काव्य में भी एक बालिका है। यह बालिका 'सरला' है। वह गिरि के विराट सौन्दर्य पर विस्मय से चकित है। वह उस गिरि को बादल धर कहती है। यह बालिका पहाड़ी प्रदेश के मध्य या निम्न वर्ग की बालिका हो सकती है, नहीं भी हो सकती। प्राकृतिक सौन्दर्य के प्रति उसकी एक उच्छ्वसित प्रतिक्रिया है। यह प्रतिक्रिया उसके सरलपन को प्रकट करती है। इसी सरलपन को कवि स्मृति में सँजोकर रखता है। वह उसमें उल्लास पुलक की सृष्टि करता है, इसमें सन्देह नहीं। एक बालिका नागार्जुन की कविता में भी है। उसका एक निश्चित नाम है 'जया'। उसका वर्ग भी निश्चित है। "यह मध्यम वर्ग का निचला स्तर स्कूली जीवन के साधारण मास्टर का हो जिसमें लेखा।" सुन्दर वह भी है : "चार साल की चपल-चतुर वह बहरी गूँगी/कितनी सुन्दर, नयनाभिराम"। नागार्जुन को इस बालिका का सरलपन नहीं उसकी चपल-चातुरी मोहती है क्योंकि वह उसकी आवश्यकता है। परिस्थिति की अपेक्षा है कि वह अपने गूँगे-बहरेपन को लिये-दिये छन भर बचपन को परे छोड़ 'सूझ-समझ' से 'दुख-सुख अभिलाषा' की अभिव्यक्ति कर सके। इसलिए "वह बोल नहीं सकती। लेकिन उसकी भी अपनी भाषा है"। कवि उसके भविष्य के बारे में चिन्तित है, अपंग सौन्दर्य और सामर्थ्य पर मुग्ध भी। पन्त की कविता की 'रीझ' और नागार्जुन की कविता का 'रुझान' दोनों कवियों की सौन्दर्य चेतना के अन्तर की मूल प्रकृति के अन्तर को प्रकट करता है। इस छोटी-सी कविता में वस्तुस्थिति के यथार्थ बोध से उत्पन्न बालिका के भविष्य के प्रति नागार्जुन का जो रारोकार व्यक्त होता है वह सुरम्य पहाड़ी प्रदेश की 'सरला' के प्रति कवि पन्त के रोमानी 'नॉस्टेल्जिया' से कितना भिन्न है, यह सहज ही देखा जा सकता है।

विषयों के चयन में भी कवि नागार्जुन की दृष्टि का वैशिष्ट्य उन्हें अपने आगे-पीछे के तमाम कवियों से अलग करता है। उनकी दुनिया बहुत व्यापक है। उसमें सागर है, ऋतुएँ हैं, जंगल और नगर-उपनगर हैं, कस्बे हैं, गाँव हैं और इन सबके बीच फैला पसरा अनन्त जीवन है—मानवीय और प्राकृतिक। मानव जीवन के सब रंग हैं उनके काव्य में। सभी स्तरों, पेशों, आयुवर्गों, दलों, आर्थिक-वर्गों के लोग ही लोग हैं। उनकी यायावरी प्रवृत्ति एकदम मेल खाती है, इस वैविध्य से। जीवन

को उनके नाना रंगों में देखना, उससे लगातार मुठभेड़ करना और फिर उसे कविता में कैद कर लेना—प्रकृति के सहज सृजन व्यापार की तरह। कवि-कर्म नागार्जुन के लिए फलीभूत होना है। इस प्रक्रिया में कवि जीवन के सहज, पिछड़े अनगढ़ रूपों में सौन्दर्य का सन्धान करता है और दृष्टि के इस आकस्मिक सौन्दर्योन्मेष पर स्वयं चकित विस्मय विमुग्ध होता है। कवि केदारनाथ अग्रवाल को सम्बोधित "ओ जन-मन के सजग चितेरे" कविता में बाँदा नामक 'पिछड़े टाउन' के सौन्दर्य का अभिज्ञान कुछ ऐसा ही है—

"उजले पालों वाली नौकाओं से शोभित
श्याम सलिल सरवर है बाँदा
नीलम की घाटी में उजला श्वेत-कमल-कानन है बाँदा
अपनी इन आँखों पर मुझको
मुश्किल से विश्वास हुआ था
मुँह से सहसा निकल पड़ा
क्या सचमुच बाँदा इतना सुन्दर हो सकता है
यू.पी. का वह पिछड़ा टाउन कहाँ हो गया गायब सहसा
बाँदा नहीं अरे यह तो गन्धर्व नगर है—"

"जनगण-मन के जाग्रत शिल्पी" कवि और इस परिवेश के बीच एक रिश्ता है। यह रिश्ता परस्परापेक्षिता का रिश्ता है। कवि के साथ वस्तुजगत के सम्बन्ध की प्रकृति से इस रिश्ते की पहचान होती है। नागार्जुन इस रिश्ते को कुछ ऐसे पहचानते हैं—

"केन-कूल की काली मिट्टी, वह भी तुम हो
कालिंजर का चौड़ा सीना, वह भी तुम हो
ग्राम बधू की दबी हुई कजरारी चितवन, वह भी तुम हो
कुपित कृषक की टेढ़ी भौंहें, वह भी तुम हो
लाठी लेकर कालरात्रि में करता जो उनकी रखवाली, वह भी तुम हो।"

जीवन से यह रूप बोधात्मक, परस्परव्यापी रिश्ता ऐसा आत्मीय रिश्ता है जिसके रहते कवि झुक आये कजरारे मेघ को केवल रोमानी हुलास से नहीं देखता, उसे वे "इकलौती बिटिया वाले अधेड़ बाप की भाँति" झुके हुए दिखाई पड़ते हैं। इसी गहन सम्बन्ध की अनुभूति के कारण यायावर कवि बार-बार लौटता है—अपने 'गँवई' गाँव के बीच 'पकी-सुनहली फसलों की मुस्कान' देखने। धान कूटती किशोरियों की कोकिल कण्ठी तान सुनने। 'मौलसिरि के ढेर-ढेर से ताजे-टटके फूल' जी भर सूँघने और अपनी गँवई पगडण्डी की चन्दनवर्णी धूल छूने। 'गन्ध-रूप-रस शब्द-स्पर्श' सबको साथ-साथ इस भू पर भोगने में वह जीवन की अर्थवत्ता महसूस करता है।

नागार्जुन का काव्य जगत एकदम मूर्त और ठोस है, ऐन्द्रिय संवेदन का साक्षात विषय है। प्राकृतिक उपादान उनके लिए रोमानी आकर्षण के आलम्बन नहीं, वे उनके सौन्दर्य का दर्शन जीवन सापेक्ष उपयोगिता में करते हैं। मिट्टी का तेल कवि की दृष्टि में 'जादू का अर्क है' खुशहाली का रसायन है। वह तरल कनक है क्योंकि वही 'गरीबी-पामाली' का अकसीर इलाज है। नदियों के पानी के जादू के साथ हाथों के स्पर्श की महिमा के मेले से जो पैदा होती है, वही फसल है।

गेहूँ की फसलें तैयार होकर जब मैदान में सोने की तरह बिछी होती हैं तो नजरों के सामने लहराते इस सोनिया समन्दर का एक आकर्षण है, उनका नयनाभिराम रूप पर उनकी उपयोगिता भी है, जीवन सापेक्षता है, उनका वास्तविक सौन्दर्य उनके आह्वान में है—

गेहूँ की फसलें तैयार हैं—
बुला रही हैं
खेतिहरों को
—ले चलो हमें
खलिहान में—
घर की लक्ष्मी के
हवाले करो
ले चलो यहाँ से
बुला रही है
गेहूँ की तैयार फसलें
अपने-अपने कृषकों को—

कवि के लिए प्रकृति की सत्ता है, उसका सौन्दर्य भी है। पर यह सौन्दर्य अक्सर जीवन की सापेक्षता में, उसके मेल में निखरता है या कहें कवि के लिए उसकी अर्थवत्ता जीवन के सन्दर्भ में उसकी उपयोगिता से तय होती है।

जिसे शास्त्र की भाषा में आलम्बन कहा जाता है, नागार्जुन को प्रकृति का वह रूप भी आकर्षित करता है। पर कहीं न कहीं ऐसी कविताओं का सम्बन्ध निश्चित दौर की मानसिकताओं से जुड़ा हुआ दिखाई पड़ता है। मसलन उन्होंने 1964 के दौरान एक साथ—'घन-कुरंग, 'मेघ बजे', 'फूले कदम्ब' 'धूप में खिले पात' 'करवट लेंगे बूँदों के सपने' जैसी कई प्रकृति कविताएँ लिखीं। खास बात इन कविताओं का अकुंठ मनोभाव है। न कोई ब्याज न भंगिमा, प्रकृति नाना रूपों में दमकती, हुलसती, कुरंग-सी चौकड़ी भरती, मोहरा चीरकर चमकती, मस्तानी अनावृत्त समुपस्थित है। प्रकृति के इन व्यापारों में गति है। उसका निजी व्यक्तित्व है। महाकाल का निदाघ होम जब खत्म होता है तो स्नेही व्योम

माँ के ममत्व-सा झुक आता है। पावस रानी जब बूँदों-बूँदियों की अपनी पायल छमकाती है तो कल तक गालियाँ देने वाले 'हताश खेतिहर' 'दूब की झुलसी शिराओं के अन्दर' वापस जान आ जाने से स्वयं जी उठे हैं। कल और आज में अन्तर यह है कि ग्रीष्म चुपचाप अपने लाव-लश्कर समेटकर विदा हो गया है।

लगभग बारह वर्ष बाद एक ओर 'अब होगी इनकी दीवाली' दूसरे छोर पर 'हरिजन गाथा' जैसी कविताओं के बीच कवि ने 'फिर सुबह-सुबह बसंत की अगवानी', 'फिसल रही चाँदनी', 'हरे-हरे नये-नये पात' और 'नंगे तरु हैं—नंगी डालें' जैसी कविताएँ रचीं। कविताओं में जो परिवेश उभर आता है वह ठेठ ग्रामीण परिवेश है। जहाँ माघ की कड़ी सर्दी में अल्ल सुबह कवि 'अर्धसूखी पतइयों का कौड़ा' ताप कर आम के कच्चे पत्तों का 'कडुआ कसैला सौरभ' लेता है। "गँवई अलाव के निकट घेरे में बैठने बतियाने का सुख" लूटने की प्रक्रिया में आंचलिक बोलियों का मिक्सचर कानों की कटोरियों में भरकर लौटता है। यायावर कवि घूम-घूमकर प्राकृतिक परिवेश को ऐन्द्रिय संवेदनों में सहेजता है—रूप-रस-गन्ध-स्पर्श सभी के माध्यम से।

प्राकृतिक व्यापारों के रूप और गति के अनेक जीवन सापेक्ष-निरपेक्ष मूर्त और जीवन्त सन्दर्भ नागार्जुन की कविता की विशिष्टता है। वे मूर्त को अमूर्त के सहारे स्पष्ट नहीं करते। बादल उनकी कविता में 'संशय' से उठ 'लालसा' से नहीं फैलते। उनके यहाँ तो सत्य को भी अब लकवा मार जाता है तो "वह लम्बे काठ की तरह/पड़ा रहता है सारा दिन सारी रात/वह फटी-फटी आँखों से/टुकुर-टुकुर ताकता रहता है—सारा दिन-सारी रात।"

वस्तुगत साकारता नागार्जुन के प्रकृति चित्रों को खास व्यक्तित्व, अक्सर विशिष्ट स्थानीय रंग और काट प्रदान करती है। 'बादल' और 'बदली' उनके प्रिय विषय हैं और इसी तरह नदियों और नदियों का पानी उन्हें विशेष आकर्षित करते हैं। यही बादल जब 'हेमन्ती बादल' होते हैं तो उनका रूप कवि को आह्लादित, प्रेरित नहीं करता, पर उनका भी एक रूप है और कवि उसे पहचानता है—

इनकी अगवानी में दादुर नहीं बोले।
कोयलों ने कूक नहीं मारी, पर नहीं तोले।
इनकी अगवानी में—
चातक तक मौन रहे, मोर नहीं डोले।
हेमन्ती बादल हैं
जाने कहाँ, जाने किधर—
बरसाकर आये हैं बरफ के गोले।

हेमन्त का यह बादल वर्षा के बादल से कितना भिन्न है। ठीक उसी तरह जैसे बेतवा

नदी का किनारा कवि में और तमाम नदियों के किनारों से कुछ अलग किसम की प्रतिक्रिया भरता है। स्थानीय रग मूलों से जुड़े होने की यह अनुभूति वाणी में मौन, रग-रग में पुलक धड़कन और समूचे व्यक्तित्व में भरेपन का बोध भर देती है—

सलोनी सर्दी का निखरा है रूप
बेतवा किनारे
रग-रग में धड़कन, वाणी है चूप
बेतवा किनारे
सब कुछ भरा-भरा, रंक है भूप
बेतवा किनारे
बदली के बाद खिल पड़ी है धूप
बेतवा किनारे

नागार्जुन की कविताओं में प्रकृति ऐसा काव्य-विषय नहीं है जिसकी ओर कवि किसी प्रेरणा के लिए देखता हो, न ही वह माध्यम है किसी 'अपर' सत्ता की पहचान का। उसमें कोई मौन निमन्त्रण भी नहीं है। एक यायावर इनसान के साथ साथीपन का भाव है। वह कहीं भी, किसी भी रूप में इस घुमन्तू कवि की दृष्टि को बाँध लेती है—ठोस, मूर्त जीवन-सत्ता के रूप में। अति परिचित सहचर भाव से कवि उससे जैसे संवाद का रिश्ता कायम करता है।

बुजुर्ग यायावर कवि के साथ उसके परिवेश का जो रिश्ता कायम होता है उससे एक ठेठ घुमन्तू गँवई मानसिकता झलकती है। ऐसा फक्कड़ रमता जोगी, जो जहाँ जाए वहीं का हो रहे। विदा की वेला में पेड़-पौधों, पत्तों तक के बिछड़ने में आँख भर आये। पर भीतर का यायावर लोटा-डोर उठाकर चल पड़ने के लिए विवश हो। यह यायावरी आत्मीयता नागार्जुन की कविताओं में व्यापक अनुभव और फक्कड़ाना संवेदनशीलता की विरोधी वृत्तियों में एक साथ उपस्थित है—

यात्रा के क्षणों में

....

काँप रहे थे
केले के नये नये पात

....

विदा-वेला में
अनुमति में हिलते से कोमल पात।
"फिर कब आओगे?"
हल्की जिज्ञासा थी, इंगितमय—
'बुजुर्ग यायावर,

सच, सच बतलाना
अब, कब आओगे?'
जवाब में आँखें गीली हो आयीं
चुपचाप ऊपर पगडण्डियों की ओर
बढ़ते गये पैर...

उनके प्रकृति चित्र घनानुभूतिजन्य स्वालाप या सम्बोधन अधिक होते हैं। प्रश्नोत्तर की प्रक्रिया से गुजरता हुआ कवि रूप-जन्य अनुभूति के विश्लेषण के बिन्दु तक पहुँचता है। उसका सवाल है—

कैसा लगा
कैसा लगा कोहरा?

और कविता के अन्त में उसने जवाब ढूँढ़ लिया—

पूस की ठिठुरन में
पूनम की छुअन में
अच्छा लगा कोहरा।
अच्छा लगा॥

कोहरा कवि को अच्छा भर लगता है किन्तु गीली भादों की अमावस रैन में दिप-दिप करते लाख-लाख, सौ हजार बेशुमार जुगनुओं के बारे में कवि की जिज्ञासा कुछ दूसरे प्रकार की है—

कैसे ये नीलम उजास के
अच्छत छींट रहे जंगल में
कितना अद्‌भुत योगदान है
इनका भी वर्षा मंगल में

नतीजतन वह जिस निष्कर्ष पर पहुँचता है वह भी अपनी मूल प्रकृति में भिन्न है। अन्धकार की शक्ति के विरुद्ध कवि 'ज्योति-कीटों' के 'स्वयंप्रकाशी' स्वरूप को ऐसे संघर्ष के रूप में देखता है जिसमें विजय सुनिश्चित है—

इनकी विजय सुनिश्चित ही है
तिमिर तीर्थ वाले दंगल में
इन्हें न तुम बेचारे कहना
अजी यही तो ज्योति कीट हैं
जान भर रहे हैं जंगल में

तिमिरावृत्त जंगल इन 'ज्योति-कीटों' की संघर्ष भूमि है। उनका दंगल कर्म तीर्थ है। बेचारगी का प्रश्न नहीं, क्योंकि 'पल-पल भास्वर' ये प्रकाश-दीप अन्यथा अन्धकारग्रस्त जंगल के

प्राण हैं। यह दृष्टि जाहिर है प्रकृति-चित्रण तक सीमित नहीं प्रकृति को अतिक्रान्त कर यह जीवन जीने की दृष्टि है। ये नन्हे प्रकृत जीव प्रेरक हैं, दृष्टान्त हैं—जीवन के विराट तिमिर तीर्थ में, जंगल में जान भरने के लिए सन्नद्ध कर्मी जन हैं।

जीवन और प्रकृति, प्रकृति और जीवन नाना रूपरंगों में जिस प्रकार नागार्जुन की कविताओं में घुले-मिले हैं, उनके प्रति कवि का जो नजरिया है, उसकी कुंजी नागार्जुन की प्रसिद्ध कविता 'प्रतिबद्ध हूँ' में खोजी जा सकती है। यह कविता कवि दृष्टि का ऐलानिया दस्तावेज है। वह जीवन-जगत से बँधा है, जुड़ा है, प्रतिबद्ध है—कितने-कितने रूपों में। कवि इसका बयान कुछ इस तरह करता है—

प्रतिबद्ध हूँ
सम्बद्ध हूँ
आबद्ध हूँ

....

सम्बद्ध हूँ, जी हाँ सम्बद्ध हूँ—
सचर-अचर सृष्टि से...
शीत से, धूप से, ओस से, हिमपात से...
राग से, द्वेष से, क्रोध से, घृणा से, हर्ष से, शोक से, उमंग से,
आक्रोश से...

....

सम्बद्ध हूँ, जी हाँ, शतधा सम्बद्ध हूँ।

....

उज्ज्वल से, मलिन से, लाभ से, हानि से...

....

आबद्ध हूँ, जी हाँ आबद्ध हूँ...
स्वजन-परिजन के प्यार की डोर में...
प्रिय जन के पलकों की कोर में...
सपनीली रातों के भोर में...
बहुरूपा कल्पना रानी के आलिंगनपाश में...
तीसरी चौथी पीढ़ियों के दंतुरित शिशु सुलभ हास में
लाख-लाख मुखड़ों के तरुण हुलास में...
आबद्ध हूँ, जी हाँ शतधा आबद्ध हूँ।

नागार्जुन की यह कविता उनके काव्य जगत की समग्रता और व्याप्ति की, उसकी प्रकृति और उसके प्रति कवि-दृष्टि की पहचान कराती है। जीवन के कितने

रूपों से, कितने रूपों में कवि आबद्ध और सम्बद्ध ही नहीं, उनके प्रति प्रतिबद्ध भी है इसका उसने विस्तार से बयान किया है। जीवन को वह उसकी द्वन्द्वात्मकता में, परस्पर विरोधी रूपों की विविधता में स्वीकार करता है। जीवन से उसका रिश्ता आकर्षण का नहीं समर्पण का है। जीवन की तीसरी-चौथी पीढ़ियों के लाख-लाख मुखड़ों के हुलास से आबद्ध कवि, उनकी भवितव्यता के प्रति उतना ही प्रतिबद्ध भी है। यही उसकी सौन्दर्य-दृष्टि का वैशिष्ट्य है।

भक्तिकाव्य का सौन्दर्यशास्त्र : वस्तु-सौन्दर्य के सन्निकर्ष से अनुभूत आनन्द की प्रकृत भूमि

भक्तिकाव्य के सौन्दर्यशास्त्र की मुख्य समस्या इस समृद्ध काव्य धारा के 'आस्वाद' की समस्या है। यह प्रश्न दरअसल मध्ययुग की वैष्णव अनुभूति में, काव्य-बोध में सहभागिता के आधार की पहचान का प्रश्न है।

इस सन्दर्भ में मुख्य प्रश्न हैं—अवतारवाद की आधुनिक बोध के साथ क्या संगति हो सकती है? भक्तिकाव्य के निजी सामाजिक सन्दर्भ की समयातीत प्रासंगिकता क्या है? सगुण-भक्ति की रीढ़ 'लीला' का क्या कोई निजी सौन्दर्यशास्त्र है या हो सकता है? मार्क्सवाद जैसे किसी पूर्व निर्धारित प्रतिमान को लागू करने पर सम्भावित निष्कर्ष क्या हो सकते हैं? और अन्ततः इस क्रम में भक्तिकाव्य का कोई ऐसा मुकम्मल सौन्दर्यशास्त्र सामने आ सकता है जिसके सहारे भक्तिकाव्य का पुनर्मूल्यांकन सम्भव हो सके? ऐसे सवाल समय के अन्तराल के बाद हर बीती हुई काव्य-प्रवृत्ति के सम्बन्ध में उठ सकते हैं—विशेषकर ऐसी प्रवृत्ति के सन्दर्भ में जो अतीत होने के बावजूद पूरी वर्तमानता के साथ उपस्थित हो। अतीत की वर्तमानता से मेरा आशय मानव अस्तित्व की मूलभूत एकता, शाश्वतता, निरन्तरता आदि जैसी सार्वदेशिक और सार्वकालिक किन्तु अमूर्त धारणाओं से नहीं है।

कुछ वर्ष पहले मैंने लिखा था—"हर रचना का अस्तित्व इतिहास में स्थित एक इकाई के रूप में होता है। अपने रचना-क्षण से वर्तमान क्षण अर्थात आलोचना-क्षण तक वह एक पूरा जीवन जीती है। वह एक ऐसी इकाई होती है जो एक युग में एक प्रकार के बोध के प्रति और दूसरे युग में दूसरे प्रकार के बोध के प्रति अपने आपको समर्पित करती चलती है पर हर युग में उसकी शक्ति, उसकी प्रभाव-क्षमता की पहचान अलग होती है। इस तरह किसी रचना को हम उसकी समग्रता में पूरी तरह समझ लेने का दावा कभी नहीं कर सकते। उसका एक अंश हमारे लिए हमेशा रहस्य का विषय, अलभ्य और अगम्य बना रहता है। रचना की यह अगम्यता भी उसकी कलात्मक विशेषता होती है।"

साहित्य का विकास हर युग में कुछ नया जुड़ जाने भर से नहीं होता। वस्तुतः हर युग एक सीमा तक यह जानते हुए भी किसी युग-विशेष में किस बात की प्रधानता थी, अपना पैटर्न खुद तैयार करता है। और तब नये सम्बन्ध सूत्रों को खोजते हुए हम किसी भी रचना को ऐतिहासिक तत्त्वों के बहुरूपदर्शी आईने में पढ़ते हैं। आज के विषय की समस्या सम्भवतः भक्तिकाव्य के सन्दर्भ में इसी पैटर्न को खोजने और तैयार करने की समस्या है।

किसी समय इलियट ने इतिहास को युगपत या समकालिक व्यवस्था के रूप में ग्रहण करने की वकालत की थी तो उनकी चिन्ता संस्कृति-बोध की निरन्तरता के खंडित होने की चिन्ता थी। अतीत को एक जीवन्त इकाई के रूप में ग्रहण करने की अपनी सार्थकता होती है। परम्परा उस स्थिति में रूढ़ि न रहकर जीवन्त सत्ता हो जाती है। और तब बहुत कुछ के सहसा अप्रासंगिक या बीती हुई चीज हो जाने का खतरा नहीं रहता। पर इसके लिए कृति के साथ जुड़े उसके ऐतिहासिक-सामाजिक परिदृश्य को भूलना कतई जरूरी नहीं है। हर साहित्यिक दौर एक ऐतिहासिक घटना भी होता है और उसकी यह ऐतिहासिकता हमारे कलात्मक अनुभव में एक तथ्य होती है।

इतिहास की निरन्तरता, घटनाओं की अनवरत धारा के रूप में न खण्डित होती है न समाप्त परन्तु इस निरन्तरता के बीच रचना से जुड़े हुए सन्दर्भ की भिन्नता की पहचान रचना की सही समझ के लिए बहुत जरूरी है। यह भूमिका इसलिए आवश्यक है कि जिस प्रकार मूल्यांकन की कोई तत्कालीन दृष्टि समयातीत रूप में हमेशा किसी रचना के आस्वाद के लिए काफी नहीं होती उसी प्रकार यह भी कतई जरूरी नहीं है कि कोई परवर्ती दृष्टि पूर्ववर्ती काव्यबोध की सही और समग्र समझ में कारगर हो सके। वस्तुतः यह समस्या भिन्नता और समानता की द्वन्द्वात्मकता और पारस्परिकता को पहचानने की समस्या है।

भक्तिकाव्य के सौन्दर्यशास्त्र की चर्चा को आगे बढ़ाने से पहले एक स्पष्टीकरण और आवश्यक है। सौन्दर्यशास्त्र का विकास जिस रूप में हुआ, उसका अधिकांश सौन्दर्य और सौन्दर्यानुभूति के स्वरूप की व्याख्या से जूझता रहा। कांट ने संवेदनाओं के दार्शनिक विवेचन को ही 'एस्थेटिक' नाम दिया था। पश्चिम में शब्द का यह दार्शनिक संवेदनात्मक अनुषंग आज भी कायम है। यदि सौन्दर्यशास्त्र दर्शन की एक शाखा है भले ही वह दर्शन सौन्दर्य का हो, तो सवाल दर्शन के सन्दर्भ में साहित्य-विश्लेषण का हो जाता है और लीविस को इसके विरुद्ध सावधान करने की आवश्यकता पड़ती है। लीविस ने मूल्य-निर्णय की दृष्टि से दार्शनिक प्रशिक्षण की उपयोगिता स्वीकार तो की, पर उसी हद तक जहाँ तक आलोचक आलोचक बना

रहे। प्रत्यक्ष मूर्त सामग्री से हटकर अमूर्त क्षेत्रों या अप्रासंगिक सामन्यीकरणों में भटक न जाए।

कहने की आवश्यकता नहीं कि भक्तिकाव्य के सन्दर्भ में तो दर्शन का सवाल और अधिक महत्त्वपूर्ण भी है और प्रासंगिक भी किन्तु उसकी दार्शनिक प्रतिपत्तियाँ और रसशास्त्रीय व्याख्याएँ अपने समूचे वाद-विवाद के साथ जिस रूप में उपलब्ध हैं उनकी पुनरावृत्ति की विशेष सार्थकता नहीं है। इस सन्दर्भ में चैतन्य महाप्रभु के शिष्य रूप गोस्वामी और उनके टीकाकार जीव गोस्वामी का स्मरण करना अप्रासंगिक न होगा। 'हरिभक्तिरसामृतसिन्धु' और 'उज्ज्वलनीलमणि' की रचना इस बात को तो प्रमाणित करती ही है कि भक्तिकाल की पुष्कल काव्य सृष्टि ने 16वीं शताब्दी में एक नये रसशास्त्र की आवश्यकता को जन्म दिया था। इन ग्रन्थों में ध्यान देने की एक बात तो यह है कि भगवद्रति के सन्दर्भ में उपलब्ध रस-विवेचन इन आचार्यों को अपर्याप्त प्रतीत हुआ। रसशास्त्र में उपलब्ध रस के 'सत्वोद्रेक' से उत्पन्न 'स्वप्रकाशानंदचिन्मय' 'ब्रह्मास्वादसहोदर' स्वरूप से आगे बढ़कर इन्होंने इसकी वैष्णवता या धार्मिकता प्रतिपादित की। जीवनगत रति भाव से इनका मुख्य अन्तर आलम्बन और आलम्बन के सन्दर्भ से स्थायी भाव को लेकर था। इन्होंने भगवद्रति को महाभाव या मौलिक स्थायी भाव मानकर भक्ति रस का सांगोपांग विवेचन किया। इस भक्ति रस के आलम्बन चूँकि भगवान कृष्ण थे अतः शेष अंगों के विवेचन में तदनुसारी परिवर्तन सहज रूप से हो गया। भक्तिकाव्य की निजी प्रकृति से जो सौन्दर्यशास्त्र (रस-शास्त्र) सामने आया उसकी सबसे बड़ी विशेषता यह थी कि वेद-उपनिषदों की अमूर्त अगोचर धारणा रूप परोक्ष सत्ता को वैष्णव आचार्यों ने सुन्दर-गोचर बिम्ब के रूप में प्रस्तुत किया। यह अमूर्त दिव्य शक्ति और विभूति का मानवीकरण था। धारणा को वस्तुगत रूप देने का महत प्रयास था। वैचारिक भेद के कारण रामानुज और मध्व ने भगवान के ऐश्वर्य और विभूति पर बल दिया और निम्बार्क, बल्लभ और चैतन्य ने उनके मधुर-अनुरंजक रूप पर। आचार्यों में यह स्वरूप दार्शनिक-विवेचन, तत्त्व-चिन्तन या स्तवन का विषय है। सगुण भक्तों में आकर यही रूप ऐन्द्रिय-संवेदन और आत्म-निवेदन का विषय हो जाता है। आकस्मिक नहीं है कि भक्तों की यह एकदम मूर्त, गोचर सगुण-कल्पना एक नये रसशास्त्र की आवश्यकता को जन्म देती दिखाई पड़ती है और इन आचार्यों के हाथों एक नये 'वैष्णव सौन्दर्यशास्त्र' या 'धार्मिक सौन्दर्यशास्त्र' की प्रतिष्ठा होती है। अपनी वैष्णवता और धार्मिक अनुषंग के बावजूद इन आचार्यों के विवेचन में सौन्दर्यशास्त्र के कुछ मूलभूत सरोकारों के संकेत मिलते हैं। उदाहरण के लिए श्री विट्ठलनाथ ने रासपंचाध्यायी की सुबोधिनी कारिका में, संगीत के सन्दर्भ में अनुभूति

और अभिव्यक्ति दोनों की अनिवार्यता में ही कलात्मक परिणति स्वीकार की है। उनकी यह मान्यता एक ओर क्रोचे के सहजानुभूति केन्द्रित अभिव्यंजनावाद के विरोध में जाती है और दूसरी ओर आवयविक एकता (ऑर्गेनिक यूनिटी) के सिद्धान्त को प्रस्तावित करती है। उन्होंने इसी प्रकरण में अनुभूति और अभिव्यक्ति के बाह्यान्तर योग अर्थात दोनों के सामंजस्य में कला की सिद्धि को मान्यता दी। सामंजस्य की परिपूर्णता के अनुपात में ही उन्होंने कलागत सौन्दर्य का उत्कर्ष देखा। कुन्तक ने इसे शब्दार्थ की प्रतिस्पर्धी चारुता का सम्बन्ध कहा।

रूप गोस्वामी ने अंगों के 'यथायोग्य सन्निवेश' को सौन्दर्य कहा और रूप उसे माना जिसकी शोभा के लिए पहने गये अलंकार उसकी शोभा बढ़ाने के स्थान पर स्वयं विभूति दिखाई देने लगे अर्थात अलंकार ही अलंकार्य हो जाय। उन्होंने आभूषण से अनलंकृत उन अंग-प्रत्यंगों में भी रूप का सन्धान किया जो 'कायिक आकर्षण' के द्वारा अलंकृत से लगते हों। स्मरण दिलाना अप्रासंगिक नहीं होगा कि प्रसाद ने छायावाद की परिभाषा के लिए जिस प्रसिद्ध "मुक्ताफलेषु छायायः तरलत्वम् इवान्तरा" पंक्ति का साक्ष्य प्रस्तुत किया था वह 'उज्ज्वलनीलमणि' में रूप गोस्वामीकृत लावण्य की परिभाषा है।

निष्कर्ष यह कि सगुण भक्ति काव्य ने सौन्दर्यशास्त्रीय चिन्तन के समक्ष जो चुनौती प्रस्तुत की थी उसकी केन्द्रीय चिन्ता लोक में प्रतिष्ठित लोकातीत या धार्मिक अनुषंग से संयुक्त काव्यबोध की रसाश्रयी व्याख्या प्रस्तुत करना था। आश्चर्य नहीं कि इस प्रक्रिया में पहले का 'ब्रह्मास्वादसहोदर' वैष्णवी रस-कल्पना के सहारे एक सीमा तक धार्मिक सौन्दर्यबोध हो गया। यह बात अलग है कि व्याख्या विश्लेषण के क्रम में कुछ महत्त्वपूर्ण बातें सामने आयीं। मसलन अलंकार की तुलना में अलंकार्य का महत्त्व, अनुभूति और अभिव्यक्ति का बाह्यान्तर योग, दोनों के बीच सामंजस्य की परिपूर्णता के अनुपात में कलागत सौन्दर्य और उत्कर्ष का सन्धान, और इस प्रकार काव्य के सन्दर्भ में 'ऑर्गेनिक-यूनिटी' का प्रतिपादन। किन्तु इन सभी रचनाओं में एक बात सामान्य है। रूप गोस्वामी से मधुसूदन सरस्वती तक सभी आचार्यों का लक्ष्य एक ही था। भक्ति-रस की सर्वोपरि सत्ता का प्रतिपादन करते हुए शेष सभी भावों/रसों का अंग-अंगी भाव से उसी में अन्तर्भाव करना। आज भी इस चिन्तन में जो बात महत्त्वपूर्ण और काम की दिखाई पड़ती है वह है इनका लोकाश्रयी होना। भले ही इनके लिए लीला प्रतीकवत हो। उसका अभिप्रेत प्रस्तुतार्थ के पीछे सम्पूर्ण व्यक्तित्व में क्रान्ति या लावण्य की तरह व्याप्त हो। काव्यशास्त्र की शब्दावली में वह वाच्यार्थ से अतिशयी व्यंजना का सौन्दर्य हो, पर उसका आधार ठोस गोचर वस्तुजगत है। यह लोकोत्तर बोध पूरी तरह लोकबद्ध है। जिसकी पहचान आचार्य

शुक्ल ने "राम की ओर जाने वाला रास्ता इसी लोक से होकर जाता है" कहकर की थी। इस रूप में इस काव्य की मूलवर्ती दृष्टि ठेठ भौतिकवादी भले ही न हो वस्तुवादी अवश्य है। इनका सबसे बड़ा योगदान शंकर के मायावाद के विरुद्ध जगत की वास्तविकता का प्रतिपादन और स्वीकार है। यही इन भक्तों और चिन्तकों की मानव पक्षधरता है।

यह नहीं भूलना चाहिए कि भक्तिकाव्य की सौन्दर्य-दृष्टि के निर्माण में दार्शनिक विचारधारा की केन्द्रीय भूमिका है। वस्तु और आत्म, पदार्थ और चेतना के आपसी सम्बन्ध के बुनियादी सवाल को सुलझाने की यह केन्द्रीय दृष्टि ही जीवन-मूल्यों और तदनुसार सौन्दर्य-मूल्यों के विकास की दिशा और प्रकृति का निर्धारण करती है। कहना न होगा कि जो दृष्टि वस्तुजगत को मिथ्या, गौण या नगण्य घोषित करती है वह कहीं न कहीं समाज में व्याप्त अन्याय और शोषण की मददगार होती है। वह समाज के सुविधा-सम्पन्न वर्ग की मानसिकता और हितों का प्रतिनिधित्व करती है। इसके विपरीत वस्तुजगत में आस्था रखने के कारण भौतिकवादी दृष्टि का ध्यान मनुष्य और समाज में केन्द्रित रहता है। परिणामतः उसमें सामाजिक अन्याय के विरुद्ध आवाज उठाने की गुंजाइश बराबर बनी रहती है।

भक्तिकाव्य का आराध्य तत्त्वतः अवतार होते हुए भी जीवन की भौतिक आवश्यकताओं से जुड़ा था। जगत को यथार्थ और नित्य मानने वाले ये कवि इनसान के पक्षधर थे। यह बात और है कि पदार्थ और जगत को प्राथमिकता देते हुए इन्होंने जिस यथार्थवादी सौन्दर्य चेतना का विकास किया वह अन्ततः लोक से परे अलौकिक विभूति और ऐश्वर्य का साक्षात्कार करने में अपनी सार्थकता पाती थी। इनके पास भौतिक समस्याओं के पारलौकिक समाधान थे। ये समाधान उस विचारधारा की देन थे जिसका भावसिद्ध रूप इन भक्तों के काव्य में प्रतिफलित हुआ। यह बात अलग है कि यह विचारधारा 'भाववाद' के नहीं 'भावधारा' के रूप में इनके काव्य में व्यक्त होती है। खास बात यह है कि इनकी भावधारा में पूरा समाज इनके साथ है। कविता इनके यहाँ कवि की 'व्यक्तिगत वस्तु' नहीं है। यह काव्य उन कवियों की रचना है जो सिर्फ स्वयं समाज में सक्रिय नहीं हैं बल्कि समाज भी उनमें पूरी तरह क्रियाशील है। यह नाना रूपात्मक जगत, असीम-अरूप को लोकबद्ध करने का माध्यम है। इलियट का 'आब्जेक्टिव कोरिलेटिव' है। आचार्य शुक्ल का विभावन व्यापार है। भाव के सौन्दर्य तक पहुँचने में इस वस्तु रूप विभाव का महत्त्व निर्विवाद है। इसकी परम चरितार्थता सीमा और असीम, अरूप और रूप के समरस होने में है। रूप को लाँघकर अरूप तक पहुँचने में नहीं।

व्यक्ति और समष्टि चेतना की इस पारस्परिकता की व्याख्या आचार्य हजारीप्रसाद

द्विवेदी ने कुछ इस रूप में की थी–"समष्टि इच्छा विश्व व्यापिनी मंगलेच्छा के अनुकूल होने पर ही व्यक्तिगत इच्छा सार्थक होती है। व्यक्तिगत इच्छा उसके प्रतिकूल जाकर कुत्सित हो जाती है। समष्टि इच्छा चेतन धर्म है। जो बात चेतन धर्म के अनुकूल है वही सुन्दर है। समष्टि चेतना सर्जनात्मक है। वह सिसृक्षा है। व्यक्तिगत इच्छा उसके अनुकूल रहकर ही चरितार्थ होती है।"

कहना न होगा कि भक्त कवियों की सौन्दर्य दृष्टि का उत्स समष्टि इच्छा की इसी चेतनधर्मिता में है। इस चेतनधर्मिता की ऊर्जा का स्रोत वह अनवरत संघर्ष है जिसे झेलते हुए वे लोक से लोकोत्तरता की यात्रा तय करते हैं। यह मार्ग पीड़ा का मार्ग है। कष्ट सहने का, तपस्या का मार्ग है। वह राम-सीता का वियोग हो या गोपियों-यशोदा का या कबीर का हठयोग। जो है उससे जो होना चाहिए की दिशा में इनकी इस भावयात्रा को आचार्य द्विवेदी ने सुन्दर की राह से गुजरते हुए सत्य से शिव की ओर यात्रा के रूप में देखा था। इस यात्रा का सौन्दर्य मंजिल से ज्यादा स्वयं यात्रा में है जिसकी पहचान शुक्ल जी ने 'साधनावस्था' तथा कर्म के सौन्दर्य के रूप में की थी।

कर्म-सौन्दर्य की यह छटा इस काव्य में, निहित स्वार्थों के विरुद्ध संघर्ष में अपने पूर्ण वैभव को प्राप्त करती है। तुलसी में भक्ति के भीतर और भक्ति के बाहर की दोहरी व्यवस्था के रूप में युग का असमंजस अभिव्यक्ति पाता है। समाज की आचार-व्यवस्था में ब्राह्मण ब्राह्मण है और चमार चमार। पर भक्ति के वृत्त के भीतर सब समान है।

पद्मपुराण का साक्ष्य प्रस्तुत करते हुए समानता के इस व्यवहार का समर्थन रूप गोस्वामी कर चुके थे–

शास्त्रतः श्रूयते भक्तौ नृमात्रत्तस्य अधिकारिता।
सर्वाधिकारितां माघस्नानस्य ब्रुवता यतः ॥59॥

यथा पाद में–

सर्वेऽधिकारणो ह्यत्र हरिभक्तौ यथा नृप ॥60॥

काशीखण्डे च तथा–

अन्त्यजा अपि तद्राष्ट्रे शंख चक्रांक धारिणः।
संप्राप्य वैष्णवीं दीक्षिता इव संवभुः इति ॥61॥

आज तुलसी का असमंजस भले ही बहुत क्रान्तिकारी साहस का परिचय न देता हो परन्तु जो है उसके प्रति चले आते असन्तोष और अस्वीकार को तो प्रकट करता ही है।

तुलसीदास की सर्जनात्मकता 'नानापुराणनिगमागमसम्मत' के प्रयोग से सान

चढ़ती है। परम्परासिद्ध के प्रयोग के बीच से उनकी मौलिकता, उनकी स्वकीयता छनकर आती है। उन्होंने परम्परा से, समाज व्यवस्था से, निगमागम से प्रदत्त रूप में जो पाया, उसमें जो कुछ जोड़ दिया वही उनकी रचना शक्ति का वैशिष्ट्य है। उनकी सौन्दर्य-दृष्टि की मौलिकता है। ध्यान देने की बात यह है कि उनकी रचनात्मक मौलिकता की छटा, शास्त्र और 'भद्र' परम्परा को लोकोन्मुख करने की दिशा में ही विशेष रूप से प्रकट होती है। यही उनकी लोकप्रियता का रहस्य भी है और उनके काव्य की मूल संवेदना में सहभागिता का भी। कृष्ण-काव्य के सम्बन्ध में तो यह बात बार-बार लक्ष्य की गयी है कि आभीर सम्प्रदाय में प्रचलित कृष्ण-कथा वैष्णव धर्म में घुलमिल गयी थी।

कबीर की रचनात्मकता कुछ दूसरे ढंग की है। वह एक ओर प्रखर व्यंग्य विरोध में और दूसरी ओर विरह की व्याकुलता, विह्वलता, मिलन की आकांक्षा और एकमेक हो जाने के उन्माद में व्यक्त होती है। उनके व्यंग्य की प्रखरता और प्रेम की व्याकुलता को किसी पूर्व निर्धारित शास्त्र दृष्टि से समझ पाना असम्भव है। जो संवेदनशीलता समाज में व्याप्त अन्याय से चोट खाकर व्यंग्य और फटकार की तीव्रता में, अन्याय का विरोध करने में प्रकट होती है, वही 'प्रेम की पीर' से उत्पन्न व्याकुलता में। इन सन्तों और सगुणमार्गियों ने जिस नये रस-बोध को बढ़ावा दिया उसकी परख के लिए शास्त्र-ज्ञान की अपेक्षा संवेदनशीलता ज्यादा जरूरी है। जो जितना संवेदनशील होता है वह उतना ही सौन्दर्य-पारखी भी होता है। यह आकस्मिक नहीं है कि ये सभी भक्त कवि एक साथ अत्यन्त दृढ़ और अत्यन्त भावाकुल कवि हैं।

विरुद्धों के वहन की यही क्षमता यदि मानस में तेज और ऊर्जा का विधान करती है, कर्म और संघर्ष की प्रेरणा देती है तो 'विनयपत्रिका' में आत्मसमर्पण की तन्मयता भरती है। 'प्रेम की पीर' के मारे हुए सूफी कवि जायसी हों या विरह की चोट खाए कबीर या फिर कृष्णार्पित गोपियाँ—विरह इन कवियों की जीवनी शक्ति है। मनुष्य होने की शर्त है—

बिरहा बुरहा जिन कहौ बिरहा है सुलतान।
जिस घटि बिरह न संचरे, सो घट सदा मसान॥

का आदर्श कमोबेश समूचे भक्तिकाव्य में व्याप्त है। प्रेम के इस चिन्मय रूप ने जिस साहित्य को जन्म दिया है वह स्तब्ध और कुण्ठित नहीं मुक्त साहित्य है। भले ही "परिवर्तन का लक्ष्य अदृष्ट होने के कारण" विद्वानों को उसमें पूर्ण मुक्ति की कमी दिखाई पड़ी हो। आत्मार्पण की क्षमता भक्त को और भक्त के साथ पाठक को मुक्त करती है। मुक्ति का यह विधान वस्तु-सौन्दर्य के सन्निकर्ष से अनुभूत आनन्द के माध्यम से होता है। सम्भवतः भक्ति काव्य के इसी वैशिष्ट्य को लक्ष्य करके आचार्य

शुक्ल ने कहा था : "कवि वाणी के प्रसार से हम संसार के सुख-दुख, आनन्द, क्लेश आदि का शुद्ध स्वार्थ मुक्त रूप में अनुभव करते हैं। इस प्रकार के अनुभव के अभ्यास से हृदय का बन्धन खुलता है और मनुष्यता की उच्च भूमि की प्राप्ति होती है।" सूर में इस प्रेम को शुक्ल जी ने 'जीवनोत्सव' के रूप में देखा था। सूर के कृष्ण और गोपियाँ उन्हें पक्षियों के समान स्वच्छन्द दिखाई पड़े। ऐसी स्वच्छन्दता जो लोकबन्धनों की जड़ता से मुक्त करती है।

अनुभव का यह निःस्वार्थ मुक्त रूप अपनी व्याख्या के लिए हमेशा शास्त्र मुखापेक्षी नहीं होता। शास्त्र व्यवस्था है और काव्यानुभव हृदय की मुक्तावस्था। भक्तिकाव्य में मुक्ति की यह साधना और भी विशिष्ट है। यह मुक्ति निर्जीव परम्परा से, दरबारी संस्कृति से, शास्त्रबद्धता से मुक्ति है। चित्र एवं संगीत कला से भक्तिकाव्य का घनिष्ठ सम्बन्ध रहा है। चाहें तो इस दृष्टि से इस काव्य को पूर्ण कला (टोटल आर्ट) की संज्ञा दी जा सकती है। वार्ता साहित्य में सूरदास के सुरीले कण्ठ का उल्लेख तो मिलता ही है, शास्त्रीय रागों और वाद्य-यन्त्रों की जानकारी का प्रमाण भी। संगीतज्ञों के अनुसार सूर के काव्य में निर्दिष्ट राग-रागनियों का तत्कालीन रूप उनके वर्तमान शास्त्रबद्ध रूप से पर्याप्त भिन्न था। साथ ही भक्तिकाव्य का संगीत अपने समय के ठेठ शास्त्रीय संगीत से मुक्त और लोक संगीत के अधिक निकट था। इसका प्रमाण है उस समय के गायकों के पद-संग्रह। बख्शू (15वीं शती का उत्तरार्ध और 16वीं सदी का आरम्भ) के ध्रुव पदों के संग्रह 'सहस रस' का वैशिष्ट्य उसमें संगृहीत गणिका से सम्बद्ध पद हैं। इन पदों का बल नायक की बहुरमणता पर है। सबसे अधिक पद खण्डिता को समर्पित हैं। यह ग्रन्थ इस बात का प्रमाण है कि बख्शू के युग में गायकी का मुख्य विषय दरबारी शृंगार का भोगवाद था। सहज कल्पना की जा सकती है कि ऐसी स्थिति में संगीत भी निश्चित रूप से दरबारी रुचि और मनोवृत्तियों का परिचायक रहा होगा। 15वीं शताब्दी में ग्वालियर नरेश मानसिंह तंवर ने जिस ध्रुवपद गायकी का प्रचलन किया वह निश्चित रूप से दरबारी संगीत की शैली थी। संगीत सम्राट तानसेन के वैभव काल से पूर्व विद्यापति, कबीर, जायसी, मीरा जैसे भक्तकवियों का आविर्भाव हो चुका था। तानसेन के काव्य में भक्ति-पदों की कमी नहीं है पर नायक-नायिका भेद, नख-शिख-वर्णन, रूप-सौन्दर्यादि से सम्बद्ध पद भी पर्याप्त मात्रा में मिलते हैं।

इसके बावजूद भक्तिकाव्य का संगीत दरबारी रुचि से आतंकित नहीं दिखाई पड़ता। इन कवियों ने लोक-संगीत और शास्त्रीय संगीत के श्रेष्ठतम तत्त्वों का व्यापक मानवीयता के प्रसार के लिए ऐतिहासिक इस्तेमाल किया। भक्ति-संगीत की इस शैली का विकास लोक-संगीत के आधार पर शास्त्रीय और दरबारी संगीत के

यथावश्यक संयोग से किया गया। काव्य और संगीत के इस परम्परावलम्बन की सही समझ के लिए संगीत की शास्त्रीय-पद्धति से भी अधिक उसकी लोकतात्त्विक प्रकृति की पहचान आवश्यक है।

यही स्थिति इस काव्य की भाषा के सम्बन्ध में है। लोकाभिमुखता से प्रेरित होकर भक्त-कवियों ने देशव्यापी स्तर पर स्थानीय बोलियों और क्षेत्रीय भाषाओं को अभिव्यक्ति का माध्यम बनाया। इस काव्य की लोकप्रियता का एक बहुत बड़ा कारण यह भी है।

सौन्दर्य बोध का भी वर्ग-चरित्र होता है। यह वर्ग-चरित्र काव्य-शिल्प के स्तर पर भी प्रकट होता है। प्रेम का 'ढाई आखर' पढ़कर कबीर ने पण्डिताई नहीं कविताई को काबू किया था। सहज प्रेम से सहज समाधि तक, मौज में आकर वे जिस सहज काव्य-कला का सहारा लेते हैं, उसका वर्गाधार कोटि-कोटि साधनहीन अपढ़ लोक है। उन्होंने जिन उपादानों का उपयोग किया, उनका अपना व्यक्तित्व है। आचार्य द्विवेदी ने उनकी भाषा को "सहज और सरस ढंग से चकनाचूर कर देने वाली भाषा कहा है"—संस्कृत के "कूपजल" से मुक्त "बहता नीर"। शक्ति कबीर की इस बात में है कि उनके उपादान कवि की सर्जनेच्छा से मेल खाते हैं। इसलिए मुक्तिबोध ने उनकी बानियों के ऊबड़खाबड़पन में भी सौन्दर्य देखा है।

ठीक यही स्थिति तुलसी और सूर की काव्य-कला की नहीं है। उनकी काव्य-सृष्टि में पोथी पढ़ने के पर्याप्त प्रमाण हैं। वे निगमागम के ही नहीं, काव्य-शास्त्रीय परम्पराओं के भी ज्ञाता हैं। उनके लक्ष्यीभूत श्रोता की समझदारी और गुण-ग्राहकता ठीक उसी प्रकार की नहीं हो सकती जैसी सन्त कवियों की। इनकी कला उतनी अयत्नज भी नहीं है जितनी कबीर की। फिर भी जो विशेषता कबीर के निर्गुण पदों को, सूर के लीला-गान को और मानस की चौपाइयों को समान रूप से लोकप्रियता प्रदान करती है वह इनमें अन्तर्निहित संवेदना की शक्ति है। आराध्य के ऐश्वर्य और बिभूति के चित्र भी जिस तन्मयता और आत्मार्पण से प्रेरित हैं उसे रीतिकालीन कवियों की तरह बाकमाल कलम की जरूरत नहीं पड़ती।

मध्ययुग का यह भक्तिकाव्य स्वयं समाज-सापेक्ष सौन्दर्य-दृष्टि का प्रतिमान है। केवल भाषा, छन्द, अलंकार आदि के प्रयोग-विचार पर केन्द्रित रूपवादी सौन्दर्य-दृष्टि इसके लिए जितनी अपर्याप्त है उतनी ही महज कला-निर्मित और कलास्वाद के प्रश्नों को महत्त्व देने वाली भाव-वादी दृष्टि। यदि "समष्टि चित्त में अनुकूल भावान्दोलन पैदा करने वाला तत्त्व ही सौन्दर्य है" तो भक्तिकाव्य के सौन्दर्यशास्त्र की कुंजी इस भावान्दोलन की प्रकृति की व्याख्या में है।

छायावाद : स्वच्छन्दता का स्वाभाविक पथ

स्वच्छन्दता का स्वाभाविक पथ

छायावाद हिन्दी की उस स्वच्छन्द काव्यधारा का उत्तर-विकास है जिसका उदय बीसवीं सदी के आरम्भ में हुआ, किन्तु तत्कालीन विवादों के कारण छायावाद का पूर्ववृत्त कुछ उलझ गया है। आचार्य शुक्ल का यह कथन निर्विवाद है कि रीतिकाल की रूढ़ियों को तोड़कर "स्वच्छन्दता का आभास पहले-पहल पं. श्रीधर पाठक ने ही दिया" और "सब बातों का विचार करने पर पं. श्रीधर पाठक ही सच्चे स्वच्छन्दतावाद (रोमैण्टिसिज़्म) के प्रवर्तक ठहरते हैं।" किन्तु इस स्वच्छन्दतावाद के स्वाभाविक विकास की जो रूपरेखा आचार्य शुक्ल ने प्रस्तुत की है, वह परवर्ती विचार-क्रम में मान्य न हो सकी। आचार्य शुक्ल के अनुसार श्रीधर पाठक के बाद "सच्ची और स्वाभाविक स्वच्छन्दता का मार्ग हमारे काव्य-क्षेत्र के बीच चल न पाया" क्योंकि एक ओर "उसी समय पिछले संस्कृत-काव्य के संस्कारों के साथ पं. महावीरप्रसाद द्विवेदी हिन्दी साहित्य-क्षेत्र में आये—जिससे इतिवृत्तात्मक (मैटर ऑफ़ फ़ैक्ट पद्यों का खड़ी बोली में ढेर लगने लगा", और दूसरी ओर, "रवीन्द्र बाबू की गीतांजलि की धूम उठ जाने के कारण नवीनता प्रदर्शन के इच्छुक नये कवियों में से कुछ लोग तो बंग भाषा की रहस्यात्मक कविताओं की रूपरेखा लाने में लगे, कुछ लोग पाश्चात्य काव्य-पद्धति को 'विश्व-साहित्य' का लक्षण समझ उसके अनुकरण में तत्पर हुए।" इन बाधाओं के कारण "इने-गिने नये कवि ही स्वच्छन्दता के स्वाभाविक पथ पर चले" जिनमें प्रसाद, पन्त, निराला, महादेवी आदि प्रमुख छायावादी कवियों की गणना करने के स्थान पर आचार्य शुक्ल ने रामनरेश त्रिपाठी, मुकुटधर पाण्डेय, माखनलाल चतुर्वेदी, सियारामशरण गुप्त, बालकृष्ण शर्मा 'नवीन', सुभद्राकुमारी चौहान, गुरुभक्तसिंह 'भक्त', उदयशंकर भट्ट प्रभृति कवियों को मान्यता दी और इस प्रकार की 'सच्ची नैसर्गिक स्वच्छन्दता' के लिए 'स्वच्छन्दतावाद' संज्ञा प्रदान की। इस प्रकार 'रोमैण्टिसिज़्म' के लिए हिन्दी में 'स्वच्छन्दतावाद' शब्द आ जाने के बाद छायावादी काव्य को आरम्भिक स्वच्छन्द

काव्यधारा से ही नहीं, बल्कि उसकी परवर्ती परम्परा से भी विच्छिन्न करके देखने की परिपाटी चल पड़ी। संयोग से इसी बीच हिन्दी की रहस्यात्मक कविताओं की चर्चा के प्रसंग में अंग्रेजी के 'मिस्टिसिज़्म' शब्द का उल्लेख किया गया, जिसका परिणाम यह हुआ कि आरम्भ के बहुत दिनों तक छायावादी कविताओं के लिए 'रहस्यवाद' संज्ञा का भी प्रयोग होता रहा। किन्तु जैसाकि आचार्य शुक्ल की स्वच्छन्दतावादी कवियों की आलोचना से स्पष्ट है, उनके सच्चे स्वच्छन्दतावाद में और बातों के अलावा 'रहस्यपूर्ण संकेत' का भी समावेश है, इसलिए केवल राविन्द्रिक प्रभाव के अनुमान के कारण छायावाद स्वच्छन्दतावादी काव्य-परम्परा से बाहर नहीं माना जा सकता। तात्कालिक विवादों का कोलाहल शान्त हो जाने के बाद अब यह तथ्य भलीभाँति स्पष्ट होकर सामने आ गया है कि छायावाद हिन्दी की अपनी रोमैण्टिक अथवा स्वच्छन्द काव्यधारा की ही विकसित अवस्था है, जिसका प्रथम चरण श्रीधर पाठक, रामनरेश त्रिपाठी, मुकुटधर पाण्डेय प्रभृति कवियों की रचनाओं में प्रकट हुआ और दूसरे चरण में काव्य को प्रौढ़तम उत्कर्ष तक पहुँचाने का श्रेय प्रसाद, निराला, पन्त और महादेवी वर्मा जैसे कृती कवियों को है।

प्रवर्तन का प्रश्न

छायावाद का प्रवर्तन किस कवि की किस रचना से माना जाए यह विवाद आज भी निःशेष नहीं हुआ है। सुमित्रानन्दन पन्त ने अपने ग्रन्थ 'छायावाद : पुनर्मूल्यांकन' में विस्तारपूर्वक इस प्रश्न पर प्रकाश डाला है। प्रसाद को छायावद का प्रवर्तक मानने के पक्ष में 'भावना की दृष्टि से आदर' व्यक्त करते हुए भी 'तथ्य-विश्लेषण की दृष्टि से' उन्होंने इस मान्यता को उचित नहीं ठहराया। जो तथ्य-विवरण उन्होंने प्रस्तुत किया, उसका सार यही है कि छायावादी प्रवृत्ति से युक्त प्रसादजी की कविताएँ 'झरना' के दूसरे संस्करण में पहली बार सन् 1927 में ही प्रकट हुईं। सन् 1919 में प्रकाशित 'झरना' के प्रथम संस्करण की 24 कविताओं में "कोई ऐसी विशिष्टता नहीं थी जिस पर ध्यान जाता।" उनके 'कानन-कुसुम', 'प्रेम-पथिक' आदि काव्य सन् 1923 के बाद ही प्रकाश में आये, और विशेषतः 'कानन-कुसुम' में द्विवेदी-युग के ढर्रे की ही रचनाएँ थीं। पन्तजी का दावा है कि "मेरी प्रायः सभी 'पल्लव' में प्रकाशित प्रमुख रचनाएँ दो वर्ष पूर्व से अर्थात् सन् '23 के मध्य से सरस्वती में प्रकाशित होने लगी थीं।" इसके अतिरिक्त उनकी पहली लम्बी रचना 'स्वप्न' सन् '20 की सरस्वती में प्रकाशित हो चुकी थी। 'वीणा' नामक प्रगीत-संकलन सन् '18-19 में और 'ग्रन्थि' सन् '19 में लिखी जा चुकी थी। जहाँ तक लिखे जाने का प्रश्न है निरालाजी का कहना था कि 'जूही की कली' तो उन्होंने सन् '16 में ही लिख

डाली थी। यद्यपि 'जूही की कली' का कथ्य रीतिकालीन-सा है तथापि अप्रस्तुत-विधान, चित्रमयी भाषा और लाक्षणिक वैचित्र्य एवं छन्द-मुक्ति आदि सभी दृष्टियों से यह कविता हिन्दी काव्य में एक स्पष्ट मोड़ की सूचक है। पन्तजी ने अपनी साक्षी में आचार्य शुक्ल का निम्न उद्धरण प्रस्तुत किया है। 'झरना' के विषय में आचार्य शुक्ल ने कहा था : "'झरना' के द्वितीय संस्करण में छायावाद कही जानेवाली विशेषताएँ स्फुट रूप में दिखायी पड़ीं। इससे पहले 'पल्लव' बड़ी धूमधाम से निकल चुका था, जिसमें रहस्य-भावना तो कहीं-कहीं, पर अप्रस्तुत विधान, चित्रमयी भाषा और लाक्षणिक वैचित्र्य आदि विशेषताएँ अत्यन्त प्रचुर परिमाण में सर्वत्र दिखायी पड़ी थीं।"

यदि 'झरना' से पहले की प्रकाशित कविताओं में छायावाद के शोध का प्रश्न है तो सन् '22 में प्रकाशित 'अनामिका' की उपेक्षा कैसे की जा सकती है और यदि कवि-वचन को प्रमाण माना जाए तो 'वीणा' और 'ग्रन्थि' से पहले 'जूही की कली' लिखी जा चुकी थी। इसके अतिरिक्त भी एक ओर पन्त की फुटकर रचनाएँ 'सरस्वती' में प्रकाशित हो रही थीं तो दूसरी ओर निराला का फुटकर काव्य 'मतवाला' और 'समन्वय' आदि पत्रिकाओं में। शायद 'सरस्वती' में स्थान पा जाने के कारण पन्तजी ने उस समय के विद्वत् समाज का ध्यान अधिक आकर्षित किया और इसीलिए यह भी सच ही है कि छायावाद की कटु आलोचनाओं का भार सबसे अधिक उन्हीं के सुकुमार व्यक्तित्व को झेलना पड़ा। आचार्य शुक्ल को उनका काव्य इसलिए अधिक रास आया कि वे अभिव्यंजना के टेढ़े-मेढ़े रास्ते छोड़कर शुद्ध स्वाभाविक मार्ग पर चलनेवाली कविता को लोक-जीवन के अधिक निकट मानते थे। अन्य कवियों की रहस्य-भावना में जहाँ उन्हें साम्प्रदायिकता की गन्ध आने लगी थी, वहाँ पन्तजी की रहस्य-भावना उन्हें स्वाभाविक प्रतीत होती थी, और इस दृष्टि से उन्हें वे शुद्ध स्वच्छन्दतावाद के सबसे निकट जान पड़ते थे : "'पल्लव' के भीतर 'उच्छ्वास', 'आँसू', 'परिवर्तन' और 'बादल' आदि रचनाएँ देखने से पता चलता है कि यदि 'छायावाद' के नाम से एक 'वाद' न चल गया होता तो पन्तजी स्वच्छन्दता के शुद्ध स्वाभाविक मार्ग (true romanticism) पर ही चलते। उन्हें प्रकृति की ओर सीधे आकर्षित होनेवाला, उसके खुले और चिरन्तन रूपों के बीच खुलनेवाला हृदय प्राप्त था।"

'पल्लव' में संकलित रहस्यमूलक रचनाओं 'स्वप्न' और 'मौन निमन्त्रण' की चर्चा करते हुए आचार्य शुक्ल ने कहा था कि "पन्तजी की रहस्यभावना स्वाभाविक है, साम्प्रदायिक (Dogmatic) नहीं। ऐसी रहस्यभावना इस रहस्यमय जगत् के नाना रूपों को देख प्रत्येक सहृदय व्यक्ति के मन में कभी-कभी उठा करती है। व्यक्त जगत् के नाना रूपों और व्यापारों के भीतर किसी अज्ञात चेतन सत्ता का अनुभव-सा करता हुआ कवि इसे केवल अतृप्त जिज्ञासा के रूप में प्रकट करता है।"

यदि प्रकृति की ओर आकर्षित होनेवाला, उसके खुले और चिरन्तन रूपों के बीच खुलनेवाला हृदय छायावादी हो सकता है तो इस काव्यधारा के प्रवर्तन का श्रेय श्रीधर पाठक को है और यदि असाम्प्रदायिक रहस्यभावना की दृष्टि से देखा जाए तो रवीन्द्रनाथ की 'गीतांजलि' की सबसे पहली प्रतिध्वनि हिन्दी कविता में मुकुटधर पाण्डेय के काव्य में सुनायी पड़ती है। वस्तुतः छायावाद न केवल रहस्यभावना है और न केवल प्रकृति-प्रेम। वह इससे अधिक एक विशेष सौन्दर्य-दृष्टि का उन्मेष है। रहस्योन्मुखता, प्रकृति-प्रेम आदि उसकी अभिव्यक्ति की विविध सरणियाँ हैं। इस समग्र दृष्टि का उन्मेष प्रसाद की आरम्भिक रचनाओं में ही मिलने लगा था। 'कामायनी', 'प्रेम-पथिक' की ही सहज स्वाभाविक परिणति है।

छायावाद का प्रवर्तन किस कवि की किस कविता से हुआ, ठीक उस बिन्दु का निर्देश करना कठिन है। वस्तुतः कविवर सुमित्रानन्दन पन्त ने छायावाद के आरम्भ के विषय में जो बात विनयवश कही है वही इस समस्या के मूल में सत्य है : "मेरे विचार से छायावाद की प्रेरणा छायावाद के प्रमुख कवियों को उस युग की चेतना से स्वतन्त्र रूप से मिली है। ऐसा नहीं हुआ कि किसी एक कवि ने पहले उस धारा का प्रवर्तन किया हो और दूसरों ने उसका अनुगमन कर उसके विकास में सहायता दी हो।" यह बात इसलिए और भी सही है कि किन्हीं सामान्य मिलन बिन्दुओं के रहते भी छायावाद के कवियों में विभिन्नता और वैविध्य भी कम नहीं है। 'तारसप्तक' के कवियों के समान ही यदि उन्होंने योजनाबद्ध रूप में घोषणा की होती तो यह कहना कठिन नहीं था कि उनमें असमान बहुत है।

नाम-रूप की संगति

इसीलिए छायावाद काव्य को एक सामान्य परिभाषा में बाँधना जोखिम का काम है। छायावाद व्यक्ति-केन्द्रित काव्य था और उसमें प्रत्येक कवि के व्यक्ति-वैशिष्ट्य और निजी विलक्षणता पर विशेष बल दिया गया था। यह कार्य चाहे जितना खतरे का हो, फिर भी समस्त छायावादी कवियों में प्राप्त सामान्यता को रेखांकित करना आवश्यक है क्योंकि कुछ तो ऐसा था ही जो बीसवीं शताब्दी के दूसरे दशक के अन्त में हिन्दी काव्य में घटित हुआ। भले ही 'छायावाद' शब्द से उस घटना का पूरा बोध न होता हो, इसलिए हम उस शब्द के बिना ही काम चलाना चाहें, किन्तु यह शब्द जिस घटना का बोधक है उसकी परिभाषा के दायित्व से नहीं बचा जा सकता।

एक समय ऐसी ही कठिनाई अंग्रेजी की रोमैण्टिक काव्यधारा के सन्दर्भ में महसूस की गयी थी। 'ऑक्सफ़र्ड हिस्ट्री ऑफ़ इंगलिश लिटरेचर' का रोमैण्टिक काल-सम्बन्धी खण्ड इसका प्रमाण है जिसमें यह स्पष्ट स्वीकार किया गया है कि

अंग्रेजी के रोमैण्टिक कवियों के बीच सामान्यताओं का निर्देश करना असम्भव है। फिर भी आलोचक इस स्थिति से सन्तुष्ट नहीं हैं और युग की सामान्य प्रवृत्तियों के निरूपण के लिए प्रयत्नशील हैं। रोमैण्टिक कवि शेली का यह कथन उनके लिए आदर्श है :

"किसी विशेष काल-खण्ड के सभी लेखकों के बीच अनिवार्यतः एक समानता होती है जो उनकी अपनी इच्छाशक्ति पर निर्भर नहीं रहती वे उस सामान्य प्रभाव की अधीनता से बच नहीं सकते जो उनकी सामयिक परिस्थितियों के असंख्य सम्पुंजनों से उत्पन्न होता है। यद्यपि एक सीमा तक प्रत्येक कवि स्वयं उस प्रभाव का विधाता होता है जिससे उसकी सत्ता परिव्याप्त रहती है।" लगभग इसी प्रकार की बात हिन्दी में कवि सुमित्रानन्दन पन्त ने भी कही कि "चारों दिशाओं से स्वतन्त्र रूप से नयी काव्य-चेतना की धाराएँ बहकर छायावाद के युगचरितमानस में संचित हुईं।"

छायावाद की परिभाषाएँ दो दृष्टियों से की गयी हैं : व्युत्पत्तिपरक और प्रवृत्तिपरक।

'छायावाद' शब्द की व्युत्पत्तिपरक व्याख्या का एक निश्चित इतिहास है। आरम्भ में 'छायावाद' की खिल्ली उड़ाने के लिए यह नाम तथाकथित सीमाओं के वाचक रूप में दिया गया। बाद में उपहास को चुनौती के रूप में स्वीकार करते हुए विद्वानों ने इस शब्द की अत्यन्त गम्भीर व्युत्पत्तिमूलक व्याख्या प्रस्तुत कर इसे छायावादी काव्य-प्रवृत्ति से जोड़ दिया। इस प्रकार आरम्भ में जो शब्द उपहासपरक था वही लक्षण-बोधक हो गया।

'सरस्वती' पत्रिका में प्रकाशित कुछ कार्टूनों और लेखों में 'छायावाद' शब्द का प्रयोग इस काव्य की अस्पष्टता, धूमिलता आदि के लिए किया गया। बाद में रामचन्द्र शुक्ल ने इस शब्द का सम्बन्ध पुराने ईसाई सन्तों के छायाभास (phantasmata) से जोड़कर इसे ऐतिहासिक व्युत्पत्ति का आधार प्रदान कर दिया। उनका कहना था कि "पुराने ईसाई सन्तों के छायाभास (phantasmata) तथा यूरोपीय काव्य-क्षेत्र में प्रवर्तित आध्यात्मिक प्रतीकवाद (symfolism) के अनुकरण पर रची जाने के कारण बंगाल में ऐसी कविताएँ 'छायावाद' कही जाने लगी थीं।"

आचार्य शुक्ल ने एक ओर तो छायावाद को मध्ययुगीन रहस्य-भावना का नूतन संस्करण कहा : "कबीरदास किस प्रकार हमारे यहाँ के ज्ञानवाद और सूफ़ियों के भावात्मक रहस्यवाद को लेकर चले यह हम पहले दिखा आये हैं। उसी भावात्मक रहस्य-परम्परा का यह नूतन भाव-भंगी और लाक्षणिकता के साथ आविर्भाव है" और दूसरी ओर छायावाद को वेदान्त के प्रतिबिम्बवाद का नया नामकरण माना : "जो 'छायावाद' नाम प्रचलित है वह वेदान्त के पुराने 'प्रतिबिम्बवाद' का है।" यह

'प्रतिबिम्बवाद' सूफ़ियों के यहाँ से होता हुआ यूरोप में गया जहाँ कुछ दिनों पीछे 'प्रतीकवाद' से संश्लिष्ट होकर धीरे-धीरे बंग साहित्य के एक कोने में आ निकला और नवीनता की धारणा उत्पन्न करने के लिए 'छायावाद' कहा जाने लगा। यह काव्यगत 'रहस्यवाद' के लिए गृहीत दार्शनिक सिद्धान्त का द्योतक शब्द है।

आचार्य शुक्ल अपने युग के प्रतिनिधि आलोचक थे। उनकी आशंसा समकालीन कवियों के लिए प्रमाणपत्र थी और आलोचना चुनौती। उनकी स्थापनाओं की उपेक्षा सहज सम्भव न थी। शुक्लजी ने यद्यपि 'छायावाद' शब्द का सम्बन्ध वेदान्त के प्रतिबिम्बवाद से जोड़ते हुए उसे दार्शनिकता प्रदान की तथापि 'छायावाद' की रहस्योन्मुखी प्रवृत्ति को इस काव्यधारा की स्वकीय निधि न कहकर परागत प्रवृत्ति माना। सम्भवतः इसी कारण जयशंकर प्रसाद ने संस्कृत काव्यशास्त्र की समृद्ध सरणियों से इस शब्द का समर्थन जुटाया और यह सिद्ध किया कि इस शब्द का प्रयोग अभिव्यंजना की विशिष्ट भंगिमा और अर्थ-गरिमा के लिए वक्रोक्ति, ध्वनि आदि सिद्धान्तों में पहले भी होता रहा है। समसामयिक काव्य के सन्दर्भ में इस शब्द का प्रयोग नवीन रूप में परम्परा का पुनराविष्कार मात्र है। प्रसादजी ने व्युत्पत्यर्थ से संगति बैठाते हुए काव्य-प्रवृत्ति का निरूपण करने के लिए 'छायावाद' शब्द का औचित्य ही सिद्ध नहीं किया बल्कि उपहास के रूप में पूर्व-प्रदत्त शब्द को परम्परा से जोड़कर उसे शास्त्रसम्मत होने का गौरव भी प्रदान किया। साथ ही आचार्य शुक्ल की भाँति उसे दार्शनिक अवधारणाओं का वाचक न मानकर काव्यशास्त्रीय अवधारणाओं से जोड़ दिया, जो सम्भवतः उनकी समझ में अधिक प्रासंगिक था।

जयशंकर प्रसाद के अनुसार प्राचीन काव्यशास्त्र में 'छाया' शब्द का प्रयोग अनुभूति और अभिव्यक्ति की जिस विशेष भंगिमा के लिए किया गया, कुन्तक ने उसे "वक्रता की उद्‌भासिनी" कहा और "ध्वनिकार ने इसका प्रयोग ध्वनि के भीतर सुन्दरता से किया।" यह आन्तर अर्थ-वैचित्र्य काव्य में उसी प्रकार वर्तमान रहता है जिस प्रकार मोती के भीतर आब या पानी। मोती के बीच इस लावण्य को प्राचीनों के साक्ष्य पर प्रसादजी ने 'छाया की जैसी तरलता' कहा।

हिन्दी में जब "बाह्य उपाधि से हटकर आन्तर हेतु की ओर कवि-कर्म प्रेरित हुआ" तो उसने अभिव्यंजना की नयी भंगिमाओं की अपेक्षा की। कवि प्रसाद के अनुसार इस छाया और कान्ति के सृजन के लिए कुन्तक शब्द और अर्थ की स्वाभाविक वक्रता को आवश्यक मानते थे। "यह रम्यच्छायान्तरस्पर्शी वक्रता वर्ण से लेकर प्रबन्ध तक में होती है" और ध्वनि के रूप में यह प्रबन्ध और वाक्य से लेकर पद और वर्ण तक दीप्त होती थी।

इस सम्बन्ध में प्रसादजी का निष्कर्ष है : "छाया भारतीय दृष्टि से अनुभूति और

अभिव्यक्ति की भंगिमा पर अधिक निर्भर करती है। ध्वन्यात्मकता, लाक्षणिकता, सौन्दर्यमय प्रतीक-विधान तथा उपचार-वक्रता के साथ स्वानुभूति की विवृत्ति छायावाद की विशेषताएँ हैं। अपने भीतर से मोती के पानी की तरह आन्तर-स्पर्श करके भाव-समर्पण करनेवाली अभिव्यक्ति छाया कान्तिमयी होती है।" वह काव्य जो केवल बाह्य सौन्दर्य का वर्णन न करके एक विशेष भंगिमा और वक्रता से आन्तर सौन्दर्य का उद्‌घाटन करे वही आन्तरस्पर्शी रम्यच्छाया का अभिव्यंजक काव्य छायावाद है।

किन्तु सुमित्रानन्दन पन्त ने छायावाद का पुनर्मूल्यांकन करते हुए न केवल इस नाम को भ्रामक बताया बल्कि प्रसादजी की उपर्युक्त व्याख्या को भी बुद्धिविलास ही माना। उनके शब्दों में "वास्तव में, प्रारम्भ में ही उस संचरण के लिए एक त्रुटिपूर्ण तथा भ्रामक नाम स्वीकार कर पीछे उसके समर्थन के प्रायः सभी मूल्यवान प्रयत्न उसके सारभूत तत्व को और भी उलझाते रहे और उसके पास पहुँचने के बदले उससे और भी दूर होते रहे।" ऐसी स्थिति में पन्तजी इसके अतिरिक्त और कह भी क्या सकते थे कि "प्रसादजी ने, उस नाम के लिए अपनी स्वीकृति देकर उसकी अपने ढंग से व्याख्या भी कर दी। इस प्रकार भीतर से मोती के पानी की तरह आन्तर-स्पर्श करके भाव-समर्पण करनेवाली कान्तिमयी छाया ही काव्य-वस्तु तथा कला-बोध बनकर नवीन युग के रहस्यवाद, स्वच्छन्दतावाद, अथवा अभिव्यंजनावाद के रूप में विज्ञों का आशीर्वाद तथा दया-दाक्षिण्य भरा संरक्षण पाने लगी।" पन्तजी छायावाद को "इतिहास के पृष्ठों पर बलपूर्वक अंकित" शब्द मानते थे, अतः इस प्रकार की व्युत्पत्तिपरक व्याख्याएँ उनके लिए बौद्धिक अतिचार के अतिरिक्त क्या हो सकती थीं।

'छायावाद' की दूसरे प्रकार की परिभाषाएँ प्रायः विषय-वस्तु, विचार-सरणी अथवा अभिव्यंजना-शैली से सम्बद्ध एक या अधिक प्रवृत्तियों को दृष्टि में रखते हुए प्रस्तुत की गयी हैं। ऐसी परिभाषाएँ या तो पक्ष-विशेष पर अधिक बल देने के कारण एकांगी हो गयी हैं अथवा सर्वांग समेटने के फेरे में परिभाषा के स्थान पर विस्तृत व्याख्या बन गयी हैं।

छायावाद की पहली सुसम्बद्ध व्याख्या आचार्य रामचन्द्र शुक्ल की है। 'छायावाद' शब्द का प्रयोग दो अर्थों में ग्रहण करते हुए उन्होंने काव्य-वस्तु की दृष्टि से उसका एक अर्थ रहस्यवाद लिया जिसका सम्बन्ध "काव्य-वस्तु से होता है अर्थात् जहाँ कवि उस अनन्त और अज्ञात प्रियतम को आलम्बन बनाकर अत्यन्त चित्रमयी भाषा में प्रेम की अनेक प्रकार से व्यंजना करता है।" अर्थात् छायावाद अनन्त और अज्ञात प्रियतम के प्रति चित्रमयी प्रेम-व्यंजना है। छायावाद में 'मिस्टिसिज़्म' या रहस्यात्मकता ढूँढ़ने की प्रवृत्ति आचार्य शुक्ल से पहले से प्रचलित थी। पं. मुकुटधर पाण्डेय सन् 1920 में 'श्री शारदा' में प्रकाशित अपनी छायावाद विषयक लेखमाला में बंगला

साहित्य में प्रचलित रहस्यवादी रंग की रचनाओं और हिन्दी दायावाद के बीच तारतम्य निरूपित कर चुके थे। बाद में छायावाद के सन्दर्भ में रहस्यवाद के प्रश्न को लेकर यद्यपि सबसे अधिक आलोचना आचार्य शुक्ल की ही हुई तथापि इसकी ज़िम्मेदारी अकेले आचार्य पर न थी। पं. मुकुटधर पाण्डेय 'छायावाद' की 'धर्म-भावुकता और आध्यात्मिकता' की निर्द्वन्द्व स्थापना पहले ही कर चुके थे : "यहाँ छायावादिता से आत्मिकता तथा धर्म-भावुकता का मेल होता है। यथार्थ में उसके जीवन के ये दो मुख्य अवलम्ब हैं। अतएव छायावाद के कवि इन दोनों क्षेत्रों की सीमा से बहुत कम बाहर निकल सके हैं। वे प्रायः 'अजोनित्यः शाश्वतोऽयं पुराणों' तथा 'वृहच्य तछिव्यमचिन्त्यरूपम' के गूढ़ातिगूढ़ रहस्य में ही मग्न रहते हैं।" तथा "हिन्दी में 'आध्यात्मिक साहित्य' का एकदम अभाव न होने पर भी वह कदाचित् पर्याप्त नहीं। छायावाद से उसकी अभिवृद्धि अवश्यम्भावी है।" उनके अनुसार छायावादी कविता "मन-बुद्धि के परे एक अज्ञात प्रदेश में ले जाती है।" इसके अतिरिक्त भी पं. मुकुटधर पाण्डेय ने स्थान-स्थान पर छायावाद की विलक्षण अभिव्यंजना, भाषा के असामान्य प्रयोग, अस्पष्टता आदि गुणों का संकेत किया है।

जयशंकर प्रसाद ने भी छायावाद की विचार-पद्धति को रहस्यवाद ही माना और उसकी व्याख्या शक्ति के रहस्यवाद के रूप में कर दी। शुक्लजी जिसे मध्ययुगीन सन्तों के साम्प्रदायिक रहस्यवाद का आधुनिक संस्करण मानते थे, प्रसाद ने उसे 'सौन्दर्य लहरी' में वर्णित शक्ति के रहस्यवाद से जोड़ दिया, "विश्वसुन्दरी प्रकृति में चेतनता का आरोप संस्कृत वाङ्मय में प्रचुरता से उपलब्ध होता है। यह प्रकृति अथवा शक्ति का रहस्यवाद सौन्दर्य-लहरी के 'शरीरं त्वं शम्भो' का अनुकरण मात्र है। वर्तमान हिन्दी में इस अद्वैत रहस्यवाद की सौन्दर्यमयी व्यंजना होने लगी है, वह साहित्य में रहस्यवाद का स्वाभाविक विकास है। इसमें अपरोक्ष अनुभूति, समरसता तथा प्राकृतिक सौन्दर्य के द्वारा 'अहं' का 'इदम्' से समन्वय करने का सुन्दर प्रयत्न है।" स्वभावतः यह व्याख्या प्रसाद की अपनी रचनाओं के दर्शन की व्याख्या है, जिसके प्रति उन्हें आरम्भ से ही विशेष मोह था।

छायावाद में आध्यात्मिकता खोजने की प्रवृत्ति एक बार आरम्भ हुई तो कुछ दूर तक चलती गयी। नन्ददुलारे वाजपेयी ने कहा, "मानव अथवा प्रकृति के सूक्ष्म किन्तु व्यक्त सौन्दर्य में आध्यात्मिक छाया का भान मेरे विचार से छायावाद की एक सर्वमान्य व्याख्या हो सकती है।" शुक्लजी की व्याख्या में जो अनन्त और अज्ञात आलम्बन था, वाजपेयीजी की परिभाषा में वह व्यक्त और परिसीमित हो गया। उन्होंने न केवल छायावाद के "व्यक्त सौन्दर्य में आध्यात्मिकता के भाव" को मध्ययुगीन धर्म-प्रेरित रहस्यवाद से भिन्न माना, बल्कि छायावाद को विशिष्ट

सौन्दर्य-दृष्टि मानते हुए उसे रहस्यवाद से अलग करके देखने का आग्रह किया। प्रसादजी ने भी इसे "रहस्यवाद की सौन्दर्यमयी व्यंजना" कहा था किन्तु नन्ददुलारे वाजपेयी ने छायावाद और रहस्यवाद की सौन्दर्य-दृष्टि मात्र में भेद करते हुए कहा : "इस प्रकार प्रसादजी ने व्यष्टि सौन्दर्य-दृष्टि (छायावाद) और समष्टि सौन्दर्य-दृष्टि (रहस्यवाद) में कोई स्पष्ट अन्तर नहीं किया। किन्तु मैं इस अन्तर का विशेष रूप से आग्रह करता हूँ क्योंकि इसने दो विशेष पृथक्-पृथक् काव्यशैलियों की सृष्टि की है। व्यष्टि सौन्दर्य-बोध एक सार्वजनीन अनुभूति है। यह सहज ही हृदयस्पर्शी है, यह सक्रिय और स्वावलम्बिनी काव्य-चेतना की जन्मदात्री है। इसे मैं प्राकृतिक अध्यात्म कह सकता हूँ। समष्टि सौन्दर्य-बोध उच्चतर अनुभूति है फिर भी यह प्रत्येक क्षण रूढ़ि होने की सम्भावना रखती है। इसमें इन्द्रियानुभूति की सहज प्रगति या विकास के लिए संस्थान नहीं है। यह कदम-कदम पर धर्म के कठघरे में बन्द होने की अभिरुचि रखती है।"

वाजपेयीजी छायावाद में रहस्यवाद का प्रयोग अत्यन्त व्यापक अर्थ में स्वीकार करते थे। 'हिन्दी-साहित्य : बीसवीं शताब्दी' में आचार्य रामचन्द्र शुक्ल पर लिखे गये निबन्धों में उन्होंने यह स्पष्ट किया है कि अंग्रेजी की रोमैण्टिक कविता में रहस्यवादी प्रवृत्ति अत्यन्त उदार अर्थ और व्यापक रूप में देखी जाती थी। वहाँ प्रकृति-प्रेम, उसमें आध्यात्मिक सत्ता के भान आदि को रहस्य-वृत्ति के अन्तर्गत ही मान लिया गया था। उन कवियों के लिए सत्य और सौन्दर्य अभिन्न हो गये थे। यह रहस्य-वृत्ति साम्प्रदायिक या धार्मिक न थी। वाजपेयीजी ने छायावाद की आध्यात्मिकता की एक नवीन व्याख्या करते हुए उसे मध्यकालीन भक्तिकाव्य से भिन्न बताया : "उसकी मुख्य प्रेरणा धार्मिक न होकर मानवीय और सांस्कृतिक है। ...भारतीय परम्परागत आध्यात्मिक दर्शन की नवप्रतिष्ठा का वर्तमान अनिश्चित परिस्थितियों में यह एक सक्रिय प्रयत्न है। ...आधुनिक परिवर्तनशील समाज-व्यवस्था और विचार-जगत् में छायावाद भारतीय आध्यात्मिकता की, नवीन परिस्थिति के अनुरूप स्थापना करता है।" छायावाद ने न केवल एक नयी सांस्कृतिक आध्यात्मिकता दी बल्कि वह मध्ययुगीन धर्म-साधना से अपने स्वतन्त्र व्यक्तित्व की घोषणा इसलिए भी कर सका कि "वह किसी क्रमागत साम्प्रदायिकता या साधना परिपाटी का अनुगमन नहीं करता।" छायावाद की आध्यात्मिकता का निजीपन यही है कि वह न किन्हीं सीमा-निर्देशों से आबद्ध रहती है और न ही भावना के क्षेत्र में किसी प्रकार का प्रतिबन्ध स्वीकार करती है।

शुक्लजी ने छायावाद में साम्प्रदायिक रहस्यवाद की बात कहकर बाद के आलोचकों को इस शब्द-मात्र के प्रति इतना आशंकित कर दिया कि वे छायावाद

में प्राकृतिक रहस्य-भावना को स्वीकार करके भी रहस्यवाद से उसका भेद-निरूपण करते रहे। रहस्यानुभूति आध्यात्मिक होते हुए भी लौकिक हो सकती है। अतः छायावाद रहस्योन्मुख होते हुए भी इसी धरातल की आध्यात्मिक अनुभूति है—यह न कहकर छायावाद और रहस्यवाद के बीच भेद करके चलने की प्रवृत्ति ही अधिक लोकप्रिय हुई।

छायावाद के मर्मी आलोचक शान्तिप्रिय द्विवेदी ने दोनों में अन्तर करते हुए कहा, "छायावाद में यदि एक जीवन के साथ दूसरे जीवन की अभिव्यक्ति है अथवा आत्मा का आत्मा के साथ सन्निवेश है तो रहस्यवाद में आत्मा का परमात्मा के साथ। एक में लौकिक अभिव्यक्ति है, तो दूसरे में अलौकिक।"

बाद में आलोचकों को रहस्यवाद शब्द के निषेध की आवश्यकता ही इसलिए प्रतीत हुई क्योंकि शुक्लजी ने उसे धर्म-संवलित मध्ययुगीन अर्थ में प्रयुक्त किया था। शान्तिप्रिय द्विवेदी ने शब्द को तो स्वीकार किया पर एक संशोधन के साथ : "वर्तमान युग में भावना द्वारा जिस रहस्यवाद की सृष्टि हो रही है, वह भी एक निगूढ़, निर्विकार परम चेतन की ओर लक्ष्य तो रखती है, किन्तु वह धर्ममूलक नहीं, कला (सौन्दर्य) मूलक है।" वह "रहस्यवाद की अनुभूति, जिसकी उपलब्धि योगी को साधना द्वारा और कवि को भावना द्वारा होती है।"

छायावाद की जिस अलौकिकता का खण्डन नन्ददुलारे वाजपेयी और शान्तिप्रिय द्विवेदी ने किया उसकी प्रतिष्ठा कवित्वमय शैली में महादेवी वर्मा सन् 1936 में कर चुकी थीं। महादेवी की व्याख्या से अलौकिक अंश को निकालकर शेष उपर्युक्त विद्वानों ने शब्द-भेद से स्वीकार कर लिया। महादेवी ने रहस्यानुभूति की व्याख्या इस प्रकार की थी : "जब प्रकृति की अनेकरूपता में, परिवर्तनशील विभिन्नता में कवि ने ऐसे तारतम्य को खोजने का प्रयास किया जिसका एक छोर असीम चेतन और दूसरा उसके ससीम हृदय में समाया हुआ था तब प्रकृति का एक अंश एक अलौकिक व्यक्तित्व को लेकर जाग उठा। ...इसी से इस अनेकरूपता के कारण पर एक मधुरतम व्यक्तित्व का आरोपण कर उसके निकट आत्म-निवेदन कर देना इस काव्य का दूसरा सोपान बना जिसे रहस्यमय रूप के कारण ही रहस्यवाद नाम दिया गया।"

छायावाद की गीत-सृष्टि में बसे 'नये रहस्यवाद' को महादेवी ने इस प्रकार समझाया : "उसने परा विद्या से अपार्थिवता ली, वेदान्त के अद्वैत की छायामात्र ग्रहण की, लौकिक प्रेम से तीव्रता उधार ली और इन सबको कबीर के सांकेतिक दाम्पत्य भाव-सूत्र में बाँधकर एक निराले स्नेह सम्बन्ध की सृष्टि कर डाली जो मनुष्य के हृदय को आलम्बन दे सका, पार्थिव प्रेम के ऊपर उठा सका तथा मस्तिष्क को हृदयमय और हृदय को मस्तिष्कमय बना सका।" स्पष्ट ही महादेवी की यह व्याख्या

अधिक से अधिक उनकी अपनी कविताओं पर लागू हो सकती है। साथ ही इन गीतों में निहित अपार्थिवता और अलौकिकता भी प्रश्नातीत नहीं है। इसीलिए परवर्ती आलोचकों में यह रहस्यवादिता सदा सन्देह की दृष्टि से देखी गयी।

डॉ. नगेन्द्र ने कहा कि "छायावाद की रहस्योक्तियाँ एक प्रकार की जिज्ञासाएँ हैं, जो छायावाद के उत्तरार्ध में आध्यात्मिक दर्शन के द्वारा और भी पुष्ट हो गयी हैं। परन्तु वे धार्मिक साधना पर आश्रित नहीं हैं। उनका आधार कहीं भावना, कहीं दर्शन-चिन्तन और आरम्भ में कहीं-कहीं मन की छलना भी है।"

अज्ञेय ने छायावाद की इस प्रवृत्ति को "भावों को आध्यात्मिकता के आवरण में व्यक्त करने की प्रेरणा" कहा और स्वयं सुमित्रानन्दन पन्त ने रहस्यवाद के प्रश्न मात्र को छायावाद के सन्दर्भ में अनुचित माना—"मेरे विचार में उस युग की पुष्कल बहुमुखी काव्य-सृष्टि को सामने रखते हुए छायावाद पर रहस्यवादी दृष्टि से विचार करना मात्र अतिरंजना है और युग की मुख्य काव्य-प्रवृत्ति पर एक ग़लत मानदण्ड का प्रयोग करना है। मध्ययुगीन सन्तों की तरह छायावादी कवि आत्म-ब्रह्म और आत्म-परिष्कार की खोज में न जाकर विश्वात्मा तथा विश्व-जीवन की खोज की ओर अग्रसर हुए।"

पन्तजी का यह कहना एकदम सही है कि छायावाद बहुमुखी काव्य-सृष्टि है और उसका केन्द्रीय भाव रहस्यवाद नहीं है। परन्तु रहस्योन्मुखी वृत्ति छायावाद की विशेषताओं में से एक महत्त्वपूर्ण प्रवृत्ति अवश्य है।

छायावाद की दूसरी महत्त्वपूर्ण और सर्वाधिक प्रचलित परिभाषा में उसे स्थूल के विरुद्ध सूक्ष्म का विद्रोह कहा गया है। इस परिभाषा को सूत्रबद्ध कर सर्वसुलभ बनाने का श्रेय डॉ. नगेन्द्र को है। अपनी पहली आलोचनात्मक पुस्तक 'सुमित्रानन्दन पन्त' (1939) में उन्होंने कहा था : "स्थूल के प्रति सूक्ष्म का विद्रोह ही छायावाद का आधार है। स्थूल शब्द बड़ा व्यापक है, इसकी परिधि में सभी प्रकार के बाह्य रूप-रंग, रूढ़ि आदि सन्निहित हैं और इसके प्रति विद्रोह का अर्थ है उपयोगितावाद के प्रति भावुकता का विद्रोह, नैतिक रूढ़ियों के प्रति मानसिक स्वातन्त्र्य का विद्रोह और काव्य में बन्धनों के प्रति स्वच्छन्द कल्पना का विद्रोह।"

बाद में 'आधुनिक हिन्दी काव्य की प्रवृत्तियाँ' (1951) में संकलित 'छायावाद' शीर्षक निबन्ध में यह परिभाषा किंचित संशोधन के साथ इस रूप में सामने आयी "जिन परिस्थितियों ने हमारे दर्शन और कर्म को अहिंसा की ओर प्रेरित किया उन्हीं ने भाव (सौन्दर्य) वृत्ति को छायावाद की ओर। उसके मूल में स्थूल से विमुख होकर सूक्ष्म के प्रति आग्रह था!" स्पष्टतः दूसरे वक्तव्य में, 'विद्रोह' 'आग्रह' हो गया जिसे गांधीवादी अंहिसा का प्रभाव समझा जा सकता है।

द्विवेदी-युग की कविता को स्थूल-रूप का काव्य कहकर, उसके विरुद्ध छायावाद को सूक्ष्म चेतना के काव्य के रूप में खड़ा करके दर्शन की दृष्टि से उसे गांधीवाद से जोड़कर देखने की प्रवृत्ति पं. शान्तिप्रिय द्विवेदी में भी दिखायी पड़ी थी। उनके अनुसार "छायावाद का अभ्युदय-काल सन् '30 के राष्ट्रीय आन्दोलन का समय है। ऐसे समय नवीन हिन्दी-कविता (छायावाद) में राष्ट्रीय भावों के बजाय अदृश्य सूक्ष्म भावनाओं का दर्शन मिलना विरोधाभास-सा लगता है। किन्तु छायावाद में जो एक पुरातन दार्शनिकता है वह सन् '20 के राष्ट्रीय आन्दोलन के पार्थिव प्रयत्नों में भी एक भक्तिकालीन दार्शनिक चेतना थी—गांधीवाद के रूप में। ऐसे समय में जबकि गांधीवाद की भाँति छायावाद भी एक सूक्ष्म चेतना लेकर चला था, द्विवेदी-युग का साहित्य वस्तुजगत् को लेकर ही प्रकट हुआ था, फलतः राष्ट्रीय आन्दोलन के स्थूल रूप का रेखांकन उसके लिए स्वाभाविक था।"

स्थूल की प्रतिक्रिया में सूक्ष्म के विद्रोह की बात महादेवी वर्मा अपने छाया-सम्बन्धी लेख में सविस्तार कह चुकी थीं : "स्थूल सौन्दर्य की निर्जीव आवृत्तियों से थके हुए और कविता की परम्परागत नियम-शृंखलाओं से ऊबे हुए व्यक्तियों को फिर उन्हीं रेखाओं में बँधे स्थूल का न तो यथार्थ चित्रण रुचिकर हुआ और न उसका रूढ़िगत आदर्श भाया। उन्हें नवीन-नवीन रूपरेखाओं में सूक्ष्म सौन्दर्यानुभूति की आवश्यकता थी, जो छायावाद में पूर्ण हुई।" महादेवीजी इस सम्बन्ध में अत्यन्त सतर्क रहीं कि सूक्ष्म का अर्थ यथार्थ-विरोधी या अवास्तविक न लगाया जाए, अतः जब "सूक्ष्म के सम्बन्ध का कोलाहल सूक्ष्म से भी परिमाण में अधिक हो गया" तो उन्हें स्थूल विषयक अपने दृष्टिकोण को स्पष्ट करने की आवश्यकता प्रतीत हुई : "छायावाद की सौन्दर्य-दृष्टि स्थूल के आधार पर नहीं है, यह कहना स्थूल की परिभाषा को संकीर्ण कर देना है। ...उसने जीवन के इतिवृत्तात्मक यथार्थ चित्र नहीं दिये, क्योंकि वह स्थूल से उत्पन्न सूक्ष्म सौन्दर्य-सत्ता की प्रतिक्रिया थी—अप्रत्यक्ष सूक्ष्म के प्रति उपेक्षित यथार्थ की नहीं, जो आज की वस्तु है।" महादेवी को इस स्पष्टीकरण की अनिवार्यता इसलिए महसूस हुई कि इस परिभाषा में आये 'स्थूल' और 'सूक्ष्म' शब्द न केवल व्याख्या-सापेक्ष हैं और इनकी एक से अधिक व्याख्याएँ सम्भव हैं बल्कि प्रायः ये परस्पर-विरोधी रूप में ग्रहण किये जाते हैं; जबकि महादेवी के अनुसार स्थूल और सूक्ष्म परस्पर पूरक हैं, इसलिए "जीवन की समष्टि में सूक्ष्म से इतना भयभीत होने की आवश्यकता नहीं है, क्योंकि वह तो स्थूल से बाहर कहीं अस्तित्व ही नहीं रखता। अपने व्यक्त सत्य के साथ मनुष्य जो है और अपने अव्यक्त सत्य के साथ वह जो कुछ होने की भावना कर सकता है, वही उसका स्थूल और सूक्ष्म है और यदि इनका ठीक सन्तुलन हो सके तो हमें एक परिपूर्ण मानव ही मिलेगा।" अधिक

प्रचलित शब्दावली में स्थूल यथार्थ है और सूक्ष्म आदर्श। इस प्रकार स्थूल की तुलना में सूक्ष्म के आग्रह से आरम्भ करके महादेवी अन्ततः दोनों के बीच विवेकसम्मत सन्तुलन की बात करने लगीं।

जब छायावाद को स्थूल के प्रति विद्रोह कहा गया तो स्वभावतः स्थूल शब्द से प्रायः वास्तविकता, यथार्थ, या मांसलता का अर्थ ग्रहण किया गया और इसीलिए प्रगतिवाद के मूर्धन्य आलोचक डॉ. रामविलास शर्मा ने एक ओर निराला की प्रसिद्ध कविता 'नयनों के डोरे लाल गुलाल भरे खेली होली' आदि की मांसलता को सूक्ष्मता के विरुद्ध प्रस्तुत किया और दूसरी ओर कहा कि "छायावाद स्थूल के प्रति सूक्ष्म का विद्रोह नहीं रहा वरन् थोथी नैतिकता, रूढ़िवाद और सामन्ती साम्राज्यवादी बन्धनों के प्रति विद्रोह रहा है।" अर्थात् वे छायावाद को अमांसल, अतीन्द्रिय, अवास्तविक और यथार्थ-विरोधी काव्य न मानकर सामन्ती मूल्यों के विरुद्ध विद्रोह का, स्वातन्त्र्य का काव्य मानते थे।

सुमित्रानन्दन पन्त ने भी इस परिभाषा में 'तथ्य के एक अंश' को निहित स्वीकार करके भी छायावाद को अधिक-से-अधिक स्थूल का सूक्ष्म में रूपान्तर कहा। "पर इससे भी छायावाद के अर्थ का पूर्णतः समाधान नहीं होता। वास्तव में छायावाद स्थूल के प्रति विद्रोह न कर, न उसका संस्कार या रूपान्तर ही कर नये मूल्य की प्रतिष्ठा करने का प्रयत्न करता है।" छायावाद की मूल दृष्टि विद्रोही न होकर स्थापनाधर्मी थी और इस प्रकार उसमें केवल निषेध न होकर विधान भी था। वह कोरी प्रतिक्रिया न होकर स्वतःस्फूर्त क्रिया थी। "इस प्रकार स्थूल के प्रति सूक्ष्म के विद्रोह से अधिक आग्रह छायावाद में नवीन जीवन-सौन्दर्य के मूल्य तथा भाव-सम्पद् की स्थापना के ही प्रति रहा है, वैसे भी पिछली और नयी वास्तविकता के लिए स्थूल और सूक्ष्म का उपयोग अर्थ-व्यंजकता की दृष्टि से संगत नहीं प्रतीत होता।"

छायावाद को शैली की एक पद्धति मात्र मानने का पहला आभास सुकवि-किंकर आचार्य महावीरप्रसाद द्विवेदी के मई 1927 की 'सरस्वती' में प्रकाशित 'आजकल के हिन्दी कवि और कविता' शीर्षक निबन्ध में मिलता है। छायावाद की कविताओं में उन्हें मिस्टिसिज़्म अर्थात् "आध्यात्मिक रहस्य नहीं दिखायी पड़ा।" जहाँ तक छायावाद का सम्बन्ध है, उसके बारे में उन्होंने यह कहा कि "छायावाद से लोगों का क्या मतलब है कुछ समझ में नहीं आता। शायद उनका मतलब है कि किसी कविता के भावों की छाया यदि कहीं अन्यत्र जाकर पड़े तो उसे छायावादी कविता कहना चाहिए।" इस प्रकार 'अन्योक्ति-पद्धति' को ही उन्होंने छायावाद स्वीकार किया।

इस मान्यता से शुक्लजी जैसे उद्भट आचार्य भी प्रभावित हुए बिना न रह सके। छायावाद को काव्य-शैली-विशेष मानते हुए उन्होंने जहाँ "प्रतीक पद्धति या चित्रभाषा

शैली" को छायावाद की विशेषता स्वीकार किया, वहीं आचार्य द्विवेदी के स्वर में स्वर मिलाकर यह भी कहा कि "अतः अन्योक्ति-पद्धति का आलम्बन भी छायावाद का एक विशेष लक्षण हुआ।" शुक्लजी के विचार में काव्य का "प्रधान लक्ष्य काव्य-शैली की ओर था, वस्तुविधान की ओर नहीं।" विषयवस्तु के धरातल पर 'रहस्यवाद' से सम्बन्ध न रखनेवाली कविताएँ भी छायावाद ही कही जाने लगीं। क्योंकि "छायावाद शब्द का प्रयोग रहस्यवाद तक ही न रहकर काव्य-शैली के सम्बन्ध में भी प्रतीकवाद (symbolism) के अर्थ में होने लगा।" अर्थात् छायावाद का अनिवार्य लक्षण रहस्यवाद न रहकर प्रतीकवाद ही हुआ। "छायावाद का सामान्य अर्थ हुआ प्रस्तुत के स्थान पर उसकी व्यंजना करनेवाली छाया के रूप में अप्रस्तुत का कथन।"

आज यह स्थापना पूर्णतः अमान्य सिद्ध हो चुकी है। अतः इस प्रश्न को लेकर विशेष विवाद उठाने की आवश्यकता नहीं रही। बीच-बीच में दबे स्वरों में यह तो कहा गया कि छायावाद में अधिक ध्यान उसके बाह्य पक्ष की ओर रहा, "छायावादी कवि सुन्दर शब्द-संचय द्वारा अपनी रचना में आकर्षण, सजावट एवं संगीत उत्पन्न करना चाहता है, अनुभूति को व्यक्त करना उसका मुख्य ध्येय नहीं है" (डा. देवराज), परन्तु इस मान्यता को समर्थन नहीं मिल सका कि छायावाद केवल काव्य की शैली मात्र है। इसलिए सुमित्रानन्दन पन्त ने जहाँ छायावाद की अन्य प्रचलित परिभाषाओं पर विस्तार से विचार किया है, वहाँ इस प्रसंग को इतना ही कहकर चलता कर दिया कि "छायावाद को लाक्षणिक प्रयोगों, अमूर्त उपमानों या अप्रस्तुत विधानों की मात्र चित्र-भाषामयी शैली मानना भी केवल उसके बाह्य कलेवर पर दृष्टिपात करना अथवा उसकी कलाबोध की प्रक्रिया के बारे में निर्णय देकर ही सन्तोष कर लेना है।"

पहचान के लक्षण

छायावाद की इन प्रचलित परिभाषाओं से स्पष्ट है कि प्रत्येक परिभाषा यथासम्भव एक-न-एक पक्ष पर बल देते हुए भी समग्र छायावादी काव्य को घेरने में असमर्थ है। यह इस बात का प्रमाण है कि छायावाद प्रस्तुत परिभाषाओं से कहीं अधिक व्यापक काव्य-प्रवृत्ति है। ऐसी स्थिति में आवश्यकता एक और परिभाषा जोड़ने की नहीं, बल्कि छायावादी काव्य की विशेषताओं एवं प्रवृत्तियों के क्रमबद्ध विवरण की है।

यह स्पष्ट है कि छायावाद काव्य-शैली विशेष नहीं, बल्कि कुछ अधिक है। शुक्लोत्तर आलोचक एक अरसे से इस 'कुछ' को पारिभाषित करने का प्रयास करते आ रहे हैं। श्री नन्ददुलारे वाजपेयी ने 'हिन्दी साहित्य : बीसवीं शताब्दी' में कहा कि "इस छायावाद को हम पण्डित रामचन्द्र शुक्ल के कथनानुसार केवल अभिव्यक्ति की एक लाक्षणिक प्रणाली-विशेष नहीं मान सकेंगे। इसमें एक नूतन सांस्कृतिक

भावना का उद्गम है और एक स्वतन्त्र दर्शन की नियोजना है।" इससे एक भ्रम का निरसन तो हुआ, किन्तु यथोचित व्याख्या के अभाव में 'नूतन सांस्कृतिक भावना' तथा 'स्वतन्त्र दर्शन की नियोजना' जैसे शब्द छायावाद की केन्द्रीय चेतना को स्पष्ट करने में असमर्थ रहे। डॉ. देवराज ने भी 'छायावाद का पतन' में शुक्लजी की 'सांस्कृतिक दृष्टि की परिसीमा' की ओर संकेत करते हुए कहा कि "वे यह नहीं देख सके कि छायावाद अपनी सब कमियों के बावजूद आधुनिक मनोवृत्ति का प्रतीक है। किन्तु यहाँ भी 'आधुनिक मनोवृत्ति' व्याख्या-सापेक्ष्य है। यह विचारसारणी कुछ और आगे बढ़ी जब 'छायावाद : पुनर्मूल्यांकन' में सुमित्रानन्दन पन्त ने यह कहा कि "छायावाद केवल अभिव्यंजनापरक ही नहीं नवीन मूल्यपरक काव्य है।" पन्तजी ने इस पुस्तक में इस बात पर बार-बार बल दिया है कि छायावाद 'मूल्य-केन्द्रिक' काव्य है।" उन्होंने यथाशक्ति अपने ढंग से उन मूल्यों का निर्देश भी किया है, किन्तु छायावाद के केन्द्रीय मूल्य का निर्धारण वहाँ भी नहीं हो सका।

मूल्य-केन्द्रिकता–इस दृष्टि से छायावाद के प्रथम आलोचक श्री मुकुटधर पाण्डेय का 'कवि-स्वातन्त्र्य' शीर्षक निबन्ध सम्भवतः सबसे अधिक संकेतपूर्ण है। 'कवि-स्वातन्त्र्य' से संकेत ग्रहण करके यह कहा जा सकता है कि व्यापक अर्थ में 'स्वातन्त्र्य' ही छायावाद का केन्द्रीय मूल्य है जिससे छायावादी काव्य के जीवन और काव्य सम्बन्धी सभी मूल्य निस्सृत होते हैं। इसकी पुष्टि तत्कालीन राष्ट्रीय सन्दर्भ से भी होती है। पन्तजी भी शब्द-भेद से यही बात कहते हैं जब वे 'छायावाद : पुनर्मूल्यांकन' में मध्ययुगीन धार्मिक मुक्ति-साधना से आधुनिक मुक्ति-भावना को अलगाते हुए लिखते हैं कि "छायावादी कवियों के सामने आत्ममुक्ति की धारणा तुच्छ होकर, भाव-मुक्ति, मानव-मुक्ति, विश्व-मुक्ति तथा लोक-मुक्ति की सम्भावना अनेक मूल्यों, विचारों तथा भावनाओं में रूप धर कर, उनकी वाणी द्वारा स्वप्न-मूर्त होने का प्रयत्न कर रही थी।" इस प्रकार छायावादी काव्य अपने ऐतिहासिक सन्दर्भ और राष्ट्रीय परिवेश के अनुरूप बहुमुखी स्वातन्त्र्य अथवा मुक्ति की आकांक्षा की अभिव्यक्ति था। निराला का प्रसिद्ध गीत 'वीणावादिनि वर दे' का 'प्रिय स्वतन्त्र रव' और 'बादल राग' शीर्षक कविता-शृंखला में विप्लवी 'निर्बन्ध बादल' का प्रतीक इसी मुक्ति-कामना के जीवन्त उदाहरण हैं।

वैयक्तिकता–स्वतन्त्रता की पहली अभिव्यक्ति व्यक्ति की मानसिक और सामाजिक स्वतन्त्रता में होती है। छायावाद को व्यक्तिवाद की कविता कहकर उसके आलोचकों ने इसी तथ्य की ओर संकेत किया है, किन्तु जैसा कि 'छायावाद : पुनर्मूल्यांकन' में पन्तजी ने कहा है, "छायावादी काव्य व्यक्तिनिष्ठ न होकर मूल्यनिष्ठ रहा है, उसमें व्यक्ति मूल्य का प्रतिनिधि रहा है।" क्योंकि "बोध की दृष्टि

से छायावादी कवि का व्यक्ति नये मूल्य का प्रतीक, नये मूल्य का अंश था।" छायावादी कवि का व्यक्ति जिस नये मूल्य का प्रतीक था वह मध्ययुगीन सामन्ती रूढ़ियों से मुक्त होकर व्यक्तित्व के स्वतन्त्र विकास का प्रयास था। संयुक्त परिवार, जाति और धर्म की नींव पर मध्ययुग में समाज की जो व्यवस्था खड़ी थी वह संवेदनशील व्यक्ति के लिए अत्यधिक अवरोधक सिद्ध हुई। ऐसे वातावरण में अपनी वैयक्तिकता की माँग स्वतन्त्रता का ही एक रूप माना जाएगा। छायावाद इसी अर्थ में विद्रोह का काव्य है कि उसमें व्यक्ति अपने रूढ़िबद्ध समाज से मुक्ति चाहता है। छायावादी प्रगीतों में इतने व्यापक स्तर पर जो 'मैं' शैली का प्रयोग हुआ है वह केवल शैली नहीं, वरन् व्यक्तित्व के आग्रह का प्रतिफलन है। 'आत्मकथा' इसी प्रवृत्ति का दूसरा आयाम है। यह आकस्मिक नहीं है कि छायावादी कवियों में से अधिकांश ने किसी-न-किसी रूप में आत्मकथात्मक कविताएँ लिखी हैं। आत्म-संयम के प्रतीक प्रसादजी की 'आत्मकथा' शीर्षक कविता तो विख्यात है ही, निराला ने भी 'सरोज-स्मृति' तथा 'बन-बेला' में अपने जीवन के मार्मिक प्रसंगों का चित्रण करके उसी वैयक्तिकता का आग्रह व्यक्त किया है। छायावादी कविता का अतिप्रिय प्रतीक 'निर्झर' व्यक्ति की उद्दाम मुक्ति-कामना की ओर संकेत करता है तो 'पथिक' का प्रतीक घर छोड़कर वन-वन भटकनेवाले व्यक्ति की व्याकुल-बेचैन मनःस्थिति को सूचित करता है। वैयक्तिकता के आग्रह के साथ ही छायावादी कविता में व्यक्ति के आत्म-प्रसार की आकांक्षा भी व्यक्त हुई है जिसकी झलक 'कामायनी' के मनु के इस आत्मकथन में लक्षित की जा सकती है : "वन गुहा-कुंज, मरु-अंचल में हूँ खोज रहा अपना विकास।" आत्मोपलब्धि के लिए "अबाध-गति मरुत सदृश" संचरण करनेवाला मनु छायावाद के गत्वर व्यक्तित्ववाले आधुनिक व्यक्ति-मानव का ही एक प्रतिरूप है।

विषयिनिष्ठता : वैयक्तिकता के कारण छायावादी काव्य में विषय के स्थान पर विषयी की प्रधानता हुई। छायावाद को द्विवेदीयुगीन इतिवृत्तात्मकता की प्रतिक्रिया कहने का यही अर्थ है कि उसमें वस्तुनिष्ठता के स्थान पर व्यक्तिनिष्ठता तथा विषयनिष्ठता की जगह विषयिनिष्ठता का आग्रह था। छायावाद को स्थूल के विरुद्ध सूक्ष्म का विद्रोह कहने का भी एक अभिप्राय यही है। इसी विषयिनिष्ठता के कारण छायावाद की 'छाया' के विरोध में 'प्रकाशवाद' के नाम से एक विनोदपूर्ण वाद प्रस्तुत किया गया था। छायावाद में विषयिनिष्ठता की प्रमुखता को लक्ष्य करके ही 'पुष्करिणी' की भूमिका में श्री सच्चिदानन्द वात्स्यायन ने कहा कि "विषयी-प्रधान दृष्टि ही छायावादी काव्य की प्राणशक्ति है।" इसकी व्याख्या करते हुए आगे उन्होंने कहा कि "छायावादी कवि की व्याकुलता नाना रूपों में प्रकट हुई। किन्तु उनमें

सामान्य बात यह थी कि विषयी की प्रधानता थी, सभी रूपों की मूल प्रेरणा वैयक्तिकता की अभिव्यक्ति थी। वह वैयक्तिकता चाहे कल्पना की हो, चाहे चिन्तना की, चाहे अनुभूति की और चाहे स्वयं आध्यात्मिक व्याकुलता की हो।" इस विषयिनिष्ठता का स्पष्ट प्रतिफलन छायावाद के प्रकृति-चित्रण में देखा जा सकता है, जिसमें जड़ प्रकृति पर चेतनता के आरोप की ही नहीं, बल्कि मानवीकरण की व्यापक प्रवृत्ति परिलक्षित होती है। छायावादी काव्य में प्रत्येक वस्तु का चित्रण गहरे भाव संवलित रूप में हुआ है, यहाँ तक कि मनु, श्रद्धा, इड़ा पौराणिक व्यक्ति-चरित्र भी मनोविकारों के रूप में चित्रित किये गये हैं।

अनुभूति की प्रतिष्ठा–विषयी की प्रधानता के कारण छायावाद में अनुभूति के महत्त्व की प्रतिष्ठा हुई। प्रसादजी ने कविता की परिभाषा ही 'आत्मा की संकल्पात्मक अनुभूति' के रूप में की और छायावाद की अन्य विशेषताओं के बीच 'स्वानुभूति की विवृति' पर विशेष बल दिया। महादेवीजी जब गीत को "व्यक्तिगत सीमा में तीव्र सुख-दुखात्मक अनुभूति के शब्द रूप" में परिभाषित करती हैं तो एक तरह से कविता में अनुभूति के महत्त्व को ही रेखांकित करती हैं। इसके अतिरिक्त पन्तजी का "आह से उपजा होगा गान" तो प्रसिद्ध है ही। यहाँ तक कि 'छाया' की अनेक उपमाओं में से एक उपमा 'भावुकता' भी है। हिन्दी कविता को छायावाद की यह महत्त्वपूर्ण देन है कि उसने कविता में कोरे वस्तु-वर्णन के स्थान पर अनुभूति का महत्त्व प्रतिष्ठित किया। यह दूसरी बात है कि इस प्रयास में छायावाद कभी-कभी भावोच्छ्वास और कोरी भावुकता की रसवर्जिनी सीमा तक चला गया।

कल्पनाशीलता–वैयक्तिकता का एक पहलू अनुभूति है तो दूसरा कल्पनाशीलता है और यह निर्विवाद है कि छायावाद में कल्पना की उड़ान अभूतपूर्व थी। निराला ने कविता को "कल्पना के कानन की रानी" कहा और प्रसाद ने 'कल्पना' की प्रशंसा में पूरी एक कविता की रचना की जिसमें कल्पना को 'मनुज-जीवन-प्रान' कहा गया है। पन्तजी ने 'पल्लव' की कविताओं को 'कल्पना के ये पल्लव बाल" कहा और काव्य में कल्पना को यहाँ तक महत्त्व दिया कि "कोई भी गम्भीर व्यापक तथा महत्त्वपूर्ण अनुभूति काल्पनिक होती है।" (छायावाद : पुनर्मूल्यांकन) जैसाकि प्रायः आलोचकों ने परिलक्षित किया है, छायावाद में कल्पना की अन्तर्दृष्टिदायिनी और सृष्टिविधायिनी दोनों शक्तियों का प्रचुर उपयोग हुआ। छायावादी कवि के लिए कल्पना उसकी मानसिक स्वतन्त्रता का प्रतीक थी, कल्पना के पंखों के सहारे ही वह अपने आसपास के संकीर्ण वातावरण से निकलकर मुक्त आकाश में विचरण करने की क्षमता प्राप्त करता था और उसी के सहारे मनोवांछित स्वप्न-लोक का निर्माण भी कर लेता था। कल्पना के अतिरेक के कारण ही कुछ आलोचकों ने छायावाद को

'वायवी' कहा और कुछ ने 'वास्तविकता' पर 'बलात्कार'। अतः इतना तो निश्चित है कि कल्पना-शक्ति ने छायावाद के स्वच्छन्दतावाद नाम को सार्थक किया।

वेदना की विवृति–वैयक्तिक स्वतन्त्रता की अनिवार्य परिणति वेदना में होती है, इसलिए छायावाद में 'उच्छ्वास' और 'आँसू' की अधिकता आश्चर्यजनक नहीं है। 'आँसू' शीर्षक कविता पन्त ने ही नहीं, प्रसाद ने भी लिखी और महादेवी का तो सारा ही काव्य जैसे आँसुओं से गीला है। पन्त की दृष्टि में यदि "उमड़कर आँखों से चुपचाप, बही होगी कविता अनजान" तो प्रसाद में भी घनीभूत पीड़ा "दुर्दिन में आँसू बनकर चुपचाप बरसने आयी" और महादेवी तो स्पष्ट स्वीकार करती हैं कि "वेदना में जन्म करुणा में मिला आवास।" और तो और, विद्रोही निराला भी नितान्त वेदनाशून्य नहीं। "दुःख ही जीवन की कथा रही।" यह आत्मस्वीकृति निराला की ही है। ऐसी स्थिति में यदि छायावाद के आलोचकों ने वेदनावाद का आरोप लगाया तो कुछ अनुचित नहीं। पन्तजी ने 'छायावाद : पुनर्मूल्यांकन' में इसका अत्यन्त युक्तिसंगत स्पष्टीकरण किया : "बहुत सारी वेदना की अनुभूति उस युग के भाव-प्रवण मन में इसलिए भी थी कि वह उन शृंखला की कड़ियों के प्रति जाग्रत था जो समस्त देश तथा समाज की चेतना को अपने दुर्निवार, निर्मम, नृशंस लोह-बन्धनों में जकड़े हुए थीं और जिन्हें तोड़ने के लिए प्रबुद्ध सामूहिक कर्म तथा संयुक्त सामाजिक संघर्ष करना आवश्यक तथा अनिवार्य था। नये युग के भावमुक्तिकामी, मन की उड़ान भरनेवाले, पिंजरबद्ध, व्यक्ति असमर्थ-पंख उन जीवन-शून्य ठण्डे सींकचों के सम्पर्क के कठोर आघात से लहूलुहान होकर कराहती हुई वेदना के स्वरों में गा उठे थे।" वेदना को छायावादी कवियों ने पीड़ा के अतिरिक्त अनुभूति, संवेदना तथा बोध के अर्थ में भी प्रयुक्त किया है, जैसे "वेदना के ही सुरीले हाथ से बना यह विश्व" इत्यादि। किन्तु छायावादी काव्य-धारा के क्रमिक विकास को देखते हुए कहा जा सकता है कि वेदना की जो प्रधानता आरम्भिक अवस्था में थी वह उत्तरकाल में क्रमशः कम होती गयी। प्रसाद ने यदि दुःखवाद का सर्वथा निषेध करके अन्ततः आनन्दवाद की प्रतिष्ठा की तो पन्त 'गुंजन' में सुख-दुख के बीच सन्तुलन खोजते पाये गये। 'यामा' के अन्तिम याम तक जाते-जाते महादेवी की 'नीरजा' के आँसू सूख चले और निराला की 'राम की शक्ति-पूजा' का अन्त "होगी जय होगी जय हे पुरुषोत्तम नवीन" से हुआ।

प्रेमानुभूति–आचार्य शुक्ल ने छायावाद की प्रवृत्ति को 'अधिकतर प्रेम-गीतात्मक' कहा है और यह तथ्य है कि छायावाद में जीवन के अन्य क्रिया-व्यापारों एवं समस्याओं को समाविष्ट करते हुए भी प्रेम को सर्वोपरि स्थान दिया गया। द्विवेदीयुगीन शुद्धतावादी काव्य को देखते हुए निस्सन्देह यह प्रेमाधिक्य विशेष रूप

से ध्यान आकृष्ट करता है, किन्तु सम्पूर्ण काव्य-परम्परा के क्रम में छायावाद की यह प्रवृत्ति अतिरंजित नहीं कही जा सकती, क्योंकि कविता में प्रेम को प्रायः सर्वत्र और सदैव प्रधानता प्राप्त हुई है। किन्तु छायावाद के सन्दर्भ में प्रेमानुभूति की अधिकता से कहीं महत्त्वपूर्ण प्रेम के प्रति छायावादी कवियों का दृष्टिकोण है। आलोचकों ने एक स्वर से स्वीकार किया है कि छायावाद का प्रेम प्रायः अशरीरी है और उसमें रीतिकालीन भोगवादी दृष्टि के स्थान पर मानसिक रागात्मकता की प्रतिष्ठा की गयी है। वैसे रीतिकालीन शृंगारिकता के विरुद्ध द्विवेदीयुगीन काव्य में भी प्रतिक्रिया हुई थी, किन्तु नैतिक शुद्धतावादी दृष्टि के कारण द्विवेदी-युगीन काव्य जहाँ शृंगार के सर्वथा बहिष्कार की सीमा तक चला गया, छायावाद ने वैसा कट्टर शुद्धतावादी दृष्टिकोण नहीं अपनाया। छायावाद ने शुद्धतावाद के स्थान पर आदर्शवाद का आश्रय लेकर प्रेम का उन्नयन किया, इस प्रकार छायावाद की रागात्मकता में मध्ययुगीन विलास-चेष्टा की जगह आधुनिक पावनता है। प्रेम को उसके मध्ययुगीन अनुषंगों से मुक्त करना छायावाद की स्वातन्त्र्य-भावना का ही अंग है। छायावादी कवियों ने वैयक्तिक प्रेम की अनेक मनोदशाओं के सूक्ष्म चित्रण के अतिरिक्त प्रेम नामक भाव को उदात्त रूप देकर उसे स्वतन्त्र रूप से काव्य का विषय बना दिया और इस प्रकार छायावाद में प्रेम एक गम्भीर जीवन-दर्शन के रूप में प्रकट हुआ।

सौन्दर्यबोध–पन्तजी के अनुसार "छायावाद में नये मूल्य ने अपनी सबसे अधिक सशक्त अभिव्यक्ति सौन्दर्यबोध में पायी, इसलिए सौन्दर्यबोध उस युग के काव्य की सबसे मौलिक तथा प्रमुख देन रही।" छायावादी कवियों की दृष्टि निर्विवाद रूप से सौन्दर्यवादी थी। यही नहीं कि छायावादी कवियों की दृष्टि अखिल विश्व से सौन्दर्य-चयन की ओर थी, बल्कि जीवन को भी वे सुन्दर बनाने के अभिलाषी थे। कलावाद के जिस प्रभाव की चर्चा छायावाद के सन्दर्भ में प्रायः की गयी है, वह और किसी रूप में हो न हो, सौन्दर्यवाद के रूप में अवश्य प्रतिफलित हुई है। 'सत्यं, शिव, सुन्दरं' में से छायावाद की दृष्टि 'सुन्दरं' पर ही विशेष जमी, यहाँ तक कि वहाँ 'सत्यं' और 'शिवं' भी 'सुन्दरं' के रूप में ही गृहीत हुए। इस पथ पर अग्रसर होते हुए छायावादी कवि क्रमशः प्रकृति-सौन्दर्य से चलकर मानव-सौन्दर्य तक पहुँचे। पन्त के शब्दों में "सुन्दर है विहग सुमन सुन्दर, मानव तुम सबसे सुन्दरतम।" किन्तु सौन्दर्य के विषय में भी छायावादी दृष्टि विशिष्ट थी। यहाँ एक ओर सौन्दर्य "कनक किरण के अन्तराल में लुक-छिपकर चलता" दिखायी पड़ता है तो दूसरी ओर वह "चेतना का उज्ज्वल वरदान" है। इस प्रकार छायावाद की सौन्दर्य-दृष्टि में जहाँ एक ओर स्वप्नलोक का-सा कुहासा है वहाँ दूसरी ओर चेतना की उज्ज्वलता। छायावादी कवियों ने सौन्दर्य को उदात्तता, भव्यता, दिव्यता आदि गुणों से मण्डित करके उसे काव्य में एक नये मूल्य के रूप में प्रतिष्ठित किया।

प्रकृति की ओर प्रत्यावर्तन–हिन्दी काव्य-परम्परा में प्रकृति को जो स्थान छायावाद में मिला, वह अभूतपूर्व है। भक्त कवियों को अपने भगवान से अवकाश न था तो रीतिकालीन कवि भी सहेट-स्थल से आगे न जा सका। आधुनिक युग में भारतेन्दु तथा उनके मण्डल के कवियों का मन आचार्य शुक्ल के शब्दों में प्रकृति की अपेक्षा "दस तरह के लोगों में उठने-बैठने में अधिक रमता था।" आरम्भिक स्वच्छन्दतावादी कवि निस्सन्देह प्रकृति की ओर आकृष्ट हुए किन्तु अनुभूति की यथोचित गहराई और कल्पना की अपेक्षित क्षमता के अभाव में वहाँ भी प्रकृति के चित्र साधारणता के स्तर से ऊँचे न उठ सके। छायावादी कवियों ने जैसे उषा, सन्ध्या, रात्रि और चाँदनी को भी नयी अन्तर्दृष्टि से देखा, इसीलिए पन्त की 'प्रथम रश्मि', निराला की 'सन्ध्या सुन्दरी', प्रसाद की 'मदिर माधव यामिनी' और पन्त की 'चाँदनी' हिन्दी में छायावाद से पहले दुर्लभ हैं। प्रकृति के चिरपरिचित दृश्यों में नवीन सौन्दर्य का उद्घाटन करने के अतिरिक्त छायावादी कवियों ने वन्य प्रकृति के कुछ सुदूर दृश्यों की ओर भी दृष्टि दौड़ायी। पन्त के पार्वतीय चित्र प्रसाद की 'कामायनी' में चित्रित प्रलयकालीन समुद्र के विराट दृश्यचित्र हिन्दी काव्य की अमूल्य निधियाँ हैं। प्रकृति के खण्ड-चित्रों के अतिरिक्त छायावाद ने सम्भवतः पहली बार एक विराट सत्ता के रूप में प्रकृति की अवधारणा की और प्राकृतिक वस्तुओं के स्थान पर समग्र प्रकृति को काव्य का विषय बनाया। इसके अतिरिक्त छायावाद में प्राचीन सांस्कृतिक अनुषंगों से युक्त तामरस, शिरीष, शेफाली, यूथिंका आदि फूलों के भावचित्रों के द्वारा प्रकृति-चित्रण को एक सांस्कृतिक आयाम देने का भी प्रयास किया गया। छायावादी कवियों के प्रकृति-प्रेम को लक्ष्य कर कभी-कभी उन पर पलायनवाद का भी आरोप लगाया गया, किन्तु उस प्रकृति-प्रेम के मूल में सभ्यता से उत्पन्न सामाजिक रूढ़ियों से मुक्ति और नैसर्गिक जीवन की आकांक्षा ही अधिक थी, पलायन कम। 'ले चल मुझे भुलावा देकर मेरे नाविक धीरे-धीरे' जैसी कविताएँ जगत-मात्र से पलायन नहीं बल्कि 'कोलाहल की अवनी' से त्राण पाने की अभिलाषा है। कुल मिलाकर हिन्दी का छायावाद अन्य रोमैण्टिक आन्दोलनों के समान प्रकृति की आदिम गोद में लौटने की ओर उन्मुख नहीं बल्कि मानव जीवन को प्रकृति के सौन्दर्य से मण्डित करने की मानवीय आकांक्षा है।

राष्ट्रीय चेतना, लोकमंगल और मानव-करुणा–छायावादी कवियों पर बहुत दिनों तक यह आरोप लगाया जाता रहा कि जिस समय देश अपनी स्वाधीनता के संग्राम में संलग्न था, ये कवि राष्ट्रीय प्रश्नों से विरत होकर क्षितिज के पार ताक-झाँक करते रहे। किन्तु प्रसाद की 'हिमालय के आँगन में उसे प्रथम किरणों का दे उपहार' और 'हिमाद्रि तुग शृंग से प्रबुद्ध शुद्ध भारती' प्रभृति गीत तथा निराला के 'भारति

जय विजय करे', 'महाराजा शिवाजी के नाम पत्र' और 'जागो फिर एक बार' जैसे ओजस्वी जागरण-गीत इस आरोप का स्वयं निरसन कर देते हैं। वस्तुतः स्वातन्त्र्य जब छायावाद का केन्द्रीय मूल्य था तो उसकी अभिव्यक्ति वैयक्तिक स्वतन्त्रता से बढ़कर राष्ट्रीय स्वतन्त्रता के रूप में स्वभावतः हुई, किन्तु छायावाद की राष्ट्रीय भावना केवल राष्ट्रगीतों तक ही सीमित न थी बल्कि छायावाद की सूक्ष्म सांकेतिक प्रकृति के अनुरूप अन्य कविताओं में भी व्यक्त हुई। उदाहरण के लिए निराला के 'तुलसीदास' में देश को पराधीनता से मुक्त करने का संकल्प है और 'राम की शक्ति-पूजा' के पौराणिक प्रतीक भी देश के उद्धार के लिए नैतिक शक्ति की साधना व्यंजित करते हैं।

छायावादी कवियों की स्वातन्त्र्य-भावना समाज की विषमताओं के विरुद्ध लोकमंगल और मानव-करुणा के रूप में भी व्यक्त हुई। सामान्यतः यह भावना न्यूनाधिक सभी छायावादी कवियों में पायी जाती है, किन्तु इसकी सर्वाधिक प्रमुखता निराला के काव्य में ही मिल पायी है। निराला की करुणामयी दृष्टि 'भिक्षुक' और 'विधवा', पर ही नहीं गयी, बल्कि 'बादल राग' में उन्होंने 'जीर्ण बाहु शीर्ण शरीर अधीर कृषक के क्षुब्ध तोष' को भी वाणी दी तथा 'शेष-श्वास, मूक-भाष प्रहार पाते दलित मानव समुदाय' के अधिकारों को भी प्रस्तुत किया। इस प्रकार छायावादी काव्य में, स्वल्प ही सही, किन्तु मानव-करुणा और लोकमंगल से युक्त सामाजिक चेतना भी परिलक्षित होती है।

विश्वमानवतावाद–राष्ट्रीय स्वाधीनता के संग्राम से सम्बद्ध होते हुए भी छायावाद अन्ध राष्ट्रवाद का शिकार नहीं हुआ, बल्कि रवीन्द्रनाथ ठाकुर के विश्वमानवतावाद से प्रेरणा प्राप्त करके काव्य में विश्व-दृष्टि को अभिव्यक्त करता रहा। पन्तजी ने 'छायावाद : पुनर्मूल्यांकन' में बार-बार इस बात पर बल दिया है कि छायावाद विश्व-दृष्टि से अनुप्राणित था और यही उसकी आधुनिकता थी। प्रसाद की 'कामायनी' अखिल मानव-भावों का सत्य विश्व के हृदयपटल पर अंकित करने की कामना रखती है और निराला ने 'सम्राट अष्टम एडवर्ड' के प्रति कविता लिखकर यह प्रमाणित कर दिया कि छायावाद के कवि की दृष्टि देश, वर्ण, धर्म आदि की समस्त दीवारों को तोड़कर मानवीय सम्बन्धों के नाते किसी भी व्यक्ति के प्रति समानुभूति रखने को प्रस्तुत है। निराला के लिए तो :

मानव मानव से नहीं भिन्न
निश्चय, हो श्वेत, कृष्ण अथवा
वह नहीं क्लिन्न,
भेद कर पंक
निकलता कमल जो मानव का वह निष्कलंक।

मध्ययुगीन काव्य से छायावाद इसी अर्थ में व्यापक और विराट है कि उसमें आधुनिक युग की विश्व-दृष्टि है।

सांस्कृतिक गरिमा—प्राचीन रूढ़ियों के विरुद्ध विद्रोह करते हुए भी छायावाद ने समकालीन पुनर्जागरण भावना के अनुरूप अपनी सांस्कृतिक परम्परा के पुनरुत्थान की ओर भी ध्यान दिया। किन्तु छायावाद की सांस्कृतिक चेतना, पूर्ववर्ती द्विवेदी युग से अधिक परिमार्जित एवं सूक्ष्म थी। निराला की 'यमुना के प्रति', 'तुलसीदास', 'राम की शक्ति-पूजा' तथा प्रसाद की 'कामायनी' से स्पष्ट है कि पौराणिक एवं ऐतिहासिक कथानकों को ग्रहण करते हुए भी छायावादी कवियों ने पूर्ववर्ती कवियों की स्थूल दृष्टि का परित्याग कर अधिक भावमूलक सृष्टि की। कालिदास का 'मेघदूत' द्विवेदी-युग के कवियों ने पढ़ा, किन्तु जैसाकि स.ही. वात्स्यायन ने लिखा है : "छायावादी कवि ने कहानी मानो पढ़ी ही नहीं, कालिदास नामक ऐन्द्रजालिक द्वारा सशरीर आँखों के सामने ला खड़ी की गयी प्रकृति की अनिर्वचनीय मूर्ति को वह अपलक देखता रह गया। यहाँ भी नये परिचय का प्रश्न नहीं था, नयी दृष्टि का ही प्रश्न था। इसीलिए कालिदास के 'पुनराविष्कार' की बात कही गयी।" इस प्रकार छायावाद की स्वातन्त्र्य-भावना ने परम्परा की रूढ़ियों से अपने-आपको मुक्त कर नये सिरे से परम्परा का पुनराविष्कार किया और फिर आधुनिक सन्दर्भ में उसका पुनःसृजन किया जिससे छायावाद के आधुनिक बोध को एक नया सांस्कृतिक आयाम मिल गया।

भाषा-व्यंजना—छायावाद के जिस अभिव्यंजना-कौशल को उसकी सबसे बड़ी देन और उपलब्धि माना जाता है वह वस्तुतः छायावाद के केन्द्रीय मूल्य-स्वातन्त्र्य का प्रथम साधन है। स.ही. वात्स्यायन के अनुसार "छायावाद के सम्मुख पहला प्रश्न अपने काव्य के अनुकूल भाषा का—नयी संवेदना के नये मुहावरे का था। इस समस्या का उसने धैर्य और साहस के साथ सामना किया।" द्विवेदी-युग में खड़ी बोली के परिमार्जन और परिष्कार का कार्य सम्पन्न हो चुका था और वह काव्य-रचना के उपयुक्त हो चली थी, किन्तु उसमें निहित काव्यात्मक सम्भावनाओं को पहचानकर संस्करण करने का कार्य शेष था और कहना न होगा कि छायावादी कवियों के हाथों यह कार्य सम्पन्न हुआ, साथ ही काव्यभाषा में व्यंजकता की वृद्धि हुई। मुकुटधर पाण्डेय ने छायावाद की विशेषताओं का बखान करते हुए लिखा था कि "उसका एक मोटा लक्ष्य यह है कि उसमें शब्द और अर्थ का सामंजस्य बहुत कम रहता है। कहीं-कहीं तो इन दोनों का परस्पर कुछ भी सम्बन्ध नहीं रहता। लिखा कुछ और ही गया है, पर मतलब कुछ और ही निकलता है। इसमें ऐसा कुछ जादू भरा है...अतएव यदि यह कहा जाय कि ऐसी रचनाओं में शब्द अपने स्वाभाविक मूल्य को खोकर

सांकेतिक चिह्न मात्र हुआ करते हैं तो कोई अत्युक्ति न होगी। तात्पर्य यह कि छायावाद के शब्द प्रतीक होते हैं और वे जादू का-सा असर पैदा करते हैं। इसके लिए कवि शब्द को उसके प्रचलित अर्थ से अलग करके नये अर्थ से युक्त करता है। यह तथ्य है कि जो शब्द काव्य में पहले कभी साथ-साथ न देखे गये थे वे छायावाद में पहली बार नियोजित हुए—और इस प्रकार नियोजित हुए कि उनसे एक नया अर्थ ध्वनित होने लगा। इसी को दूसरे शब्दों में, शब्द और अर्थ का नये सम्बन्धों में आबद्ध होना कहते हैं। उदाहरण के लिए 'तुतला उपक्रम', 'तुमुल तम', 'नील झंकार', 'मूर्च्छित आतप'। शास्त्रीय भाषा में जिसे विशेषण-विपर्यय अलंकार के रूप में अति सरलीकृत ढंग से समझाया जाता है वह रचना-प्रक्रिया की दृष्टि से वस्तुतः भाषागत सृजनात्मक स्वतन्त्रता का सूचक है, और कहना न होगा कि छायावादी कवियों ने इस दिशा में अभूतपूर्व साहस का परिचय दिया। इस दृष्टि से पन्तजी का यह कथन सर्वथा संगत है कि "शब्दों से नये अर्थ, अर्थों से नयी चेतना, चेतना से नया कलाबोध और कलाबोध से नयी सौन्दर्य-भंगिमा हृदय को स्पर्श कर नये रस का संचार करने लगी।"

इसके अतिरिक्त छायावाद ने भाषा की अभिव्यंजना-क्षमता बढ़ाने के लिए बिम्ब-विधान का आश्रय लिया जिसे शुक्लजी ने 'लाक्षणिक मूर्तिमत्ता' तथा पन्तजी ने 'चित्रभाषा' के नाम से अभिहित किया है। बिम्ब-रचना में छायावादी कवियों का सबसे बड़ा साधन सृष्टिविधायिनी कल्पना थी।

छन्द-रचना के क्षेत्र में छायावाद ने द्विवेदी-युगीन अनेक विकल्पों के बीच से खड़ी बोली हिन्दी की प्रकृति के अनुरूप प्रगीतों के लिए कतिपय छन्दों को परिनिष्ठित रूप दिया तथा कविता में संगीतमयता की वृद्धि की। इसके अतिरिक्त छायावाद को हिन्दी में मुक्त छन्द के प्रवर्तन का भी श्रेय है जिसके पुरस्कर्ता मुख्य रूप से निराला हैं।

कुल मिलाकर सुमित्रानन्दन पन्त के शब्दों में "उस युग का नवीन काव्य-संचरण जो कि एक नये जीवन-मूल्य की खोज में था, वह अपने प्रथम उत्थान में हमें अपनी आदर्शोन्मुखी अभिव्यंजना-शैली के अन्तर्गत उदात्त कल्पना-वैभव, मौलिक सौन्दर्य-बोध, अन्तर्मुखी प्रतीक-बिम्ब-विधान, वस्तुजगत का भावोन्मुखी सूक्ष्मीकरण तथा भाव-संवेदनों का वस्तून्मुखी स्थूलीकरण, प्रकृति-चित्रण तथा लाक्षणिक प्रयोगों द्वारा शब्द-शक्ति की सम्प्रेषणीयता सम्बन्धी समृद्धि तथा नवीन छन्दों की उन्मुक्त स्वर-लय-झंकृति आदि अनेक रमणीय रसात्मक-तत्त्वों को लेकर अभूतपूर्व काव्य-ऐश्वर्य के साथ अवतरित हुआ।"

द्वितीय खण्ड

कथा-आलोचना

जैनेन्द्र की कहानियाँ

प्रसंग एक कथा-संकलन का था। चयन की दृष्टि क्या हो? इस सम्बन्ध में अनौपचारिक बातचीत के बीच मैंने जैनेन्द्रजी की राय जाननी चाही। उत्तर में जो संकेत मिला उसमें जानने को नया न था—पुष्टि भर थी। यानी आज भी जैनेन्द्र की राय में वही कहानियाँ अमर हो सकती हैं "जो असम्भव की रेखा को छूती हैं और जो स्थूल भौतिक जगत की सम्भावना की सीमाओं से पराजित नहीं हैं।" ऐसी ही कथा "जाने काल के कितने स्थूल पटल को भेदती हुई शताब्दियों से अब तक जीवित बनी हुई है।" क्योंकि "यथार्थता का आबंधन और अवलेप जिस पर जितना कम है वह कहानी समय की छलनी में छनती हुई उतनी ही श्रेष्ठ भी ठहरें" तो उन्हें अचरज नहीं होता। पर यह बात बाद की है—विचारक जैनेन्द्र की। कहानीकार जैनेन्द्र जब हिन्दी कहानी के क्षेत्र में आये तो देश-कालातीत होने का यह आग्रह, यह वैचारिकता, उन पर हावी न थी। कम से कम उनकी आरम्भिक कहानियों से यह प्रमाणित नहीं होता। प्रेमचन्द की अधिकांश कहानियों के परम्परगत आदर्श, सामयिक राष्ट्रीय चेतना और समाज-सुधार से प्रेरित मानवतावाद की तुलना में जैनेन्द्र की कहानियाँ एक बार ही सहज व्यक्ति की लिहाजा ज्यादा अपनी कहानियाँ लगीं। उनके पात्र न टाइप या प्रतिनिधि मालूम होते थे, न किसी वाद या फ़ार्मूला से प्रेरित। वे हर तरह के नैतिक बोध के दबाव से मुक्त थे—एकदम सहज मानव। इसीलिए उनका यथार्थ, उनकी अपेक्षा कहीं अधिक यथार्थवादी लगनेवाले प्रेमचन्द से कुछ अलग किस्म का था। एक नये कहानीकार ने इस अन्तर की पहचान बताते हुए सही कहा था कि, "प्रेमचन्द की सामाजिक व्यापक विविधता के बीच जैनेन्द्र की यह सहज व्यक्ति और अज्ञेय की विशिष्ट व्यक्ति वाली दृष्टि अधिक नयी, अपनी और गहरी लगती थी...इनकी कहानियाँ भीतर से बाहर की ओर नहीं, बाहर से भीतर की ओर घटित होने लगी थीं।" यानी घटना से परहेज शुरू से जैनेन्द्र को नहीं रहा, केवल प्रक्रिया उल्टी, अतः अधिक आत्मीय हो गयी थी।

अपनी कहानी 'पत्नी' के बारे में लिखते हुए जैनेन्द्र ने इस रचना-प्रक्रिया का

हवाला दिया है। कैसे इस कहानी का जन्म क्रान्तिकारी भगवतीचरण के जीवन से जुड़ी एक मृत्युकारी विस्फोटक घटना को एक दूसरे कोण से, घरेलू जीवन के भीतर से देखने की चेष्टा में से हुआ। सामान्य जन ने घटना के प्रशंसनीय बाह्य रूप पर नज़र टिकायी और जैनेन्द्र ने उसके अन्तरंग सूक्ष्म तत्त्वों पर। यूँ कहानी को वह आगे बढ़ाकर जैसी बनाना चाहते थे परिस्थितिवश वह ठीक वैसी ही बनकर नहीं उतरी, यह अलग बात है। शायद यही उसकी सफलता का कारण भी है। किसी पूर्व-निश्चित योजना में फिट होकर कहानी का लिखा जाना जितनी दूर तक उसे फ़ार्मूलाबद्ध बनाता है, उतनी ही दूर तक सृजनात्मकता को क्षति पहुँचाता है। जैनेन्द्र की आरम्भिक सफलता का एक कारण शायद यह भी रहा कि वे जहाँ के लिए कथा-यात्रा शुरू करते हैं अक्सर सटीक वहीं नहीं पहुँचते। कहानी भीतर के अनुरोध से उन्हें खुद-ब-खुद कहीं ले जाती है। अपनी रचना-प्रक्रिया के बारे में जैनेन्द्र ने स्वीकार किया है कि "कथा का आत्म-निर्माण अर्थात आन्तरिक भाव-बोध और कथा का कलेवर बाह्य ये दोनों युगपत साथ चलते हैं। इसमें आगे-पीछे होने में उलझन हो जाती है।" यानी दोनों में से कोई पूर्व-निर्धारित नहीं होता क्योंकि "हठपूर्वकता से किया गया संयोजन कहानी के स्वरूप को दबोचनेवाला होता है।"

घटना की सतही घटनात्मकता को भेद कर उसमें छिपी सूक्ष्म परतों की जाँच-पड़ताल करने की प्रवृत्ति जैनेन्द्र में आरम्भ से ही मिलती है। यूँ उनका कहना है कि "शुरू में जो कहानियाँ लिखी गयीं, वे मेरे उस समय के जीवन से जुड़ी-सी देखी जा सकती हैं।" जीवन से जुड़ी हुई कहानियाँ प्रेमचन्द की भी थीं। किन्तु इस जुड़ने की खासियत कुछ और ही थी। अपने और प्रेमचन्द के लिखने के अन्तर को समझाते हुए जैनेन्द्र ने एक घटना का जिक्र किया है "एक बार प्रेमचन्द ने कहा, जैनेन्द्र, उपन्यास लिखो। मैंने कहा, कैसे लिखें? बोले, और घर में नाते-रिश्तेदार जो हों, बस उन्हीं को लेकर लिख दो।

वह बात आज भी मुझे याद है। मैं नातेदारों को लेकर नहीं लिख सका, न ही लिख पाता हूँ।"

जैनेन्द्र ने नातेदारों को लेकर तो नहीं, परन्तु नातों को लेकर जरूर लिखा। इन नातों में उन्होंने सबसे ज्यादा महत्ता स्त्री-पुरुष के आपसी रिश्ते को दी। यह कहना अनुचित न होगा कि उस समय प्रेमचन्द की समूची अनुशासित नैतिकता के रहते यह काम साहस की अपेक्षा रखता था। स्त्री-पुरुष की पारस्परिकता से उपजनेवाले भीतरी द्वन्द्व को समझना, उसे कहने की बाध्यता अनुभव करना, पूरी उत्तेजना और आवेग में उसे पकड़ पाना, और फिर सबको जैसे एक रहस्य का आवरण उढ़ा देना, उलझन को बिना सुलझाये छोड़ देना—यह सब कहानी के रचना-तन्त्र में एक नयी बात थी। जैनेन्द्र के नारी पात्रों में समाज की खोखली होती मर्यादाओं और नैतिकता

के ढोंग को चुनौती देने का जो अदम्य साहस दिखाई पड़ता है वह केवल यौन-कुण्ठा के नाम पर उड़ा देने की वस्तु नहीं है। हो सकता है उनके नारी पात्र व्यवहार-धर्म की कसौटी पर पूरे न उतरें। समर्पण करने की उनकी आतुरता, उनके आत्मपीड़न पर फ्रायडियन शब्दावली को चस्पा कर आज का लेखक उस व्यवहार को कुण्ठा-प्रेरित और जुगुप्सापूर्ण कहना चाहे। हमें आज उन चरित्रों की परिणति एकदम आश्वस्त कर दे यह भी ज़रूरी नहीं। पर उस समय-सन्दर्भ में नारी की पीड़ा को समझने का, उसे कहने योग्य बनाने का प्रयत्न यूँ ही बर्खास्त कर देने की चीज़ नहीं है। गोताखोर के हाथ हर गोते में मोती न भी आये तो इससे प्रयत्न की साहसिकता का महत्त्व कम नहीं होता। कभी-कभी साधना की भूमि सिद्धि की अवस्था से अधिक महत्त्वपूर्ण होती है विशेषकर यदि वह कोई नयी शुरुआत हो। निश्चय ही नारी-पुरुष सम्बन्धों की समस्या को लेकर जैनेन्द्र ने हिन्दी कहानी में जो पहल की उससे जैसे एक पूरा क्षेत्र प्रयोग के लिए उन्मुक्त हो गया।

प्रेमचन्द की कहानियों में यथार्थ की स्वीकृति के बारे में जैनेन्द्र का कहना है कि प्रेमचन्द की "कहानियों के चौखटे आस-पास के यथार्थ पर से उठाकर लिये गये हैं। उनकी कहानियों का प्राण व्यवहार-धर्म है।" जैनेन्द्र अलग इस बात में नहीं हैं कि उनका यथार्थ, यथार्थ नहीं है, या फिर आस-पास का नहीं है। फ़र्क इस बात में है कि वहाँ चौखटा घटना का नहीं, बल्कि सूक्ष्म संवेदन का या फिर विचार का है। वे प्रायः व्यक्त से अव्यक्त, बाहर से भीतर के धरातल पर संक्रमण करते हैं। व्यवहार-धर्म से प्रेरित होकर वे संवेदन-धर्म या फ़िर विचार-धर्म को पकड़ने की कोशिश करते हैं। इस प्रक्रिया में वे जाने-अनजाने प्रेमचन्द के पात्रों के 'औसतपन' को भी लाँघने का प्रयत्न करते हैं। "प्रेमचन्द का गोदान यदि मैं लिखता" के प्रसंग में उन्होंने कहा कि "गाँव और शहर की तुलना और जय-पराजय से अलग करके होरी का चित्रण उतना विविधतापूर्ण और रंग-बिरंग चाहे न बनता फिर भी उसमें अधिक व्यक्तित्व और एकत्व हो सकता था।" घटनाओं में छितरे व्यक्तित्व से घटना के रंग अलग कर उसे उसका एक अपना, निजी व्यक्तित्व प्रदान करना—यही जैनेन्द्र की पात्र-सृष्टि है। इस प्रक्रिया में भले ही चरित्र की विविधता और रंगीनी कुछ कम हो जाए, पर उसे घनत्व और व्यक्तित्व मिल जाता है और इस तरह उसका औसतपन छूटने लगता है।

'नयी कहानी' की बनावट में घटना के घटाटोप के कम होते हुए आग्रह और सूक्ष्म संवेदनाओं के आकलन के जिस प्रयास को जैनेन्द्र ने शुभ-लक्षण माना है वह कहीं-न-कहीं उनकी कहानी रचना का प्रेरक बिन्दु भी रहा है। जैनेन्द्र की कहानी का प्रस्थान बिन्दु वास्तव घटना या यथार्थ पात्र हो, यह एकदम ज़रूरी नहीं। वह हो भी सकता है जैसे 'अन्धे का भेद' कहानी में और नहीं भी, जैसे 'स्पर्धा' कहानी में

जो "एकदम विचार में बना ली गयी रचना है।" जैनेन्द्र की कहानियों में उत्तरोत्तर इसी प्रवृत्ति का विकास हुआ है।

कहानी में वास्तविक यथार्थ का प्रश्न जैनेन्द्र के लिए शायद इसलिए बहुत महत्त्वपूर्ण नहीं रहा क्योंकि वे कहानी को ठेठ कल्पना की सृष्टि मानते हैं। उनके लिए मूल वस्तु विचार है। कहानी तब बनती है जब घटना घटती नहीं बल्कि किसी घटना में मोड़ आता है। बस इसी मोड़ पर नजर टिकाकर जैनेन्द्र उसका मनोवैज्ञानिक कारण ढूँढ़ते हैं। उसके आगे-पीछे की घटनाओं की कल्पना करते हैं और उसी बिन्दु पर टिका कर कहानी बुन देते हैं। बल घटना पर न रहकर, बड़ी-से-बड़ी घटना में निहायत निजी तथ्य को ढूँढ़ने पर रहता है। जैनेन्द्र की दृष्टि में जो निदान समस्या को बाहर देखता है, देश और काल में रखता है, वह रोग के लक्षणों को पकड़ता है, मूल तक नहीं जा पाता। इसलिए वे जब उस मूल को पकड़ने की कोशिश करते हैं जो व्यक्त लक्षण के पीछे अव्यक्त है तो अक्सर कहानी निदान में या मूल की पकड़ में नहीं बल्कि 'रहस्य' में आकर समाप्त होती है।

जैनेन्द्र के लिए निदान से ज्यादा यह खोज महत्त्वपूर्ण है। कहानी का उत्स विचार है, और विचार समस्या के निदान की ओर ले जाए, यह एकदम ज़रूरी नहीं। इसीलिए उनकी कहानी का धरातल संशय और प्रश्न का होता है, उत्तर और समाधान का नहीं। उत्तर खोजने के आग्रह से कहानी में जो एक प्रयोजनीयता आती है, उसके तल पर साहित्य को उतारने में उन्हें खतरा महसूस होता है। किसी आवश्यकता के दबाव में जो साहित्य लिखा जाता है वह काम निकलने पर बेकार हो जाता है। समस्या न रहेगी तो निदान से जुड़ी कहानी कहानी न रहेगी। और जिस कहानी का यह भाग्य होगा, उसे कहानी कैसे कहा जाएगा। 'स्पर्धा' की रचना इसी विचार-सूत्र को प्रमाणित करने के लिए की गयी। "महत्त्वाकांक्षा से अगर चलें और एक बाहर में कहीं आदर्श प्रतिष्ठित कर लें, तो अन्त व्यर्थता में होगा, पूर्णता हाथ नहीं लग सकती।"

"घटना जो जगत में घटती है, वही समय से बँधी होती और पुरानी पड़ा करती है।" इसीलिए जैनेन्द्र अपनी कहानी की घटना को "जागतिक और सामयिक" न बनाकर मानसिक बनाने का प्रयास करते हैं ताकि वे सनातन बन सके। अक्सर वे इस मानसिकता के आवरण के लिए रूपक-कथाओं या फ़ैण्टेसी का प्रयोग करने से भी नहीं झिझकते। भले ही कहीं-कहीं इस प्रयत्न में पूरा माहौल एकदम बनावटी दिखाई पड़ने लगे जैसे 'तत्सत्' में। या फिर कहानी में विचार को रूप देने के लिए उन्हें फ़ैण्टेसी का सहारा लेना पड़े। यह बात आकस्मिक नहीं है कि 'नीलम देश की राजकन्या' को जैनेन्द्र ने "अपनी मूलभूत वृत्ति की परिचायिका" कहा है। उन्हें यह स्वीकार करने में भी संकोच नहीं कि "अधिकांश रचनाएँ अमूर्त सिद्धान्त को अपने

निकट मूर्त्त करने की प्रेरणा से बनी हैं। मेरी अधिकांश रचनाएँ सोचता हूँ साठ प्रतिशत ऐसी होंगी।"

बात इतनी ही नहीं है। जैनेन्द्र ने जिसे मूर्त्त करना कहा है वह अनुभूति की प्रक्रिया से होकर गुज़रना नहीं है। बल्कि अक्सर कल्पना के सहारे एक जटिल तर्क जाल को बुनते चलना होता है। इस बुनावट में प्रायः अनुभूति की ऋजुता न रहकर विचार की पेचीदगी ही अधिक रहती है।

यह सब बाद की बात है। शुरू के जैनेन्द्र—चिन्तक के बोझ से मुक्त जैनेन्द्र, देश और क्रान्ति की पृष्ठभूमि में अपने अहं के प्रति अत्यन्त सजग पर कहीं पर अत्यन्त सहज जैनेन्द्र, जब प्रेमचन्द की तुलना में सामने आये तो वे अधिक आत्मीय दिखाई पड़े। उनकी कहानियों का नायक प्रायः "मैं का प्रतिरूप" जो ज़माने की फ़िक्र से नहीं अपनी उलझनों से घिरा है। यह उलझन उसकी, हमारी, आपकी, किसी की भी हो सकती है, पर नितान्त व्यक्तिगत जैसे वह अपनी बात चुपके से हमसे ही कह रहा हो—एकदम आत्मीय, और विश्वासी मुद्रा में। प्रेमचन्द की कहानियों की सार्वजनिक मुद्रा की तुलना में जैनेन्द्र की यह एकान्त, अन्तरंग मुद्रा सहज ही जैसे उस समय के पाठक का विश्वास जीतती-सी लगी। उनकी कहानियों के नायक अनजाने ही पाठक को हमराज़ जैसे लगने लगे।

जैनेन्द्र के इस व्यक्ति की विशेषता को अज्ञेय की चर्चा किये बिना नहीं समझा जा सकता। अज्ञेय की कहानियों के मूल में भी व्यक्ति था, परन्तु इस व्यक्ति ने अपनी विशिष्टता कभी नहीं खोयी। वह केवल व्यक्ति ही नहीं विशिष्ट व्यक्ति बना रहा। इसलिए पाठक में वह आत्मीयता पैदा न कर सका जो जैनेन्द्र की कहानियों के सहज व्यक्ति ने की। राजेन्द्र यादव ने जैनेन्द्र के इस "व्यक्तिगत साधारण" के बाने को प्रेमचन्द, प्रसाद और अज्ञेय की तुलना में बहुत ही 'असाधारण-सहज' कहा है। यह बात अलग है कि वे इस सहजता के पीछे 'भोला होने' की जगह भोले बनने की 'सादगी' देखते हैं। उन्हें जैनेन्द्र की कहानी एक ऐसे कन्फ़ैशन के समान लगती है जो "कचहरी में मजिस्ट्रेट के सामने कहीं कुछ तैयारी के साथ किया गया हो। जिसमें अपने को 'घटना' या 'वारदात' से निरपेक्ष रखने की भावना छिपी होती है। वह शायद बहुत ही सधे आदमी का कन्फ़ैशन था जिसमें किसी 'प्लाट' और 'कहानीपन' जैसी चीज का पता नहीं चलता बल्कि उनके न होने का भ्रम ही बना रहता है।" शायद प्रेमचन्द के प्लाटवाद की तुलना में, जो कहानी का 'कहानीपन' बन चुका था, जैनेन्द्र की कहानियों की इसी खूबसूरती ने उस समय के पाठक को कायल किया था।

कहानी को उसके परम्परागत 'कहानीपन' से उन्होंने हर धरातल पर मुक्त किया। कहानी की रचना में शास्त्रीय तत्त्व के प्रति बहुत आग्रह न रहे तो इसे वे कथा-सृष्टि के लिए इष्ट ही मानते हैं क्योंकि "सृजन-कर्म के लिए शास्त्रीय बोध

की जो निर्भरता है, अच्छी नहीं है सहायक नहीं है।" कहानी रचना के स्वीकृत विधि-विधान को उन्होंने बेखबरी की सीमा तक नकारा "मैं कहानी के शिल्प अथवा कि नये-पुराने शिल्प के बारे में बेखबर हूँ और रहना चाहता हूँ। ज्ञाता होने से मुझे लेखक होने में बाधा पड़ने का भी डर है। ज्ञान सृजन के काम में अक्सर बाधक हुआ करता है।" बेखबरी की इसी अदा ने जैनेन्द्र की कहानियों को एक अपनापन दिया और दी उन्मुक्तता। एक ऐसी उन्मुक्तता जो अनायास एक सहज-स्वाभाविक मार्ग बना ले, और फिर कहे "अच्छा यह क्या कुछ नया हो गया? आप कहते हैं जो ज़रूर होगा।" उनकी यह सहजता भाषा और भंगिमा दोनों में ही दिखाई पड़ी। इसलिए और भी कि उनकी तुलना में अज्ञेय की व्यक्ति-केन्द्रित कहानियाँ विशिष्ट व्यक्ति की और सधी कला की कहानियाँ लगती थीं। अज्ञेय की कहानियाँ जैनेन्द्र की अपेक्षा कहीं अधिक सावधानी से तराशी गयी कला-कृतियों का बोध जगाती थीं। उनकी कहानियों का व्यक्ति केवल 'मैं' नहीं था। वह एक ऐसा 'अहं' था जो अपनी रचना-सामर्थ्य की समूची सम्भावनाओं के प्रति एकदम सजग-सचेत है। जो कहीं चूक की गुंजाइश नहीं छोड़ना चाहता। जो भाषा को "संयत गरिमा शैली को परिनिष्ठित भंगिमा, शब्दों को सूक्ष्म अर्थ-संस्कार" देता है। जिसे पकड़ने के लिए आपको उचकना पड़ता है, हाथ बढ़ाकर, गलबाहीं देकर आप उसे अपने निकट खींच नहीं सकते। वह अकसर आपके सम्मोहन, आशंसा, सम्भ्रम और कभी-कभी ईर्ष्या और आतंक का पात्र हो सकता है, हमजोली या विश्वासपात्र नहीं। इस विशिष्ट को गढ़ने के लिए अज्ञेय जिस विशिष्ट शिल्प को अपनाते हैं वह अन्ततः उनके लिए साधन न रहकर साध्य होने लगता है। जैनेन्द्र को प्रेमचन्द और यशपाल की तुलना में अज्ञेय इसीलिए अलग लगते हैं क्योंकि "शिल्प और कला इन दोनों के लिए साध्य नहीं है और यह श्रेय की बात है। अज्ञेय गहरे जाते हैं और सूक्ष्मता को हस्तगत किया चाहते हैं, लेकिल कला मानो उसके निकट साध्य हो जाती है और कथ्य कथन की मीनाकारी में गौण और झीना पड़ने लगता है। यह बात सही है कि उत्तरोत्तर अज्ञेय की कहानियों की बुनावट जटिलतर होती गयी है ठीक वैसे ही जैसी सूक्ष्म संवेदनों की सहज कहानियाँ लिखते-लिखते कहानीकार जैनेन्द्र पर विचारक जैनेन्द्र हावी होने लगा। कुछ समय तो उनका आग्रह विचार का आधार देकर कहानी बनाने पर रहा—'तत्सत्', 'फाँसी', 'नीलम देश की राजकन्या' जैसी कहानियों में। वैसे यह प्रवृत्ति उनमें शुरू से ही थी। उनकी पहली कहानी 'खेल' में ही इसके बीज देखे जा सकते हैं। पर उस कहानी के कहानीपन पर वैचारिकता हावी नहीं होती। जैनेन्द्र की पिछली कहानियों में यह आग्रह इस कदर बढ़ गया कि वे कहानी का ढाँचा विचार की अभिव्यक्ति के लिए खड़ा करने लगे। पहले वे विचार के आगे-पीछे घटनाएँ जुड़ाया करते थे। बाद में घटनाओं के नाम पर वे फ़ैण्टेसी, और रूपक कथाओं का

जाल फैलाने लगे यहाँ तक कि 'विज्ञान' 'अविज्ञान' जैसी कहानियों तक तो यह जाल भी विचार को अर्थवत्ता देने में असमर्थ हो गया और कहानी के नाम पर मात्र विचार बच रहा। प्रेमचन्द के चौखटे प्लाट के थे, तो जैनेन्द्र की कहानी के चौखटे विचार के हो गये। उनकी जिस भाषा शैली में कभी अत्यन्त आत्मीय निकटता का बोध होता था, उसमें धीरे-धीरे एक प्रकार के मैनरिज़्म और दोहराव का आभास होने लगा। कहानी की भूमि क्रमशः विचार के नीचे से खिसकती जान पड़ने लगी।

जैनेन्द्र की दो कहानियों का हवाला देकर बात का स्पष्टीकरण करना शायद अनुचित न होगा। 'बाहुबली' और 'समाप्ति' कहानियों के रचना-काल में सत्रह वर्ष का अन्तराल है, जो जैनेन्द्र की कहानी कला के विकास की दिशा और स्वरूप का निर्देश करता है। दोनों में समानता इतनी ही है कि उनकी रचना विचार की प्रेरणा से हुई है। 'बाहुबली' की वैचारिकता उसकी घटनात्मकता को एक क्षण के लिए भी अप्रधान नहीं बनाती। कथा के मूल में विचार है। कहानी जैसे उसके लिए दृष्टान्त के रूप में रची गयी है। 'बाहुबली' का मार्ग निवृत्ति का, अपरिग्रह का है। कैवल्य प्राप्ति के मार्ग में उनके मन का काँटा, मन की खटक बाधक है। भरत, जैसे उनके ठीक विरुद्ध प्रवृत्तिमार्गी, पूर्णकाम पुरुष है। अतः कैवल्य सुख की प्राप्ति में उन्हें कोई बाधा नहीं होती। अहं का विसर्जन कैवल्य प्राप्ति के लिए अनिवार्य है और कैवल्य का अर्थ है—सबके प्रति सहज सुगम होना, यही इस कहानी की विचार-व्यंजना है। पर कहानी के पूरे कलेवर में अनेक घटनाएँ हैं, जिनकी घटनात्मकता अक्षुण्ण बनी रहती है और कुशलता से नियोजित की जाती है। इसके ठीक विपरीत 'समाप्ति' में जो घटना है उसकी घटनात्मकता कहीं कुछ नहीं है। मित्र मण्डली है। क्योंकि हर व्यक्ति को अपने निन्तन है और जब स्वतन्त्र चिन्तक हैं तो बहस है, जिसका हर आदमी स्वतन्त्र चिन्तक से ज्यादा उसकी स्वतन्त्रता को प्रमाणित करने का अधिकार है। इसलिए कहानी, कहानी न होकर एक बहस है और इस बहस की जो 'समाप्ति' है वह भी पूरी बहस की निरर्थकता (एब्सर्डिटी) को एंटी क्लाइमेक्स के रूप में समाप्त करके छोड़ देती है।

जैनेन्द्र की कहानियों में उत्तरोत्तर यही प्रवृत्ति बलवती होती गयी है। कहानी में घटना कुछ न रहे, केवल वह शेष रहे जिसके लिए कहानी लिखी गयी है, यानी विचार, तभी शायद उनकी दृष्टि में अपनी देशकालबद्ध घटनात्मकता को लाँधकर कहानी देशकालातीत होती है, उन्मुक्त होती है, अमर होती है। तभी जैनेन्द्र की नज़र में "यथार्थता का आबंधन और अवलेप" कम से कम होता है। पर सवाल तो अपनी जगह है, कि जो साहित्यकार अपने समय का, उसके यथार्थ का नहीं होता, वह उसे लाँघकर, उसका अतिक्रमण कर युग-युग का कैसे होगा?

निराला की कहानियों में दलित-विमर्श

निराला का गद्य परिमाण में कविता की अपेक्षा कहीं अधिक है। निबन्ध, समीक्षाएँ, टिप्पणियाँ, सम्पादकीय, उपन्यास, कहानियाँ, रामायण, महाभारत, शिक्षाप्रद कहानियाँ, पत्र आदि-आदि। छायावादियों के सामाजिक सरोकार और विवेचनात्मक क्षमता की तलाश उनकी गद्य-रचनाओं में करना आलोचना की रवायत है गोकि निराला की कृतियों में यह हदबन्दी बराबर मुश्किल पैदा करती है। उनकी तमाम कविताओं में उनका सामाजिक सरोकार साग्रह, सव्यंग प्रकट हुआ है और उनके कई उपन्यास ठेठ छायावादी मिजाज़ से लिखे गये हैं।

सिद्धान्त-रूप में उपन्यास से निराला की अपेक्षा कुछ और ही थी। 1935 में उन्होंने 'सुधा' पत्रिका के सम्पादकीय में लिखा था : 'दैनिक जीवन के ऊँचे व्यवहार, ऊँचे कार्य, वार्तालाप और नवीन ऊँचे आदर्श पर चलने की इच्छा, यही उपन्यास के जीवन की नींव है, हमारे यहाँ यह भी नहीं पड़ी है। इसलिए औपन्यासिकों का कर्तव्य होता है, या तो आदर्शवाद की सुन्दर साहित्यिक रचना करें, या क्रान्ति की लहर उठायें और खूबी से उसे बहाते चलें, जब तक समाज का नवीन रूप उसके अनुकूल न हो जाये। वर्तमान पीड़नों का जो मामला समाज में है, वह भी उसे उठाने के लिए काफी है। ऐसी ही सक्षम रचनाएँ इस साहित्य को नया जीवन दे सकेंगी।' (**निराला रचनावली खण्ड-5, पृ. 527-528**) इस सन्दर्भ में निराला ने ह्यूगो के ले मिज़रेब्ल्स, हार्डी के उपन्यासों में ग्रामीण युवतियों पर होने वाले अत्याचारों के दृश्य, शरच्चन्द्र के सुधारवाद और रवीन्द्रनाथ के सुधारवाद और चित्रण कलावाद, सबकी प्रशंसा की, लेकिन प्रेमचन्द को उल्लेख करने लायक भी नहीं समझा।

पाँच वर्ष पहले 'सुधा' पत्रिका के ही अगस्त अंक का सम्पादकीय लिखते हुए निराला ने प्रेमचन्द को 'हिन्दी के सबसे बड़े औपन्यासिक' का दर्जा देते हुए भी शिकायत की थी कि उन्होंने 'युग-प्रवर्तन करने वाली रचनाएँ नहीं दीं, युग के अनुकूल रचनाएँ की हैं—प्रायः आदर्श का पल्ला नहीं छोड़ा। यद्यपि उनके पात्र कभी-कभी प्राकृतिक सत्य की पुष्टि अपने उल्लंघनों तथा उच्छृंखलताओं के वशीभूत

होकर कर जाते हैं, फिर भी रचना में उनके आदर्शवाद की ही विजय रहती है।' **(निराला रचनावली खण्ड-5, पृ. 466)** जिस आदर्शवाद का पल्ला न छोड़ने का ज़िक्र निराला ने 1930 में किया था, वह उस आदर्शवाद से भिन्न कैसे था, जिसकी अपेक्षा वे 1935 में उपन्यासकारों से करने लगे, यह साफ नहीं होता।

फिलहाल, इस अन्तर्विरोध की चर्चा करना इसलिए ज़रूरी मालूम होता है कि प्रेमचन्द की गणना निराला ने भले ही क्रान्तिकारी, युग-प्रवर्तक आदर्शवाद की रचनाएँ करने वालों में न की हो, पर उनकी कहानियों में प्रेमचन्द-मार्का यथार्थवाद भली-भाँति प्रतिफलित होता दिखाई पड़ता है। ध्यान से देखने पर यह पहचानना कठिन न होगा कि प्रेमचन्द छायावादियों के अवचेतन में—विशेषकर प्रसाद और निराला में, कहीं-न-कहीं फाँस की तरह रड़कते जरूर थे। प्रसाद ने 'तितली' और 'कंकाल' की रचना करके इस चुभन का निदान किया और निराला ने अपनी कहानियों में लगभग वह पूरा परिदृश्य समेट लिया जहाँ प्रेमचन्द की नज़र भी टिकी थी।

यथार्थवाद का एक पाठ प्रसाद ने भी प्रस्तुत किया था। यथार्थवाद भी 'प्रधान विशेषता' 'लघुता के प्रति साहित्यिक दृष्टिपात' मानने में शायद ही किसी को आपत्ति हो। पर यथार्थवादी होने का मतलब इतना भी नहीं है कि 'साधारण मनुष्य, जिसे पहले लोग अकिंचन समझते थे, वही क्षुद्रता में महान दिखलाई पड़ने लगा।' और 'उस व्यापक दुःख संवलित मानवता को स्पर्श करने वाला साहित्य यथार्थवादी बन गया।' **(काव्य और कला तथा अन्य निबन्ध, पृ. 119)** क्योंकि ऐसा मान लेने पर यथार्थवादी होने का मतलब होगा, उन विषयों को साहित्य के घेरे में आना जो पहले इस योग्य नहीं समझे जाते थे। और तब प्रसाद का यह कहना सच प्रतीत होगा कि 'यथार्थवादी सिद्धान्त से ही इतिहासकार से अधिक कुछ नहीं ठहरता।' क़्योंकि यथार्थवादी साहित्य वेदना से प्रेरित होकर 'जन-साधारण के अभाव और उनकी वास्तविक स्थिति तक पहुँचने का प्रयत्न करता है।' ऐसा मानने पर यथार्थवाद और वास्तववाद में फ़र्क क्या रह जाएगा, प्रसाद के यहाँ शायद दोनों में फ़र्क है भी नहीं। उनकी दृष्टि में मूल बात है वेदना। और अगर मूल बात वेदना ही है तो वेदना के इस दर्शन की तार्किक सहज परिणति इसी धारणा में हो सकती है कि 'यथार्थवाद क्षुद्रों का ही नहीं, अपितु महानों का भी है।' कहना न होगा कि निराला का मेल प्रसाद की इस यथार्थ-दृष्टि से नहीं बैठता।

निराला के यहाँ पीड़कों और पीड़ितों की पहचान एकदम साफ है। वेदना के पुल पर वे इधर से उधर आवाजाही नहीं करते। पर यह बँटवारा किसी निश्चित 'वाद' या विचारधारा के तहत नहीं किया गया है। यह बात अलग है कि छायावादी कवियों

में निराला अकेले हैं जिनकी विरासत की स्वीकृति अकुंठ भाव से प्रगतिशीलों और प्रयोगशीलों ने समान रूप से की है। ध्यान देने की बात यह भी है कि उन्होंने अपने कथा-साहित्य का सृजन मुख्य रूप से चौथे दशक के दौरान किया जो प्रगतिशील आन्दोलन की स्थापना और उत्कर्ष का समय है। पर 'वाद' के रूप में निराला की तात्कालिक प्रतिक्रिया इस आन्दोलन के बारे में कैसी थी, इस पर ध्यान देना वाजिब होगा। इलाहाबाद के तत्कालीन जीवन के बारे में उन्होंने डॉ. रामविलास को 20 नवम्बर, 1936 को एक पत्र में लिखा था : 'यहाँ एक दल ऐसा है, जो उच्च शिक्षित है। शायद सोशयलिस्ट भी है। इसके कुछ लोग योरप भी हो आये हैं। स्त्री और पुरुष, हिन्दू और मुसलमान दोनों। इन्होंने प्रोग्रैसिव राइटर्स मीटिङ् या एसोसियेशन नाम की एक संस्था कायम की है। ये उच्च शिक्षित जन कुछ लिखते भी हैं, इसमें मुझे संशय है। शायद इसीलिए लिखने का एक नया आविष्कार इन्होंने किया है और वह इनमें ज़ोर पकड़ता जा रहा है।' (**निराला की साहित्य साधना-3, पृ. 280**) बाद में निराला लिखने के इस नये आविष्कार के रोब में आ गये थे। प्रमाण यह है कि प्रथम संस्करण का प्राक्कथन लिखते समय (25 दिसम्बर, 1941) तक जो 'बिल्लेसुर बकरिहा' निराला की नज़र में 'हास्य लिये एक स्केच' था, जिसकी रचना पाठकों के मनोरंजन के लिए की गयी थी, वह चार वर्ष बाद दूसरे संस्करण की भूमिका का 'निवेदन' लिखते हुए उन्हें 'प्रगतिशील सहित्य का नमूना' प्रतीत होने लगा। कहने का तात्पर्य यह कि वे नमूना तय करके रचना नहीं करते थे। रचना के बाद ज़रूरत महसूस होने पर उस पर नमूने का ठप्पा लगाने से परहेज़ भले ही न करें।

निराला ने किसी 'वाद' के हिसाब से 'विभावन व्यापार' का सन्धान नहीं किया। अनुभूति की प्रामाणिकता यदि कसौटी की हो तो तमाम नये कथाकारों की अपेक्षा वे इस पर कहीं ज़्यादा खरे उतरेंगे। फ़र्क यह है कि उनके अनुभव का क्षेत्र देहात है, अक्सर बज्र देहात, यानी अस्सी फीसदी भारत अपनी सारी खूबियों या खामियों और विविधता के साथ। 'सखी' की भूमिका में उन्होंने स्वीकार भी किया है कि कुछ कथाएँ उनके अपने जीवन की घटनाओं में से हैं। 'कुल्ली भाट' यानी पं. पथवारीदीन जी भी निराला के मित्र हैं और सरस्वती सम्पादक पं. देवदत्त जी शुक्ल के बड़े भाई जैसे। नतीजतन 'कुल्ली भाट' नाम की चरित-कथा में निराला का अपना चरित आया ही नहीं है, बकौल खुद कदाचित अधिक विस्तार पा गया है। वैसे उनकी कहानियों में स्वानुभूति का ऐसा ताप है कि अक्सर लगता है कि स्वयं निराला किसी पात्र का भेस धरे घटना के बीच मौजूद है।

पात्रों की पूरी जमात है निराला की कहानियों में। एक तरफ ज़मींदार-जागीरदार हैं, राजे-रजवाड़े हैं तो दूसरी तरफ किसान परजा रिआया है। कारिन्दे हैं, पुलिस है,

उसकी रिश्वतखोरी है, झूठे गवाहों की व्यवस्था है। चतुर्वर्ण के नर-नारी हैं। हिन्दू-मुसलमान, क्रिस्तान और उसके पंडित; मौलवी, पादरी सभी मौजूद हैं। इनके अलावा वे तमाम नारियाँ हैं जिनकी पहचान परिवार में उनकी स्थिति और पेशे से होती है। कमसिनें, विधवाएँ, परित्यक्ताएँ। बाँदियाँ, दासियाँ, नौकरानियाँ, वेश्याएँ, पतुरियाँ, तवायफें। (याद रखिये ये शब्द एक-दूसरे के पर्याय नहीं हैं। अलग सन्दर्भों में इनकी अलग अर्थ-व्यंजनाएँ हैं।) सवाल यह है कि पात्रों की भरी-पूरी इस दुनिया में निराला खुद किधर हैं? क्या यथार्थ की इस लोक-सामान्य भूमि पर वे केवल वेदना को संवेदना की करुण धारा के रूप में प्रवाहित कर रहे हैं? दृष्टि का बेबाक होना यथार्थ-चेतस होने की पहली शर्त है। ताटस्थ्य से वास्तववादी होना सम्भव है, यथार्थवादी होना नहीं। कहना न होगा कि निराला के यहाँ सब धान बाइस पसेरी नहीं है। भारत की तत्कालीन समाज-व्यवस्था के बारे में दिसम्बर 1929 की 'माधुरी' में वर्णाश्रम-धर्म की वर्तमान स्थिति पर विचार करते हुए उन्होंने कहा था : 'उस समय ब्राह्मण शक्ति तो पराभूत हो ही चुकी थी, किन्तु क्षत्रिय और वैश्य-शक्ति भी पूर्णतः विजित हो गयी। ...भारतवासियों के भाग्य में पड़ा शूद्रत्व। यहाँ की ब्राह्मण-वृत्ति में शूद्रत्व, क्षत्रिय कर्म में शूद्रत्व और व्यवसायी जो विदेशों का माल बेचने वाले हैं कुछ और बढ़कर शूद्रत्व अख्तियार कर रहे हैं। अदालत में ब्राह्मण और चाण्डाल की एक ही हैसियत, एक ही स्थान। ब्राह्मण, क्षत्रिय और वैश्य अपने घर में ऐंठने के लिए ब्राह्मण, क्षत्रिय और वैश्य रह गये।' यह जाति-वर्ण व्यवस्था जो शासकों के सामने नाकारा, पर अपने घर में ऐंठने के लिए सदैव तत्पर, समाज का वह पक्ष है जिसके प्रतिपक्ष में निराला खड़े हैं।

दरअसल निराला ऐसे हर पक्ष के विरोध में हैं जिसका वर्चस्व किसी दूसरे की पीड़ा का कारण हो। वह नारी-जाति के विरुद्ध पुरुष हो, किसान के विरुद्ध ज़मींदार-जागीरदार हो, साधारण जनता के विरुद्ध पुलिस, कारिन्दे हों, सामान्य प्रजा के विरुद्ध राजे-रजवाड़े हों। निराला के यहाँ पक्ष-प्रतिपक्ष का विवेक तो साफ है ही, उनका अपना पक्ष भी द्विधा या असमंजस-मुक्त है।

यह दावा करना सही न होगा कि उनके पास नवजागरण और स्वाधीनता आन्दोलन में सक्रिय नेताओं से अलग कोई पूर्णतः मौलिक अभूतपूर्व एजेंडा था। फर्क माध्यम और सवाल उठाने के ढंग का है, महत्त्व-क्रम का है। एक बात तो यह कि सामाजिक सरोकार प्रबल होने पर निराला की दृष्टि समस्याओं और उनके निदानों पर टिकी रहती है, रचना के कलात्मक विन्यास पर नहीं। दूसरी बात यह कि समस्याओं का उनकी नज़र में स्पष्ट महत्त्व-क्रम है। एक साधे सब सधे वाले ढंग से वे अपने लक्ष्य स्थिर करके उन पर वार करते हैं। वरना ऐसा कैसे होता है

कि उनकी कहानियों में गरीब किसानों से निर्ममता से लगान वसूलने वाले ज़मींदार भी ब्राह्मण हैं और दहेज के लोभी पिता भी। ऐसे ही पिताओं के पुत्र हैं जिन्हें धर्मभीरुता वास्तव में भीरु बना देती है। 'पिता की बात, जात जाने का भय' जिनके हृदय में हत्कंप पैदा कर आगे बढ़ने से रोक लेते हैं। पीढ़ियों के संस्कार उनकी घुट्टी में ऐसे पिला दिये गये हैं कि अंग्रेजी की पढ़ाई भी उनका कुछ नहीं बिगाड़ सकती। 'प्रेमिका-परिचय' के ब्राह्मण पुत्र शंकर ऐसे ही जीव हैं जिन्हें सुरती का कारखाना खोलकर कई लाख रुपये पैदा करने वाले पिता ने 'धर्म-रक्षा के साथ अंग्रेजी-शिक्षा प्राप्त करने को लखनऊ भेजा है।' पुत्र को विश्वास है कि कौशल-पूर्वक कई पेंच में बँधी पूँछ-सी मोटी चोटी इलेक्ट्रिसिटी शरीर में प्रिजर्व करने का सबसे पहले आर्यों का निकाला हुआ तरीका है। चोटी-प्रसंग आने पर निराला की व्यंग्य-वृत्ति शरारती ढंग से विशेष मुखर हो जाती है। 'सुकुल की बीवी' में उन्होंने अपनी असमर्थता कुछ ऐसे बयान की : 'सग्रन्थि वालों के बल्ब में आध्यात्मिक इलेक्ट्रिसिटी का प्रकाश न मुझे कभी देख पड़ा, न मेरी समझ में आया।' इन्हीं सुकुल की पार्टी को, जिसमें सिर्फ हिन्दू लड़के थे हाकी खेलते देखकर निराला के मन में चित्र कुछ ऐसा बनता था : 'सुकुल की पार्टी-की-पार्टी की चोटियाँ, स्टिक बनी हुई, प्रतिपद-गति की ताल पर, सिर-सिर से हाकी खेलती हैं, वली मोहम्मद कहता था, जब ये लोग हाकी में नाचते हैं, वे चोटियाँ सिर पर ठेका लगाती हैं।' निराला यह दृश्य मित्रों के साथ सयोजना, 'सहर्ष, सविस्मय, सप्रशंस, सक्लैप और सनयन विस्तार' देखते थे।

निराला का विरोध जाति से नहीं वृत्ति से है। इतिहास के क्रम में विशेष-व्यवस्था के तहत जिस जाति-प्रथा का प्रचलन हुआ, उसने विशेष वर्गों का सांस्कृतिक वर्चस्व कायम किया। यह व्यवस्था सदियों के अनवरत-क्रम की देन है। सारा खेल बड़े-छोटे होने का है। निराला ने इस वास्तविकता पर 'देवी' में टिप्पणी की : 'राम, श्याम जो-जो थे पूजने-पुजाने वाले, सब बड़े आदमी थे। बगैर बड़प्पन के तारीफ कैसी? बिना राजा हुए राजर्षि होने की गुंजाइश नहीं, न ब्राह्मण हुए बगैर ब्रह्मर्षि होने की है। वैश्वर्षि या शूद्रर्षि कोई था, इतिहास नहीं, शास्त्रों में भी प्रमाण नहीं, अर्थात् नहीं हो सकता।

बात यह कि बड़प्पन चाहिए। बड़ा राज्य, ऐश्वर्य, बड़े पोथे, तोप, तलवार, गोले, बारूद, बन्दूक, किर्च, रेल-तार, जंगी जहाज़, टारपेडो, माइन, सबमेरीन, गैस, पल्टन-पुलिस, अट्टालिका-उपवन आदि-आदि सब बड़े-बड़े इतने कि वहाँ तक आँख नहीं फैलती, इसलिए कि छोटे समझें कि वे कितने छोटे हैं। चन्द्र, सूर्य, वरुण, कुबेर, यम, जयन्त, इन्द्र, ब्रह्मा, महेश तक बाकायदा बाहिसाब ईश्वर के यहाँ भी छोटे से बड़े तक मेल मिला हुआ है।' **(रचनावली-4, पृ. 372)** यह कथन सामाजिक यथार्थ के इतिहास और भूगोल, भूत और वर्तमान के सम्बन्ध की व्याख्या करता है।

निराला ने बड़ी निर्ममता और साहस से बड़प्पन और छुटपन के इस खेल में सामाजिक न्याय का सवाल उठाया है। वे निराश या हताश नहीं हैं। समस्या जहाँ है, निदान भी वहीं होना चाहिए। चतुरी चमार में चमारों के टोले में उन्हें अपने ही सपूत गोस्वामी जी के कथन 'मनहु मत्त गजपन निरखि सिंह किसोरहिं चोप' को सार्थक करते दिखाई पड़े तो निराला 'ब्राह्मण संस्कारों की सब बातों को समझ गये, पर उपदेश क्या देते? चमार दबेंगे, ब्राह्मण दबायेंगे। दवा है, दोनों की जड़ें मार दी जायँ।' पर वे जानते हैं कि 'यह सहज-साध्य नहीं।' न हो, तो भी प्रयत्न तो होना ही चाहिए। निराला की कहानियों में यह प्रयत्न बराबर दिखाई पड़ता है।

जहाँ रोग है, काट भी अक्सर वहीं मौजूद है। 'श्यामा' कहानी के पं. दयाराम ठेठ ज़मींदार हैं। असामी से लगान वसूलने के परम्परागत तरीके अपनाते हैं। सुधुआ लोध मुश्कें बाँध कर पीटे जाने पर नीम के पेड़ तले मुँह के बल बेहोश पड़ा है।

ग़लीचा-बिछे तख़्त पर बिराजे ज़मींदार दयाराम के इर्द-गिर्द गाँव के भले आदमी कहलाने वाले प्रायः सभी लोग चारपाइयों पर बैठे बलि के बकरे की निगाह से उनकी ओर देख रहे हैं। निराला उन्हें 'भले' नहीं सिर्फ़ भले कहलाने वाले समझते हैं। दोनों में फ़र्क है। इन्हीं दयाराम के सामने पं. रामप्रसाद जी का पुत्र बंकिम यह हौसला लेकर उपस्थित होता है कि 'गाँव के कसाई ज़मींदार को समझा दिया जाएगा कि गरीब किसानों को किस तरह प्यार करना धनी कहलाने वालों का धर्म होता है।' सुधुआ को मारने का कारण पूछने पर यह कहकर : 'भाई मेरे, तहसील वसूल का तो यह कायदा ही है।' दयाराम हँसने लगते हैं।

इसी पुत्र के आचरण पर पं. रामप्रसाद जी बिना रोटी के तवे-जैसे, उसी की आग से तप उठते हैं उसे घर से निकाल देते हैं। जिस लोध की लाश को ब्राह्मण छूने लायक नहीं समझते और लोध इसलिए चलते बनते हैं कि ज़मींदार खेत-पात देने के उनके काम आ सकता है। सुधुआ की लाश से, उन्हें क्या लाभ। ब्राह्मण-पुत्र बंकिम उसी का अन्तिम संस्कार ही नहीं करता, उसकी बाल-विधवा बेटी से विवाह भी करता है और कहानी के अन्त में डिप्टी साहब के रूप में ज़मींदार को बेइज़्ज़त भी करता है।

निराला की कहानियों में छुआछूत और वर्ग-भेद के शिकार निरीह पात्र ब्राह्मणों के अत्याचार सहते हुए 'सद्‌गति' को प्राप्त नहीं होते, प्रायः ब्राह्मणों के गढ़ में ही कोई विभीषण प्रस्तुत होता है। 'चतुरी-चमार' में तो निराला खुद अपने चिरंजीव के विरोध में खड़े हैं जो चमार-पुत्र को झापड़ रसीद करने के सुख से वंचित नहीं होना चाहता, भले ही स्पर्श-दोष के कारण उसे नहाना पड़े।

अपने समय के सामाजिक परिदृश्य के बारे में निराला की अपनी समझ थी। 'चोटी की पकड़' में जगह-जगह इस समझ का खुलासा है। उन आन्दोलनों का भी

जिन्होंने इस दिशा में कुछ काम किया था, निराला को उनसे सन्तोष नहीं था। उसके अनुसार : 'स्वदेशी आन्दोलन स्थायी स्वत्व के आधार पर चला था। उससे बिना घरबार के, ज़मींदारों के आश्रय में रहने वाले, दलित, अधिकांश किसानों को फायदा न था।' और यह भी कि 'शूद्र कही जाने वाली अन्य दलित जातियों का आध्यात्मिक उन्नयन, वैष्णव धर्म के द्वारा जैसा, श्री रामकृष्ण और विवेकानन्द के द्वारा था, पर उनकी सामाजिक स्थिति में कोई प्रतिष्ठा न हुई थी, न साहित्य में वे मर्यादित हो सके थे।' **(नि.र.ख. 4, पृ. 133)**

वास्तविक स्थिति तो यह थी कि : 'वे चमार, पासी, धोबी और कोरी दोनों में फूल मेरे सामने आ-आकर रखने लगे। मारे डर के हाथ पर नहीं दे रहे थे कि कहीं छू जाने पर मुझे नहाना होगा। इतने नत, इतना अधम बनाया है मेरे समाज ने उन्हें।' **(नि.र.ख. 4, पृ. 64)**

निराला का पूरा वजूद इस व्यवस्था के विरुद्ध जो भेदभाव पर टिकी है, कुल्ली भाट के रूप में सक्रिय हो जाता है। सिर्फ़ कलम से नहीं कर्म से भी। स्त्रियों और दलितों की स्थिति पर वे केवल सम्पादकीय नहीं लिखते, भाषण नहीं झाड़ते, आज प्रस्ताव पास करके कल के अख़बार में अपना नाम नहीं ढूँढ़ते। उन्हें पूरी स्थिति गहरी अन्तर्व्यथा और ग्लानि से भर देती है।

कलम से ज्यादा कर्म की सार्थकता दिखाई पड़ती है उन्हें, और फिर कुल्ली भाट और निराला दो न रहकर जैसे एक हो जाते हैं। उन्हें ख़ानदान वही प्रभावित करता है जहाँ मिलना-जुलना, खाना-पीना निषिद्ध है। वे तर्क से समझना चाहते हैं कि जहाँ जनेऊ होने से पहले खाया जा सकता है, वहीं जनेऊ होते ही खाना वर्जित क्यों हो जाता है? इसलिए वे प्रतिज्ञा करते हैं कि 'जनेऊ चाहे तीन बार हो लेकिन मैं यहाँ भोजन न छोड़ूँगा।' 'सबसे अधिक जाति-अपमाना' का मन्त्र जाप करने वाले सिपाही पिता के फ़ौजी प्रहार और ताल-ताल पर चाँटे बहुत खाये थे निराला ने। बचपन की इस मार से उनका संकल्प दृढ़ हुआ था और आहत अहं फौलादी।

निराला ने अनुभव की आँच में तप-तपकर बेधक दृष्टि और निर्मम विवेक अर्जित किया था। जहाँ-जहाँ उन्हें फाँक दिखाई पड़ती थी, वे न आलोचना करने में संकोच करते थे न प्रहार करने में। अछूतोद्धार के लिए दौरा करते गाँधी जी के बारे में प्रश्न करने पर कुल्ली ने टिप्पणी की : 'बस, दौरा-ही-दौरा है। काम क्या होता है? पहले अछूतों की बात नहीं सोची? जब सरकार ने पेंच लगाया, तब खोलने के लिए दौड़े-दौड़े फिर रहे हैं।' कुल्ली दौरा नहीं करते, काम करते हैं। इसी से उनमें चुनौती देने का साहस पैदा होता है : 'मेरे साथ भी कोई जमात है? और अगर यही है, तो बैठा लें महात्मा जी मुसलमानिन।' **(वही, पृ. 66)**

इस हिन्दू-मुसलमान वाले भाव की भी बहुत कीमत चुकाई थी कुल्ली ने। अयोध्या जी आज ही नहीं हैं फ़साद की जड़। निराला के कुल्ली ने तो बहुत पहले जाँच लिया था : 'और फिर अयोध्या जी हैं, जहाँ रामजी की जन्मभूमि पर बाबर की बनायी मस्जिद है–हिन्दू-मुसलमान वाला भाव सदा जाग्रत रहता है।' **(वही, पृ. 66)**

हिन्दू-मुसलमान वाले इस वैर-विरोध ने आदमी का आदमियों की तरह रहना मुहाल कर दिया है–यही कुल्ली की समस्या है : 'मुसलमान इसलिए नाराज़ हैं कि मुसलमानिन ले आया हूँ। अरे भई तुम्हीं गाते हो–दिल ही तो है, न संगोख़िश्त दर्द से भर न आये क्यों? फिर नाराज़ क्यों होते हो? क्या यह भी कहीं लिखा है कि दिल सिर्फ़ मुसलमान का होता है? और हिन्दू, हिन्दू है बुजदिल, खासतौर से ब्राह्मण, ठाकुर, बनिया बेचारा क्या करे–इस कोठे का धान उस कोठे करे, उसे फुर्सत नहीं, उसके लिए ये सब समझ के बाहर की बातें हैं, क्योंकि रुपये-पैसे की नहीं। आखिर क्या करूँ? आदमी हूँ, आदमियों में ही रहना चाहता हूँ।' **(वही, पृ. 65)**

जब तक रहे, बड़े जीवट से आदमियों में रहे कुल्ली और जब मरे तो उतने ही जीवट से निराला ने उनका संस्कार किया, सासु जी समेत सबकी उपेक्षा करके। यथार्थवादी होने के लिए जो निर्भयता चाहिए वह कूट-कूट कर भरी है निराला में। उनके बिल्लेसुर ने ब्राह्मण होकर बकरी तो पाली ही, बकरियों की रखवाली में चूक जाने के अभियोग में 'आँखों से आँखें मिलाये हुए महावीर जी के मुँह पर भी डण्डा दिया कि मिट्टी का मुँह गिली की तरह टूटकर बीघे भर के फासले पर जा गिरा' कहने की आवश्यकता नहीं कि यह डण्डा बिल्लेसुर ने हनुमान जी की मूर्ति पर नहीं, निराला ने समाज के अन्धविश्वास पर मारा था। उन्होंने ब्राह्मण-ठाकुर वर्ग के कस्बाई वर्चस्व के भीतरी पाखंड को भी अच्छी तरह पहचान लिया था। 'चमेली' कहानी के ठाकुर पिटने से उतने नहीं, जितने इसलिए हल्कान है कि पीटने वाला शूद्र है। उधर ब्राह्मणों की वास्तविक स्थिति का खुलासा करते हुए 'काले कारनामे' का मनोहर कहता है, 'हमारा ब्राह्मणत्व हमारी एक छोटी-सी पहचान के सिवा, एक छोटे-से दायरे में आ जाने के सिवा कोई ताकत नहीं रखता–दूसरे प्रान्तों में हम शूद्रों से भी बदतर समझे जाते हैं।'

समस्या दरअसल जाति की नहीं, उस वर्चस्व की है जिसे परम्परा ने अतार्किक ढंग से जाति-व्यवस्था के साथ जोड़ दिया है। सवाल स्वत्वाधिकार का है। सत्ता की पाली बदलते ही जाति का वर्चस्व धूल चाट सकता है। एक ब्राह्मण मनोहर है जो भविष्य की आहट सुन रहा है : 'अब इतर जन सिर उठाने लगे हैं। हमारी अवमानना समाज की उन्नति का पहला साधन हो रही है।' **(वही, पृ. 227)** ब्राह्मणत्व का एक दूसरा पाठ विश्वम्भर है, वह 'बड़ा सीधा, सच्चा ब्राह्मण है। विशेष पढ़ा-लिखा नहीं,

किसी तरह पूजा कर लेता था।' इस दायित्व का निर्वाह करने की एवज़ में जो प्राप्ति होती थी, उससे घर के पाँच खाने वालों के लिए पेट-भर व्यवस्था भी नहीं होती थी। जिस पर बीस महीने तक वेतन नहीं मिलता और साल में दो दर्जन दरख्वास्तें देने पर सुनवाई नहीं होती तो वह राजा की सवारी के रास्ते में खड़ा होकर 'प्राणों की भाषा' यानी हाव-भाव से अपने भाव प्रकट करता है। राजा साहब प्राणों की इस भाषा का एक अर्थ समझते हैं, सिपाही दूसरा और जासूस तीसरा। नतीजा यह कि प्रतापी राजा को ठेंगा दिखाने वाले गरीब ब्राह्मण की पहले पिटाई और फिर नौकरी से बर्ख़ास्तगी होती है। समीक्षक चाहें तो निराला को अपने समय के यथार्थ का उत्तर-आधुनिकतावादी पाठ तैयार करने का श्रेय दे सकते हैं।

इतिहास/जो नहीं है और इतिहास/जो है : ज़िन्दगीनामा

किसी रचना का महत्त्व और सार्थकता बहुत दूर तक इस बात पर निर्भर रहती है कि रचनाकार ने अपने समय और कथ्य के साथ किस तरह का रिश्ता कायम किया है। एक रचनाकार यथार्थ और देशकाल का सहयात्री भर होता है। उसकी रचना प्रायः परम्परा का बढ़ाव होती है और किसी हद तक परम्परा का विकास भी। परन्तु एक दूसरा रचनाकार होता है जो अपने समय और कथ्य के साथ द्वन्द्वात्मक या जुझारू सम्बन्ध स्थापित करता है। द्वन्द्व की यह प्रक्रिया प्रश्नधर्मी होती है। प्रश्नशीलता रचनाकार के लिए देशकाल की सरहदों को पार करने की मजबूरी पैदा करती है। वह एक साथ अपने देशकाल के भीतर स्थित और बाहर गतिशील रहता है। स्थिति और गति के द्वन्द्व में, इस रचनायात्रा में यथास्थितिवाद के लिए वह खतरा पैदा करता है। पहले तो चली आती व्यवस्था टूटती है, ढाँचे चरमराते हैं, परम्परा उसके सामने चुनौती बनकर खड़ी हो जाती है और तमाम बुनियादी सवाल एक बार फिर नये सिरे से ताजा हो जाते हैं । सरोकार का दायरा सीमित होने पर सार्थक और प्रासंगिक रचनाएँ सामने आती हैं और व्यापक होने पर कालजयी कृतियों का सृजन होता है।

कृष्णा सोबती का 'ज़िन्दगीनामा' ऐसी ही कालजयी रचना है जिसने उपन्यास के परम्परित ढाँचे को चुनौती दी है। मानवीय सम्बन्धों में अन्तर्निहित अन्तर्विरोधों का गम्भीर विश्लेषण जिस विराट फलक पर किया गया है वह स्वाधीनता पूर्व अखण्ड पंजाब की संस्कृति-कथा का सतही दस्तावेज प्रस्तुत नहीं करता। उसमें आद्यन्त दिखाई पड़ने वाला सरोकार मानवीय नियति के सम्बम्ध में कहीं अधिक गहरा और बुनियादी सरोकार है। यह सरोकार गहरी पीड़ा से पैदा होता है—एक सांझी संस्कृति और जिन्दगी के निर्ममतापूर्वक बीचोबीच चाक कर दिये जाने की पीड़ा से "कौन जानेगा कौन समझेगा अपने वतनों को छोड़ने और उनसे मुँह मोड़ने के दर्दों की पीड़ों को। जेहलम चनाब बहते रहेंगे इसी धरती पर। लहराते रहेंगे खुली-डुली हवाओं के झोंके इसी धरती पर इसी तरह।

हर रुत मौसम में इसी तरह बिलकुल इसी तरह। सिर्फ हम यहाँ नहीं होंगे। नहीं होंगे, फिर कभी नहीं होंगे, नहीं।" (ज़िन्दगीनामा, पृ. 26-28)

उपन्यास के आरम्भ में कविता की ये पंक्तियाँ अपने वतन से, पुरखों की यादों से, नदी-नालों से, खेत-खलिहानों से, अलविदा कह चली लेखिका की भावभीनी श्रद्धांजलि भी है और वर्तमान की पीड़ा भी, शायद नॉस्टेलजिया भी।

यह बँटवारा एक भूखण्ड के, एक साँझी संस्कृति के दो कर दिये जाने की घटना भर नहीं है बल्कि वह बुनियादी गलती है, वह विष बेल है जो दोनों टुकड़ों में वर्षों के दौरान फूली-फली है। वर्तमान साक्षी है कि यह राजनीतिक बँटवारा पंजाब के किसी देहाती अंचल का पसारा भर नहीं है, 'रोजमर्रा की घटनाओं का एक बेहद खूबसूरत कोलाज' भी वह नहीं है, दरअसल खूबसूरत वह है ही नहीं। वह एक निहायत तकलीफदेह टूटन को झेलने की प्रक्रिया है। इतिहास गवाह है कि इस प्रक्रिया ने धर्म और सियासत के नाम पर अखण्ड संस्कृति को कुछ इस तरह तोड़ा है कि टूटने का यह अनवरत सिलसिला आज भी बीचोबीच चाक कर दिये गये उन दोनों टुकड़ों को तोड़ रहा है।

'ज़िन्दगीनामा' की एक अपनी, विशिष्ट पहचान है, जो उस उपन्यासवर्ग में आने वाली तमाम दूसरी रचनाओं से अलग व्यक्तित्व प्रदान करती है। साँझी संस्कृति का एक व्यापक परिदृश्य, एक लम्बी परम्परा, पंजाब की धरती की माटी की महक, उसमें रसी-बसी लोक-कथाएँ, जिनके छोर एक ओर पुराणों को छूते हैं और दूसरी ओर विभाजन-पूर्व के लोक-जीवन को। लेखिका को यह सब कहीं गहरे उद्वेलित करता है। इस साँझी संस्कृति का सम्मोहन आज भी स्मृति में तमाम सूक्ष्म संवेदनों के साथ जीवित है--अपनी सर्वांगता में। इसी अर्थ में वह है "इतिहास/जो नहीं है और इतिहास/जो है।"

साम्प्रदायिकता, दंगों की भयावहता, उनकी परिणामी स्थितियाँ, परिवर्तित मानवीय सन्दर्भ और सम्बन्ध—विभाजन के बाद के साहित्यकारों को बराबर उद्वेलित और प्रेरित करते रहे हैं। 'झूठा सच' जैसे विराट दस्तावेज से आरम्भ होकर यह सिलसिला 'तमस' तक चला आया। उन उपन्यासों की दृष्टि विभाजन से जुड़े साम्प्रदायिक दंगों के परिणामस्वरूप उत्पन्न होने वाली मानवीय स्थितियों पर केन्द्रित है। विभाजन-पूर्व उस अंचल में धड़कती ज़िन्दगी को पन्नों पर उतार ले आना उनका उद्देश्य नहीं है। इसीलिए 'ज़िन्दगीनामा' की जाँच का केन्द्रीय सरोकार यह नहीं हो सकता कि उसमें घटनाओं के बीच कार्य-कारण सम्बन्ध, उनके वर्णन, प्रमुख और प्रासंगिक सन्दर्भों का रिश्ता, चरित्र, अभिव्यंजना-शिल्प आदि कैसा है? इस रचना में विशेष भू-खण्ड की जिन्दगी का बहाव कैद है। इसलिए वह 'ज़िन्दगीनामा' है

क्योंकि उसमें विशेष जातीय जीवन का पूरा परिदृश्य साकार है। ज़िन्दगी अपनी बहुरूपता में, मानवीय व्यवहार और रूप के असंख्य छवि-चित्रों को तमाम बारीक तफसील के साथ लिये-दिये उपन्यास के पृष्ठों में धड़कती है।

दरअसल इस उपन्यास का केन्द्रीय चरित्र ही ज़िन्दगी है। इतिहास, लोककथाएँ, किंवदंतियाँ, किस्से, लोक-गीत, दस्तावेज़—सब इस केन्द्रीय चरित्र में रंग भरते हैं। यह विराट चरित्र एक बहुत बड़े फलक पर अपने पूरे स्थानीय रंग के साथ गतिमान है। इस चरित्र के साथ लेखक का गहरा रिश्ता है, न जाने कितनी भाव-भीवी स्मृतियाँ इसके साथ जुड़ी हैं। इसलिए आरम्भ में रची कविता की पंक्तियाँ ही जैसे कवि-मन की संवेदनशीलता के साथ आने वाले पृष्ठों पर फैलती चली गयी हैं। विश्वनाथ त्रिपाठी ने सही कहा था कि " 'ज़िन्दगीनामा' मूलतः किसी कवि-मन की रचना है। इसमें इतनी अछूती मार्मिक उपमाएँ हैं कि कोई प्रथम कोटि का कवि ही वैसा प्रयोग कर सकता है।" अछूती मार्मिक उपमाएँ इसमें इसलिए भी हैं क्योंकि इसका विषय अछूता है, विशिष्ट है, सामान्य नहीं। वस्तु की वैयक्तिक स्वानुभूत अभिव्यक्ति ही इसके गीतात्मक विन्यास का कारण है। स्मृतियों ने रचनाकार को उद्वेलित किया है पर यह उद्वेलन उपन्यास में आवेश के रूप में नहीं, थिराये हुए आवेग के रूप में प्रकट होता है। वह लेखिका के अनुभव, उसकी स्मृति का टीसता हुआ हिस्सा बन गया है। इस रचना के माध्यम से बीते हुए कल को वह एक बार फिर जीने की कोशिश करती हैं। वस्तु-तत्व को उसकी भाषित अभिव्यक्ति के साथ एक बार फिर महसूस करने की इसी रचनात्मक कोशिश का परिणाम है—'ज़िन्दगीनामा'।

ज़िन्दगी की गति का, आचार-व्यवहार और संस्कृति का, हमेशा एक निश्चित तार्किक क्रम हो, यह कतई जरूरी नहीं। लेखक जब बेतरतीब ज़िन्दगी के फैलाव से किन्हीं विशेष घटनाओं या प्रसंगों का चुनाव एक विशेष दृष्टिकोण से करता है तो वह मूल दृष्टि ही उन प्रसंगों को एक व्यवस्था में संयोजित करती है। इससे भिन्न एक दृष्टि वह होती है जो क्रमिक विकास-विस्तार या अन्विति साधने के बजाय जीवन की समग्रता, या बहाव को समेटकर, सजीव, प्रामाणिक चित्र खड़े कर देती है। 'ज़िन्दगीनामा' की मूल दृष्टि एकदम यही है। इसीलिए पाठकों ने उसमें 'कथाप्रवाह का अभाव लेकिन जीवन प्रवाह पूरी तहर-वहर के साथ' देखा है।

इसके ठीक विपरीत कुछ लोगों को यह रचना इसलिए परेशान करती है कि इसमें 'सब कुछ क्रमहीन है, बेतरतीब है।' घटनाओं का यादृच्छिक चयन और घट-बढ़ तथा विवरण शायद उन्हें इसलिए रास नहीं आते क्योंकि हिन्दी के बहुत से विशालकाय लोकप्रिय उपन्यासों (भूले-बिसरे चित्र, अमृत और विष आदि) की तरह इस रचना के संक्षिप्त संस्करण नहीं निकल सकते। उन्हें इस कृति में 'केवल टुकड़ों का संग्रह'

दिखाई देता है। अगर ये टुकड़े ही क्रमहीन और बेतरतीब हैं तो फिर किन्हीं टुकड़ों को निकाल कर इसका संक्षिप्तीकरण आखिर क्यों सम्भव नहीं है? और अगर इसका या किसी भी उपन्यास का संक्षिप्त संस्करण, बिना मूल कथ्य को क्षति पहुँचाये सम्भव है तो फिर उस उपन्यास के वस्तु-विन्यास की कसावट प्रश्नातीत कैसे होगी? और फिर सवाल यह भी तो है ही कि आखिर सभी उपन्यास पाठ्यक्रमोपयोगी विद्यार्थी-संस्करण की सम्भावना को रचना की शर्त मानने पर विवश क्यों हों?

'ज़िन्दगीनामा' पिछले कुछ वर्षों में रचित उपन्यासों में शायद सबसे अधिक चर्चित और सबसे अधिक विवादास्पद रचना है। दिलचस्प बात यह है कि इस कृति में दो विशेषताओं ने ही पाठकों को अक्सर चौंकाया है—इसका वस्तु-तन्त्र और इसकी भाषा। भाषिक स्तर पर निश्चय ही यह एक प्रयोग है—ऐसा सायास प्रयोग जिससे बचना लेखिका के बस की बात नहीं थी, क्योंकि इस रचना से जो प्रभाव वह पैदा करना चाहती है, भाषा भी उसका एक माध्यम, और समर्थ माध्यम है। यह मुमकिन हो सकता था कि किसी दूसरे रचनाकार ने इस प्रभाव की सिद्धि किन्हीं और साधनों से की होती—पर इतना तय है कि लेखिका ने साम्प्रदायिक दंगों की भयानकता तथा विभाजन की दुर्घटना से उत्पन्न जिस गहरी पीड़ा का चित्रण किया है उसके लिए इस पंजाबी लहजे और शब्दावली की अपनी सार्थकता है।

वस्तुतः इस सवाल को लेखकीय सरोकार से अलग देखा ही नहीं जा सकता। इस उपन्यास की चिन्ता राजनीतिक नहीं, मानवीय है। सरोकार का क्रम उलट भी सकता था। सामाजिक स्थितियों के मूल में सक्रिय राजनीति ही निजी पहचान और समक्ष में पाठक को साझेदार बनाना यदि उपन्यास का लक्ष्य होता, तो 'उखड़े हुए लोग' या फिर 'तमस' के ढंग के उपन्यास की आशा की जा सकती थी। परन्तु जब राजनीति केन्द्रीयस्थित होकर भी रचनात्मक स्तर पर उतनी ही दूर तक प्रासंगिक हो जितनी दूर तक वह सामाजिक परिदृश्य को ठोस परिस्थितिगत आधार देने के काम आये, तब 'मैला आँचल', 'परती परिकथा' या 'ज़िन्दगीनामा' जैसी रचनाएँ सामने आती हैं। ऐसे उपन्यासों में लेखकीय संवेदना का केन्द्र जीवन, उसका आचार-व्यवहार, उसके अन्तर्विरोध, उसकी पीड़ा—यानी समूचा सांस्कृतिक परिदृश्य होता है। ऐसी रचनाओं में घटनाओं का क्रम प्रायः तार्किक नहीं होता। चरित्रों और प्रसंगों की भरमार होती है। ये सब मिलकर जीवन के एक खण्ड की आंचलिकता को उसकी जातीय विशेषताओं के साथ मूर्त करते हैं—और ऐसी स्थिति में रचनात्मक प्रक्रिया में भाषा की भूमिका अत्यन्त महत्त्वपूर्ण हो जाती है। लेखक उस भू-भाग के जीवन के बीचोबीच उतरकर उसे परिदृश्यात्मक विस्तार के रूप में नहीं, भाषिक-व्यवहार के रूप में भी जीने का प्रयत्न करता है। भाषा अभिव्यक्ति का माध्यम तो होती ही है, जीने का तौर-तरीका,

आचार-व्यवहार की पहचान भी होती है। लेखक के रचनात्मक व्यक्तित्व और उसकी वस्तु के बीच स्थापित सम्बन्ध की प्रकृति और प्रक्रिया की पहचान का एक बहुत महत्त्वपूर्ण और नाजुक अस्त्र भी उसकी भाषा होती है। वह जीवन को और बातों के अलावा भाषा के जरिए भी पहचानता है और उससे रिश्ता कायम करता है। पहचान कायम करने की यह प्रक्रिया द्वन्द्वात्मक होती है। जब उसकी वस्तु समकालिक नहीं होती तब यह प्रक्रिया और भी जटिल हो जाती है। रचनाकार देशकाल का अतिक्रमण करके वस्तुगत अनुभव का अर्जन करता है। अर्जित अनुभव की प्रामाणिकता ऐसी स्थिति में प्रायः प्रश्नातीत नहीं होती। पात्रों का भाषिक व्यवहार भी उसके लिए पहले ज्ञानार्जन का और फिर अनुभव का विषय बनता है।

यह आकस्मिक नहीं है कि 'ज़िन्दगीनामा' के भाषागत वैशिष्ट्य ने पाठकों का ध्यान बराबर आकर्षित किया है और अधिकांश लोगों को उसके प्रयोग में एक नाकाम या फिर एक सार्थक कोशिश दिखायी पड़ी है। इस भाषा में 'धरती की गन्ध', 'उन लोगों के व्यक्तित्व की महक', 'पंजाब की साझी संस्कृति का रंग' और 'लम्बी परम्परा की सूझ' देखने के बावजूद भीष्म साहनी को 'शब्दों में निहित सूक्ष्म संवेदनाओं को ग्रहण करने में भाषा रुकावट' मालूम होती है। महेन्द्र भल्ला को उसमें 'पंजाबी और हिन्दी आपस में टकराती हुई चलती' महसूस होती है। 'दो सहेलियों की तरह' गलबहियाँ 'डालकर नहीं' बल्कि 'अजनबियों की तरह अपने-अपने अलग अस्तित्वों के लिए लड़ती हुई।' उन्हें शिकायत है कि 'ये भाषाएँ परस्पर गुंफित नहीं हो पातीं' और इस तरह 'ज़िन्दगीनामा' दोनों भाषाओं की जुगलबन्दी की एक बहुत बड़ी परन्तु असफल कोशिश होकर रह जाता है।

यह बात अलग है कि उसमें जिस भाषा का मेल है, वह गुजरांवाला की देहाती भाषा है या विभाजन से पहले के पंजाब की छः आंचलिक भाषाओं में से एक अंचल की पंजाबी है। उसके शब्द-स्रोत की मिलावट में शब्दों का प्रतिशत-निर्णय भाषिक-विश्लेषणकर्त्ताओं की दिलचस्पी का विषय हो सकता है। औपन्यासिक प्रभाव की दृष्टि से प्रासंगिक बात इतनी ही है कि उसकी भाषा, कथ्य से कितनी अभिन्न है या कथ्य को उसकी समग्रता में सम्प्रेषित करने में कितनी दूर तक कारगर हो सकी है।

जिन पाठकों को भाषा की विशुद्धता की चिन्ता व्याकुल किए है उनकी समझ सहानुभूति का विषय ही हो सकती है। क्योंकि जब कथ्य और भाषा के बीच सम्बन्ध महत्त्वपूर्ण न रहकर भाषा की विशुद्धता की चिन्ता प्रधान हो जाए तो कथ्य और भाषा अभिन्न न रहकर स्वतन्त्र इकाइयों के रूप में अलग-अलग परीक्षण का विषय हो जाएँगी। इस तर्क से आंचलिक यथार्थ को उसकी पूरी सच्चाई के साथ जीवित और

मूर्त करने का एक बहुत महत्त्वपूर्ण अस्त्र रचनाकार के हाथ से निकल जाएगा। इस उपन्यास में भाषा की विशुद्धता, आभिजात्य या संस्कार की अपेक्षा उपहासास्पद ही कही जाएगी। दरअसल कथ्य से विच्छिन्न स्वायत्त रूप में भाषा की विशुद्धता या विकृति की जाँच-पड़ताल ही बेमानी है। किसी भी रचना में यह प्रश्न कथ्यानुसार, सहज, अनुकूल और प्रवाहमय भाषा का होता है, शब्द-स्रोत, व्याकरण सम्मत या विशुद्ध भाषा का नहीं।

जहाँ तक समझ का प्रश्न है, हर पाठक का अपना भाषा-संस्कार होता है। कृति में प्रवेश कर उसके समानान्तर चलने के लिए उसे बराबर इस निजी संस्कार का अतिक्रमण करना पड़ता है। आंचलिक रचनाओं में तो और भी। तब यह प्रश्न कुछ हद तक उसकी सामर्थ्य का भी हो जाता है। एक वर्ग के पाठकों के लिए यदि 'ज़िन्दगीनामा' की भाषा अवरोध उत्पन्न कर सकती है, तो दूसरे वर्ग के लिए 'मैला आँचल' या 'परती परिकथा' की। यही कठिनाई कुछ पाठकों के सामने 'कुरु कुरु स्वाहा' को लेकर भी आ सकती है। वस्तुतः इस बाधा का निरसन बहुत कुछ कृति के महत्त्व, उसके अपने रस, और उसके कथ्य के प्रवाह से सम्भव हो जाया करता है। घटनाओं के क्रम, पात्रों के व्यवहार, उनकी बोली-बानी के बीच बहुत-से अपरिचित, अप्रचलित शब्दों का अर्थ पाठक पर सन्दर्भ के अनुरोध से अनायास उद्घाटित होता चलता है, बशर्ते ये शब्द भाषा-व्यवहार के मध्य सहज प्रवाहित हों। कभी-कभी कठिनाई वहाँ होती है जहाँ संवाद-लय के बीच कुछ प्रयोग बरबस लाये गये यानी आरोपित हों। ऐसा शब्द भाषा के बीच विवादी स्वर की तरह अपने को स्वयं प्रकट करता चलता है। भाषा-प्रयोग में शुद्धि, विकृति, साहसिकता आदि के सारे सवाल दरअसल केवल भाषा-प्रयोग के सवाल हैं ही नहीं। इन तमाम बातों का गहरा सम्बन्ध विषय के चुनाव और उसे प्रस्तावित करने की दृष्टि से है। यह कठिनाई तब और दरपेश आती है जब रचना का माध्यम संवाद हो। वर्णन और ब्योरों में किसी सीमा तक भाषा के साथ लेखकीय व्यक्तित्व का हस्तक्षेप सह्य और स्वाभाविक हो सकता है, परन्तु संवादों की भाषा तो केवल ज़िन्दगी का हस्तक्षेप झेल सकती है। आभिजात्य, शुद्धि, संस्कार के नाम पर जीवन की वास्तविकता को झुठलाना रचना के साथ एक ऐसा फरेब है जो तथाकथित विकृति, फूहड़पन या साहसिकता के विरुद्ध नाक-भौं सिकोड़ने से पैदा होता है।

गालियाँ, तथाकथित फूहड़ या विकृत प्रयोग जहाँ ज़िन्दगी की ज़बान का महत्त्वपूर्ण अंग हो, वहाँ उनसे बचाव का ढोंग साहित्यिक सफेदपोशी के बनावटी उपक्रम से अधिक कुछ नहीं हो सकता। यदि रचना का जीवन-व्यवहार, उसके पात्र, उसका यथार्थ सफेदपोश समाज तक सीमित न हो तो ऐसी स्थिति में भाषा की विशुद्धता की चिन्ता सहानुभूति का विषय ही हो सकती है।

'ज़िन्दगीनामा' केवल सफेदपोश समाज की दास्तान नहीं है। उसमें एक भूखंड का समाज अपनी समग्रता में सबरंग विद्यमान है। इसलिए उसकी भाषा सिर्फ ज़िन्दगी की बोलती धड़कती भाषा है, अपनी समूची लय, मुहावरेदानी और जिन्दा शब्दावली के साथ सबरंग भाषा। 'दूध-मक्खन की तरह दिल के दर्पण में भी बल आ जाए तो खयाल मैला हो जाता है'—जैसी मुहावरेदानी के सामने विशुद्धता और आभिजात्य के लिए किया गया शीर्षासन कितना निरर्थक हो सकता था, कहने की आवश्यकता नहीं। 'ज़िन्दगीनामा' की भाषा ज़बाने खलक है। परेशानी उन्हें हो सकती है जिन्हें ज़बाने खलक को ज़बाने अदब मानने से परहेज हो। ऐसी स्थिति में यह सवाल 'ज़िन्दगीनामा' की भाषा भर का नहीं रह जाता, साहित्यमात्र की भाषा हो जाता है। यूँ भी जहाँ औकात/न कलम की हो/न लेखक की/ज़िन्दगी खुद-ब-खुद/फैलती चली गयी हो कागज के पन्नों पर/कुछ इस तरह/ज्यों धरती में उग आया हो/गहरी जड़ों वाला/ विशाल ज़िन्दा रूख—वहाँ जरूरत इस ज़िन्दा रूख की गहरी जड़ों में जाने की होनी चाहिए, पत्ते गिनने-पहचानने की नहीं। कहना न होगा ऐसे हर विशाल ज़िन्दा रूख की गहरी जड़ों की पहचान की शर्तें भी अपनी होंगी—अक्सर परम्परागत ढाँचों और बनी बनायी लीक को चुनौती देती हुई।

अपना-अपना अहं, महत्त्वाकांक्षाएँ और कुण्ठाएँ : आपका बंटी

आठवें दशक में मनू भण्डारी के उपन्यास 'आपका बंटी' का प्रकाशन साहित्य जगत् की बड़ी घटना थी। इसका कारण यह था कि तलाकशुदा दम्पति के बच्चों की समस्या को पूरे विस्तार से परखने का यह पहला मौलिक और उल्लेखनीय प्रयास था। उपन्यास का शीर्षक तो इसके कथ्य की ओर संकेत करता ही था, उसका अन्त भी जिस बिन्दु पर ले जाकर किया गया है, उससे भी इसी बात की पुष्टि होती है कि समाज की यह ऐसी समस्या है जिसका निश्चित हल किसी के पास नहीं है। हो सकता है कि लेखिका का मन्तव्य कुछ ऐसा रहा हो। अगर ऐसा हो भी तो यह इस उपन्यास का एकपक्षीय और सरलीकृत पाठ होगा। इस व्याख्या के साथ मेरी सहमति पूरी तरह इसके प्रकाशन के समय भी नहीं हुई थी और इतने वर्ष के बाद आज भी मैं इसे केवल तलाकशुदा जोड़ों में बच्चों की समस्या के रूप में नहीं स्वीकार कर पाती।

'निरन्तर' जुलाई-सितम्बर 1972 के अंक में 'नया उपन्यास : कुछ सवाल' शीर्षक लेख में मैंने संकेत किया था कि 'आपका बंटी' की 'लेखिका का तादात्म्य शकुन के साथ हुआ है। इसलिए ज़ाहिर है कि उसने पूरी स्थिति का दायित्व अजय पर डालकर सहानुभूति अनजाने ही शकुन पर उँडेल दी है।' इस सन्दर्भ में मैंने यह भी कहा था कि इस उपन्यास का प्रभाव दोहरा है। एक इसे सफल व लोकप्रिय रचना बनाता है और दूसरा सार्थक रचना। सार्थकता के सन्दर्भ में मैं इस पर आयोजित संगोष्ठियों में भी इसके कथ्य के ट्रीटमेण्ट की आधुनिकता का जिक्र करती रही हूँ। इस बीच 'आपका बंटी' की बहुत-सी समीक्षाएँ सामने आ चुकी हैं जिनमें कुछ बुनियादी सवाल उठाये गये हैं। अक्सर इस उपन्यास पर 'बंटी' को केन्द्र में रखकर विचार किया गया है। इसलिए अब 'आपका बंटी' पर उस दृष्टि से कुछ विस्तार से विचार कर लेना जरूरी है जिसका संकेत मैंने यह कहकर किया था कि बंटी की लेखिका का तादात्म्य शकुन से हुआ है।

यह गलत नहीं है कि इस उपन्यास को एक बार पढ़ने पर सहसा भ्रम पैदा होता है कि इसमें 'आपके बंटी' यानी हम सबके बंटी की कहानी है। दिलचस्प बात तो यह है कि स्वयं लेखिका इस खूबसूरत भ्रम की शिकार है कि वह 'बंटी' की कहानी लिख रही है, और चूँकि कहानी बंटी की है इसलिए उपन्यास की स्थितियों का चुनाव कहीं-न-कहीं बंटी को केन्द्र में रखकर करने की कोशिश की गयी है। लेखिका इसके लिए निरन्तर प्रयत्नशील है कि कथा का फ़ोकस बंटी पर बना रहे। शायद इसीलिए उपन्यास में बंटी सबसे अधिक है। अजय कुछ प्रत्यक्ष कुछ परोक्ष—इतना भर जितना समस्याओं के लिए दोषी ठहराने के लिए उसकी आवश्यकता है। डॉ. जोशी उससे कुछ अधिक और एक अत्यन्त सन्तुलित समझदार इन्सान के रूप में, क्योंकि वे शकुन और उसके चारों ओर की असन्तुलित ज़िन्दगी को भरसक ठहराव देते हैं। परन्तु सवाल दूसरा है—क्या किसी पात्र के कम और ज़्यादा होने से, सक्रिय या जड़ होने से उसका महत्त्व घटता-बढ़ता है, या कि उपन्यास की संरचना में कोई अन्तर आता है?

इस उपन्यास को पढ़ने पर जहाँ एक तात्कालिक प्रतिक्रिया यह होती है कि इसके केन्द्र में बंटी है वहीं दूसरी समानान्तर प्रतिक्रिया यह भी होती है कि इसे पढ़कर जो एक 'भावुकतापूर्ण बेचैनी और उमड़न' बंटी को लेकर होती है उससे अधिक कहीं कुछ और है जो गहरी वैचारिकता के स्तर पर प्रभावित करता है, पर सहसा पकड़ में नहीं आता। इस समझ को लेकर यह कुहासा इसीलिए है कि यह असमंजस स्वयं लेखिका के मन में है। उसका वहम है कि वह इस उपन्यास की रचना तलाकशुदा पति-पत्नी की सन्तान की समस्या का सामना करने के लिए कर रही है। और एक बार वाकई मन में भ्रम पैदा होता है कि यह उपन्यास जैनेन्द्र-युग के महज नारी-पुरुष सम्बन्धों पर केन्द्रित उपन्यासों को एक कदम आगे बढ़ाता है। परन्तु ध्यान से पढ़ने पर यह स्पष्ट होने लगता है कि इस पूरे उपन्यास की बुनावट में वस्तुगत स्थितियों से ज़्यादा शकुन की वे मनःस्थितियाँ महत्त्वपूर्ण हैं जो इन स्थितियों को जोड़ती-बनाती चलती हैं। इसलिए इसकी रचनात्मक-प्रक्रिया की समझ के लिए घटनाओं और संवादों की तुलना में, उनके बीच बिखरी लेखकीय टिप्पणियाँ ज़्यादा अहमियत रखती हैं। उन पर ध्यान देते ही समझ में आने लगता है कि 'भीतर-ही-भीतर चलने वाली एक अजीब ही लड़ाई थी वह भी, जिसमें दम साधकर दोनों ने हर दिन प्रतीक्षा की थी कि कब सामने वाले की साँस उखड़ जाती है और वह घुटने टेक देता है, जिससे कि फिर वह बड़ी उदारता और क्षमाशीलता के साथ उसके सारे गुनाह माफ़ करके उसे स्वीकार कर ले, उसके सम्पूर्ण व्यक्तित्व को निरे एक शून्य में बदलकर।' **(पृ. 37)** इस पूरी लड़ाई में बंटी कहीं है ही नहीं। क्योंकि

'दोनों ही एक-दूसरे की हर बात, हर व्यवहार और हर अदा को नया दाँव समझने को मजबूर थे और इस मजबूरी ने दोनों के बीच की दूरी को इतना बढ़ाया, इतना बढ़ाया कि फिर बंटी भी उस खाई को पाटने के लिए सेतु नहीं बन सका, नहीं बना।' (पृ. 38)। उस पर विडम्बना यह कि शकुन या कि उसके माध्यम से लेखिका इस आत्मप्रवंचना की शिकार है कि बंटी का कोई स्वतंत्र व्यक्तित्व है जिसे उपन्यास की घटनाएँ कहीं आड़े-तिरछे काट रही हैं। वास्तविकता यह है कि वकील चाचा के कहने पर कि 'क्या बतायें कुछ समझ में नहीं आता। बंटी को लेकर उसके मन में एक कचोट है और यही कचोट कभी-कभी...' वह ऊपर से नीचे तक एक क्रूर सन्तोष से भर गयी थी। 'न चाहते हुए भी आशा की एक हल्की-सी किरण मन में कौंधी थी। कौन जाने बंटी ही...।' (पृ. 36)। दरअसल न चाहते हुए भी इस उपन्यास में बहुत कुछ होता रहता है। चाचा बंटी के लिए खिलौने देते हैं तो शकुन को भ्रम होता है कि 'बंटी को माध्यम बनाकर उस तक भी कुछ भेजा गया है।' और यह भ्रम टूटता है तो 'बंटी केवल उसका बेटा ही नहीं, बल्कि वह हथियार भी हो जाता है जिससे वह अजय को टॉरचर कर सकती है, करेगी।' और 'बंटी से न मिल पाने की वजह से अजय को जो यातना होगी, उसकी कल्पना मात्र से उसे एक क्रूर-सा सन्तोष मिलने' लगता है। दरअसल उपन्यास की सारी लड़ाई शकुन और अजय के बीच है। शकुन का सारा जीवन इसी एक लक्ष्य से नियंत्रित होता है 'सामनेवाले को पराजित करने के लिए जैसा सायास और सन्नद्ध जीवन उसे जीना पड़ा उसने उसे खुद ही पराजित कर दिया। सामने वाला व्यक्ति तो पता नहीं कब परिदृश्य से हट भी गया और वह आज तक उसी मुद्रा में, उसी स्थिति में खड़ी है—साँस रोके, दम साधे घुटी-घुटी और कृत्रिम।' (पृ. 38) यही कृत्रिमता उसके व्यक्तित्व की धुरी है।

बंटी के प्रति उसका रुख अनजाने ही उस अरक्षा की भावना से बनता-बिगड़ता है जो अजय को लेकर उसके मन में गहरे बैठ गयी है। ममी सात भाई चम्पा की कहानी सुनाती है तो इस बात पर बल देने से उसका अहं तृप्त होता है कि 'पापा लोग ऐसे ही होते हैं। उन्हें बच्चों का ख़याल कभी रहता ही नहीं। यह तो माँ ही होती है जो...' (पृ. 19)। रह-रहकर वह निश्चय कर लेना चाहती है कि ऐसे राजकुमारों की तरह जो अपनी माँ को बहुत प्यार करते थे जो अपनी माँ के लिए बड़े-बड़े समुद्र तैर गये थे और ऊँचे-ऊँचे पहाड़ पार कर गये थे बंटी भी 'इतना सब करेगा बड़ा होकर या कि निकाल बाहर करेगा ...हटाओ बुढ़िया को, बोर करती है' (पृ. 19)। बंटी के संकल्प में शकुन की आकांक्षाएँ तैरने लगती हैं 'उसका मन करता कि ममी को पक्की तरह समझा दे कि वह उन्हें कब्भी-कब्भी नहीं छोड़ेगा'। (पृ. 13)। अजय को समर्पित सभी इच्छा-मानताएँ वह बंटी के माध्यम से पूरी करती है। यहाँ तक कि बंटी जब ठोड़ी के तिल पर अचानक उँगली

रख देता है तो अजय की याद ताज़ा हो जाती है और फिर ममी खुद ही उसकी उँगली लेकर तिल पर रख देती है, क्योंकि ऐसा करना उसे अच्छा लगता है।

उधर बंटी के मन का सारा सोच ममी को लेकर है। रैक पर रखी पापा की एकमात्र तस्वीर को खिलौनों की अलमारी में बन्द करके बंटी को लगता है कि 'जैसे ममी की ओर से उसने पापा के खिलाफ एक बहुत बड़ा कदम उठाया है।' **(पृ. 76)**। यहाँ तक कि बंटी का पापा को याद करना भी उसके अपने लिए नहीं है। 'वह तो केवल सोच रहा है कि खुश होकर पापा फिर से उनके साथ रहने लग जायें तो? यह तो ममी की बात हुई, ममी की खुशी की।' **(पृ. 79)**। यानी ममी को बंटी की खुशी-न-खुशी के बराबर बंटी को ममी के सुख-दुःख, खुशी-उदासी की चिन्ता है। अजय के विरुद्ध शकुन ने जो मोर्चा कायम किया है, उसका सबसे शक्तिशाली अस्त्र बंटी है। परन्तु वह खुद इस मोहक भ्रम में यह लड़ाई लड़ रही है कि बंटी के हिताहित को वह सबसे जयादा समझती है।

शकुन का यह आत्मछल पहली बार तब भंग होता है जब तलाक की रस्म अदायगी के रूप में वह अन्ततः अजय के हाथ पराजित होती है। यहाँ से एक दूसरा दौर शुरू होता है। उसका आहत अहंकार एक बार फिर अजय को नीचा दिखाने के लिए सन्नद्ध होता है। इस बार बंटी उसके हाथ का हथियार न रहकर मार्ग की बाधा हो जाता है। और वही शकुन जो जब तक बंटी के हिताहित की चिन्ता से अपने को अभिभूत समझने के भ्रम में थी जैसे एक बार उसके प्रति अपराध बोध की भावना से भर जाती है और बंटी...अजय का प्रतिरूप बंटी उसे हर स्थिति में जैसे गलत साबित करने पर उतारू हो जाता है।

डॉक्टर जोशी के परिवार के साथ कम्पनी बाग में घूमने की पूरी योजना बंटी को आक्रोश और गुस्से से भर देती है। ममी और डॉक्टर जोशी के सम्बन्ध की पहचान सहसा उसे बालक से प्रौढ़ बना देती है। और वह शकुन के अपराध-बोध का मूर्तिमान रूप और अजय का प्रतिरूप बनकर उसका सबसे जागरूक पहरेदार हो जाता है। उसके व्यवहार पर डॉ. जोशी की प्रतिक्रिया होती है—'इट सीम्स, ही हसबैंडूस यू टू मच'। बच्चे डॉ. जोशी के भी हैं, किन्तु उनके व्यवहार में कहीं कुछ ऐसा नहीं है क्योंकि उन्हें लेकर शकुन के मन में अपराध-बोध नहीं है।

जब बंटी की एयर-गन की ठाँय-ठाँय का स्वर उसके और डॉक्टर के बीच फैलता चला जाता है, तो उसे जैसे अपने आत्मछल का एहसास होता है। वह कन्फ़ैस करती है : 'ज़िन्दगी में हर ओर से कटकर वह पूरी तरह बंटी से जा चिपकी थी। सोचा था अपना सारा समय और सारा ध्यान वह उसी पर केन्द्रित कर देगी...अपने सारे अभावों की पूर्ति उसी से करेगी। लेकिन नहीं, उसने रास्ता ही गलत चुना था, अतः उसका हर कदम भी गलत होता चला गया।' **(पृ. 144)**

पर आत्मछल का यह सिलसिला टूटता नहीं है। वह अपनी सुख-सुविधा के लिए एक नयी ज़िन्दगी की शुरुआत करती है तो फिर एक बार अपने को धोखा देती है 'धीरे-धीरे वह आश्वस्त होने लगी थी कि उसने केवल अपने लिए ही नहीं, बंटी के लिए भी एक सही जिन्दगी की शुरुआत कर दी है। अब बंटी को हर जगह और हर बात में पापा की कमी नहीं अखरेगी...व्यक्ति चाहे बदल जाए पर उस स्थान की पूर्ति तो हो ही जाएगी। अब वह उतना अकेला नहीं रहेगा। दो बच्चों का साथ उसे और अधिक नार्मल बनायेगा। ही विल ग्रो लाइक ए बॉय, लाइक ए मैन।' व्यक्ति में जब सत्य का सामना करने का साहस नहीं होता तो वह उसकी अपने अनुकूल व्याख्या कर लेता है। परन्तु इस प्रक्रिया में कहीं एक गहरा अपराध-बोध मन में पैठ जाता है। इस बोध का एहसास रह-रहकर शकुन को होता है 'तो क्या उसके मन में भी कोई गिल्ट है? इतनी देर से तर्क दे-देकर वह अपने अपराधी मन को ही समझाती रही है? बार-बार बंटी के हित की दुहाई देकर कहीं वह अपने किसी गलत काम को ही तो सही सिद्ध नहीं कर रही?' **(पृ. 116)** पर दूसरे ही क्षण 'मन न इस बात को मानता है, न उस बात को। सही-गलत की बात भी वह नहीं जानती, जानना भी नहीं चाहती।' **(वही)** वस्तुतः इस उपन्यास की रीढ़ सही-गलत बात के बीच सही को दो टूक पहचानने की यह असमर्थता ही है। और जब यह पहचान कुछ-कुछ जागती है तो गलत होने के अपराध-बोध के रूप में 'जो भी हो, पर सात साल तक गलत होने के अपराध-बोध को उसने किसी-न-किसी स्तर पर हर दिन ही झेला है।' और तब अजय का प्रतीक और उसके अपने अपराध-बोध का मूर्त-रूप बंटी 'ठीक उसी तरह उसे गलत और अपराधी सिद्ध करने पर' तुल जाता है। शकुन के मन में आशंका जगती है कि वह 'शायद सारी ज़िन्दगी उसे गलत ही सिद्ध करता रहेगा ठीक उसी तरह जैसे...।'

इस आशंका मात्र से उसके संकल्प बदलने लगते हैं। अजय से बदला लेने में असमर्थ शकुन जैसे बंटी से बदला लेने लगती है। क्योंकि बंटी न पहले कुछ था न अब कुछ है इसलिए वह फैसला करती है कि 'बंटी उसके और अजय के बीच सेतु नहीं बन सका तो वह उसे अपने और डॉक्टर के बीच में बाधा भी नहीं बनने देगी'। **(पृ. 120)**। यानी बंटी को सिर्फ़ उसके और किसी दूसरे के बीच कुछ होना भर है। इन दो में से केवल एक की स्थिति निश्चित है दूसरा अजय हो सकता है, डॉक्टर जोशी या फिर कोई और हो सकता है। परन्तु बंटी की स्थिति इस दूसरे के साथ पहले के सम्बन्ध से निर्धारित होती है। एक स्वतन्त्र अस्तित्व के रूप में नहीं। इसीलिए जो शकुन बंटी को होस्टल भेज देने के सुझाव मात्र से बौखला उठी थी उसी के मन में जब अजय को लेकर ढेर-ढेर कटुता उभर आयी तो बंटी के लिए उसने

फैसला किया कि 'बंटी यदि सहज ढंग से अपने को उसके और डॉक्टर के बीच में से समेट नहीं लेता तो वह उसे अजय के पास भेज देगी।'

यहाँ तक कि उसे इस बात से भी चिन्ता होने लगी कि जो अजय किसी समय बंटी को ले जाना चाहते थे उनकी ओर से कोई खबर या सूचना नहीं है। फिर भी वह बंटी को भेज देगी क्योंकि 'बंटी की दरार ही बनना है तो मीरा और अजय के बीच में बने। अजय भी तो जाने कि बच्चे को लेकर किस तरह यातना से गुजरना होता है।' क्योंकि सेतु बनना बंटी के लिए सम्भव नहीं इसलिए उसको दरार बनना, यातना बन जाना है जिसे शकुन डॉ. जोशी के साथ शेयर करना नहीं चाहती।

इसके बाद मोर्चा दोनों ओर से तन जाता है। शकुन को बंटी से शिकायत है 'मुझे तंग करने में, सबके बीच शर्मिन्दा करने में तुझे खास ही सुख मिलने लगा है आजकल' और बंटी चाहता है 'कि ममी परेशान हों, दुखी हों'। रह-रहकर उसके मन-ही-मन में सन्तोष होता है 'कुछ ऐसा कर डालने का जो नहीं करना चाहिए...ममी को परेशान करने का।'

जस्टिफ़िकेशन की ज़रूरत शकुन को बार-बार महसूस होने लगती है। वह कोशिश करके भी जब बंटी को डॉ. जोशी के घर में रचा-पचा नहीं सकी तो जैसे वह उस घर के लिए फ़ालतू हो गया। और आखिर 'बंटी सेतु नहीं बन सका। इसीलिए शायद उसे भी कट जाना पड़ा।' वह 'जैसे एक अनावश्यक प्रसंग था, ऊपर से थोपा हुआ। उसे एक-न-एक दिन समाप्त होना ही था। सब लोग जैसे इसी दिन की प्रतीक्षा कर रहे थे।' सब लोग ही नहीं 'वह भी? सचमुच वह भी कहीं चाहने ही तो लगी थी। उसे खुद लगने लगा था कि वह एक अनावश्यक तत्त्व...'

बंटी की भूमिका अनजाने ही उपन्यास में इसी ऊपर से थोपे हुए अनावश्यक तत्त्व की हो गयी है। उसे या 'हथियार' होना है, या 'सेतु', किन्हीं दो के सम्बन्धों के बीच, और जब वह वैसा न होकर 'दरार' या 'बाधा' होने लगता है तो उसे सब काटकर फेंक देते हैं और सब फिर जैसे का तैसा हो जाता है।

यदि कोई पात्र इसी पूरी स्थिति को एक किनारे खड़े होकर अक्सर पूरी निस्संगता और ठंडेपन से विश्लेषित करता है तो वह डॉ. जोशी हैं। वे प्रायः मर्म को पकड़कर सधे स्वर और सुलझी हुई दृष्टि से उद्घाटित करते रहते हैं : 'तुम लोग अपने को, अपने ईगो को ऊपर न रखकर बंटी को ऊपर रखो। आइ मीन उसकी दृष्टि से सारी बात सोचो तो ज्यादा सही होगा।'

इसी सत्य को कुछ आगे चलकर शकुन कन्फ़ेस करती है 'सच, हम लोग शायद बंटी को मात्र एक साधन ही समझते रहे। अपने-अपने अहं, अपनी-अपनी महत्त्वाकांक्षाओं और अपनी-अपनी कुण्ठाओं के सन्दर्भ में ही सोचते रहे। बंटी के

सन्दर्भ में कभी सोचा ही नहीं।' यह आकस्मिक नहीं है कि यह कन्फ़ेशन उपन्यास के अन्त में किया गया है। परन्तु उपन्यास की विडम्बना यह है कि इस कन्फ़ेशन के बावजूद शकुन को यह भ्रम है कि वह हर बार जो करती है वह बंटी के भले के लिए या फिर किसी दूसरे ऐसे कारण से, जिसमें कम-से-कम उसकी कोई अपनी कमजोरी, अपनी आवश्यकता यानी निजी स्वार्थ नहीं होता। बंटी को खुद जोशी के घर में एक अनावश्यक प्रसंग, एक यातना, या अपने और जोशी के बीच दरार समझने पर भी जब वह उसे अजय के पास भेजने को राजी होती है तो एक बार फिर अपने को धोखा देती है—जैसे उसे भेजने में उसका कोई अपना स्वार्थ न होकर अब भी अजय और मीरा के बीच दरार पैदा करने की प्रतिशोध भावना है।

इस उपन्यास की सही पहचान इस आत्म-छल को पकड़े बिना नहीं हो सकती। उपन्यास में बंटी एक अत्यन्त जीवन्त और सक्रिय पात्र है। इसलिए वह आपाततः दो के बीच होने वाली लड़ाई के परिणामों का भोक्ता प्रतीत होता है। ऐसी लड़ाई में जब भोगनेवाला पात्र बच्चा हो और वह भी परजीवी तो प्रभाव भावोद्वेलित करनेवाला ही होगा। इसीलिए 'आपका बंटी' को पढ़ने पर एक सदीक्षा में 'कुछ कुछ वैसी ही बेचैनी और उमड़न' का जिक्र किया गया है, जैसी 'वर्षों पूर्व शरतचन्द्र की तथाकथित भावुकतापूर्ण कहानियाँ पढ़कर हुई थी।' और शायद इसीलिए ब्लर्व पर प्रकाशक की विज्ञप्ति है कि 'इस उपन्यास को देश-विदेश के हजारों परिवारों ने जिस व्यक्तिगत लगाव के साथ पढ़ा है, जिस तरह 'बंटी' को लेकर पत्र लिखे हैं, जिस तरह पाठक बंटी के लिए चिन्तित और उत्सुक रहे हैं—वह अपने आप में एक घटना है।' ये दोनों बातें प्रभाव सम्बन्धी एक ही विशेषता की ओर संकेत करती हैं। प्रश्न किया जा सकता है कि 'आपका बंटी' की सफलता क्या केवल भावुक करुणा जगानेवाले लिजलिजे उपन्यास के रूप में है। और यदि है तो क्या लेखिका का यही अभिप्रेत है? लेखिका की दृष्टि जाने-अनजाने केवल एक ही बात पर केन्द्रित है और वह यह कि पूरी स्थिति की जिम्मेदारी और दोष शकुन पर न रहकर अजय पर बना रहे। उसका अहंकार यह भी गवारा नहीं करता कि उसकी भूमिका इस घटना-चक्र में शहीदाना हो जाए। वह केवल अजय को पराजित देखना चाहती है। पर वह भी इस तरह नहीं कि वह पाठक की करुणा और सहानुभूति का अधिकारी हो जाए और अपने प्रति करुणा जगाना कहीं-न-कहीं आत्मपराजय स्वीकार करना है। अतः लेखिका ने अनजाने ही सबसे सुरक्षित मार्ग अपनाया है—अजय को दोषी ठहराकर बंटी के प्रति पाठक को करुणा-विगलित करके एक प्रकार के भावुकतापूर्ण आदर्शवाद की सिद्धि जिसमें कहीं-न-कहीं अपने व्यवहार के लिए नैतिक समर्थन भी प्राप्त कर लिया गया है।

पर 'आपका बंटी' की जो विशेषता उसे अधिक महत्त्वपूर्ण और सार्थक बनाती है, वह यह भावोद्वेलन नहीं है, बल्कि शकुन की जटिल चरित्र-सृष्टि है जिसके कारण इसकी वस्तु के ट्रीटमेंट में व्यंजना की कला का अत्यन्त प्रौढ़ रूप मिलता है। लेखिका की दृष्टि में शायद यह उपन्यास का अभिप्रेत नहीं है। शकुन के चरित्र का सीधा-सपाट न रहकर अत्यन्त जटिल हो जाना भले ही लेखिका के लिए उपन्यास की गौण वस्तु रही हो पर इस उपन्यास को एक प्रौढ़ और सार्थक रचना बनाने में उसकी इस विशेषता का बहुत बड़ा हाथ है। कहना न होगा उपन्यास की इस गौण वस्तु का निर्वाह अत्यन्त कठिन और चुनौतीपूर्ण था। मन्नू भण्डारी के कथा-साहित्य की एक प्रमुख विशेषता है—अनुभूत जीवन को बिना सचेष्ट कलात्मक कौशल के सीधी-सादी सपाट शैली में प्रस्तुत कर देना। शकुन के चरित्र में आत्मप्रवंचना की इस जटिलता का निर्वाह भी मन्नू भण्डारी ने इसी सहज पद्धति से किया है और यही इसकी सफलता का रहस्य है। व्यक्ति और माँ के बीच बंटी शकुन का अवचेतन के स्तर पर गहरा आत्मद्वन्द्व व्यवहार के धरातल पर एक तनावपूर्ण व्यक्तित्व को जन्म देता है। यही व्यक्तित्व, शास्त्र की भाषा में इस उपन्यास का गुणीभूत व्यंग्य है।

लेखिका ने यह अनजाने किया या जानबूझकर इससे उपन्यास के कलात्मक मूल्य में कोई अन्तर नहीं पड़ता, क्योंकि किसी कृति की मूल्यवत्ता लेखकीय रचना-दृष्टि से नहीं, उसके अपने निष्पन्न, पूर्ण, संरचित रूप से निर्धारित होती है। चेखव की प्रसिद्ध कहानी 'डार्लिंग' के सम्बन्ध में टालस्टाय ने संकेत किया था कि 'डार्लिंग' की गर्हणा के लेखकीय उद्देश्य को पूरा न करती हुई यह कहानी अन्ततः अनजाने ही इस पात्र के प्रति पाठकीय संवेदना जगाती है। मार्क्स ने 'बाल्ज़ाक' की वैचारिकता और यथार्थ-चित्रण के आपसी सम्बन्ध को लक्ष्य करते हुए कहा था कि वैचारिक स्तर पर शासक के प्रति पक्षपातपूर्ण दृष्टिकोण रखते हुए भी यथार्थ के अत्यन्त प्रामाणिक और सजीव चित्र प्रस्तुत करने के कारण पाठक की करुणा का अधिकारी सामान्य वर्ग हो गया है। कहना न होगा कि इस प्रकार की रचनाओं का महत्त्व उसी विशेषता में रहता है जो रचना-प्रक्रिया में अनजाने पैदा हो जाती है।

'आपका बंटी' की सही समझ के लिए उसकी रचना-प्रक्रिया में इस विशेषता की ओर ध्यान दिया जाना बहुत ज़रूरी है। केन्द्रीय पात्र की इस तनावपूर्ण स्थिति से 'आपका बंटी' की संरचना, स्थितियों का चुनाव, पात्रों का व्यवहार—उन सबके आपसी रिश्ते, भाषा, अर्थात् एक सम्पूर्ण इकाई के रूप में उसकी गठन किस रूप में प्रभावित हुई, यह स्वतन्त्र रूप से विचारणीय हो सकता है।

झूठ के गोरखधन्धे में छिपे सत्य की तलाश : कुरु कुरु स्वाहा

'कुरु कुरु स्वाहा' के प्रकाशन के समय तक (1980) हिन्दी उपन्यास लगभग एक शताब्दी का सफर तय कर चुका था। इस लम्बी यात्रा के दौरान उसने जो मोड़ लिए उनकी पहचान बताने में साहित्य के इतिहासकारों और कथा-समीक्षकों को विशेष असमंजस नहीं हुआ। मसलन हिन्दी के पहले मौलिक उपन्यास 'परीक्षा गुरु' को आ. रामचन्द्र शुक्ल ने 'एक शिक्षाप्रद उपन्यास' कहा और सोद्देश्यता को लाला श्री निवासदास के रचना-कर्म की विशेषता बताया।

उपन्यास रचना का सिलसिला जब उन्नीसवीं शताब्दी के आरम्भ में चल निकला तो मौलिक उपन्यासों के साथ-साथ अनुवादों की धूम रही। दिलचस्प बात यह है कि ये अनुवाद सबसे अधिक बंगला भाषा से और उसके अलावा मराठी, उर्दू और गुजराती से भी किये गये। भारतीय भाषाओं की तुलना में अंग्रेजी से अनुवाद करने की प्रवृत्ति रचनाकारों में कम दिखायी पड़ी। भारतीय भाषाओं के उपन्यासों की भली-भाँति पड़ताल करने पर इनकी जातीय विशेषताएँ सहज पहचानी जा सकती हैं।

देवकीनन्दन खत्री को हिन्दी का पहला मौलिक उपन्यासकार तो माना ही जाता है, उनकी 'चन्द्रकान्ता' और 'चन्द्रकान्ता संतति' को हिन्दी उपन्यास के लिए बहुत बड़ा पाठक-वर्ग तैयार करने का श्रेय भी दिया जाता है। इस बात पर इसलिए ध्यान दिया जाना चाहिए कि 'तिलस्म' और 'ऐय्यारी' ऐसी विशेषता है जिसका प्रभाव पाठक पर दुर्निवार होता है। पाठक के मानस को हैरानी में डालकर इस हैरानी को कुछ ऐसे बनाये रखना कि वह रचना के साथ बराबर चलता रहे वह तरकीब है जिसका प्रयोग तिलस्मी ऐटयारी ढंग के उपन्यासकारों ने अपनी रचनाओं में बड़ी सफलतापूर्वक किया।

उन उपन्यासों की भरमार का ज़माना भले ही चला गया हो लेकिन तिलस्मधर्मी रहस्य बुनने की शैली को प्रभावी विशेषता के रूप में कथाकारों ने बराबर पहचाना

और हथियार की तरह उसका प्रयोग भी किया। यह बात अलग है कि परवर्ती रचनाकारों के हाथों में आकर यह शैली कहीं अधिक कलात्मक और परिमार्जित हो गयी। जहाँ शुक्ल जी के अनुसार 'हिन्दी साहित्य के इतिहास में बाबू देवकीनन्दन का स्मरण इस बात के लिए सदा बना रहेगा कि जितने पाठक उन्होंने उत्पन्न किये उतने किसी और कथाकार ने नहीं, गोकि इन उपन्यासों का लक्ष्य केवल घटना-वैचित्र्य रहा।' इसके ठीक विपरीत परवर्ती उपन्यासकार का लक्ष्य न तो पाठकों की संख्या में बढ़ोतरी करना होता है न घटना-वैचित्र्य का समावेश करना।

तात्कालिक आश्चर्यजनक लोकप्रियता के बावजूद जासूसी, तिलस्मी, ऐय्यारी-उपन्यासों की परम्परा न बहुत दीर्घजीवी हुई और न ही कलात्मक दृष्टि से उसका विशेष महत्त्व स्वीकार किया गया। बाद के उपन्यासों में 'तिलस्म' और 'ऐय्यारी' विषयवस्तु न रहकर, शैली की भंगिमा हो गये, जिनका प्रयोग अलग उद्देश्य से कुछ दूसरे किस्म का प्रभाव उत्पन्न करने के लिए किया जाने लगा।

'कुरु कुरु स्वाहा' के रचनाकाल तक हिन्दी उपन्यास उत्कर्ष के अनेक शिखर छू चुका था। प्रेमचन्द, जैनेन्द्र, अज्ञेय, यशपाल, अमृतलाल नागर, हजारीप्रसाद द्विवेदी, श्रीलाल शुक्ल, फणीश्वरनाथ रेणु, कृष्णा सोबती, जैसे अनेक उपन्यासकारों ने उपन्यास साहित्य को समृद्ध किया था। यह तो महत्त्वपूर्ण है ही, इससे अधिक महत्त्वपूर्ण बात यह है इनमें से प्रत्येक नाम व्यक्ति नहीं प्रवृत्ति है, जिसके साथ उपन्यास में एक नया मोड़ अत दिखाई पड़ता है। नाम और भी हैं, और महत्त्वपूर्ण हैं पर नयी प्रवृत्ति की शुरुआत करने वाले बहुत नहीं हैं। कहना न होगा कि 'कुरु कुरु स्वाहा' के लेखक का नाम भी हिन्दी-उपन्यास में नया और विलक्षण प्रयोग करने वालों की पंक्ति में आएगा। फर्क यह है कि ऊपर जो नाम गिनाये गये उनमें से कुछ की परम्परा में आगे और नाम जुड़े जैसे प्रेमचन्द, जैनेन्द्र, यशपाल और अमृतलाल नागर। बाकी ऐसे हैं जिन्होंने ऐसे मॉडल निर्मित किये जिनका अनुसरण असम्भव नहीं तो कठिन अवश्य था। 'शेखर एक जीवनी', 'बाणभट्ट की आत्मकथा', 'राग दरबारी', 'मैला आँचल' और 'ज़िन्दगीनामा' ऐसी ही रचनाएँ हैं।

'कुरु कुरु स्वाहा' के महत्त्व का एक कारण उसकी विलक्षण अद्वितीयता ही है। इसी कारण यह उपन्यास अपने चौंकाने वाले कथ्य और शिल्प की वजह से तत्काल विवाद के घेरे में आ गया। लगभग एक दशक तक समर्थन और विरोध के लम्बे दौर से गुज़रने के बाद इस उपन्यास की समझ अब शायद काफी हद तक साफ़ हो चुकी है।

इस उपन्यास के सन्दर्भ में कुछ बातों को प्रसंगवश याद कर लेना मुनासिब होगा। पहली बात तो यह कि इसका लेखक बहुत तजुर्बेकार व्यक्ति है। सम्पादन,

पत्रकारिता, फ़िल्म, दूरदर्शन और अनुवाद के अनुभव के साथ, गहन और व्यापक अध्ययन की पूँजी है उसके पास। उपन्यास पर इस व्यापक अनुभव और कर्म-क्षेत्र की छाप आ जाना स्वाभाविक है।

दूसरी बात यह कि बकौल मनोहरश्याम जोशी 'कुरु कुरु स्वाहा' एक स्तर पर 'घोरतम रूप से एक व्यक्ति-विशेष का अन्तरंग उपन्यास है, जिसमें यहाँ से वहाँ तक वह अपने मानस को अपने परीक्षण के लिए प्रस्तुत कर रहा है।' पर यह 'आत्मचरित नहीं है, इसका ब्योरा मेरी (जोशी जी की) अपनी जिन्दगी का ब्योरा नहीं है।'

तीसरी बात जो उपन्यास के सभी पाठकों और समीक्षकों ने लक्ष्य की है—यह **व्यक्ति-विशेष** एक तिमंजिला पात्र है—मैं+मनोहर+जोशी जी, यानी थ्री इन वन। लेकिन इसके नायक मैं का केन्द्रीय सवाल है 'मैं कौन हूँ?' नायिका पहुँचेली को लेकर उठने वाला सवाल 'वह कौन थी?' इसी 'मैं कौन हूँ?' को उठाने का बहाना भर है। और यह 'मैं'? मैं से मुराद लेखक-नायक से नहीं मानव-मात्र से या औसत बुद्धिजीवी से है। 'इसलिए इसके नायक की परेशानी भी औसत बुद्धिजीवी की परेशानी है।'

इस परेशानी को जिस शिल्पगत कौशल से व्यक्त किया गया है वह 'ट्रांज़ेक्शनल अनालिसिस' का मनोविश्लेषणधर्मी नुस्खा नहीं है। इस तिमंजिले व्यक्ति की जोशी कृत व्याख्या है—'मनोहर' सहज आस्था का यानी हृदय का प्रतीक है, 'जोशी जी' संदेह-जिज्ञासा के यानी मेधा के और प्रतीक कथावाचक 'मैं' काया का, अस्तित्व-रक्षा उर्फ़ चमड़ी बचाने के लिए आवश्यक कांइयापन का।

इस तिकोने पात्र की जिज्ञासाएँ और परेशानी बल्कि 'हैरानी' (हरिया हरक्यूलीज़ की तर्ज़ पर) क्या है? जैसा सवाल जिस कौशल से उपन्यास की गझिन बनावट में बुन गया है वह व्यूह-रचना की तरह पाठक को भ्रमाती है। कथ्य से ज्यादा कथन, क्या से ज्यादा कैसे उसके ध्यान को बाँधता है। इसकी बनावट बहुत कुछ उस पहेली की तरह है जिसके उत्तर तक पहुँचने के लिए पाठक एक सिरे से (यह बात अलग है कि हर पाठक के लिए इस प्रस्थान बिन्दु का चयन भी बहुत कुछ उसकी मानसिक बनावट और क्षमता पर निर्भर करेगा) उसमें प्रवेश करता है और घटनाओं, पात्रों, स्थितियों की घुमावदार अप्रत्याशित गुलझट से गुजरकर अक्सर जहाँ पहुँचता है उसे वह सही जगह पहुँचना नहीं लगता। यह भी सम्भव है कि कुछ पाठकों को उपन्यास समाप्त करने के बाद लगे कि यह तिलस्म उन्हें कहीं ले ही नहीं जाता। उन्होंने तिलस्मी सन्दूक में गलत चाबी का इस्तेमाल कर लिया है। गरचे लेखक की 'बराबर यह कोशिश रही है कि अधिक-से-अधिक पाठक इसमें रस ले सकें।' क्योंकि उसका विश्वास है कि 'जिस मानस का इस उपन्यास में खाका खींचा गया है, वह कुशवाहा कान्त से लेकर अज्ञेय

तक सब में रमा है और इसकी यह इच्छा हो सकती है कि कुशवाहा कान्त से लेकर अज्ञेय तक इसके पाठक हों।' समस्या यह नहीं है कि इसका बोधव्य वह पाठक वर्ग है जिसमें कुशवाहा कान्त से लेकर अज्ञेय तक एक-एक अदद सब हों। खतरा यह है कि ऐसा पाठक वर्ग मुश्किल से मिलेगा जिसमें ये सब एकसाथ हों और उपन्यास के विभिन्न प्रसंगों में आवश्यकता अनुसार प्रतिक्रिया के लिए प्रकट-अप्रकट होते रहें। जोशी जी ने जिसे लो-ब्रांड और हाई-ब्रांड की जुगलबन्दी समझ कर रचा है, वह अपनी चरम परिणति में जुगलबन्दी नहीं आर्केस्ट्रा हो गया है, वह भी 'जैज़' के से प्रभाव का।

समझदार पाठक जब इसमें तरह-तरह की जुगलबन्दियों को तलाशते दिखाई पड़ते हैं तो निष्कर्ष यही निकलता है कि यह उपन्यास तरह-तरह के पाठकों को अनेक स्तरों पर, अनेक रूपों में प्रभावित करता है। अजितकुमार के साक्ष्य पर इस प्रभाव-वैविध्य को कुछ यूँ सूचीबद्ध किया जा सकता है—वाक्पटुता, तांत्रिक-सांस्कृतिक सन्दर्भ, भारतीय अस्मिता की खोज (पहुँचेली की तलाश में) साहित्य और साहित्यकारों के दिलचस्प हवाले, ऐय्यारी-तिलस्मी उपन्यासों का मज़ा, भदेस और भावविह्वलता की अनूठी जुगलबन्दी, 'मिथक' को समकालीन और समकालीन को 'मिथक' बनाने के चक्कर से पैदा होने वाली हैरानी आदि। कहना न होगा कि इस सूची में चकरा देने वाली सच्चाई है।

इस सन्दर्भ में ध्यान देने की एक बात और है। इस उपन्यास का तर्जे बयाँ कुछ ऐसा है कि इसे 'हास्य की फुलझड़ी' समझने का क्षणिक भ्रम रह-रहकर इसके भीतर निरन्तर व्याप्त पीड़ा-करुणा-गम्भीरता की अन्तर्धारा के कारण झटके से टूटता है। यह विरुद्धों का सामंजस्य नहीं विरुद्धों की विडम्बना है। उपन्यासकार ने इस तकनीक या तरकीब की रचना-प्रक्रिया के मूल में जिन सम्भावनाओं का जिक्र किया है, उनमें से एक विशेष ध्यान देने लायक है : 'ओर्तेगा गास्से पढ़ने के बाद लेखक ने तय पाया कि आधुनिक उपन्यासकार को ऐसा प्रपंच रचना पड़ता है कि पाठक इस आश्वासन और आत्मविश्वास के साथ उसकी कृति के संसार में घुस जाये कि सब देखा-समझा है और फिर चकराये कि यह देखा-समझा हुआ भी कुछ अजीब-अनचीन्हा क्यों कर मालूम हो रहा है?'

अजीब-अनचीन्हे के माध्यम से देखे-समझे तक ले जाने की कोशिश : यानी जो है वह नहीं है, वह सर्वथा कपोल-कल्पित है। यहाँ तक कि वह पात्र भी 'जिसका जिक्र इसमें मनोहरश्याम जोशी संज्ञा और 'मैं' सर्वनाम से किया गया है।' और इसमें जो नहीं है वही वास्तव में इसका कथ्य है। इस तकनीक को उपन्यासकार ऋत्विक घटक की भाषा में 'बायस्कोप'-दृश्य और संवाद-प्रधान, गप्प बायस्कोप कहता है—इस आग्रह के साथ कि इसे पढ़ते हुए देखा सुना जाए। उपन्यासकार की यह

माँग एक हद तक पूरी होती है, यानी उपन्यास पढ़ते हुए बाकायदा देखा-सुना जाता है। व्यक्ति, दृश्य, घटनाएँ, सब बायस्कोप की तरह पढ़ते समय आँखों के सामने चलते-फिरते हैं और कानों में गूँजते हैं उनके संवाद। आँख बन्द करके भी पाठक केवल संवादों के सहारे पात्रों को अलगा सकता है—तिमंजिले पात्र की थ्री-टियर भाषा तो अपनी जगह है ही, उसके अलावा प्रदेश, व्यक्ति, वर्ग संस्कार, मनःस्थिति सबको इस उपन्यास की भाषा ऐसे उद्घाटित करती है कि रचनाकार का भाषायी अधिकार लगभग करामात की तरह अभिभूत कर लेता है। उपन्यासकार ने 'भाषा के कई तेवर साथ-साथ चलने दिये हैं।' भाषा को उसने रचा है लगभग एक पात्र की तरह। ऐसी भाषा जिसमें संज्ञाओं में अन्धविश्वास चुकने पर वह एक मायावी रूप धारण कर लेती है। भाषा के ऐसे प्रयोग के लिए जो असाधारण भाषाधिकार चाहिए वह हर किसी के पास नहीं होता, नहीं हो सकता। शायद यही कारण है कि आशंका के बावजूद 'कुरु कुरु स्वाहा' की भाषा आज तक 'क्लीशे' नहीं बन सकी। कभी-कभी लगता है कि भाषा को लेकर एक तरह का क्रीड़ा-भाव, एक खिलंदड़ापन रचनाकार जोशी के भीतर लहरें मारने लगता है। भाषा के साथ यह सलूक 'गप्प' लिखने के लिए ज़रूरी है। गप्प सिर्फ़ गप्प हो तो बात और होती है पर जब वह ज़िन्दगी की जटिलताओं को, विषाद और पीड़ा को कॉमिक-ट्रैजिक लहजे में झेल जाने का मुखौटा हो जाए तो चुनौती कुछ दूसरे ढंग की होती है। कहना न होगा कि—ऐसी चुनौती को मनोहरश्याम जोशी लगभग शगल की तरह स्वीकार करते और सधी कलम से अंजाम देते हैं।

'कुरु कुरु स्वाहा' जोशी जी के अनुसार 'नये भारत का एक उपन्यास है'। यह भी सही है कि नये भारत के तमाम सवाल इस रचना में बार-बार उठाये गये हैं। पर इन सवालों को जिस व्यूहात्मक करामाती शिल्प में बाँधा गया है उससे गुजरते हुए औसत पाठक दिग्भ्रमित नहीं होगा, यह पूरे विश्वास से नहीं कहा जा सकता। तिमंजिले नायक के माध्यम से जिस जीवन दर्शन को जोशी जी अभिव्यक्त करना चाहते हैं, उनमें से किसी एक पक्ष को लेकर सीधा-सादा उपन्यास लिखने की पद्धति उनकी नहीं है। पर सवाल यह है कि जो गप्प बायस्कोप उन्होंने लिखा है क्या उसके माध्यम से जोशी जी के खुलासा किये बगैर बिना चकराये पाठक उसकी कथावस्तु तक पहुँच सकता है? सुविधा के लिए जोशी जी के शब्दों में इस उपन्यास की कथावस्तु को दोहरा लें।

'उपन्यास की जो कथावस्तु है, वह संक्षेप में यों है कि लेखक-बुद्धिजीवी जोशी जी, अपने को कच्चा माल सप्लाई करने वाले मनोहर से परम सन्तुष्ट हैं, गोकि वह उसकी सहज आस्था और अबोधता को खासे संशय से देखते हैं। उन्हें इतने

'सरलीकरण' पर एतराज है। यही जोशी जी, 'मैं' की काँइया-कमीनी-सिनिकल चमड़ी बचा-दमड़ी-बना दृष्टि से खफा हैं और 'मैं' की तरह 'शैलो' नहीं होना चाहते। पहुँचेली इस तिमंजिले नायक के सामने प्रतिबद्धता का सवाल पेश करती है, मनोहर प्रतिबद्ध होने के लिए तैयार हैं, जोशी जी गोया अपने 'कमेंट रिज़र्व' किये हुए हैं और 'मैं' कह रहा है कि प्रतिबद्धता, साहस, आदर्श ये तमाम आउट-ऑफ-कोर्स बातें हैं, क्यों व्यर्थ में शहीद होना चाहते हो। 'मैं' के इस 'कामनसेंस' से जोशी जी की 'इंटेलेक्चुअलटी' पट जाती है और मनोहर की सहज आस्था अकेली पड़ जाती है। तुम चाहो तो इसे 'सिनिसिज़्म' का नमूना मान लो, कोई और चाहेगा तो इसे 'अतिवाद' का मान लेगा कि आस्था सहज और साहसी ही हो सकती है, जहाँ अगर-मगर है, वहाँ 'सिनिसिज़्म' आकर रहेगा।' **(सारिका, नवम्बर, 1980)**

संक्षेप में, यह ऐसे लेखक बुद्धिजीवी जोशीजी के जीवन के 'हाईड्रामा' की कहानी है, जो औसत भारतीय बुद्धिजीवी है। लेकिन उसके जीवन का यह हाईड्रामा, जो उसके जीवन की ट्रेजेडी भी है, गम्भीर रुआँसे ढंग से नहीं उसके हास्यास्पद पक्ष को रेखांकित करके सुनाई गयी है। उपन्यासकार के लिए हास्यास्पद ढंग की प्रस्तुति केवल शैली, मात्र 'गिमिक' नहीं है। जिस पात्र की ज़िन्दगी की ट्रेजेडी को वह विषय बना रहा है, उसे सीधे-सादे ढंग से कहने को ट्रेजेडी के रूप में प्रस्तुत करने के प्रयास को भी वह एक स्तर पर हास्यास्पद मानता है। ऐसा मानने का कारण है उसके पास : 'हजार रुपये माहवार वाली नौकरी की तलाश, गँवार देश में बौद्धिक माहौल का सन्धान, तन्त्र और क्रान्ति से दूर ही दूर से छेड़छाड़, मध्यवर्गीय मूल्यों के प्रति 'विद्रोह' और अन्त में उनकी स्वीकृति–यह ट्रेजेडी है!! इसमें कौन-सा 'हाईड्रामा' है? कौन-सी तपस्या, कैसा त्याग निहित है? लेकिन पता नहीं, हममें से कितनों के लिए यह नितान्त अपनी ट्रेजेडी है। इसे हम उसी रूप में प्रस्तुत भी करते हैं, सराहे भी जाते हैं। जब इसी कहानी को कॉमेडी के रूप में प्रस्तुत किया जाता है, तब क्या इसके 'ट्रेजिक' आयाम को सर्वथा नकारा जा सकता है?' हास्य-व्यंग्य के तेवर में लिपटी इस ट्रेजेडी को इसके मूल रूप में पकड़ पाना हर पाठक के बस की बात नहीं है। विलाप-कलाप की मुद्रा में विगलन पैदा करने वाली ट्रेजेडी का मरसिया प्रस्तुत करना जितना सहज है उतना ही कठिन है उसे हँसकर उड़ाने वाली मुद्रा में बाँधना। और इससे भी कठिन है इस मुद्रा के निहितार्थ को, ट्रेजिक तत्त्व को पहचानना। कम पाठक इस लेखकीय आशय को समझ पाएँगे कि है तो वह त्रासद नर्वस ब्रेकडाउन। एक प्रकार से, यह उपन्यास–'नार्मल' होने की खातिर अबोध 'मनोहर' की हत्या किये जाने का उपन्यास है। वही हीरो है, यथार्थ जीरो है।

उपन्यास के दूसरे पात्र उसके तिमंजिले नायक का **एक्सटेंशन** मालूम होते हैं। इनमें सबसे महत्त्वपूर्ण है 'पहुँचेली पतुरिया'। जो पहली ही मुलाकात में नायक को 'अतीव सुमनोहरा' प्रतीत होती है। इस पहुँचेली यानी तारा झावेरी यानी तिलकुटिया उर्फ़ 'दुर्गासप्तशती' की पहचान यही है कि उसकी कोई पहचान नहीं। उसका सबसे बड़ा सत्य यह कि सत्य कहीं नहीं है। ज्यादा से ज्यादा कुछ है तो दिलचस्पी और जिज्ञासा। जोशी जी का जिज्ञासु-भाव मुखर होता है : 'मैं तो यह तक नहीं जानता कि तुम हो कौन? तांत्रिक–जैसा कि तुम खुद कहती हो? रंडी–जैसा कि बाबू ने बताया? लेखिका–जैसाकि खलीक ने बताया? क्रान्तिकारी–जैसाकि रथिजित भट्टाचार्य का अनुमान है? व्यापारी–जैसा कि डोभानवाला कह रहा है? और तुम, इतने झूठ बोलती हो, अपने बारे में, दूसरों के बारे में, कि तुम्हारा सच इस गोरखधन्धे में छिप जाता है। मुझे दिलचस्पी है झूठ के गोरखधन्धे में छिपे हुए तुम्हारे सत्य से।' और उत्तर मिलता है : 'जिसके बारे में तुम्हें जिज्ञासा है, वह स्वयं जिज्ञासा है। जिसके लिए तुम भटक रहे हो, वह स्वयं भटकन है।' 'जो भी गुण, जैसी भी क्रिया तुम्हें अपेक्षित हो, उसी हिसाब से मेरी कल्पना कर डालो।'

उपन्यास की इस अव्याख्येय नायिका और तिमंजिले नायक के अलावा भी पात्रों की काफी भीड़ है इस उपन्यास में। सब एक-दूसरे से अलग साफ अपनी पहचान लिए बायस्कोप के जूनियर कलाकारों की तरह। इस भीड़ की बहुत बड़ी खासियत यह है कि उपन्यास में इनकी उपस्थिति सिनेमा के 'एक्स्ट्राज़' की तरह दृश्यों/स्थितियों में केवल भराव पैदा करने के लिहाज से नहीं है। छोटी से छोटी भूमिका निभानेवाला पात्र स्थितियों में हस्तक्षेप करके अपनी मौजूदगी दर्ज़ करता है–व्यवहार और संवाद दोनों से। इनमें शीवचन्द्रा, तिरखा, तलाटी, कारंत, डोभानवाला, नफ़ीसा, मिसेज़ स्नेहवत्सला डोभानवाला, घूर्जटि, रथिजित भट्टाचार्य आदि के साथ बहैसियत गेस्ट आर्टिस्ट धर्मवीर भारती और विमलदत्त भी। और इन सबसे विलक्षण है खलीक–तरक्कीपसन्द शायर उसकी अजीब भंगिमाएँ हैं–आँखें मिचमिचाना, मिनमिनाकर बोलना, कन्धे उचकाना अजब तरह का हीन भावना से ग्रस्त अपने को हीरो समझने वाला पात्र जिसे फिल्मी दुनिया से नाउम्मीदी के सिवा कुछ न मिला। परिस्थितियों ने उसे गुसैला, बदज़बान, बदमिजाज़ और अन्ततः अघोरी बना दिया–लगातार नाराज रहना, गाली गुफ्ता करना ही उसकी पहचान है। देखने-सुनने में निहायत गैर-ज़िम्मेदार और अगम्भीर ऐसा पात्र जिसे पूरी तैयारी से तिल-तिल गढ़ा गया है। उसके चरित्र में भी इस अर्थ में रहस्यात्मकता है कि वह एकदम 'अनप्रैडिक्टेबल' पर शायद सबसे प्रामाणिक पात्र है।

'कुरु कुरु स्वाहा' के पात्रों की अलग-अलग पहचान बनाने के लिए उपन्यासकार

ने भाषा की शक्ति और सम्भावना का अद्भुत प्रयोग किया है। कहने को यह भाषा बम्बइया हिन्दी है। बम्बई महानगर है—बड़ी संख्या में लगभग पूरे भारत की प्रवासी जनता यहाँ बसी है। सबके अपनी-अपनी भाषा/बोली के संस्कार हैं। अलग-अलग भाषा-समुदायों से आये ये लोग जब विशेष 'सिचुएशन' में एक-दूसरे से मुख़ातिब होते हैं तो इस 'तथाकथित बम्बइया' हिन्दी की कितनी शैलियाँ आकार लेती हैं इसका जायज़ा इस अकेले उपन्यास से लिया जा सकता है। एक तरफ़ इसमें ब्रजी, भोजपुरी, अवधी और हरियाणवी का लोक-स्पर्श इसे बोलने वालों के मूल की पहचान बताता है और दूसरी तरफ बँगला, अंग्रेजी, गुजराती, मराठी और पंजाबी के जुमले इसके विभिन्न शैली-रूपों को आकार देते हैं। पात्रों की मानसिक बनावट, उनकी सामाजिक हैसियत, उनके जातीय संस्कार सबको एक साथ उजागर कर देती है उपन्यास के संवादों की भाषा। आश्चर्यजनक है इसके लेखक का भाषा के प्रचलित रूपों पर अधिकार। समर्थ रचनाकार के हाथों में भाषा कितना सम्भावनापूर्ण और कारगर अस्त्र हो सकती है, इसका अप्रतिम उदाहरण है 'कुरु कुरु स्वाहा'। सीमित भूमिकाओं में पात्रों को स्मरणीय बनाने में बहुत बड़ा हाथ है इसकी भाषा का, शब्दों की मितव्ययता का।

किस्सागोई की शैली में आधुनिक यथार्थ के बहुआयामी रूप को व्यक्त करता है 'कुरु कुरु स्वाहा'। पर साथ ही एक खास स्तर, समझ और रुचि के पाठक की माँग भी करता है यह। भले ही हजारीप्रसाद द्विवेदी को श्रद्धापूर्वक स्मरण किया गया हो, पर ऐसी कोई पूर्ववर्ती परम्परा या मॉडल नहीं है जिसकी ओर यह इंगित करता हो, और न ही अपनी सारी प्रयोगधर्मिता के बावजूद यह खुद किसी लीक का निर्माण करता है। इसे दोहराना लगभग असम्भव है। हो सकता है कुछ लोगों को यह 'मनोरंजक बकवास' लगे। कुछ इसकी हास्य-व्यंग्य मिश्रित ऊपर से अगम्भीर दिखाई पड़ने वाली भंगिमा के पीछे सूक्ष्म अर्थ की परतें उधेड़ते नजर आएँ। कुछ की सिट्टी-पिट्टी गुम हो जाए—सार्त्र, कामू, मार्क्स का सामना करते हुए और कुछ शायद उपन्यास की एक नयी परिभाषा की तलाश करते पाये जाएँ—क्योंकि इसमें कम-से-कम फिल्मांकन और औपन्यासिक शिल्प का घालमेल तो है ही। जोशी जी ने उस भारत का खुलासा किया है जिसकी तस्वीर है इस उपन्यास में :

सदियों की परम्परा के बोझ को उतार फेंकने के लिए व्याकुल इस भारत में आगे बढ़ने की छटपटाहट है, दिशा कोई भी हो। प्रश्नों से भरा, लगभग सब कुछ पर विश्वास-अविश्वास करता, अनुभव की आवृत्ति के प्रति अधीर, तथापि बहुत कुछ को परिचित अथवा नाममात्र को परिवर्तित रूप में अपनाने के लिए विवश है यह भारत। नियति-दासता से वह टकराना चाहता है और उपनिवेशवाद-पूँजीवाद-उपभोगवाद-

हिन्दुत्व-सत्तासंघर्ष जैसे सन्दर्भ उसके सामने हैं। किसे अपनाये, किसे त्यागे? वर्तमान में रहने की व्याख्या अपने लिए किस तरह करे?

नये समाज के ये तमाम सवाल इस रचना में बार-बार उठाये गये हैं। हजार की नौकरी, 'तंत्रा-योगा के प्रति उत्सुकता', एक-दो 'वेस्टलैंड' या 'वार ऐंड पीस' जैसी किसी कृति की रचना, संस्कारी ब्राह्मण किशोर की महानगर में हकबकाहट, किसी और के धोखे में किसी अन्य का मारा जाना—आज के भारत की ये ठोस स्थितियाँ हैं। इनके बीच से गुज़रा यह उपन्यास मुझे 'भंगिमा' से कहीं अधिक 'वास्तविकता' के निकट लगता है। 'मैं क्या हूँ?' के बुनियादी सवाल के साथ-साथ, यह 'मैं क्या करूँ'? का भी जरूरी सवाल उठाता है। **(सारिका, नवम्बर 1980)**

जोशी जी को भले ही न लगे, पर भंगिमा तो यह उपन्यास है ही। पाठकों को भी इससे इनकार करना मुश्किल होगा। भंगिमा के तिलस्म को तोड़कर जिस वास्तविकता का ज़िक्र ऊपर किया गया है, उस तक पहुँचने के लिए पाठक को न जाने कितनी बार रुककर उपन्यास के इस सवाल को दोहराना पड़ता है कि : 'एनो मीनिंग सूँ'? यदि खुलासा पहले से आपके पास है तो सवाल का उत्तर आप जानते हैं। पर उपन्यास को पढ़ जाने के बाद, आप इसी उत्तर तक पहुँचें, यह कतई ज़रूरी नहीं। सबकी अपनी राह, अपनी समझ और अपना उत्तर होगा। वैसे भी पहेली का उत्तर अगर पहले से मालूम हो तो हल करने से होने वाले आह्लाद और पुलक का क्या होगा। उसकी भी तो अपनी उत्तेजना, उद्वेलन और रस है ही।

बेहतर हो कि पढ़ने से पहले लेखकीय खुलासे को एक तरफ रख दें। पाठक उत्तर-आधुनिकतावादी सोच के अनुरूप यात्रा आरम्भ करे—अन्त को एक खुली सम्भावना मानकर अनेकान्तवादी नज़रिए से। हो सकता है किन्हीं पूर्वविदित या निर्धारित निष्कर्षों से भिन्न, उसके स्वयंसिद्ध निष्कर्ष हों। अगर ऐसा होगा तो अनुभव की उस विलक्षणता और निजता का अपना मूल्य होगा।

उत्तर-शती के उपन्यास : महिला-कथाकारों के सन्दर्भ में

यह सवाल आज भी बहस तलब है कि क्या महिलाएँ एक वर्ग के रूप में एक जैसा या एक खास किस्म का लेखन करती हैं? क्या उनके लेखन की पहचान और मूल्यांकन के प्रतिमान विशिष्ट हैं या होने चाहिए? वस्तुस्थिति यह है कि स्त्री और पुरुष रचनाकारों के बीच तो इस बात पर मतभेद है ही स्वयं महिला रचनाकारों में भी इस प्रश्न को लेकर सहमति नहीं है। इस सिलसिले में एक प्रसंग का हवाला देना चाहूँगी। कुछ ही दिन पहले अनौपचारिक बातचीत के बीच राजेन्द्र यादव ने जिक्र किया कि कृष्णा सोबती के साथ इस बात को लेकर उनका कुछ मनमुटाव हो गया था कि वे आकाशवाणी के लिए प्रस्तावित एक बातचीत की शुरुआत उनके महिला रचनाकार होने की हैसियत से करना चाहते थे, जिस पर कृष्णा जी को सख्त एतराज था। राजेन्द्र का तर्क था कि महिला रचनाकारों का महिला होना तो निर्वैकल्पिक स्थिति है, जबकि लेखक होना उनकी चुनी हुई भूमिका है। इस तर्क से वे महिला पहले हैं, रचनाकार बाद में। यानी वह रचनाकार न भी हों तो भी महिला तो हैं ही लिहाजा उनके लेखन पर विचार भी इसी दायरे में होना चाहिए। मेरा कहना था कि लेखक होना तय करते ही वह अपने महिला होने के वैशिष्ट्य का अतिक्रमण करती हैं। क्योंकि लेखक सिर्फ लेखक होता है। कम से कम कृष्णा सोबती जैसी लेखिकाओं के बारे में यह तर्क और भी वजनी मालूम होता है। मैं जानती हूँ कि तर्क वजनी भले ही हो, पर अन्तिम या निर्णायक नहीं है। काफी बड़ी संख्या ऐसी महिला रचनाकारों की भी है जो महिला होने के बोध को अपने रचना-कर्म के दौरान सचेत/अचेत रूप में धारण ही नहीं करतीं, अपनी रचनाओं की सार्थकता इस बोध के प्रतिफलन में देखती-समझती हैं। इसकी एक वजह शायद यह भी है कि पुरुषसत्ताक समाज में अनुभव/विचार के एक पूरे क्षेत्र को पुरुष रचनाकारों के भरोसे छोड़कर निश्चिन्त नहीं हुआ जा सकता। रचनाकार तो आखिर व्यक्ति ही होता है।

यदि इस व्यक्ति का महिला होना एक जैविक तथ्य है तो इसे कहाँ तक नजरअन्दाज किया जा सकता है, नकारा या अतिक्रान्त किया जा सकता है? सवाल यह भी है कि क्या ऐसा करना अच्छा लिखने की शर्त होनी चाहिए? देखा जाए तो ऐंग्जायटी ऑफ ऑथरशिप–'टु बी ऑर नॉट टु बी' दोनों स्थितियों में है। और ये दो तरह की 'ऐंग्जायटीज' दो तरह की रचनाओं को जन्म देती है। इसलिए दो तरह की पड़ताल की माँग करती है।

मैं बराबर यह कहती रही हूँ कि समीक्षक, किसी रचना पर अपनी शर्तों को आरोपित करने के बजाय जब उसकी शर्तों पर उसको पाता और उसका मूल्यांकन करता है तो रचना के साथ ज़्यादा न्याय होता है। रचना में जो नहीं है, रचनाकार से उसकी माँग करने के बजाय उसमें जो है उस तक पहुँचकर जब उसका विश्लेषण-मूल्यांकन किया जाता है, तो निष्कर्ष ज्यादा निष्पक्ष, पूर्वाग्रहमुक्त और वस्तुनिष्ठ होते हैं। यह बात अलग है कि उसके समझने में कभी-कभी लेखकीय वक्तव्य या हमारी रुचि और संस्कार साधक या बाधक हो सकते हैं।

बीसवीं शताब्दी के आख़िरी तीन दशकों के बीच कथाकारों की जो कई पीढ़ियाँ एक साथ सक्रिय रही हैं उनमें पुरुषों के साथ महिलाओं ने भी बड़ी संख्या में हिस्सेदारी की है। इन रचनाओं की अन्तर्वस्तु, भाषा, शिल्प, सरोकार की विविधता से जो परिदृश्य निर्मित होता है उस पर एक साथ विचार करना न सम्भव है न संगत। यह बात भी अपनी जगह है ही कि इनमें बहुत सी रचनाओं की गिनती साहित्य में सिर्फ इसलिए की जाती है क्योंकि वे महिलाओं की कृतियाँ हैं। कहना न होगा कि यह रियायती व्यवहार न उनके हित में है न साहित्य के। यह ऐसी सामाजिक घटना है जो पीढ़ियों से हाशिए पर स्थित एक पूरे वर्ग की मानसिक बनावट को समझने की दृष्टि से महत्त्वपूर्ण जरूर है, पर उनके साहित्यिक अवदान की दृष्टि से नहीं।

उपन्यासों की बड़ी भरी-पूरी दुनिया है जिसकी रचना महिलाओं की कलम से हुई है। इनमें किसिम किसिम के उपन्यास हैं। समाज में स्त्री की स्थिति, उसकी पीड़ा, यन्त्रणा, बेबसी, असमंजस, विद्रोह, संघर्ष, महत्त्वाकांक्षा, शक्ति, और कहीं-कहीं सिर्फ उसके होने को, तरह-तरह से अभिव्यक्ति देने वाले उपन्यासों में इन्हें रचने वाली कलम की वर्गीय पहचान अपनी शक्ति और सीमा दोनों में उजागर हो जाती है। ऐसी ही रचनाओं ने यह सुविधा बख़्श दी है कि किन्तु-परन्तु के साथ 'महिला लेखन' के नाम पर हर तरह की रचनाओं को एक दायरे में रखकर उन पर चलते-ढंग से विचार कर लिया जाए। कुछ ऐसे कथन कि : 'महिला लेखिकाओं में कृष्णा सोबती का नाम निःसन्देह सबसे अव्वल है और अनेक मायनों में उन्हें ही यह श्रेय

जाता है कि महिला लेखन को उन्होंने सम्पूर्ण लेखन में परिवर्तित किया'—कृष्णा सोबती को श्रेय देने से ज्यादा उस मानसिकता की तरफ संकेत करते हैं जिससे महिला लेखन को सामान्यतः देखा जाता है। यानी अन्यथा महिला लेखन अपूर्ण है जिसे सोबती सम्पूर्णता में परिवर्तित करती हैं। कहने की ज़रूरत नहीं कि यहाँ अपूर्णता से इशारा एकांगिता की तरफ है। पर सवाल तो यह है कि क्या खुद सोबती के 'मित्रो मरजानी' से लेकर 'जिन्दगीनामा' और 'दिलोदानिश' तक सारे उपन्यासों को 'महिला लेखन' के खाते में डाला जा सकता है या मन्नू भण्डारी के 'महाभोज', गीतांजलि श्री के 'हमारा शहर उस बरस', या अलका सरावगी के 'कलि-कथा बाया बाइपास' जैसे और तमाम उपन्यासों की कोई मुकम्मल पहचान 'महिला लेखन' के नाम पर कायम होती है। ऐसी रचनाओं को अगर गुमनाम रूप में पेश कर दिया जाए तो इन पर 'महिला लेखन' के दायरे में विचार करना कठिन तो होगा ही न्यायसम्मत भी नहीं होगा। एक विकल्प यह भी है कि इनका मूल्यांकन तथाकथित 'महिला लेखन' के साँचे में करते हुए अपनी वर्गीय चेतना का अतिक्रमण करने के लिए इनकी लेखिकाओं को कुछ अतिरिक्त श्रेय दे दिया जाए। पर शायद वह भी बहुत सही न होगा।

यह सवाल ऐसा नहीं है जिसका दो टूक जवाब मुमकिन हो। समस्या यह है कि सदियों से पुरुष प्रधान समाजों में स्त्री का शोषण और दमन होता रहा है। समाज में उसकी हैसियत और भूमिका का निर्धारण पुरुष के हाथों हुआ है। पुरुष ने उसे समाज में जो दर्जा दिया है वही उसकी मानसिक बनावट तय करता है। उसके व्यवहार के प्रतिमानों को भी उसके दमन के निमित्त पुरुष ने तय किया। लगातार उन्हें अर्जित करते-करते वे स्त्री का स्व-भाव हो गये। जो अन्तर केवल जैविक था वह धीरे-धीरे बोध के सहारे सांस्कृतिक हो गया। उसने अपने जीवन की सार्थकता 'देवी, माँ, सहचरि प्राण' बनी रहने में तलाश कर ली। उसे एक ओर 'नरक की खान' और दूसरी ओर 'शक्ति रूपा' अतः पूजनीया घोषित करने वाली ध्रुवीय व्याख्याएँ, उसकी रचनात्मक मानसिकता को एक खास साँचे में ढालती रहीं। पुरुषों ने भी नारी पात्रों के जो मॉडल तैयार किए वे भी आत्मपीड़न या आत्मोत्सर्ग के मन्त्र से बिद्ध थे। शरत, जैनेन्द्र, यहाँ तक कि प्रेमचन्द ने भी जिन नारी चरित्रों की सृष्टि की वे पुत्री, पत्नी, माँ, बहन, प्रेमिका या फिर वेश्या के अलावा कुछ हो ही नहीं सकती थीं। ये ऐसे चरित्र थे जिनकी व्याख्या प्रायः दूसरों के सन्दर्भ में की जाती रही।

नवजागरण के दौरान समाज-सुधार के आन्दोलनों में नारी की सामाजिक स्थिति को सुधारने के प्रयास तो हुए, पर इन शुरुआती प्रयत्नों से उसकी मानसिकता पर बहुत दूर तक असर नहीं पड़ा। सिर्फ एक चेतना पैदा हुई जिसने उसे इस पूरी स्थिति को 'पुरुष के खिलाफ स्त्री' या 'पुरुष बनाम स्त्री' के रूप में देखने के लिए प्रेरित

किया। जिन मोर्चों पर पुरुष स्त्री को लगातार मात देता रहा है उनमें से एक है अर्थ और दूसरा सेक्स। इसलिए यह स्वाभाविक ही था कि आरम्भिक महिला लेखन प्रायः इन्हीं दो पक्षों से सम्बन्धित समस्याओं के आसपास केन्द्रित रहा। ऐसी रचनाओं की लम्बी सूची बनाई जा सकती है, जिनमें कहानियाँ ज्यादा और उपन्यास कम हैं—जो ऐसे अनुभवों से प्रेरित हैं जिनका सम्बन्ध उनके तात्कालिक वर्तमान से था। इनमें स्त्री-पुरुष सम्बन्ध, परिवार के बीच स्त्री की स्थिति, नौकरीपेशा स्त्रियों की रोजमर्रा की जिन्दगी, विवाहेतर सम्बन्ध, तलाकशुदा पति-पत्नी के बच्चों की समस्या जैसे और भी तमाम विषय शामिल थे। ऐसी रचनाओं पर अनुभव की प्रामाणिकता की छाप थी। इनकी विश्वसनीयता लगभग स्वयंसिद्ध थी। समीक्षा की सैद्धान्तिकी में बहस इस बात पर होती रही है कि भोगने वाले मनुष्य और रचने वाले कलाकार के बीच की दूरी का अनुपात क्या होना चाहिए या निर्वैयक्तिकता कला-सृजन में साधक होती है या बाधक? और महिला रचनाकार इन मूलभूत प्रश्नों से उदासीन, लगभग आत्मानुभव पर आधारित स्थितियों को कथा-रूपों में ढाल रही थीं। यह आरम्भिक उन्मेष था जिससे यह निष्कर्ष नहीं निकाला जा सकता कि अनुभवों का एक क्षेत्र ऐसा है, भले ही वह सीमित हो, जिसके प्रामाणिक लेखन की हकदार सिर्फ महिलाएँ हो सकती हैं। अगर ऐसा मान लिया जाए तो सवाल उठेगा कि क्या नौकरीपेशा महिलाओं की समस्याओं को समझने के लिए खुद नौकरी करना, तलाकशुदा जोड़ों के बच्चों की समझ के लिए, खुद दो में से एक होना या प्रेम के त्रिकोण का चित्रण करने के लिए तीन में से एक होना ज़रूरी है? इसके अलावा अगर प्रामाणिकता के लिए आत्मानुभव जरूरी है तो जैनेन्द्र के 'त्यागपत्र', प्रेमचन्द के 'निर्मला', हरिनारायण आप्टे के 'कौन ध्यान देता है?' और रवीन्द्रनाथ ठाकुर के 'गोरा' की व्याख्या कैसे की जाएगी? वास्तव में जितना यह सही है कि रचनाकार की न जाति होती है न धर्म न वर्ग उतना ही यह भी सही है कि उसका वर्ग, जातीय संस्कार और आस्थाएँ, प्रत्यक्ष या परोक्ष रूप में उसकी रचना पर कमोबेश अपनी छाप छोड़ती जरूर है। महत्त्वपूर्ण होती है लेखकीय प्रतिज्ञा और उसकी रचनात्मक परिणति के बीच तालमेल। सीमित दायरे के भीतर किसी सघन अनुभूति की संवेदनात्मक औपन्यासिक परिणति कभी-कभी विस्तृत फलक पर बिखरे घटनासंकुल ब्योरेवार चित्रण की तुलना में कहीं अधिक प्रभावी हो सकती है। कथ्य और कथन के, साध्य और साधन के, भाव और विभावन व्यापार के बीच संगति ही रचना की सफलता की सबसे बड़ी कसौटी होती है।

समाज में स्त्रियों की स्थिति पर केन्द्रित उपन्यास तो आरम्भ से ही महिला और पुरुष कथाकारों ने लिखे। पर शती के पिछले दशकों में यह लिखना कुछ दूसरे ढंग का था। इधर की रचनाओं में विगलन, आत्मदया, आत्मदान में गौरव के एहसास

जैसी अनुभूतियों के लिए जगह नहीं रह गयी थी। स्त्री अपने को नये सिरे से तलाश रही थी। रिश्तों की, समाज, परिवार और परिवेश में अपनी भूमिका की नये सिरे से व्याख्या कर रही थी। वह अपनी अस्मिता की नयी पहचान कर और करवा रही थी। यह विश्वव्यापी लहर थी। 'नारीवादी' सोच ने समाज के हाशिए पर खड़ी स्त्री के लिए केन्द्र में जगह बनाने की माँग की। उत्तर-आधुनिक विमर्श का यह एक महत्त्वपूर्ण मुद्दा था जिसने महिला सम्मेलनों के माध्यम से सांगठनिक रूप ले लिया था। 1995 में बेजिंग में हुए विश्व महिला सम्मेलन में 185 देशों की लगभग तीस हजार गैर-सरकारी संस्थाओं ने भागीदारी की। इन सम्मेलनों में, जिनकी शुरुआत 1975 में मैक्सिको में की गयी थी, ध्यान देने की बात यह है कि इनका विषय स्त्री थी।

विषय के इस भूमण्डलीकरण की दृष्टि से अगर भारतीय भाषाओं की महिला-कथाकारों ने भी बड़ी संख्या में नारी-केन्द्रित उपन्यासों की रचना की तो कोई आश्चर्य नहीं। हिन्दी में कृष्णा सोबती, मन्नू भंडारी, उषा प्रियंवदा जैसी वरिष्ठ लेखिकाओं ने तो 'मित्रो मरजानी', 'सूरजमुखी अँधेरे के', 'दिलो-दानिश', 'आपका बंटी', 'रुकोगी नहीं राधिका', 'शेष यात्रा', जैसे उपन्यास लिखे ही थे, उनके बाद की एक पूरी पीढ़ी स्त्री को केन्द्र में रखकर उपन्यास रचना के क्षेत्र में उतर आयी। इनमें मृदुला गर्ग, राजी सेठ, मंजुल भगत, ममता कालिया, नासिरा शर्मा, प्रभा खेतान, मृणाल पाण्डे, गीतांजलि श्री, चन्द्रकान्ता, मैत्रेयी पुष्पा, चित्रा मुद्गल, आदि-आदि, तमाम नाम लिए जा सकते हैं। यह सूची अन्तिम नहीं है। इसे काफी फैलाया-फुलाया जा सकता है। इन महिला रचनाकारों की रचनाओं में ध्यान आकर्षित करने वाली बात एक खास ढंग की साहसिकता है जो तरह-तरह से इनके नारी-पात्रों में प्रकट होती है। कहीं-कहीं लगता है कि जीवन से ज्यादा साहसिकता इनके लेखन में है। घटित तथ्यों को ही नहीं आकांक्षित सत्यों को भी इन्होंने औपन्यासिक विन्यास दिया। इसके अलावा ये उपन्यास यह एहसास जगाते हैं कि समस्या सिर्फ स्त्री-पुरुष के बीच नहीं रह गयी है। सदियों से पुरुष भोगता रहा और स्त्री भुगतती रही, इसलिए उसकी सार्थकता सिर्फ इस वस्तुस्थिति के खिलाफ आवाज उठाने में है या फिर सुशिक्षित होकर आर्थिक दृष्टि से आत्मनिर्भर हो जाना ही स्त्री के लिए काफी है, ऐसा इन उपन्यासों को पढ़ने पर नहीं लगता। इन उपन्यासों में स्त्री के व्यक्तित्व को नये सिरे से पहचानने और पाने की कोशिश की गयी है। पुरुष की ज्यादतियों का, स्त्री के खिलाफ बर्बरता से बल-प्रयोग का, उसे दूसरे-तीसरे दर्जे की हैसियत तक पहुँचा देने की मानसिकता का वर्णन-चित्रण अपनी जगह है। ऐसे प्रसंग कथानक भर रचते हैं, सिर्फ एक परिदृश्य बनाते हैं, कथा-सूत्र में भराव पैदा करते हैं पर महत्त्वपूर्ण है वह बोध जो स्त्री के भीतर इनसे पैदा होता है। मसलन

'कठगुलाब' की मरियाना का यह कहना कि 'औरत खुद एक विडम्बना है'। खास बात है समाज में अपनी गैर-बराबरी का एहसास, सदियों से 'ज़रीदार ओढ़नी' की तरह कन्धों पर पड़े परम्पराओं के बोझ को उतार फेंकने में अपनी मुक्ति तलाशने की कोशिश। पुराने 'औरतनुमा छल-प्रपंच' के बारे में उसकी नापसन्दगी—यानी मातृत्व की परम्परागत व्याख्याओं की नये सिरे से पड़ताल करने और उससे इनकार करने का हौसला। एक और मोर्चा जिस पर स्त्री ने बराबर पुरुष से मात खायी है दैहिक सम्बन्धों में उसकी भूमिका है। दो के बीच घटित होने वाले दैहिक करतब में दोयम दर्जे की भागीदार होने की विडम्बना को स्त्री बराबर सहती आयी है, बिना उसकी रजामन्दी और सहयोग के उस पर बलात्कार किया जा सकता है, पर वह चाहे भी तो पुरुष पर बलात्कार नहीं कर सकती—यह जैविक संरचना से पैदा होने वाली विवशता है। ऐसा हर कर्म जिसमें दोनों की रजामन्दी न हो। बलात्कार होता है—चाहे वह विवाहसम्मत हो या विवाहेतर, शारीरिक हो या मानसिक। बलात्कार कर्म से कहीं ज्यादा प्रवृत्ति होता है। पुरुष की इस बलात्कारी प्रवृत्ति के खिलाफ महिला रचनाकारों ने तरह-तरह से आवाज उठाई है। स्त्री की सहज दैहिक आवश्यकताओं की बेबाक स्वीकृति करने वाली पहली सशक्त क्लासिक रचना कृष्णा सोबती का उपन्यास 'मित्रो मरजानी' था। हो सकता है कि उससे बहुतों के नैतिक-बोध को कुछ परेशानी पैदा हुई हो, पर सोबती ने एक ऐसी अनछुई सचाई के ऊपर से सदियों पुराना पाखण्ड का पर्दा उठाकर एक तरफ रख दिया था कि पाठक एकबारगी सोबती की कलम की ताकत के सामने सकते में आ गया। यह एक शुरुआत थी, जिसने रास्ता दिखाया था—अनुकरण का नहीं, निर्भयता से सचाई का सामना करने का। उनके बाद इस सचाई को न जाने कितनी तरह से, कितनों रूपों में, अपनी-अपनी नज़र से महिला कथाकारों ने पकड़ा है। पुरुष की दृष्टि से उसकी देह ही सारे फसाद की जड़ है और खुद अपनी नज़र में एक सहज जैविक सचाई जिसकी ज़रूरतों का सहज स्वीकार उसका हक है। इसमें नैतिकता, शील, संकोच, कुछ उसके आड़े नहीं आता।

'चाक' के मास्टर श्रीधर और सारंग का मिलना परिस्थितियों की सहज परिणति है और सारंग का पहल करना जैसे सेक्स वृत्तान्त में उसके बराबर का हिस्सेदार होने का सबूत है। पर इसी 'चाक' में ताकत के इस खेल में स्त्री का वर्चस्व स्थापित करने के उत्साह में पुंसत्वहीन कैलासी पहलवान के पौरुष को जगाने के लिए जिस तरह कलावती चाची का इस्तेमाल किया जाता है, वह असाधारण को साधारण बनाकर प्रस्तुत करने की कृच्छ-साधना है। स्त्री-शक्ति को उजागर करने के अतिरिक्त उत्साह में लेखिका ने अनजाने ही उसका उपयोग कुश्ते की खुराक या विआगरा की कैप्स्यूल की तरह कर डाला है। उपन्यास के कथ्य की दृष्टि से भी यह प्रसंग इसलिए

बेठिकाने है, क्योंकि यह स्त्री की क्षमता/शक्ति को उतना प्रकट नहीं करता जितना देह धर्म के मामले में पुरुष की बेचारगी और पुंसत्वहीनता को। जिस दैहिक क्षमता को वह अपनी शक्ति समझता है, उसी के न होने पर वह वास्तव में बेबस और स्त्री-निर्भर हो सकता है—इस प्रसंग की नियोजना यही जाहिर करने के लिए की गयी है। जनवरी, 1999 के 'हंस' के विशेषांक में प्रकाशित लेखिका का आत्मकथ्य इन प्रसंगों की और अतिरिक्त साहसिकता के मूल में वर्तमान रचनात्मक असमंजस और आन्तरिक चौकसी को समझने के लिए महत्त्वपूर्ण है।

इनके बरक्स ऐसे उपन्यास हैं जिनकी रचना के पीछे कोई असमंजस, अनिश्चय या आत्मसंकोच नहीं पुख्ता इरादा और निश्चित विचार है। यह प्रौढ़ लेखकीय समझ है कि 'जिस सुसंगत और तर्क-सम्मत विचार पर, सहजता से, लेख लिखा जा सकता है, उसे उपन्यास का विषय बनाना, गहरे श्रम और निष्ठा की माँग करता है।' इसी क्रम में मृदुला गर्ग ने 'कठगुलाब' की रचना-प्रक्रिया का खुलासा किया है : 'बरसों से एक विचारर मेरे मन में था, कि क्या धरती बंजर होते जाने और स्त्री की भावभूमि के ऊसर होने के पीछे, एक ही कारण काम नहीं कर रहा? प्रकृति पर पदार्थ का हावी होना। उपन्यास में इस विषय को अभिव्यक्ति देने में, मुझे एक दशक लग गया। क्योंकि इस बीच, मुझे विविध पात्रों के साथ, **अनेक जीवन जीने पड़े** तब जाकर **कठगुलाब** लिखा जा सका।' (**हंस, जनवरी, 1999**)। लेखिका की यह बेबाक आत्म-स्वीकृति 'कठगुलाब' की ही नहीं, एक खास ढंग की रचनाओं की रचना-प्रक्रिया की व्याख्या करती है। सवाल, विचार और अनुभव के बीच रिश्ते का, पूर्वापर क्रम का है। कुछ उपन्यास ऐसे होते हैं जिनका प्रस्थान-बिन्दु अनुभव होता है। ज़रूरी नहीं यह अनुभव पूर्णतः निजी हो। परिवेश के निरीक्षण, भागीदारी, हस्तक्षेप के माध्यम से रचनाकार वस्तुजगत के साथ जो निजता कायम करता है, वह भी अन्ततः किसी विचार को प्रेरित करती है। अनुभव और विचार के बीच यह रिश्ता सहज और अंतरंग होता है। जब यह क्रम उलटता है तो परिणति आत्मप्रत्यय के वस्तुगत प्रतिफलन में होती है। इस स्थिति में केवल क्रम ही नहीं उलटता, रचना-प्रक्रिया भी सायास, प्रायः श्रम साध्य अतः अक्सर विलम्बित हो जाती है। आत्मबोध जीवनानुभव पर हावी होकर उसका अनुकूलन करने लगता है। अनुभव जीवन्त और गतिमान न रहकर कटे-छँटे तयशुदा साँचों में ढाल दिये जाते हैं। उपन्यास, विचार का क्रियान्वयन हो जाता है। चरित्र जीवनगत अनुरोधों के अनुसार नहीं रचनाकार के वैचारिक मन्तव्यों के अनुसार आचरण करते हैं। क्योंकि उनकी रचना का तर्क ही अलग होता है।

यह संयोग नहीं है कि 'कठगुलाब' के तमाम स्त्री पात्रों के साथ घटनाएँ झटके के साथ असामान्य ढंग से घटती हैं। ऐसी रचनाओं में 'रचना का यथार्थ वह यथार्थ

नहीं जो बाहर है बल्कि यह वह यथार्थ है जिसे लेखक अपनी ज़रूरतों के लिए या दूसरे शब्दों में अपने आत्मप्रत्यय की प्रतिष्ठा के लिए गढ़ता है' (**राजीसेठ, 'हंस' जनवरी, 1999**) राजी के विचार से 'रचना का अर्थ ही है 'रचना' यानी कि जिसे रचा जाता है (अर्थात् जो होता नहीं है) जिसे सायास संरचना में परिवर्तित किया जाता है।' कहना न होगा कि परिवर्तित किए जाने के लिए होना ज़रूरी है। जो है ही नहीं उसमें संरचनात्मक परिवर्तन कैसे होगा। यह कॉन्ट्रेडिक्शन इन टर्म्स है। ऐसा कहकर वे रचना के लिए वस्तुगत यथार्थ की अनिवार्यता का निषेध करना चाहती हैं। जीवनगत यथार्थ का रचना के यथार्थ से उनके अनुसार कोई लेना-देना नहीं। क्योंकि रचना का यथार्थ तो रचनाकार के द्वारा 'अपने विज़न को शेयर करने की मंशा से एक साँझे सम्प्रेषण की भाषा में रचना में पुनःसृजित किया जाता है।' रचना का संसार तो उपन्यासकार के द्वारा 'अपने आत्मप्रत्यय को दूसरों तक सक्प्रेषित' करने के लिए भाषाई उपकरणों से सृजित संसार होता है क्योंकि उपन्यासकार की 'सारी ऊर्जा यथार्थ का प्रतिनिधित्व करने में नहीं अपने (पूर्व) निर्धारित प्रत्यय को संयोजित करने और अपनी अर्थवत्ता को सिद्ध करने में जाती है।'

स्वभावतः इस तरह की रचनाओं की समझ के लिए महत्त्व उसके प्रेरक मन्तव्य, विचार, आत्मप्रत्यय जैसी किसी अमूर्त विज़नरी चीज़ का होता है, वस्तुगत जीवन का नहीं। इसलिए इन उपन्यासों के स्थापत्य और विन्यास के तर्क प्रायः जीवन यथार्थ की वास्तविकताओं के मोहताज नहीं होते, यादृच्छिक होते हैं। इनके नारी पात्रों के संघर्ष बाहर से ज्यादा भीतरी धरातल पर घटित (?) होते हैं। 'तत्सम' की विधवा नायिका वसुधा के जीवन-संघर्ष का युद्धक्षेत्र सामाजिक जीवन भी हो सकता था लेकिन वहाँ यह संघर्ष नायिका के अस्तित्व और उसकी स्मृतियों का है। उसकी समस्या यह नहीं है कि वह विधवा होकर समाज में कैसे जिएगी बल्कि यह है कि वह अपने पति की स्मृतियों को तजकर किसी को कैसे अपना पाएगी। यह उसके अतीत के साथ उसके वर्तमान का संघर्ष है वह अतीत जो स्मृति रूप में उसके भीतर अवस्थित है। लड़ाई भीतर और बाहर के बीच भी नहीं खुद अपने से, अपने ही भीतर है। 'निष्कवच' के दो वृत्तान्तों में विभक्त कथा में भी राजी की नजर अपने मूल से विस्थापित युवा पीढ़ी की मानसिकता पर टिकी है। राजी के उपन्यासों को पढ़ते हुए यह याद रखना ज़रूरी है कि उपन्यास 'अन्तर्यात्रा' के उपन्यास हैं। उनकी सफलता की जाँच करते हुए इस बात को नजरअन्दाज करना उनके साथ अन्याय होगा।

जब रचनाकार की रचनात्मक ऊर्जा जीवन-जगत की वास्तविकताओं के दबाव से सक्रिय होती है तब कुछ दूसरी काट के उपन्यास सामने आते हैं। ऐसी रचनाओं के कथानकों के पीछे अनुभव की ठोस दुनिया होती है—जीवन का वस्तुगत यथार्थ।

विचार यहाँ अनुभवगामी होता है। पात्र/घटनाएँ वस्तुस्थितियाँ उसे प्रतिफलित नहीं करतीं। वे उसका कार्य नहीं कारण होती हैं। विचार वहाँ अनुपस्थित नहीं आत्मस्थ, व्यंग्य होता है। नारी की पीड़ा, शोषण, संघर्ष का चित्रण करने वाले उपन्यास भी विचार शून्य उपन्यास नहीं होते। अनुभवसम्मत होने पर विचार ज्यादा सजीव और विश्वसनीय हो जाता है। वह परिस्थितियों के अनुरोध से सहज खुलता है। उसे किसी आरोपित बढ़ी हुई घटना से झटके से खोलने की ज़रूरत नहीं पड़ती।

सोबती का 'दिलोदानिश' पितृसत्ताक समाज की सामन्ती रवायतों में स्त्री की सामाजिक हैसियत का खुलासा है। एक पत्नी और दूसरी रखैल। एक खास सामाजिक व्यवस्था में स्त्री-पुरुष सम्बन्धों की असलियत को उजागर करता यह उपन्यास क्या उस विरासत के बारे में जानने और सोचने की मजबूरी पैदा नहीं करता? क्या आज भी यह विरासत उन सम्बन्धों के स्वरूप को तय नहीं करती जो आर्थिक आधार पर टिके रहते हैं। तीनों पात्रों के लिए नामों का साभिप्राय चुनाव उनके रिश्तों की प्रकृति की तरफ संकेत करता है। वकील 'कृपानारायण' जिनकी 'कृपा' की मोहताज पत्नी और प्रेयसी दोनों हैं। पत्नी कुटुम्बप्यारी जो कुटुम्ब के रख-रखाव, रीति-रिवाजों के निर्वाह की जिम्मेदार और ठाठ-ठसक की हकदार है, और उधर 'महकबानो', जिसके दरवाजे पर हाथ में गरम गुलाब जामन, रबड़ी के मटकैने और पिस्ते की लौज लिए घण्टे दो घण्टे की दिलजोई के लिए चढ़े वकील साहब की जिन्दगी में, उसकी हैसियत सुगन्ध की लहर से ज्यादा कुछ नहीं। पितृसत्ताक समाज में ऐसी स्त्रियों के लिए खुलकर विरोध करना भी आसान नहीं होता क्योंकि उनकी बेबसी का एक बहुत बड़ा कारण आर्थिक निर्भरता है। पूरी स्थिति पर वकील साहब पूरी तरह काबिज़ हैं। महकबानो की माँ के कीमती गहनों पर तो उनका आधिपत्य है ही, गहनों के साथ बेटी पर भी उनका दिल आ गया तो उसकी शादी करने के बजाये उन्होंने उसे भी घर में डाल लिया। ढलती उम्र में अपने अहं की तुष्टि के लिए बच्चों की जिम्मेदारी ओढ़ने का फ़ैसला भी उन्हीं का है और महकबानो से किनारा करने का भी। महकबानो तो उनके पास नसीमबानो की अमानत थी, जिसमें उन्होंने खयानत तो की, पर जवानी की भूल के अन्दाज में। आगे चलकर उन्हें इस बात का पछतावा ही हुआ कि : 'जवानी में आदमी क्या से क्या कर डालता है। पीछे उम्र भर अपने किए-दिए को भुगतता रहता है।' जबकि हकीकत यह है कि उनके किए-दिए को भुगतती है महकबानो और कुटुम्बप्यारी दोनों। दोनों में से कोई दूसरी के होने पर एतराज़ उठाने की स्थिति में ही नहीं हैं। कुटुम्बप्यारी कम से कम सामाजिक प्रतिष्ठा की तो हकदार है पर महकबानो के हिस्से में सिवा कुटुम्बप्यारी और उसके बच्चों की गालियों, अपने बच्चों के भविष्य की अनिश्चितता, वकील

साहब की तरफ से मनचाही बेरुखी के लम्बे अन्तरालों के सिवा कुछ नहीं आता। यहाँ तक कि बदरू के जन्म पर मिले कंगन तक को कुटुम्बप्यारी झपट लेती है। और आखिर में आर्थिक दृष्टि से विपन्न माँ को छोड़कर महकबानो के बच्चे भी 'पिता' के भरे-पूरे जीवन की ओर चल देते हैं।

सोबती ने महकबानो के प्रति वकील साहब और बच्चों के व्यवहार का जैसा मार्मिक चित्रण किया है, वह एक विशेष सामाजिक व्यवस्था में आर्थिक दृष्टि से पुरुष पर निर्भर स्त्रियों की स्थिति के बारे में बहुत से सवाल उठाता है। ये ऐसी स्त्रियाँ हैं जिन्हें अपने जीवन के बारे में किसी तरह का फैसला या चुनाव करने का कोई अधिकार ही नहीं है। उसे खुद अपनी माँ के गहनों का अपनी मर्ज़ी से उपयोग करने का भी हक नहीं है। लगातार पराश्रित और लगभग उपेक्षित महकबानो अगर पड़ोस के खाँ साहब का मूक-स्नेह-संरक्षण पाकर उनकी ओर उन्मुख होती है तो यह उसकी सहज मानवीय प्रतिक्रिया ही कही जाएगी, पर वकील साहब के मुँह फेरने के लिए इतनी वजह काफी है।

विवाह स्त्री को सुरक्षा देता है, इसका प्रमाण है कुटुम्बप्यारी के प्रति वकील साहब का रवैया। मन के जिस विचलन के लिए वे महकबानो को क्षमा नहीं करते, कुटुम्बप्यारी के सन्दर्भ में वही वकील साहब पर ब्याहता पत्नी की पकड़ और मजबूत करने का कारगर अस्त्र साबित होता है। भभूत-मन्त्र लेते-लेते भैरों बाबा से कुटुम्बप्यारी के सम्भोग सम्बन्ध हो जाने की बात को वकील साहब जान लेते हैं। पर वहाँ सवाल कुल की प्रतिष्ठा और मर्यादा को बचाने का है इसलिए उन्हें बात को दबाने में ही बेहतरी दिखाई पड़ती है। यहाँ सवाल ब्याहे/अनब्याहे सम्बन्धों में स्त्री की स्थिति का है। ब्याहता पत्नी का कहीं अधिक स्थूल स्तर का विचलन उन्हें 'टकुए' सा सीधा कर देता है पर अपने मुवक्किल की जिस बेटी पर उन्होंने जबर्दस्ती अधिकार कर उसे बिना ब्याहे अपनी मिल्कियत बना लिया था उसके प्रति खाँ साहब की जरा सी सहानुभूति भी उनकी बर्दाश्त बाहर हो जाती है या उससे किनारा कर लेने का एक बहाना बन जाती है। ऐसा करते हुए उनके मन में कोई अपराध-बोध भी नहीं होता। यह उपन्यास उस पितृसत्ताक समाज में स्त्री की हैसियत के बारे में सोचने के लिए मजबूर करता है जिसमें बहुनिष्ठ पति या पुरुष अपने संरक्षण में रहने वाली स्त्रियों से एकनिष्ठता की अपेक्षा अपना हक समझता है। इसके अलावा जिस सम्बन्ध पर विवाह की मोहर न लगी हो उससे चाहे जब किनारा कर लेने में उसे न कोई संकोच होता है न अपराध-बोध। ऐसे सम्बन्धों से जन्म लेने वाले बच्चों का अनिश्चित भविष्य समस्या का एक और महत्त्वपूर्ण आयाम है। नारीवाद शब्दावली में यह पूरी वस्तुस्थिति विवाह संस्था और अविवाहित मातृत्व की समस्या

को बिना नारे उछाले, बिना संस्थाओं, संगठनों, सभाओं की योजना किए, बड़ी संवेदनशीलता से रेखांकित कर देती है। सोबती की सधी कलम से अन्तर्वस्तु सहज विश्वसनीय ढंग से परत-दर-परत ऐसे खुलती जाती है कि उसमें न अतिरिक्त साहसिकता का आभास होता है न स्त्री की शक्तिमत्ता को प्रमाणित करने के लिए करामती जोड़-पैबन्द नजर आते हैं, गोकि अपनी स्थिति और सामर्थ्य के अनुसार दोनों नारी-पात्र वकील साहब से प्रतिशोध तो अपने-अपने ढंग से ले ही लेते हैं।

नारी की केन्द्रीयता का अतिक्रमण करके व्यापक फलक और सरोकारों पर लिखे गये उपन्यासों में कृष्णा सोबती के 'ज़िन्दगीनामा' और मन्नू भण्डारी के 'महाभोज' ने कीर्तिमान कायम किए थे। ऐसी रचनाएँ गहरे अन्तर्मन्थन और दीर्घ साधनाओं का परिणाम होती हैं। उनकी रचना थोक के भाव नहीं होती। दौड़कर धाई छू लेने की बेसब्री और अधीरता से तो और भी नहीं। 'ज़िन्दगीनामा' कृष्णा सोबती की पूरी रचनात्मक साधना की चरम उपलब्धि है। मन्नू भण्डारी ने भी एक तरह के सरोकार से प्रेरित होकर 'आपका बंटी' की रचना की थी और दूसरी तरह के सरोकार से 'महाभोज' की। दूसरा उपन्यास न पहले की आवृत्ति है न उसका बढ़ाव। जाहिर है कि इनकी रचनात्मक ऊर्जा एक ही धुरी पर चक्कर लगाती हुई अपने को दोहराती नहीं, एक के बाद एक नयी मंजिलें तय करती है। इन्हीं की समकालीन उषा प्रियंवदा के उपन्यासों की धुरी स्त्री ही हैं। पर ऐसा कहीं नहीं लगता कि एक उपन्यास दूसरे का दोहराव हो। यह बात अलग है कि उन्होंने फलक का विस्तार करने का हौसला नहीं दिखाया।

शिल्पगत प्रयोग के सहारे व्यापक फलक और सरोकारों वाले दो और उपन्यास पिछले वर्ष में सामने आये। गीतांजलि श्री का 'हमारा शहर उस बरस', और अलका सरावगी का 'कलिकथा वाया बाइपास'। दोनों उपन्यास कथ्य और शिल्प दोनों दृष्टियों से औसत महिला लेखन से अलग हैं अपने पहले के अपने लेखन से भी एक तरह का 'डिपार्चर'। गीतांजलि ने अपनी पहचान कहानियों (जिन्हें अक्सर 'प्राइवेट लाइफ की कहानियाँ कहा गया है') और उपन्यास 'माई' के माध्यम से बनाई थी। उन रचनाओं के प्रसार को देखते हुए 'हमारा शहर उस बरस' एक बड़ी छलाँग जैसा है। उपन्यास में आपाततः साम्प्रदायिकता की समस्या को उसकी पूरी भयावहता में बेनकाब करने का प्रयास किया गया है। शहर 'हमारा' है और किस्सा 'उस' बरस का। इस तरह शीर्षक से स्थान और काल दोनों के नियत होने का भ्रम होता है जबकि ऐसा है नहीं। न शहर सिर्फ हमारा है, वह और शहरों जैसा ही है और न दंगे और साम्प्रदायिकता कोई समयबद्ध सचाई है। वह बरस भी खींच कर आगे-पीछे ले जाया जा सकता है। और दंगे—उनकी कर्मभूमि भी जितनी बाहर है उतना ही उसकी जड़ें अपनी ही खाल के नीचे छिड़े दंगों में हैं। शहर को समझने का गहरा ताल्लुक खुद अपने को चीरफाड़

कर समझने से है। भीतरी और बाहरी दोनों स्तरों की पारस्परिक क्रियाकारिता को उसकी समग्रता में पकड़ पाने के लिए बहुत पैनी दृष्टि और कलात्मक कौशल अपेक्षित था। बाहरी दुनिया में मठ है, मस्जिद है, धर्म का बवंडर है, जनता के मानसिक अवरोध हैं और भीतरी दुनिया में ऐसे भिन्न धर्मों के बीच वैवाहिक सम्बन्ध का एहसास है जो बाहर एक दूसरे की जान के दुश्मन हैं। भिन्नधर्मी विवाह पर गीतांजलि ने 'बेलपत्र' कहानी भी लिखी थी। सवाल जिस स्थिति का हल ढूँढ़ने का है, उसी को समझने का है और समझ का साफ, दो टूक हो जाना आसान नहीं है। यह समझना-समझाना भी घटनाओं के नहीं संवादों के बीच होता चलता है। कहना न होगा ऐसे बहुआयामी कथ्य को अंजाम देने वाले उपन्यास संवादों के सहारे नहीं खड़े किए जा सकते।

बहुआयामिता 'कलिकथा वाया बाइपास' में भी है। इस उपन्यास में वाचक और कथानायक किशोर बाबू एक साथ वर्तमान, अतीत और भविष्य में उपस्थित हैं। वे स्मृति, अनुभव और कल्पना के सहारे समय के तीनों आयामों में एक शिल्पगत युक्ति के सहारे आवाजाही बनाए हुए हैं। यह 'बाइस कैरिट' कथा उन्हीं की है। वे जिस मारवाड़ी समाज के सदस्य हैं उसके हर परिवार की घर से बेघर होने की अपनी कथा और व्यथा है। इस कथा को सुनाने वालों की स्मृतियों में अतीत पैबस्त है। कलिकथा के शान्तनु की शिकायत है 'तुम लोगों के दिमाग पर मरुभूमि के अकाल की छाया हमेशा के लिए पड़ गयी है।'

अतीत की तरफ रह-रहकर लौटने का तर्क है : 'बीते हुए कल को जाने बिना आज का कोई अर्थ पूरी तरह नहीं निकलता। इसलिए हर बात की पृष्ठभूमि जरूर देनी चाहिए'। इसके अलावा सबाल्टर्न मुद्रा भी है : 'हर इतिहास मामूली आदमियों से पटा पड़ा होता है।' पर यह मामूली आदमियों का इतिहास नहीं है। बीसवीं सदी के आरम्भ में, सुदूर राजस्थान की मरुभूमि से कांदा-कीचड़ भरी 'आड़ी' नगरी में टिड्डी दल की तरह चले आते मारवाड़ी समुदाय के अनकहे इतिहास को कहने का, उसकी मानसिकता में पैठने का प्रयास अवश्य है इस उपन्यास में।

किशोर बाबू के 'ग्रेट ग्रांड फादर' रामविलास की दृष्टि बिल्कुल साफ है इस बारे में : 'यदि निर्वासने पाठाबेइ कलिकाता'। उनका संकल्प है कि 'वह कलकत्ते में 'निर्वासन' का समय नहीं काटेगा, वह कलकत्ता 'वास' करेगा।' परदेस को स्थायी 'वास' बनाने के संकल्प का निर्वाह बड़ा कठिन रहा होगा इन पूर्वजों के लिए। बड़े बाजार की गद्दियों के रास्ते पुराने मारवाड़ी बासों में शरण लेने वालों ने चौरंगी और अलीपुर तक की यात्रा अपने दोजख से गुजरकर ही तय की होगी। इस सचाई से ज्यादा से ज्यादा मुँह चुराया जा सकता है, इसे मिटाया नहीं जा सकता। 'सम वेयर इन द नार्थ' कहकर उससे अपरिचित होने की मुद्रा उससे निजात नहीं दिला सकती।

बंगाल पहुँचने पर इन मारवाड़ियों का सबसे पहले साबका उस बंगाली संस्कृति से पड़ा जो तरह-तरह से उनमें 'मेडो' या 'खोट्टा' होने का एहसास दिलाती रही है। सिराजुद्दौला की हार के लिए दोषी ठहराकर उनमें अपराध-बोध पैदा करती रही है। इस दंश से पीड़ित किशोर बाबू दस्तावेजों के साक्ष्य से इतिहास का दूसरा पाठ प्रस्तुत करते हैं : 'ताकत और पैसे के पीछे पागल लोगों की कोई अलग जाति नहीं होती। ...क्या सबसे पहले बंगालियों ने ही अंग्रेजों की यहाँ पाँव जमाने में मदद नहीं की थी।'

इस उपन्यास में अंग्रेजों के साथ व्यापारी वर्ग के सम्बन्धों की नये सिरे से पड़ताल करने की कोशिश भी की गयी है। हैमिल्टन उर्फ लाला जी रामविलास पर अपना वरदहस्त ही नहीं रखते, वे गीता और उपनिषद पढ़ते हैं, उसे कालीघाट के महत्त्व की जानकारी देते हैं, दार्शनिक चर्चाओं को सुन-समझकर उनमें भागीदारी करते हैं। अन्ततः उनके मिश्र रक्त का रहस्य उद्घाटित होता है। उत्तर के काले और दक्षिण के गोरों के बीच बड़ी संख्या में वे यूरोशियन हैं जिनके मिश्र रक्त की अलग-अलग कथाएँ हैं। जिनमें शायद स्वतन्त्र उपन्यास के लिए सामग्री ढूँढ़ी जा सकती है।

'मारवाड़ी बनाम बंगाली'—अलका सरावगी और मारवाड़ी जीवन-शैली पर उपन्यास लिखने वाली दूसरी लेखिका प्रभा खतान, दोनों की दुखती रग है। कलिकथा का अमोलक बार-बार बड़े दुख से स्वीकार करता है : 'बंगाल में रहते हुए भी मारवाड़ी औरतें कितनी पिछड़ी हुई हैं।' बंगाली समाज से तुलना समस्या का एक पहलू है लेकिन मूल प्रश्न पुरुष-प्रधान समाज की उस जीवन-शैली और मूल्य व्यवस्था का है जिसने सदियों से स्त्री को इतना बेबस, बेजबान और दयनीय बनाये रखा है। कलिकथा के नारी-पात्र इस स्थिति के विरुद्ध त्याग और आत्म बलिदान के रास्ते 'निष्क्रिय प्रतिरोध' प्रकट करने से ज्यादा कुछ नहीं करते। यह सम्बन्धों का एक मॉडल है—इस समाज का अर्ध-सत्य। मारवाड़ी स्त्रियों के दूसरे मॉडल प्रभा खेतान के उपन्यासों में मिलते हैं—शक्ति और सम्भावनाओं से युक्त नारी-चरित्र।

'कलिकथा वाया बाइपास', कथानायक किशोर बाबू की तीन जिन्दगियों की कहानी है। पहली देश की आजादी तक यानी किशोर बाबू की बाईस साल की उम्र तक। दूसरी पूरे पचास साल की यानी 1997 तक और तीसरी बाइपास के बाद, जिसमें तीनों जिन्दगियों में आवाजाही बनी रहती है। कथा को समय में क्रम-निरपेक्ष ढंग से आगे-पीछे ले जाने की सुविधा उसके शिल्प के कारण सुलभ है। किशोर बाबू की एक जिन्दगी में कई जिन्दगियों और कलकत्ता शहर के एक चेहरे में कई चेहरे हैं। वहाँ कई संस्कृतियाँ कभी समान्तर, कभी एक-दूसरे से भिड़ती-टकराती चलती हैं। कलकत्ता जितना सट्टेबाजी, शेयर बाजारी और फाटकेबाजों का शहर है, उतना ही राजनीतिक-चेतना सम्पन्न भी क्योंकि 'कलकत्ता सदा प्रबुद्ध लोगों की नगरी थी।'

उपन्यास की शुरुआत उस समय होती है जब : 'आजादी का खूबसूरत सपना सबका सपना है।' जब 'आदमी को उड़ने के लिए एक आसमान चाहिए।' सबके सोचने का अपना-अपना ढंग है, सुभाष बनाम गाँधी यानी शान्तनु बनाम अमोलक, विवेकानन्द, हिन्दू राष्ट्र की चिन्ता में खाकी जाँघिया पहनकर कवायद करने वाले, गाँधी बनाम हिन्दू महासभा और इन्हीं के बीच मारवाड़ी जाति की चिन्ता करने वाले भी हैं। किशोर खुद उन्हीं में हैं। वह चिल्लाकर कहना चाहता है : 'अर्थ पिशाचो तुम्हारा यह मुनाफा तुम्हारी अगली पीढ़ियाँ नहीं भोग सकेंगी। सब खत्म हो जाएगा।' पर सारे आवेग के बावजूद उसका गला जकड़ जाता है, उसका चोला वसंती नहीं रंग सकता। बदलने के लिए साहस चाहिए। एक ही पीढ़ी के दो तरह के लोग हैं—स्वाधीनता संग्राम में सक्रिय अमोलक के पिता और उन्हें मारवाड़ियों के नाम पर कलंक मानने वाले उनके मामा।

1946 के दौरान घटित अधिकांश बड़ी घटनाओं—16 अगस्त डायरेक्ट एक्शन डे, द ग्रेट कैलकटा किलिंग आदि का अकारण विस्तार करने की सार्थकता सिर्फ इतनी ही है कि इनके बीच किशोर बाबू हैं। उनके मन का असमंजस है और है हिन्दुत्व का आग्रह और मोहभंग में उसकी तार्किक परिणति। गोकि इस मोहभंग के लिए काम में लायी गयी युक्ति बम्बइया हिन्दी फिल्मों की सुपरिचित तकनीक है।

किशोर बाबू की बेचैनी ने वस्तु-विन्यास में और भी भटकाव पैदा किए हैं। कथा-लेखिका इससे बाखबर है और ऐसे प्रसंगों का प्रयोजन बताने के बारे में सतर्क। शान्तनु के साथ किशोर बाबू के मुर्शिदाबाद-प्रवास का प्रसंग ऐसा ही है। कथाकार का तर्क है : 'वह कथा ही क्या, जो पढ़ने वालों को स्वामी रामानन्द कृष्ण की तरह अपने अन्दर झाँकने का मौका न दे?' पर यह प्रसंग अन्दर से ज्यादा बाहर दृष्टि दौड़ाने का मौका मुहैया करता है। कथा में भराव पैदा करने के लिए कुछ और भी प्रसंग नियोजित किये गये हैं। मसलन अकाल का विस्तृत ब्योरा इस सूत्र का विस्तार है कि 'अकाल कभी होता नहीं, बनाया जाता है।' और यह स्थिति 'आदमी ने आदमी के लिए पैदा की है।' ऐसे प्रसंगों में शायद ही कुछ ऐसा हो, जिसे अनेक बार तरह-तरह से कहा न जा चुका हो।

पागलपन, आत्मविस्मृति, बदहवासी, व्यक्तित्वारोपण उपन्यास की ऐसी शिल्पगत तदबीरें हैं जिनसे समय के अन्तराल पट जाते हैं, असुविधाजनक टिप्पणियाँ करने की सहूलियत होती है और भविष्य के सपने देखे जा सकते हैं। 'एक जो छिलो नेहरू/हिटलेरर पेर/शे...' जैसी बात कहलाने के लिए एक पागल की उद्भावना जरूरी समझी गयी और राबड़ी देवी/सोनिया गाँधी, देवगौड़ा, गुजराल सब पर टिप्पणी करने के लिए अमोलक की आत्मा का आह्वान और आरोपण।

किशोर बाबू के अपने मोहभंग का अलग सिलसिला है—शान्तनु से लम्बे समय के बाद भेंट। उसके कायाकल्प से उपजा क्षोभ और निराशा। उन लोगों की जमात से साक्षात्कार जो स्वाधीनता आन्दोलन के आदर्शों को ताक पर रखकर स्वाधीन भारत में बेईमानी की खेती बो-काटकर फल-फूल रहे हैं। खुद आदिवासियों के बीच एन.जी.ओ. मार्का समाज सेवा का ढोंग रचाए हैं और बेटे विलायत स्विट्जरलैंड में पढ़ रहे हैं। रिश्तेदार पारस्परिक शोषण-लीला में व्यस्त हैं और खुद अपने बेटे और परिवार के बीच दरार आ गयी है।

उपन्यास का अन्त इक्कीसवीं शताब्दी में प्रवेश से होता है। उत्तर-आधुनिकतावादी तर्ज पर अन्तःपाठीय प्रयोग के सहारे। ओ' हेनरी की कहानी की तरह तीन मित्रों के बीच किये गये कौल के पूरा होने के साथ पर चमत्कारपूर्ण ढंग से। तीनों वैसे ही मिलते हैं जैसे मिलने का सपना देखा होगा किशोर बाबू ने। शान्तनु अपने पहले से रूप में और अमोलक जो बाबरी मस्जिद वाली घटना में मारा गया समझा जा रहा था, वह फिल्मी ढंग से ऐन मौके पर प्रकट होकर सूचना देता हुआ कि वह तो 'मेरा डबल था'—जादुई यथार्थ फैक्ट इज़ स्ट्रेंजर दैन फ़िक्शन। अन्त से पहले एक खाका है इक्कीसवीं सदी के दरवाजे पर खड़े विश्व का। यह प्रवेश कैसा होगा? उपभोक्तावाद की अन्धी दौड़ अन्ततः कहाँ तक ले जाएगी?

इधर लिखे उपन्यासों की तुलना में इस उपन्यास का पाट भी बहुत चौड़ा है और सरोकार भी, देश-काल दोनों में सर्वग्रासी। इसका व्यूहधर्मी शिल्प भी अलग पहचान का कारण है। सन्देह नहीं कि इसका पहला पाठ लगभग चमत्कृत करता है। यह सवाल तो गहन पाठ ही उठाता था कि क्या बहुत कुछ एक साथ समेटने की कोशिश से प्रभाव की केन्द्रीयता एकाग्रता में फाँक पैदा नहीं हुई है? इस दशक में महिला लेखन में यह उपन्यास शायद सबसे ज्यादा चर्चित रहा है। खास बात यह कि इस पर ध्यान 'महिला लेखन' के दायरे के भीतर रखकर नहीं किया गया।

अब तक जिन उपन्यासों की चर्चा की गयी, उससे यह भ्रम नहीं होना चाहिए कि महिला-कथाकारों का योगदान इन्हीं रचनाओं पर केन्द्रित है। जैसा मैंने आरम्भ में कहा था, उत्तर-शती में गुण और परिमाण दोनों दृष्टियों से महिला-कथाकारों का योगदान पुरुषों से किसी भी रूप में कम नहीं है। यदि नारी-केन्द्रित उपन्यासों पर नजर डाली जाए तो ऐसे तमाम नाम उभर कर आते हैं जिन्होंने अनेक दृष्टियों से समाज में नारी की स्थिति, और उससे जुड़े सवालों को बहुत सार्थक ढंग से उठाया है। जिन रचनाओं का जिक्र किया जा चुका उनके अलावा ममता कालिया, नासिरा शर्मा, मंजुल भगत, मृणाल पाण्डेय, चित्रा मुद्गल, तमाम महिला कथाकारों की ऐसी रचनाएँ हैं जिन पर अनेक पहलुओं से विचार किया जा सकता है, वह आगे फिर कभी।

छठे दशक में : साथ-साथ और अलग-अलग

छठा दशक देश में नेहरू-युग की उठान का दशक था। देशवासियों के लिए उम्मीदों और आश्वस्ति का दशक। बाहरी खतरों की आमद तो क्या, ठीक-ठीक आहट भी तब तक सुनाई नहीं पड़ी थी। स्वाभाविक था, ऐसे दौर में परिवारों की, रिश्तों की, उनके बनने-बिगड़ने की, बीते जमाने को याद करने की कई कहानियाँ इन तीनों लेखिकाओं की कलम से उतरीं। खास बात थी इनकी मार्मिकता, कहीं-कहीं हृदयस्पर्शी भावमयता। 'दोज वर द डेज़' (ऐसे भी दिन थे) वाली मानसिकता से पैदा होनेवाली कहानियाँ।

कृष्णा जी की कई कहानियों की बनत कुछ ऐसी ही है जिनमें वे बाहरी स्थितियों के बरक्स पात्रों की मनःस्थिति में पैठने का प्रयास करती नजर आती हैं। 'गुलाब जल गँडेरियाँ', 'बहनें', 'कुछ नहीं कोई नहीं' और फिर 'बादलों के घेरे'। सब का रंग और ढंग अलग। स्थितियाँ अलग। 'गुलाब जल गँडेरियाँ' में मोहल्ले के वातावरण और खोमचे की आवाजों के बीच मरती एकाकी विधवा का दर्द तो 'टीलों ही टीलों' में पहाड़ी परिवार की दुर्घटनाजन्य पीड़ा। इससे पूरी तरह अलग ढंग की कहानी है 'कुछ नहीं कोई नहीं'—सम्बन्धों के व्यर्थता-बोध की कहानी। और अन्त में 'बादलों के घेरे', जिसे कृष्णा जी की कहानियों में 'सिक्का बदल गया' के बाद बहुत ख्याति मिली। गोकि उसमें वैसा कुछ नहीं है, जो जैनेन्द्र जी की कहानियों से किसी उल्लेखनीय प्रस्थान का एहसास जगाता हो। आगे चलकर 'तिन पहाड़' में प्रेम, सुख, चाह की आकांक्षा के भाव में बँधे किसी यात्रा-वृत्तान्त के से अहसास के बीच, नियति के हाथों जिन्दगी के अँधेरे-उजालों के बीच घिरे जिन पात्रों की कथा कही गयी, उसका एक सिरा 'बादलों के घेरे' से जुड़ता है।

गिनती में कृष्णा सोबती ने उषा और मन्नू दोनों से कम कहानियाँ लिखीं। 1960 तक आते-जाते तो उन्होंने कहानियों की बजाय औपन्यासिक बनावट की लम्बी कहानियाँ या लघु उपन्यास लिखने शुरू कर दिए, जिनमें 'यारों के यार' और 'ए लड़की' की बनावट में कहानीपन ज्यादा है और 'जिन पहाड़' और 'मित्रो मरजानी' में औपन्यासिकता। पर एक विशेषता बाकी दोनों की आरम्भिक कहानियों

से कृष्णा सोबती की कहानियों को अलग और विशिष्ट बनाती है, वह है अनुभव की प्रगाढ़ता। व्यक्ति (नफीसा, लामा, भोले बादशाह), स्थिति (बहनें, बदली बरस गयी, बादलों के घेरे) या घटना (सिक्का बदल गया, आजादी शम्मोजान की और टीलो ही टीलो), कहानी का प्रस्थान बिन्दु चाहे जहाँ हो, पर उस पर गहन संवेदनात्मक अनुभव की छाया दिखाई पड़ती है। जब ऐसा होता है तो शैली में भी सर्जनात्मकता पैदा होती है। वे बयान कम करती हैं प्रस्तुत ज्यादा। उनकें किरदार दृश्यों में, भरे-पूरे वातावरण में विचरते दिखाई पड़ते हैं। पाठक उन्हें महसूस कर सकता है—संवादों में, मुद्राओं में साकार। जरूरत पड़े तो उपमाओं के माध्यम से भी : 'एक दूसरा प्यार होता है, जो पहाड़ के सूखे बादलों की तरह उठ-उठ आता है और बिना बरसे ही भटक-भटककर रह जाता है।' (बादलों के घेरे) या फिर कुछ ऐसे : "ऊपर पँहुची। सब ओर अँधेरा था। त्रिशूल की ओर आँखें फैलाईं। पहाड़ की काली ऊँचाई के सिवाय कहीं कुछ न था। हवा बहे चली जा रही थी—साँय-साँय। हाथ-पैर धोकर, लैम्प की धीमी रोशनी में खाना खाया। सोने लगी, तो अन्दर-बाहर फैले अँधियारे और अकेलेपन को देखकर भी सिरहानेवाली खिड़की बन्द करने को मन नहीं हुआ। थकी थी, पर नींद जल्दी नहीं आयी। कुछ ऐसा लगा कि मैं यहाँ हूँ और नहीं भी।" (पहाड़ों के साये तले) उनके 'कामदार भीखमलाल' नाम के अनुरूप कुछ ऐसे हैं : "कामदार भीखमलाल ने बालों पर गहरा हाथ फेरा, कोने में पड़ी लकड़ी की पेटी पर से उठाकर साफा सिर पर रखा और दहलीज के पास पड़ी जूती पहनकर बाहर निकल आये। माथे पर कामदारी के तेवर थे। तेवरों के नीचे किन्हीं खुफिया परदों में से झाँकती दो आँखें थीं और आँखों को रोबदार बनाता हुआ सिर से लिपटा बहुत बड़ा साफा था। उनकी जूती की एड़ियाँ घिसी हुई थीं, लेकिन चाल में दम था।" एक मुकम्मल चित्र, जो इनसान को कल्पना में साकार कर दे।

ये कहानियाँ समय के जिस दौर में लिखी गयीं, उसी बीच उषा प्रियंवदा ने भी लिखना शुरू कर दिया था। 1952-53 के बीच उनकी तीन कहानियाँ प्रकाशित हुईं : आश्रिता (1952), दोस्त (1953) और मान-हठ (1953)। कहानियाँ कुछ और भी प्रकाशित हुई थीं—पत्रिकाओं में । पर उषा जी ने अपनी 'सम्पूर्ण कहानियाँ' में उन्हें शामिल नहीं किया। पर उनकी बनत का अन्दाजा उपर्युक्त कहानियों की चर्चा से लगाया जा सकता है। तीनों कहानियाँ पुराने ढर्रे की फार्मूलाधर्मी रचनाएँ हैं। पहली (आश्रिता) में चाचा-चाची पर आश्रित एक अनाथ बालिका की दुर्दशा पर करुणाद्रवित होता चाची का बेबस भतीजा शेखर, जो न घर में उस पर होनेवाले अत्याचारों से उसे बचा पाता है और न अट्ठारह साल की उम्र में एक लड़की के पिता, 40 साल के विधुर से उसके विवाह को रोक सकता है। 'दोस्त' कामकाजी पतियों की महिला मित्रों के

बारे में घरेलू पत्नियों के शक्की मिजाज पर टिप्पणी है। तीसरी कहानी 'मान-हठ' में एक सामान्य मध्यवर्गीय परिवार की सुन्दर लड़की के धनी, पर कुरूप लड़के के साथ बिना देखे अनमेल विवाह की समस्या उठाई गयी है जो वास्तव में समस्या है ही नहीं। क्योंकि सवाल वहाँ दोनों पक्षों में 'मान-हठ' का ज्यादा है जो आठ वर्षों के विलगाव के बाद एक अस्वाभाविक परिस्थितिजन्य संयोग पर आकर अतार्किक ढंग से हल हो जाता है। भारतीय समाज की रवायतों के अनुरूप लड़की पुनर्विवाह नहीं करती पर पुरुष कर लेता है। लेखिका शायद कहना यही चाहती है कि इस समाज में यह सम्भव है क्योंकि 'मुकुल पुरुष है। वह अपनी दुनिया बार-बार बसा सकता है। पर अमृता?' कहानी इसी प्रश्न पर समाप्त हो जाती तो बात और थी। पर ऐसा होता नहीं। आठ साल बाद वही मुकुल एक नन्हे शिशु को लिए अमृता के द्वार पर उपस्थित होता है। उसके बाद जो होता है, उसमें कुछ भी अप्रत्याशित नहीं है। पत्नी की मृत्यु के बारे में कारुणिक भावुकता से भरा एक संवाद और हृदय परिवर्तन का आजमाया हुआ नुस्खा : "अमृता एकटक उसे देख रही थी। आठ सालों में वह बहुत बदल गया था। बरसों का बीमार-सा, टूटा-टूटा, खोया-खोया, उदास और बेहद अकेला। उसके दर्द ने उसे एक स्निग्ध, अलौकिक आकर्षण दे दिया था, जिसे केवल अमृता की ही आँखें देख सकीं।" यानी अमृता का पति के रूप में एक आत्मविश्वासी और आत्माभिमानी मजबूत इनसान नहीं, थका-हारा, टूटा, बेहद अकेला-सा व्यक्ति चाहिए था, जो उसकी दया और करुणा का पात्र हो सके, उसकी अनुकम्पा का याचक।

कथ्य में ही नहीं, इन कहानियों की प्रस्तुति में भी कहीं कोई ऐसी नवीनता नहीं है जो हिन्दी कथा-यात्रा में किसी मोड़ का आभास देती हो। इन्हें पढ़ना किसी अनुभव से नहीं, किन्हीं सामाजिक सम्बन्धों के सम्भावित रूप की कल्पना या सुनी-सुनाई बातों से निर्मित अवधारणाओं से गुजरने जैसा होता है।

'मान-हठ' के दो वर्ष बाद उषा की प्रिय कहानी 'फिर वसन्त आया' छपी। प्रिय इसलिए कि उन्होंने अपने पहले कथा-संग्रह का नामकरण इसी कहानी पर किया। स्थितियाँ एकदम अलग, पर फार्मूला वही। इस बार दो प्रेमी। शायद एक-दूसरे के जीवन में आने वाले प्रथम स्त्री और प्रथम पुरुष के बीच का भावनात्मक लगाव। उस समय के मध्यवर्गीय परिवारों की आम सच्चाई। भाइयों के दोस्त और बहनों की सहेलियाँ ऐसे प्रेम की पींगें बढ़ाने के लिए बड़े उपयुक्त पात्रों की भूमिकाएँ निभाते थे। जीवन में हो न हो, पर इस थीम पर लिखी जानेवाली कहानियों में अक्सर बाधाएँ इसके बाद आनी शुरू होती थीं जिनका दुखान्त या तो आत्महत्याओं में होता था या सुखान्त परिस्थितिजन्य अस्थायी वियोग के बाद संयोगजन्य मिलन में। 'मान-हठ' का विवाहित जोड़ा और 'फिर वसन्त आया' के बिछड़े प्रेमी इसी फार्मूले के तहत दुबारा मिलते हैं—शेष जीवन सुखपूर्वक बिताने के लिए दोनों ही आठ साल बाद।

दोनों कहानियों में बिछुड़ों का मिलना महज इत्तफाक है।

उषा जी की कहानियों में परिपक्वता 'ज़िन्दगी और गुलाब के फूल' और 'पैरेम्बुलेटर' की रचना के साथ आनी शुरू हुई। दोनों कहानियों का कथानक अलग है। एक में भाई-बहन के बीच और दूसरी में पति-पत्नी के बीच पुरुष की बेकारी से पैदा आर्थिक तंगी के कारण रिश्तों की प्रकृति में आनेवाला बदलाव। इन कहानियों में समस्या का आधार ही बदलकर अर्थ नहीं हो गया, कलात्मक दृष्टि से भी प्लाट के अन्त न संयोगधर्मी हैं, न बरबस आरोपित। दोनों कहानियाँ 1956 में लिखी गयी थीं। इन वर्षों के बीच उनकी अभिव्यक्ति में आनेवाला अन्तर भी साफ लक्षित होता है। वे पहले की तरह समाख्यान और संवादों के माध्यम से कहानी कहती नहीं चलतीं, पूरा परिदृश्य निर्मित करने लगती हैं। निम्न मध्यवर्ग के परिवारों में आर्थिक कठिनाई से सम्बन्धों की प्रकृति में बदलाव को पात्रों के संवादों, उनकी भंगिमाओं, परिवेश के ब्योरों–सबके माध्यम से सहज परिघटित होते देखा जा सकता है–प्रभावी रूप में।

उषा जी की कहानियों का ग्राफ उत्तरोत्तर बढ़ते हुए अन्ततः 'वापसी' और 'मछलियाँ' जैसी कहानियों में उत्कर्ष पर पहुँचता है। इसलिए नहीं कि नामवर सिंह ने 'वापसी' को उस वर्ष की श्रेष्ठ कहानी का खिताब बख्शा था, जिस पर खासा विवाद भी हुआ था। अपनी 'सम्पूर्ण कहानियाँ' की भूमिका में उषा ने इस कहानी की रचना-प्रक्रिया का खुलासा किया। जरूरी नहीं कि रचनाकार के द्वारा अपनी किसी रचना के बारे में दिये गये ऐसे वक्तव्य से सहमति हो, पर 'वापसी' के बारे में उनका कथन महत्त्वपूर्ण है। अनुभूति से अभिव्यक्ति तक की यात्रा करते हुए वास्तविक घटनाओं और अनुभवों का कैसे कायाकल्प हो जाता है, यह वक्तव्य उस प्रक्रिया को स्पष्ट तो करता ही है, किसी अनुभव के साथ रचनाकार कैसे एक साथ होता और नहीं होता, इस पर भी रोशनी डालता है। रचना में रूपान्तरित होकर वास्तविक पात्र और घटनाएँ ठीक-ठीक वही होते भी हैं और नहीं भी होते, पर वे वास्तविकता का बोध जरूर कराते हैं। 'अनुभूति की प्रामाणिकता' का आशय इतना ही होता है। रचनाकार की सर्जनात्मक सामर्थ्य यथार्थ और सम्भावित के बीच के अन्तराल को पाटने में व्यक्त होती है, यथावत् चित्रण में नहीं। 'वापसी' कहानी के पीछे भी ठोस वास्तविकता का कहानी में रूपान्तरण जिस रूप में हुआ, उसके बारे में उषा जी का यह अनुभव ध्यान देने लायक है। कहानी के गजाधर बाबू के पीछे जिन सम्बन्धी की 'ठोस छवि और जीवन था', उनका तो बकौल लेखिका अन्त में देहान्त हो गया था। पर उन्हीं के अनुसार : 'कहानी लिखते समय मेरे मन में एक प्राणी का अकेलापन और परिवार में अपनी उचित जगह न पाने की पीड़ा ही थी, पर उसमें कल्पना और स्मृति का ऐसा मिश्रण था कि कोई भी उन्हें न पहचान सका। मेरी अन्तर्दृष्टि, संवेदनशीलता और बाह्य जगत् गजाधर बाबू के चरित्र में इतने

घुलमिल गये थे कि वह मेरे सम्बन्धी न रहकर एक नये, अपने में ही सम्पूर्ण प्राणी बन गये थे। कहानी के घटनाक्रम और सम्बन्धी के जीवन में कोई भी साम्य न था, मेरी कल्पना और सृजनशीलता ने एक परिचित व्यक्ति की छाया का आभास मात्र लेकर गजाधर बाबू को जन्म दिया।"

दरअसल कहानी में गजाधर बाबू का जन्म नहीं, पुनर्जन्म हुआ। उनका जन्म तो उस सम्बन्धी के रूप में वास्तविक जीवन में बहुत पहले हो चुका था जिसकी स्मृति लेखिका के अवचेतन के गह्वर में दबी पड़ी थी—'एक ऐसे व्यक्ति के अकेलेपन और परिवार में उचित जगह न पाने की पीड़ा' के रूप में जिस पर कहानी का ताना-बाना अनेक रूपों में बुना जा सकता था। उन्होंने खुद स्वीकार किया है कि : "यह बात मेरी समझ में बहुत बाद में आयी कि कदाचित बच्चों को लेकर दूर चले जाने का कारण पति-पत्नी के मन का मिलाप न हो पाना भी सम्भव था।" यह बात भले ही बाद में समझ आयी हो पर इस सम्भावना का संकेत लेखिका के जाने-अनजाने, कहानी में मौजूद है। कहानी के अन्त में पत्नी उनके साथ चलने के प्रस्ताव को तर्क देकर ठुकरा देती है और उनके चले जाने पर बेटे से उसके इस कथन से कि वह 'बाबूजी की चारपाई कमरे से निकाल दे। उसमें चलने तक की जगह नहीं है।' पति-पत्नी के बीच सम्बन्धों की प्रकृति का सहज अन्दाजा लगाया जा सकता है।

घर-गृहस्थी में वृद्ध, रिटायर सदस्यों के असंगत और लगभग दयनीय हो जाने की थीम पर लिखी गयी पहले की कहारियों से यह कहानी इस मायने में विशिष्ट है कि इसके मुख्य पात्र के पास एक विकल्प है फिर से नौकरी करने का और सार्थक और आत्मसम्मान की जिन्दगी की दुबारा शुरुआत करने का। यह चुनाव उनके प्रति सम्मानमिश्रित करुणा जगाता है, उन्हें दयनीय नहीं बनाता। दूसरी बात जो इसे विश्वसनीय बनाती है, वह यह तथ्य कि परिस्थितियों के साथ समझौता करके अपने लिए जगह बना लेने की जैसी क्षमता उस दौर के मध्यवर्गीय परिवारों की स्त्रियों में होती थी, वैसी पुरुषों में नहीं। बहुत सम्मानजनक स्थिति गजाधर बाबू की भी नहीं है। पर घर-गृहस्थी के कामों में उसकी उपयोगिता और उनकी अपनी व्यवहार-बुद्धि से ऐसी व्यवस्था सम्भव होती है जिसमें फालतू सिर्फ़ गजाधर बाबू ही होते हैं। परिवार के ऐसे सदस्यों के प्रति घोर संवेदनहीन होते जाने की यह कहानी, जीवन-मूल्यों में आनेवाले बदलावों की तरफ भी बड़े प्रभावी ढंग से इंगित करती है। कहानी के तमाम संवाद और घटनात्मक ब्योरे इसके साक्षी हैं।

मन्नू भण्डारी ने इन दोनों से कई वर्ष बाद लिखना शुरू किया तब भी जैसा उन्होंने खुद कहा है, उनकी आरम्भिक कहानियाँ 'उगली हुई कहानियाँ' ही हैं। इस अर्थ में नहीं कि उन्होंने जीवनानुभवों को कच्चे माल की तरह उनमें ज्यों-का-त्यों उगल दिया है, बल्कि इसलिए कि उनका उत्स अनुभव से नहीं विचार से हुआ प्रतीत

होता है। दरअसल उनकी ये कहानियाँ 'उगली हुई' नहीं' 'बनी हुई' यानी बनावटी कहानियाँ मालूम होती हैं। पहली कहानी 'मैं हार गई' 'वास्तविक और कल्पित के बीच द्वन्द्व' में आकांक्षित की 'हार' यानी कल्पना के अनुकूल एक आदर्श नेता के चरित्र के निर्माता रचनाकार के प्रयास के असफल होने की कहानी है। शेष दो कहानियों 'श्मशान' और 'अभिनेता' में स्त्री-पुरुष सम्बधों की विडम्बना की कथा कही गयी है। इन कहानियों में से 'श्मशान' विवाहित जीवन के सम्बन्धों में पुरुष की क्रूरता और ढोंग की कथा है और 'अभिनेता' के विवाह-पूर्व के छल की। कहानियों की विशेषता इतनी भर है उनमें रचनाकार ने महज वाचक के रूप में कहानी न कहकर उनमें नाटकीयता पैदा करने का कौशल आजमाया है। पहली में वह खुद एक लेखक की नाटकीय भूमिका अख्तियार करके नाटकीय अदा में पाठकों को जगह-जगह सम्बोधित करती चलती है। 'देखिए, आप बीच में ही यह मत पूछ बैठिए कि आठवीं का बच्चा इन सबको कैसे समझ सकता है?...' लेखिका बड़े सजग भाव से पूरी कहानी में खुद यह भूमिका निभाती चलती है। 'मैं चिल्ला उठी, जानते हो, तुम किससे बातें कर रहे हो? मैं तुम्हारी स्रष्टा हूँ, तुम्हारी निर्माता! मेरी इच्छा से बाहर तुम्हारा कोई स्वतंत्र अस्तित्व नहीं।' कहानी वास्तविकता बनाम कल्पना की लड़ाई में वास्तविकता की जीत की कहानी तो कहती ही है, यह भी स्पष्ट करती है कि रचना पूरी तरह रचनाकार के संकल्प या अवधारणा के अधीन रहे, यह जरूरी नहीं। शुरुआत के बाद बहुत सम्भव है कि वह स्वचालित गति से कला के अपने नियमों के अनुरूप किसी दूसरे रास्ते से अलग मंज़िल पर पहुँच जाए।

बाकी दोनों कहानियों में अभिव्यक्ति की युक्तियाँ अलग और अपने ढंग की हैं। 'श्मशान' कहानी में एक के बाद एक यानी दो पत्नियों की मृत्यु पर करुण-क्रन्दन करके पुनर्विवाह करने वाले ढोंगी पुरुष की कहानी 'श्मशान' भूमि और सामने खड़ी पहाड़ी के बीच संवाद के रूप में कही गयी है।

तीसरी कहानी 'अभिनेता' में भी लगभग उसी युक्ति का प्रयोग किया गया है जिसका 'मैं हार गई' में वह पहले प्रयोग कर चुकी थीं। 'अभिनेता' शीर्षक की इस कहानी का पहला ही वाक्य है : 'वह बड़ी कामयाब और गजब की अभिनेत्री थी, अपनी कला में माहिर।' और उसके बाद वही नाटकीय अन्दाज : 'मगर ठहरिए। यह तो कहानी की शुरुआत ही गलत हो गयी।' और अन्त : 'मैं नहीं जानती, उसके बाद रंजना का क्या हुआ, दिलीप का क्या हुआ। मैं तो इसी में खुश हूँ कि मेरी कहानी का शीर्षक सार्थक हो गया।' आदि-अन्त की इस नाटकीय मुद्रा से कहानी के विन्यास में कोई नाटकीयता या विडम्बनात्मक स्थिति पैदा नहीं होती। कहानी में एक विवाहित पुरुष के द्वारा एक के बाद एक स्त्रियों को प्रेम के भुलावे में छलने की दास्तान है—सीधी-सादी वाचन शैली में।

उनकी इन आरम्भिक कहानियों की खासियत यह है कि इनमें एक ऐसी शख्सियत उभरती दिखाई पड़ती है, जो खासी आत्मसजग और चौकन्नी है—अपनी रचनाओं के कथ्य और रचनात्मक विन्यास दोनों के बारे में। यही वजह है जिसके कारण उनकी कहानियों का ग्राफ उत्तरोत्तर ऊँचाई की तरफ बढ़ता गया। मन्नू ने आगे चलकर दो बेहद सफल उपन्यास लिखे। एकाध-नाटक रूपान्तर भी किया, परन्तु कहानियाँ वे लगातार और पूरी निष्ठा से लिखती रहीं।

कृष्णा जी ने दिशा बदलकर संस्मरण-लेखन की राह पकड़ी, जो 'हम हशमत' शीर्षक से दो खण्डों में प्रकाशित हुए। उषा प्रियंवदा ने भी 'पचपन खम्भे लाल दीवारें' की सफलता से उत्साहित होकर उपन्यास-लेखन पर ज्यादा तवज्जोह देनी शुरू की। समय के नियमित अन्तरालों पर उनके छोटे-बड़े पाँच उपन्यास प्रकाशित हुए। पर मन्नू ने, तब तक उनका लिखना जारी रहा, कहानियाँ नियमित रूप से बराबर लिखीं, भले ही गति में पहले जैसी तेजी न रही हो। अपने समग्र की भूमिका में उन्होंने उल्लेख किया है कि उनका अन्तिम कहानी संग्रह 1978 में आया, पर कहानियाँ तो वे उसके बाद भी लिखती रहीं जिसके प्रमाण उनकी 'सम्पूर्ण कहानियाँ' के अन्त में छपी दो कहानियाँ हैं। एक 'नायक, खलनायक और विदूषक' जो 1986 में 'हंस' के प्रवेशांक के लिए लिखी गयी थी और दूसरी 'नमक' जो 'इंडिया टुडे' में 1992 में छपी। कुछेक कहानियाँ इसके आसपास और भी लिखी गयी थीं। उसके बाद तो स्वास्थ्य गड़बड़ा जाने से उन्होंने लेखन से छुट्टी पा ली। बमुश्किल तमाम दस वर्ष में एक 'आत्मकथ्य' लिखा जिसमें रचनात्मकता कितनी है और सूचनाधर्मिता कितनी, यह किसी से छिपा नहीं है।

नये कहानीकारों के बीच

कुल मिलाकर 'नयी कहानी' आन्दोलन के पैराकारों और उनके अलावा भी जिन पुरुष कथाकारों ने प्रेमचन्द-जैनेन्द्र के बाद कथा-साहित्य की परम्परा को आगे बढ़ाया उनके बीच इन तीनों महिला रचनकारों का दर्ज़ा किसी से कमतर नहीं है। वस्तुतः इनके समानान्तर लिखनेवाले पुरुष कथाकारों की आरम्भिक रचनाएँ इनकी तुलना में कुछ ज्यादा बचकानी या अधपकी ही दिखाई पड़ती हैं। छठे दशक के दौरान लिखी गयी कहानियों की तुलना से यह बात स्पस्ट हो जाएगी। वे चाहे राजेन्द्र यादव हों या कमलेश्वर। मोहन राकेश ने अलबत्ता गिनती में भले ही कम लिखा हो, पर उनमें कमजोर कहानियाँ गिनाने भर के लायक ही होंगी।

इन तीन महिलाओं की कहानियों की दीर्घकालीन लोकप्रियता की एक बहुत बड़ी वजह यह है कि इन्होंने बराबर 'महिला लेखन' की छाप का अतिक्रमण किया।

पारिवारिक-सामाजिक स्थितियों, चरित्रों और समस्याओं पर लिखी इनकी तमाम कहानियों में स्थितियों के प्रति आश्वस्ति का भाव नहीं है, पर ये कहानियाँ न तो महज 'शिकायती' कहानियाँ हैं न इनमें अतिरंजित विद्रोह या साहसिकता की मुद्रा है और न ही इनकी रचना पुरुष को खलनायक की स्थायी भूमिका में खड़ा कर लक्ष्यबेधक तेवर से की गयी है। भले ही कहानी का शीर्षक 'नायक, खलनायक ओर विदूषक' हो या उपन्यास का शीर्षक 'मित्रो मरजानी'।

'नारीवाद' के नाम पर बाद में जो ब्रांडधर्मी, अतिरंजित उत्साही लेखन फूला-फला, उस ढंग का नारीवाद अगर इनकी रचनाओं में नहीं है तो यह उनके लेखन और 'नारीवाद' दोनों के लिए अच्छा है।

उस बीच मेरा होना

मुझे आज भी 1955-56 का समय याद है। कृष्णा जी अपनी चिर-परिचित पोशाक में कनाट-प्लेस के बरामदों में अक्सर दिखाई पड़ती थीं। कभी-कभी नरेश मेहता के साथ। उस समय तक मेरा उनसे क्या, किसी भी रचनाकार से निजी परिचय नहीं था। पहली बार जब उन्हें सामने से आते देखा तो उनकी वेशभूषा ने ध्यान आकर्षित किया। इससे पहले कि मैं कुछ कहूँ, मेरी सहपाठिन मधुमालती जो उस समय आकाशवाणी में नाटकों में भाग लेने के साथ उद्घोषिका भी थी, खुद ही धीरे से बोली, 'देख, वह जो सामने से आ रही हैं, गरारे वाली महिला, कृष्णा सोबती हैं।' उसके कहते-कहते कृष्णा जी बगल से निकल गयीं। मेरा ध्यान दो बातों की तरफ गया। एक उनकी पोशाक और दूसरी उनकी निगाह। वे बराबर ज़मीन पर नजर जमाये चल रही थीं। उनकी वह छवि कुछ कुतूहल-मिश्रित भाव से मेरे मन में टँकी रह गयी। हम दोनों उसके बाद उनकी कहानियों की चर्चा करने लगे, जिसकी जानकारी उस समय मुझसे ज्यादा मालती को थी। तब तक कृष्णा जी की बीस के आसपास कहानियाँ आ चुकी थीं जिनमें 'सिक्का बदल गया' (1948) और 'बादलों के घेरे' (1955) ज्यादा प्रसिद्ध हुई थीं। विभाजन की घटना से जुड़ी अमानवीय स्थितियों पर अधिकांश कथाकार लिख चुके थे। सामाजिक परिदृश्य में भी स्थिरता आ चुकी थी। बदलती सामाजिक स्थितियों के बीच बनते-बदलते मानवीय सम्बन्धों की भीतरी-बाहरी तहों को उकेरने की प्रवृत्ति कथा-साहित्य में बढ़ चली थी।

उस समय मेरे मन पर न मन्नू के लेखन की कोई छाप थी न उनकी विशेष प्रसिद्धि ही हुई थी। पहली बार मन्नू को कलकत्ता में भारतीय परिषद के वार्षिक अधिवेशन के अवसर पर देखा 1961 में। किसी ने शाम की चाय के मौके पर एक छोटे से कद की, साँवली सी महिला की तरफ़ इशारा करके कहा, 'देखो, वह मन्नू

भंडारी हैं।' मन्नूजी घूम-घूमकर परिचितों से बतिया रही थीं। मन में कुछ ऐसा उत्साह नहीं हुआ कि आगे बढ़कर परिचय का लेन-देन करूँ।

उषा प्रियंवदा से उससे पहले 1956 में लेडी श्रीराम कॉलेज में परिचय हो चुका था—सहयोगी के रूप में । कथाकार के रूप में पहचान बहुत बाद की बात है। हम बस सहयोगी थे और मित्र थे। साथ में एक तीसरी थीं जो अर्थशास्त्र पढ़ाती थीं। उनका सम्बन्ध भी दिल्ली से था। पर हमारे बीच कॉलेज सम्बन्धी मामलों, घर-परिवार और शहर के सामाजिक जीवन को छोड़कर बातचीत का सामान्य विषय नहीं होता था। उषा उस समय भी कहानियाँ लिखती रही होंगी—'सरिता' छाप। पर उन्होंने उनका ज़िक्र करने और अपने 'लेखिका' होने की शेखी बघारने की कोशिश कभी नहीं की।

हमने तीसरी की उपस्थिति के कारण साहित्य पर शायद ही कभी बात की हो। मुझे तो यह भी अजब लगता था कि विषय अंग्रेजी होने के बावजूद उषा ने प्रेमचन्द से सम्बद्ध विषय पर पीएच.डी. क्यों की? मैं मन-ही-मन इसे उनकी पिछड़ी मानसिकता समझती थी।

बहरहाल, उषा ने तीन वर्ष के बाद ही शहर छोड़ दिया और वे इलाहाबाद और फिर अमेरिका प्रस्थान कर गयीं। जिधर ध्यान दिल्ली में उनके संग साथ रहते नहीं गया था और न ही उन्होंने कभी जताने की कोशिश की उस तरफ़ सहसा ध्यान 'वापसी' कहानी की प्रसिद्धि के बाद गया और फिर सम्बन्ध का सूत्र उनकी रचनात्मकता से जुड़ गया। वह सम्बन्ध समय के साथ दृढ़तर होता गया, परवान चढ़ा और आज भी उसी तरह कायम है। उनकी हर रचना से बराबर जुड़ाव बना रहा है।

मन्नू के साथ तो उनके दिल्ली आने के एक-दो वर्ष बाद ही—1967 के आसपास, पारिवारिक मित्रता के रूप में सम्बन्ध बना—पहले औपचारिक फिर घनिष्ठ। तमाम प्रसंगों में हमने पारिवारिक और वैयक्तिक स्तर पर यह सम्बन्ध निभाया और अब भी निभा रहे हैं। भला हो टेलीफोन नाम के यंत्र का जिससे वाचिक सम्पर्क निरन्तरता में बना हुआ है। हर तरह की खबरों का रोज़नामचा होता है हमारे बीच—जिसमें साहित्य और साहित्यकार सब शामिल रहते हैं। उसके खुलासे पर छोटी-मोटी पुस्तिका लिखी जा सकती है।

खास बात यह है कि साहित्यिक बिरादरी की तमाम ख़बरें, नये प्रकाशन, उन पर अच्छी-बुरी, सही-गलत, प्रायोजित और सहज समीक्षाएँ, साहित्यिक गोष्ठियों के आँखों देखे हाल—यह सारी सामग्री अलग-अलग स्रोतों से हम दोनों तक पहुँचती है और हम उनकी अदला-बदली कर अपनी जानकारी बढ़ा लेते हैं और मन-रंजन की ज़रूरत भी पूरी कर लेते हैं। दूरभाष ख़बरों की प्रसार-सेवा का शायद सबसे कारगर माध्यम है हम 'सयानों' के बीच।

तृतीय खण्ड

विविध

नयी समीक्षा

(1)

बीसवीं शताब्दी आंग्ल-अमरीकी साहित्य में 'आलोचना का युग' है। सन् 1930-60 तक के समय को जॉन हॉलावे ने 'साहित्यिक आलोचना में क्रान्ति' का युग कहा है। कहना न होगा कि इस समय की सबसे महत्त्वपूर्ण और समृद्ध आलोचनात्मक प्रवृत्ति नयी समीक्षा है। प्रवृत्ति विशेष के लिए यह सन् 1941 में प्रकाशित जॉन क्रो रैंसम की इसी शीर्षक की रचना से रूढ़ हुआ। इस रचना में चार समसामयिक आलोचकों के अध्ययन के उपरान्त एक 'ऑनटोलॉजिकल क्रिटिक' की वकालत की गयी है। नयी समीक्षा संज्ञा के औचित्य के सम्बन्ध में रैंसम के मन में तो सन्देह था ही, इस प्रवृत्ति के जनक टी.एस. एलियट ने भी सन् 1956 में प्रकाशित अपने निबन्ध 'समीक्षा के सीमान्त' में इसके निर्बन्ध प्रयोग के विरुद्ध सावधान किया है : "लोग नयी समीक्षा शब्द का प्रयोग अक्सर यह बिना समझे करते हैं कि इस शब्द में कितनी विविधता का समावेश है परन्तु इस शब्द का प्रचलन इस तथ्य को प्रमाणित करता है कि इस युग के अधिक प्रतिष्ठित आलोचकों में परस्पर कितना भी व्यापक अन्तर क्यों न हो, वे सब के सब अपने से पहले की पीढ़ी के आलोचकों से किसी-न-किसी महत्त्वपूर्ण बात में भिन्न हैं।" सम्भवतः इस पद के इसी अर्थगत अनिश्चय और अतिव्याप्ति के कारण नयी समीक्षा की जगह **सौन्दर्यपरक रूपवाद** (एस्थेटिक फ़ॉरमलिज़्म) या **विश्लेषणात्मक आलोचना** जैसे पदबन्ध सुझाये गये हैं। ये शब्द शायद नये आलोचकों के आलोचनात्मक व्यवहार की प्रकृति के अधिक अनुकूल हैं किन्तु चूँकि नयी समीक्षा मात्र रूपवाद नहीं है, अतः अपनी अनिश्चयार्थकता के बावजूद भी बीसवीं शताब्दी के सबसे प्रबल आलोचनात्मक आन्दोलन के लिए यह शब्द रूढ़ होकर स्वीकृति पा गया।

पहले-पहल कोलम्बिया विश्वविद्यालय में तुलनात्मक साहित्य के प्रोफेसर **स्पिनगार्न** ने सन् 1910 में इस पदबन्ध का प्रयोग अपने एक लेख में किया। जिस अर्थ में उन्होंने

इसका प्रयोग किया था उसका सम्बन्ध भी निश्चित रूप से आगे विकसित होने वाली नयी समीक्षा की प्रवृत्ति से है। उन्होंने नये समीक्षक से अपेक्षा की थी कि वह ऐतिहासिक और सामाजिक कारणों के झमेले से मुक्त रहकर, अपने प्रतिपाद्य विषय पर ही ध्यान केन्द्रित रखे क्योंकि कलाकृति का सरोकार इन बातों से नहीं होता। स्पिनगार्न ने इस प्रकार कलाकृति को समाज विज्ञान और ऐतिहासिक अध्ययन के दबाव से मुक्त रखने का आग्रह किया।

यह आकस्मिक नहीं है कि इसी के आसपास (1908) इंग्लैंड में **टी.ई.ह्यूम** ने काव्य पर विचार-विमर्श करने के लिए एक गोष्ठी की स्थापना की। ह्यूम स्वच्छन्दतावाद के इस हद तक विरोधी थे कि उन्हें उसमें जो कुछ श्रेष्ठ था, उससे भी घृणा थी। स्वच्छन्दतावाद की 'हँसने-हिनहिनाने' और 'रोने-बिलखने' की भंगिमाएँ उनके मन में नफरत पैदा करती थीं। यही वह समय था जब युवक **जॉन क्रो रैंसम** 'रोड्ज़ स्कॉलर' के रूप में ऑक्सफोर्ड में रह रहे थे (1910-13)।

नयी समीक्षा का आरम्भ निश्चित रूप से किस समय और किस रचना से हुआ, यह भले ही न कहा जा सके किन्तु उसकी प्रमुख प्रवृत्तियाँ **टी.एस. एलियट** की **द सेक्रेड वुड** (1920), **मिडलटन मरे** की **द प्राब्लम ऑफ़ स्टाइल** (1922) और **आइ. ए.रिचर्ड्स** की **प्रिंसिपल्ज़ ऑफ़ लिटरेरी क्रिटिसिज़्म** (1924) जैसी रचनाओं में मिलने लगी थीं। इस प्रकार काल-क्रमानुसार आलोचना के क्षेत्र में इस आन्दोलन के आरम्भ का श्रेय एलियट को ही है; भले ही उन्होंने विनम्रतावश कह दिया हो कि "मुझे ऐसा कोई आलोचनात्मक आन्दोलन नहीं दिखाई पड़ता जिसके लिए यह कहा जा सके कि उसका आरम्भ मुझसे हुआ।" आलोचना के क्षेत्र में जब **एफ.आर.लीविस** ने प्रवेश किया, उस समय तक यह परम्परा पूर्णतः विकसित हो चुकी थी। सन् 1936 में प्रकाशित अपनी रचना **रिवेल्युएशंस** में लीविस ने स्पष्ट घोषणा की थी कि वे काव्यालोचन परम्परा में उस नये दृष्टिकोण का अनुसरण कर रहे हैं जिसका शिलान्यास एज़रा पाउंड, टी.एस. एलियट और रिचर्ड्स ने किया था। यह बात अलग है कि यह नाम देने का श्रेय अमरीका के आलोचकों को ही है।

(2)

नयी समीक्षा का आरम्भ जिस युग में हुआ, वह वैज्ञानिक विकास और औद्योगीकरण की तीव्र प्रगति का युग था। आधुनिक सभ्यता के इस युग में काव्य की उपयोगिता प्रमाणित करना कठिन हो गया था। विज्ञान द्वारा प्रस्तुत सत्यापनीय एवं ग्राह्य सत्य की तुलना में कविता द्वारा प्रस्तुत सैद्धान्तिक एवं अप्रमाणित सत्य के लिए यह कहना कि कविता हमें सृष्टि के रहस्यों को समझने की अन्तर्दृष्टि प्रदान करती है,

उपहासास्पद ही हो सकता था। परन्तु साथ ही वैज्ञानिक प्रगति ने मानवता के सामने एक सांस्कृतिक संकट उत्पन्न कर दिया था। प्रथम महायुद्ध के बाद विश्व की सांस्कृतिक शक्तियाँ निराशा और आत्मघात की ओर उन्मुख होने लगी थीं, जीवन के सभी स्वीकृत मूल्य सन्देहास्पद हो गये थे और यूरोपीय सभ्यता की केन्द्रीय परम्परा को नकारने की प्रवृत्ति बल पकड़ रही थी। **जे.वी. क्रच** ने **दी मॉडर्न टेंपर** में एक ऐसी व्यापक निषेधवादी और निराशावादी मानसिकता का जिक्र किया है जिसमें मनुष्य ने अपने को बौद्धिक, नैतिक और आध्यात्मिक, सभी क्षेत्रों में व्यापक एक भ्रामक और विषाक्त वातावरण में भटकते और मार्ग टोहते पाया। **लायनल ट्रिलिंग** ने **द मॉडर्न एलिमेंट इन मॉडर्न लिटरेचर** में इस मानसिकता को भटकन, अजनबीपन और निराशा का बोध कहा है। मनुष्य की इस दुरवस्था का वर्णन अनेक लेखकों ने अनेक रूपों में किया है। उसे **समूह मानव, अ-मानवीकृत मानव, संकट काल का मानव** या **दायवंचित मानव** कुछ भी कहा जाए, पर बात लगभग वही है। यूज़ीन देलाक्रुआ ने मानव की इस नियति की व्याख्या करते हुए प्रश्न किया था कि "क्या यह स्पष्ट नहीं हो चुका कि शुभ या अशुभ, अच्छी या बुरी दिशा में प्रगति ने समाज को एक ऐसे अतल के कगार पर ला खड़ा किया है जिसमें उसे गिरना ही होगा ताकि पूर्ण बर्बरता की स्थिति के लिए मार्ग साफ हो जाए?"

सभ्यता के इस ख़तरे की आशंका कार्लाइल, रस्किन, ह्विटमैन, हेनरी जेम्स और इन सबसे अधिक मैथ्यू आर्नल्ड को भी थी। परन्तु विषयासक्ति के विरुद्ध आर्नल्ड ने जो जिहाद बोला था, वह भी आने वाले युग को बचा न सका। प्रथम विश्वयुद्ध के बाद यूरोप की जो विघटित स्थिति सामने आयी, उसमें लेखक बंजर धरती के नपुंसक राजा की कथा कहने के लिए विवश था। जीवन में विकृति और निरुद्देश्य भटकन की नैराश्यपूर्ण स्थिति के अतिरिक्त जैसे कुछ बच नहीं रहा था।

जीवन के स्थायी मूल्य जब धुँधले हो जाएँ या नाशोन्मुख हों तो मानवता की रक्षा के लिए उनकी पुनःप्रतिष्ठा या पुनःशोध और भी अनिवार्य हो जाता है। यही कारण था कि इस युग के लेखक ने उस परम्परा के विरोध की गहरी आवश्यकता महसूस की जिसमें साहित्य को बैठे-ठाले का निरर्थक काम समझा जाता था। जब मैथ्यू आर्नल्ड ने साहित्य को धर्म के स्थानापन्न का पद दिया था तो उसका मुख्य तर्क था कि डार्विन, मिल, स्पेंसर, हक्सले और कोन्त के युग में धर्म का विनाश हो चुका है। इसी प्रकार युद्धोत्तर विश्व में जीवन के केन्द्र में किसी ऐसी शक्ति की गहरी आवश्यकता अनुभव की जाने लगी थी, जो जीवन की आलोचना करे, उसे खोयी मानवीयता प्रदान करे और जीवन को जीवन बनाये रखे।

किन्तु यह एक बड़ी चुनौती थी। और जैसा कि **एफ.आर. लीविस** ने अपनी

कृति **मास सिविलाइज़ेशन एंड माइनॉरिटी कल्चर** में स्पष्ट किया है, एक सर्वथा यान्त्रिक, भौतिकवादी और विघटित समाज में आलोक-मधुर सामान्य प्रतिक्रियाओं की सम्भावना नहीं की जा सकती थी। यदि मानवीय चेतना के केन्द्र को सक्रिय बनाये रखना हो और एक पतनशील संस्कृति की रक्षा करनी हो, तो ऐसा केवल कुछ सजग, बुद्धिमान और विवेकशील अल्पसंख्यक लोग ही कर सकते हैं।

नये समीक्षकों ने अपने समय में इस महत्त्वपूर्ण दायित्व का वहन करने का प्रयत्न किया। एक ओर स्वच्छन्दतावादी प्रवृत्तियों का विरोध करते हुए इन समीक्षकों ने उस सबका तिरस्कार किया जो अव्यवस्थित, पलायनवादी, दुरूह, क्षीण और इस सबके साथ भावुक भी था। दूसरी ओर इन्होंने विक्टोरियन साहित्य की नैतिकता का विरोध किया। चूँकि मार्क्सवादी चिन्तकों द्वारा साहित्य को प्रचार का साधन बनाने का प्रयत्न जारी था अतः इस विरोध को जैसे एक नया बल मिल गया। इस बात पर बल देने की आवश्यकता गहराई से महसूस की जा रही थी कि साहित्यिक अध्ययन का मुख्य दायित्व **आर. डब्ल्यू. स्टॉलमेन** के शब्दों में स्वयं कृति अर्थात 'केन्द्र को आलोकित' करना है।

वैज्ञानिक युग में विकसित ज्ञान की नयी शाखाओं ने जो तकनीकी साधन प्रदान किये उनके आधार पर इन समीक्षकों ने साहित्य के पुनर्मूल्यांकन का साहस भी किया और परम्परा के सन्दर्भ में जीवन के मूल्यों पर पुनर्विचार भी किया। इनके सामने विज्ञान के समक्ष जीवन में कलाओं की उपयोगिता सिद्ध करने की चुनौती थी। जीवन में धर्म जैसी किसी केन्द्रीय शक्ति के अभाव में मनुष्य की संवेदनशीलता क्षीण हो चुकी थी, और वह अपनी पहचान भूलने लगा था। आधुनिक मानव के इस विकेन्द्रित जीवन का सम्पोषण कल्पना की क्रियाओं से ही किया जा सकता था। रिचर्ड्स ने मानव-जीवन के इस मोहभंग करने वाले स्वरूप का उद्‌घाटन **साइंस एंड पोयट्री** में किया। उन्हेंने उसकी तुलना डेलिया के एक ऐसे गुच्छे से की है जिसकी टहनियाँ अलग कर दी गयी हों। एलियट ने **आफ़्टर स्ट्रेंज गार्ड्स** में इसी प्रश्न पर ईसाई दृष्टि से विचार किया है। उन्होंने यह सिद्ध किया कि आधुनिक लेखकों ने प्रतिनिधि धर्मों या मिथकों का प्रयोग कलाकार के रूप में अपनी निजी समस्याओं को सुलझाने के लिए किया है। इन प्रश्नों पर दूसरे आलोचकों ने भी विचार किया जिसमें सबसे महत्त्वपूर्ण मत **ऐलन टेट** का है। टेट के अनुसार "आधुनिक साहित्य ने सामाजिक मानस की अपेक्षा व्यक्ति के अस्तित्व को, आत्मसजग बोध की अपेक्षा अचेतन अनुभूति का विचारण और व्यवस्थित नैतिकता की अपेक्षा आवेग और इच्छाशक्ति को, स्थिर बिम्ब की अपेक्षा गत्वर अन्तर्दृष्टि को, और व्यावहारिक सत्य की अपेक्षा सघन वास्तविकता को ऊपर उठाया है।"

(3)

इस नयी दृष्टि का उदय 19वीं शताब्दी की घिसी-पिटी जीर्ण परम्परा के विरोध में हुआ था। **बैबिट** और **ह्यूम** ने **रूसो** के जीवन-दर्शन के सामने पहले ही प्रश्नचिह्न लगा दिये थे। रूसो ने मनुष्य को अनन्त सम्भावनाओं का कोश मानते हुए उसकी उन्मुक्त अशिक्षित आदिम कल्पना को पूरी छूट देने की सिफारिश की थी। मनुष्य की मनुष्यता की ऐसी अवधारणा उसे हर प्रकार के दायित्व से मुक्त कर देती है और यह दायित्वहीनता या तो पलायनवाद में व्यक्त होती है या फिर कविता को एक नितान्त निजी दस्तावेज बनाकर छोड़ देती है। वह मलार्मे और रैम्बो की तरह अपने पाठक के लिए सर्वथा दुर्बोध होने लगता है। ह्यूम के अनुसार इसका निदान केवल क्लासिसिज़्म के पुनरुद्धार में ही सम्भव था, जिसमें मनुष्य की सीमाओं को पहचानते हुए, आर्नल्ड के शब्दों में "अब तक के ज्ञान और विचार के सर्वोत्तम अंश को" एक बार फिर सांस्कृतिक परम्परा की रीढ़ बनाया जा सकता है।

क्लासिसिज़्म के पुनरावर्तन की इसी प्रवृत्ति को लक्ष्य करते हुए नवमानवतावादी और मार्क्सवादी विचारकों ने रैंसम और टेट को 'क्लासिसिस्ट्स' कहा था। स्वयं रैंसस ने जब **द वर्ड्स बॉडी** (1938) में कहा कि वह एक ऐसे कार्यक्रम का अभिलाषी है जो "व्यवहार में अभिजात हो, धर्म में आनुष्ठानिक हो, और कला में परम्परावादी हो" तो मानो उसमें एलियट के आत्मपरिचयात्मक कथन की अनुगूँज थी कि मैं "साहित्य में क्लासिसिस्ट, राजनीति में राजभक्त और धर्म में ऐंग्लो-कैथलिक हूँ।" इस प्रकार आरम्भ में 'नयी समीक्षा' को **रोमांटिसिज़्म के विरुद्ध एक नये क्लासिकल पुनरुत्थान** के रूप में देखा गया।

इसका मुख्य कारण यह था कि बीसवीं शताब्दी के पहले दो दशाब्दों में आलोचकों की प्रवृत्ति कविता को केवल कवि से परिचय के ब्याज के रूप में ग्रहण करने की ओर हो गयी थी। 19वीं शताब्दी में भी या तायं जैसे आलोचकों ने कविता की उपेक्षा करके **समय, स्थान** और **वातावरण** पर ध्यान दिया और आर्नल्ड ने धर्म के स्थानापन्न के रूप में कविता के प्रयोग की सम्भावना पर। सबसे अधिक आपत्तिजनक स्थिति इन समीक्षकों को प्रभावाभिव्यंजक आलोचना में दिखायी पड़ी जहाँ आलोचना का अर्थ कविता से मन पर पड़ने वाले प्रभाव का वर्णन हो गया था।

परन्तु नयी समीक्षा का उदय स्वच्छन्दतावाद के विरोध भर से नहीं हुआ। 19वीं शती के उत्तरार्द्ध और 20वीं शती के आरम्भ में ज्ञान-विज्ञान की विविध शाखाओं के व्यापक और तीव्र प्रसार ने भी कलाकृति की प्रकृति और कार्य के सम्बन्ध में नयी समीक्षा को नयी अन्तर्दृष्टि प्रदान की। इतिहास, दर्शन, समाजशास्त्र, मनोविज्ञान, नृविज्ञान, सौन्दर्यशास्त्र और अर्थविज्ञान आदि ने कलाकृति की प्रकृति पर एक नया प्रकाश डाला।

आधुनिक समाज में साहित्य का स्थान निर्धारित करने के प्रयास में इन आलोचकों ने इस बात पर बल दिया कि साहित्यिक रचना **एक भाषिक कृति या भाषिक संरचना** है और अपने इस रूप में वह मूलतः सम्प्रेषण की एक विधि है। इसका सम्बन्ध एक ओर कलाकार से और दूसरी ओर पाठक और समाज से होता है। आलोचक की जिम्मेदारी कलाकृति के गूढ़ अर्थ का उद्घाटन करके लेखक के अर्थ को पाठक तक पहुँचाने की होती है। परन्तु इस प्रक्रिया में जरूरी है कि वह अपने-आपको प्रभावपरक और अभिप्रायपरक हेत्वाभास से बचाये रहे। सम्प्रेषण के माध्यम के रूप में **भाषा की प्रकृति की पहचान** पर इस समय अनेक लेखकों ने बल दिया।

इनका विश्वास था कि सामूहिक प्रसार के साधनों, विज्ञापनों और पत्रकारिता ने इस युग में लगातार भाषा को भ्रष्ट किया है, इसलिए साहित्य के आलोचक के लिए तत्काल आवश्यकता इस बात की है कि वह साहित्यिक सम्प्रेषण के प्रति प्रतिक्रिया व्यक्त करने के अभ्यास को पुनःजीवित और प्रतिष्ठापित करे। भाषा का ह्रास क्रमशः रुचि को भ्रष्ट करता है परन्तु यदि कोई आलोचक कृति की व्याख्या करे तो एलियट और ब्लैकमर के अनुसार इससे क्षीण होती हुई साहित्यिक रुचि परिष्कृत और पुनर्जीवित होती है।

नयी समक्षा में कृति की समझ के लिए साहित्य की पृष्ठभमि और ऐतिहासिक सामाजिक वातावरण पर अतिरिक्त बल देने का भी विरोध किया गया और कृति से हटकर कृतिकार पर ध्यान देने का भी। साहित्य के अध्ययन की यह दृष्टि मुख्यतः शैक्षिक केन्द्रों में अपनायी जाती थी। इसीलिए रिचर्ड्स ने कविता के सही मूल्यांकन के लिए कविता को प्रतिक्रियाओं के लिए एक गुमनाम रचना के रूप में पेश किया। ये समीक्षक कविता को एक ओर ऐतिहासिक सामाजिक ब्योरों से और दूसरी ओर कवि से काटकर एक स्वतन्त्र स्वायत्त इकाई के रूप में देखने के हिमायती थे। इसका सहज परिणाम यह हुआ कि विश्लेषण के लिए केवल कृति का रूप और संरचना ही बच रही। और एक हद तक विश्लेषण का क्षेत्र रूपात्मक विशेषताओं तक सीमित हो गया। कविता के प्रति इस रूपात्मक दृष्टिकोण के पीछे तीन मूल विचार थे : (1) कविता एक अद्वितीय और असाधारण संरचना होती है, (2) साहित्य जीवन की कुरूप और निरर्थक वस्तुओं को तकनीकी कौशल से सुन्दर रचनाओं में रूपान्तरित कर देता है और (3) कविता को दूसरे प्रकार की रचनाओं से पृथक् करने वाली विशेषता उसका रूप है, कथ्य नहीं।

नयी समीक्षा को कोरा रूपान्तर या कलावाद समझने का भ्रम न हो जाए इसलिए एक बार सामान्यतः यह स्वीकार कर लेने के बाद कि साहित्यिक कृति एक स्वतन्त्र स्वायत्त रचना है, अधिकांश समीक्षकों ने इस स्वायत्तता को कलावादियों के द्वारा

प्रतिपादित स्वायत्तता से अलगाकर प्रतिपादित करने का प्रयास किया। इन समीक्षकों ने साहित्य के सन्दर्भ में मूल्य की जो व्याख्याएँ की हैं, वे यद्यपि एक-दूसरे की पर्याय नहीं हैं परन्तु मानव और सभ्यता के सम्बन्ध में उन सभी के मन में गहरी चिन्ता है। जब वे अपनी व्याख्याओं में आपाततः रूपवादी दिखायी पड़ते हैं, तब भी उनका लक्ष्य **कथ्य और रूप के बीच सम्बन्ध** की पहचान होता है, विशेषकर इस दृष्टि से कि उसमें सत्य का ग्रहण किस रूप में हुआ है। और इस प्रकार जैसा कि आर.पी. ब्लैमकमर ने स्पष्ट किया है, कविता की आलोचना किसी न किसी रूप में अन्ततः **मानवीय या नैतिक मूल्य की प्रतिष्ठा और आस्वादन** के साथ जुड़ी रहती है। और इस प्रकार कविता की प्रक्रिया जीवन की आलोचना का माध्यम बन जाती है। वह रिचर्ड्स के विश्लेषण में मनोवैज्ञानिक हो सकती है, एलियट के विवेचन में धार्मिक हो सकती है अथवा टेट और लीविस में मानवीय हो सकती है। नयी समीक्षा का रूपवाद वस्तुतः एक ऐसे 'सत्तामूलक' (ऑनटोलॉजिकल) सिद्धान्त के विकास का प्रयत्न है जिसके आधार पर कविता की स्वायत्त प्रतिष्ठा, **सत्य को ग्रहण करने की अद्वितीय विधि** के रूप में की जा सके। जहाँ तक कलाकृति के स्तर के निर्धारण का प्रश्न है, नये समीक्षकों के लिए यह प्रश्न सर्वथा निरपेक्ष नहीं है। किसी कृति का मूल्यांकन करते समय वे निरन्तर परम्परा का हवाला देते हैं—इस बात के परीक्षण के लिए कि उस कृति में एक समकालिक व्यवस्था का समावेश कहाँ तक हो सका है। उसने परम्परा को किस रूप में और किस हद तक आत्मसात् किया है। परन्तु आलोचक का प्रमुख दायित्व इनकी दृष्टि में कविता की व्याख्या करना था।

तीसरे और चौथे दशाब्द में समीक्षक प्रायः मूल्यांकनपरक समीक्षा से कतराते रहे। यह धारणा कि कविता की मूल्यांकनपरक आलोचना न सम्भव है और न सार्थक, सम्भवतः 19वीं सदी की प्रभाववादी आलोचना के विरोध के कारण दृढ़ हुई थी। विवेचना के लिए मूल्यों की अपेक्षा ये **प्रविधि** पर अधिक बल देते थे। इनकी विषयीगत अभिरुचि आधुनिक मनोविज्ञान से प्रभावित थी और कृति के प्रति निर्वैयक्तिक वस्तुनिष्ठ आलोचनात्मक रुख विज्ञान के प्रभाव से निर्मित हुआ था।

रचना के उपरान्त कविता को ये एक **स्वायत्त निरपेक्ष इकाई या रूप** मानते थे। कविता की वस्तुनिष्ठ निरपेक्ष समझ के लिए इन्होंने इस बात पर बल दिया कि पाठक और आलोचक को, केवल कविता के भीतर प्रयुक्त अक्षरों शब्दों, बलाघातों, पंक्तियों, बिम्बों, प्रतीकों आदि के बीच उपलब्ध विविध सम्बन्धों का विश्लेषण और व्याख्या करनी चाहिए। इस प्रकार की आलोचना की पहली शर्त यही थी कि **कविता को कविता के रूप में** ग्रहण किया जाये न कि किसी दर्शन या विचारधारा के माध्यम के रूप में।

इस प्रकार नयी समीक्षा ने आलोचना में कविता के विस्तृत विश्लेषण और **घनिष्ठ पाठ** की परम्परा कायम की। परिणामतः बहुत-सी कविताओं के पाठ पर आधारित सूक्ष्म व्याख्याएँ प्रस्तुत की गयीं और व्यावहारिक आलोचना के कई महत्त्वपूर्ण संग्रह सामने आये। **एक्सप्लिकेटर** और **क्रिटीक** जैसी पत्रिकाओं का आरम्भ क्रमशः कविता और उपन्यास के इसी प्रकार के सूक्ष्म विश्लेषण के लिए किया गया। इस प्रकार के विश्लेषण का मुख्य उद्देश्य साहित्येतर तत्त्वों से निरपेक्ष रहकर **कृति की आन्तरिक संहिति** का विश्लेषण करना था। इसके लिए इन समीक्षकों ने साहित्य की पाठ-प्रक्रिया पर बहुत गम्भीरता से विचार ही नहीं किया, पाठकों को इस विषय की शिक्षा देने के लिए अनेक उपयोगी रचनाएँ प्रस्तुत कीं। एज़रा पाउंड की **ए.बी.सी. ऑफ़ रीडिंग,** एफ.आर. लीविस की **हाउ टु टीच रीडिंग,** रिचर्ड्स की **हाउ टु रीड ए पेज** और **इंटरप्रेटेशन इन टीचिंग** आदि रचनाएँ इसका प्रमाण हैं कि काव्य-पाठ को ये समीक्षक एक निश्चित अनुशासन के रूप में ग्रहण करते थे।

कहना न होगा कि क्रमशः साहित्य के प्रति यह रुख एकांगी और अतिवादी सिद्ध होने लगा। इसीलिए क्लींथ ब्रुक्स जैसे आलोचक को जो स्वयं कविता की सीमाओं से बँधे रहने का हिमायती था, अन्ततः यह कहना पड़ा (भले ही पाद-टिप्पणी में) कि यदि हम कविता के तनावों और समाहितियों को ढंग से समझना चाहते हैं तो "हमें कविता के बाहर जाने के लिए बाध्य होना पड़ेगा," कविता की तार-तार व्याख्या की इस प्रवृत्ति ने इतना जोर पकड़ा कि 'समीक्षा के सीमान्त' में स्वयं एलियट ने इस प्रकार के आलोचकों को 'नीबू निचोड़' आलोचकों की संज्ञा देते हुए इस बात पर सही बल दिया कि कविता का पाठक कविता को केवल समझना नहीं चाहता, बल्कि उसका आस्वादन भी करना चाहता है।

नयी समीक्षा का इतिहास एलियट के निबन्ध-संग्रह **सेक्रेड वुड** (1920) से आरम्भ हुआ। इसी समय वैंडरबिल्ट विश्वविद्यालय में प्रोफेसर पद पर आसीन जॉन क्रो रैंसम ने डोनाल्ड डेविडसन, मेरिल मूर, ऐलन टेट, रॉबर्ट पेन वॉरन के सहयोग से काव्य-पत्रिका **द फ़्यूजिटिव** (1922-25) का सम्पादन आरम्भ किया। इस पत्रिका में आलोचना प्रायः संक्षिप्त पुस्तक-समीक्षाओं या सम्पादकीय लेखों तक ही सीमित थी, जो अक्सर रैंसम या टेट लिखा करते थे। रिचर्ड्स की पुस्तक **प्रिंसिपल्ज़ ऑफ़ लिटरेरी क्रिटिसिज़्म** 1924 में प्रकाशित हुई थी, और एम्पसन की **सेवन टाइप्स ऑफ़ एंबिगुइटी** और रैंसम की **गॉड विदाउट थंडर** 1930 में। इनके अतिरिक्त लीविस की **रिवेल्यूएशन** (1936) और द **कॉमन पर्सूट** (1953), रैंसम की द **वर्ल्ड्स बॉडी** (1938), एलेन टेट की **ऑन दि लिमिट्स ऑफ़ पोयट्री** (1948), द **फॉरलोन डेमन** (1955),

आर.पी. ब्लैकमर की **लैंग्वेज एज़ जैसचर** (1952) और **लायन एंड द हनीकोम्ब** (1956), तथा केनेथ बर्क की **ए ग्रामर ऑफ़ मोटिव्स** (1948) तथा **पर्मनेंस एंड चेंज** आदि नयी समीक्षा की कुछ अन्य महत्त्वपूर्ण कृतियाँ मानी जाती हैं। नयी समीक्षा का विकास बीस वर्ष में इस हद तक हुआ कि सन् 1940 के आसपास **द कीनियन रिव्यू** और **द सिवानी रिव्यू** जैसी आलोचनात्मक पत्रिकाओं पर इस समीक्षादृष्टि का पूर्ण प्रभुत्व हो गया। कुल मिलाकर नयी समीक्षा के उदय और विकास का काल दो विश्वयुद्धों के बीच का काल है।

सन् 1950 के आसपास नयी समीक्षा की सीमाएँ सामने आने लगीं। इस प्रवृत्ति के वरिष्ठ आलोचकों ने स्वयं इसकी खामियों की ओर ध्यान आकर्षित किया और उनकी आलोचना की। नयी समीक्षा की सभी महत्त्वपूर्ण कृतियाँ पहले ही प्रकाशित हो चुकी थीं, और आलोचक जैसे अपने ऐतिहासिक दायित्व को पूरा करके विराम की मुद्रा में थे। आलोचना का एक प्रमुख दौर, एक विशेष युग मानो समाप्त हो गया था। क्लींथ ब्रुक्स ने तो 'द वेल रॉट अर्न' (1947) की रचना के बाद ही यह भाव व्यक्त किया था कि ऐसी दस पुस्तकें नहीं लिखी जा सकतीं। उधर एफ.आर. लीविस ने 1952 में 'स्क्रूटनी' का प्रकाशन इस घोषणा के साथ बन्द कर दिया कि अब उसका काम पूरा हो गया और उसके प्रकाशन की जरूरत नहीं रही। इसी के कुछ वर्ष पश्चात (1957) डब्ल्यू.के. विमसाट और क्लींथ ब्रुक्स के सहयोगी लेखक के रूप में 'लिटररी क्रिटिसिज़्म : ए शॉर्ट हिस्ट्री' प्रकाशित हुई। मानो ये आलोचक अपने दायित्व को पूरा करने के उपरान्त अब स्वयं को उस आन्दोलन की सीमाओं और उपलब्धियों का लेखा-जोखा एकत्र करने के योग्य स्थिति में पा रहे हों। ज़ाहिर है किसी भी आन्दोलन का हिसाब-किताब उसके पूरा हो जाने पर ही किया जाता है। ऐसा कोई परिवर्तन इतिहास का हिस्सा तभी बनता है जब या तो वह चुक गया हो या प्रतिष्ठा का अंग बन गया हो। नयी समीक्षा ने ये दोनों शर्तें पूरी कर दी थीं।

नयी समीक्षा का विरोध, केवल मतभेद नहीं था। इंग्लैंड और अमरीका में यह विरोध अत्यन्त प्रबल और मुखर रूप में सामने आया। अमरीका में **आर.एस. क्रेन** के नेतृत्व में शिकागो स्कूल के नव-अरस्तूवादी आलोचकों ने इस पूरे आन्दोलन पर पहला प्रबल आघात किया। **क्रिटिक्स एंड क्रिटिसिज़्म** 1952-53 में प्रकाशित हुई। कृति की रूप-संरचना का सूक्ष्म विश्लेषण नयी समीक्षा की प्रमुख प्रतिज्ञा थी। शिकागो स्कूल के आलोचकों ने कृति के मूल्यांकन के लिए इस रूप-संरचना केन्द्रित दृष्टि और प्रतिमान को नाकाफ़ी ठहराया। इनका कहना था, और शायद सही कहना था : रूप या संरचना के विश्लेषण की यह पद्धति लघु रचनाओं के लिए भले ही उपयुक्त प्रमाणित कर दी गयी हो किन्तु बृहत् कथात्मक काव्यों, प्रबन्ध रचनाओं, नाटक,

महाकाव्य और दीर्घ संरचना वाली तमाम विधाओं के लिए यह एकदम नाकाफी है। स्वयं एलेन टेट ने पहले ही स्वीकार कर लिया था कि "लम्बी कविता की समस्या कुछ अलग किस्म की होती है।" और यह भी कि उन्होंने "टीका तथा उदाहरण दोनों को ऐसे लघुतर प्रभावों तक सीमित रखा है जो (उन्हें) भाषा के कतिपय तात्कालिक गुणों के साथ तालमेल रखने वाले प्रतीत हुए।" बाद के आलोचकों को नयी समीक्षा के तमाम सैद्धान्तिक और प्रयोगात्मक व्यवहार में संरचना के नाम पर कथानक की संरचना जैसी महत्त्वपूर्ण समस्या का हवाला भी नहीं मिला। इसलिए उन्होंने एक बार फिर 'विधाओं के सिद्धान्त' (थियरी ऑफ़ जेनर्स) का समर्थन करते हुए इस बात पर जोर दिया कि हर विधा के मूल्यांकन की पद्धति उस विधा की निजी अपेक्षाओं के आधार पर ही तय की जा सकती है। स्वयं नये समीक्षकों ने अपनी व्यावहारिक आलोचना के लिए जिन कविताओं का चुनाव किया था, वे आक्षेप को पुष्ट ही करती हैं।

नयी समीक्षा के समर्थक विद्वान मनरो.के. स्पिअर्स ने 'डायोनीसस एंड द सिटी' (1970) नामक ग्रन्थ में दो महत्त्वपूर्ण आलोचकों का उल्लेख करते हुए नयी समीक्षा की उन सीमाओं की ओर संकेत किया जो इन आलोचकों के लेखन के माध्यम से सामने आयीं। नयी समीक्षा की प्रतिक्रिया में उभरकर सामने आने वाले आलोचकों में **फ्रैंक कर्मोड** और **नार्थ्राप फ्राई** का महत्त्वपूर्ण स्थान है।

फ्रैंक कर्मोड के नयी समीक्षा के रोमाण्टिक और प्रतीकवादी तत्वों पर आक्षेप करते हुए स्पष्ट किया कि आलोचना के ये आधार विज्ञान विरोधी दृष्टि से पैदा होते है। आधुनिक कविता के सन्दर्भ में इस प्रकार की तर्कातीत (इर्रेशनल), विज्ञान-विरोधी दृष्टि का ग्रहण नहीं किया जा सकता, अतः उन्होंने एक नयी आलोचना प्रणाली के सूत्रपात की आवश्यकता पर बल दिया ।

इसके ठीक विपरीत नॉर्थ्राप फ्राई ने इस समीक्षा पर पर्याप्त रोमाण्टिक न होने का आक्षेप लगाया। उनका कहना था कि नयी समीक्षा का रोमाण्टिक तत्त्व ब्लेक की तरह काफी रोमाण्टिक नहीं है, अतः उसके प्रतिमानों के आधार पर ब्लेक जैसे कवि की आलोचना भी सम्भव नहीं है। उन्होंने एक अधिक व्यापक प्रतिमान के रूप में मिथकवादी आलोचना की प्रतिष्ठा और प्रसार किया।

इसी समय के आसपास अमरीका में **मरे क्रीगर** ने नयी समीक्षा का विरोध किया। वस्तुतः नयी समीक्षा का आरम्भ एलियट जैसे कवियों की आधुनिकतावादी कविता की अपेक्षाओं को केन्द्र में रखकर किया गया था। सन् 1950 तक आते-आते आलोचना का यह केन्द्र बदल गया। एलियट के स्थान पर **डब्ल्यू.बी. येट्स** की कविता विचार के केन्द्र में आ गयी। परिणामतः आलोचना की प्रतिज्ञाएँ बदल गयीं।

सन् 1920 के आसपास जिन नये समीक्षकों ने साहित्य के क्षेत्र में विद्रोहियों

की मुद्रा में प्रवेश किया था, उनमें से अधिकांश विश्वविद्यायलयों में प्रतिष्ठित पदों पर आसीन होकर प्रतिष्ठान का अंग बन चुके थे। कृति की स्वायत्तता पर दिया गया अतिरिक्त बल एक ओर कोरे रूपवाद में स्खलित होकर शुद्ध साहित्यिक मूल्यों का रूप धारण कर चुका था और दूसरी ओर साहित्य पर समाजशास्त्रीय दृष्टि का दबाव बढ़ रहा था। स्वयं एफ.आर. लीविस के शिष्य **रेमंड विलियम्स** साहित्य के समाजशास्त्रीय अध्ययन की दिशा अपना चुके थे। राजनीतिक-सामाजिक विचार की दृष्टि से भी नये समीक्षकों को **प्रतिक्रियावादी** घोषित किया जा चुका था।

नयी समीक्षा की मूलवर्ती विचारधारा या सिद्धान्तों से असहमति हो सकती है परन्तु इस बात से इनकार करना कठिन है कि इस समीक्षान्दोलन ने पूरे आंग्ल-अमरीकी आलोचना साहित्य को एक नयी दिशा दी। इन्होंने केवल सिद्धान्त-चर्चा नहीं की, उन्हें व्यावहारिक समीक्षा की कसौटी भी प्रदान की। इन्होंने अपने सिद्धान्तों को जो अभ्यास-भूमि दी उससे इन सिद्धान्तों की कुछ परिसीमाएँ भले ही सामने आयी हों, असंगतियाँ नहीं। कुछ आलोचकों के सिद्धान्त भी उनकी व्यावहारिक आलोचना के बीच बिखरे हैं। एलियट इस प्रवृत्ति के सर्वोत्तम उदाहरण हैं परन्तु शेष आलोचकों में भी ऐसे नाम बहुत कम हैं जिन्होंने सिद्धान्त को कविता का सन्दर्भ प्रदान न किया हो—भले ही कविताएँ छोटी हों।

एलियट ने मैथ्यू आर्नल्ड के सन्दर्भ में महान आलोचक की कसौटी की ओर संकेत किया था कि जब कोई महान आलोचक पैदा होता है तो वह कविता के इतिहास की पुनर्व्यवस्था करता है। नये समीक्षकों ने जो आलोचना-दृष्टि निरूपित की उसके आधार पर यह कार्य स्वयं किया। एलियट ने यह कार्य क्रमबद्ध ढंग से न करके स्फुट लेखों के माध्यम से किया और क्लींथ ब्रुक्स और एफ.आर. लीविस ने योजनाबद्ध और व्यवस्थित रूप में। नये समीक्षकों ने इस प्रकार अंग्रेजी कविता के इतिहास का पुनर्लेखन या पुनर्व्यवस्था करके कवियों के मूल्यांकन में एक नया क्रम स्थापित किया, जिससे असहमति भले ही एक हद तक सम्भव हो किन्तु उसकी उपेक्षा परवर्तियों के लिए असम्भव हो गयी। इस प्रकार उन्होंने आंग्ल-अमरीकी साहित्य में व्यावहारिक आलोचना का स्वरूप जैसे स्थिर कर दिया।

मार्क शोरर ने नयी समीक्षा की उपलब्धियों का जिक्र करते हुए लिखा है कि "साहित्यिक कृतियों के **श्रमसाध्य परीक्षण के द्वारा** आधुनिक आलोचना ने निर्णयात्मक रूप से यह सिद्ध कर दिया है कि कला में सत्य और सौन्दर्य एक अविभाज्य इकाई है। यदि हम सौन्दर्य के बजाय रूप का, और सत्य के बजाय कथ्य का प्रयोग करें तो इन शब्दों को **कीट्स** के द्वारा प्रदान की गयी अधिव्यंजनाएँ कुछ कम हो सकती हैं और एक पुराने असमंजस का हल मिल सकता है। बिना किसी क्षति का खतरा

मोल लिए हम उनको और सीमित करके प्रविधि और विषय-वस्तु की बात कर सकते हैं। आधुनिक आलोचना ने हमें दिखा दिया है कि केवल कथ्य की बात करने का मतलब एकदम कला की बात न करके अनुभव की बात करना है, जब हम सिद्ध कथ्य की—रूप की, अर्थात कलाकृति के रूप में कलाकृति की बात करते हैं, तभी हम सही मानों में आलोचकों की तरह बात करते हैं। कथ्य और अनुभव तथा सिद्ध कथ्य अथवा कला के बीच जो बच रहता है वह प्रविधि है।

"जब हम प्रविधि की बात करते हैं तो लगभग सर्वस्व की बात करते हैं। क्योंकि प्रविधि ही वह माध्यम है जिसके द्वारा लेखक का अनुभव जो उसकी विषय-वस्तु है उसे अपनी तरफ ध्यान देने के लिए मजबूर करती है; प्रविधि वह एकमात्र माध्यम है जिसके द्वारा वह अपने विषय की खोज, छानबीन और विकास करता है; जिसके द्वारा वह विषय में अन्तर्निहित अर्थ का सम्प्रेषण करता है, और अन्ततः उसका मूल्यांकन करता है।"

नयी समीक्षा की प्रक्रिया और सिद्धियों का सार इससे बेहतर ढंग से प्रस्तुत नहीं किया जा सकता।

उत्तर-आधुनिकतावाद और आलोचना के मुहावरे का संकट

उत्तर-आधुनिकतावाद एक वस्तुस्थिति है। यह वस्तुस्थिति हमारा वर्तमान है। यह वर्तमान केवल आधुनिकता की 'उत्तर स्थिति नहीं है, एक व्यापक पैमाने का उत्तरवाद है' जिसकी गिरफ्त में पूरी जीवन-शैली है—उत्तर-औद्योगिकता, उत्तर-संरचनावाद, उत्तर-पूँजीवाद, उत्तर-साम्राज्यवाद, उत्तर-साम्यवाद आदि-आदि। 'उत्तर' के साथ-साथ यह एक तरह का 'अन्तवाद' भी है। आधुनिकता के उत्तर-आधुनिक हो जाने का महत्त्वपूर्ण लक्षण है अनेक पूर्ववर्ती सत्ताओं, विधानों, विचारों, इकाइयों और केन्द्रीयताओं का अन्त। इस सिलसिले की शुरुआत का पूर्वाभास उन्नीसवीं शताब्दी में नीत्शे की इस घोषणा में दिखाई पड़ता है कि 'ईश्वर की मृत्यु हो गयी'।

बीसवीं शताब्दी में इस मुहावरे का इस्तेमाल बहुतों के 'अन्त' की सूचना देने के लिए होता दिखाई देने लगा। साहित्य इसका अपवाद नहीं है। तीसरे दशक में इलियट ने एक विशेष प्रकार के उपन्यास की मौत की घोषणा की और उसके कुछ ही वर्षों के भीतर एडमंड विल्सन ने पद्य की परम्परागत शैलियों को मरती हुई विधा का दर्जा दे दिया। पाँचवें दशक तक पहुँचते-पहुँचते लायनल ट्रिलिंग ने 'लेखक के ही अन्त' का ऐलान कर दिया। साथ ही यह भी कहा कि युग अब पाठक का है। एक संस्था के रूप में लेखक की मृत्यु की बात को तरह-तरह से दोहराया जाता रहा है—संरचनावाद और उत्तर-संरचनावाद दोनों में। जिन्होंने ऐसा किया उनमें सबसे बुलन्द आवाज संरचनावाद के प्रवर्तकों में रोलाँ बार्थ की थी। शताब्दी के अन्त तक पहुँचते-पहुँचते अब साहित्य के अस्तित्व के संकटग्रस्त हो जाने की बात जोर-शोर से कही जा रही है। शब्द-संरचना के माध्यम के रूप में साहित्य के विलुप्त होने की सूचना उत्तर-आधुनिक विचारक दे रहे हैं। साहित्य ही नहीं (आल्विन कर्नेन), इतिहास (फ्रांसिस फूकूयामा), विचारधारा (डेनियल बेल) के साथ आधुनिकतावाद और साम्यवाद सबकी अन्त्येष्टि हो चुकी है। इसी 'अन्तवाद' के दरवाजे पर खड़ी

इक्कीसवीं शताब्दी दस्तक दे रही है। गरचे हिन्दी और भारतीय भाषाओं में स्थिति ठीक ऐसी ही नहीं है, फिर भी हम दर्शन, कला, इतिहास, विचारधारा, साहित्य से खाली युग में प्रवेश करने के लिए उत्साहित खड़े हैं।

उत्तर-आधुनिकता के इस परिदृश्य में सब कुछ भूमण्डलीय हो गया है। मार्शल मेकलूहान ने विश्व को 'ग्लोबल विलेज' की संज्ञा देकर मानो यह सिद्ध करने की कोशिश की है कि होने वाले परिवर्तनों का क्षेत्र एक-दो देश नहीं समूचा विश्व है। जबकि वास्तविकता यह है कि जिसे विश्वव्यापी कहकर समझाया जा रहा है, वह उत्तरी अमरीका और यूरोप के दो-तीन देशों तक सीमित है। कई अमरीकी आलोचकों ने इसे 'द वर्ल्डिंग ऑफ अमेरिका' की संज्ञा दी है। जिस 'विश्वदृष्टि' का जिक्र किया जाता है वह विश्व के बारे में पश्चिम की दृष्टि है जिसे गैर-पश्चिमी भागों पर हावी करने का प्रयास जारी है। संसार दो धड़ों में बँटा है, विकसित और गैर-विकसित या विकासशील। विकसितों में भी रूस के पराभव के बाद 'सुपर पावर' के नाम पर केवल अमरीका बच रहा है। ग्लोब अब अमरीका का पर्याय हो गया है और उसका यथार्थ बोध ग्लोबल यथार्थ। गैर-विकसित या विकासशीलों के पास इससे बचाव का विकल्प नहीं है। हमारी गैर-जानकारी में ये विकल्प हमसे छिन गये हैं। हमारी अभिरुचि और जीवन-शैली का अनुकूलन किस हद तक हो गया है, इसकी ज्यादा मुखर अभिव्यक्ति फिल्मी संगीत पर पड़ने वाले प्रभाव पर देखी जा सकती है। अपनी स्थिति पर हाय-हाय करते और लोलुप दृष्टि से उस ओर ताकने वालों ने इसे ऊपर से खीझी और भीतर से रीझी मुद्रा में एक ऐसी 'अनिवारता' मानकर स्वीकार कर लिया है जो 'इस विश्वग्राम में सभी को एक साथ एक मथनी' में मथे डाल रही है।

इस मन्थन से उन्हें अमृत-पान की आस लगी होगी, गोकि निश्चित कुछ नहीं, क्योंकि इस विश्व-बाजार में सब कुछ 'फ्री फ्लोटिंग' है। जो कमअक्ल अपने किंचित आधुनिक तर्कवाद से इसे सहज ही 'अवैध' करने का प्रयास करने का साहस दिखाएँ उनकी बुद्धि पर यह कहकर तरस खाया जाएगा और उसे खारिज कर दिया जाएगा कि इनका दिमाग तो अभी पूरी तरह आधुनिक भी नहीं है। यह भी तो आखिर सही ही है कि न उत्तर-आधुनिकता अभी आधुनिकता से पूरी तरह मुक्त हो सकी है और न जल्दी होने वाली है।

पूँजीवादी वृत्तियाँ, साम्राज्यवादी इरादे और औद्योगीकरण की प्रक्रिया सतत बरकरार है, पर चोला बदलकर। लक्ष्य वही है—अपने वर्चस्व की स्थापना, अपने बजार का विश्व बाजार के रूप में प्रसार, पर कुछ ऐसे कि गिरफ्त में आने वालों को अपने सांस्कृतिक रूपान्तरण का एहसास भी न हो। यह ऐसा अभियान है जिसे फ्रेडरिक जेम्स ने 'वृद्ध पूँजीवाद' का सांस्कृतिक विकास कहा है। पूँजीवाद की नजर

अपनी इजारेदारी की बढ़ोतरी पर टिकी रहती है। सारी दुनिया को अपने प्रभाव में लेकर, उसे आर्थिक उपनिवेशों में परिवर्तित और विभाजित करने के बाद कमजोर देशों पर आधिपत्य, उनका शोषण, उनकी पूँजी का निर्यात, यह सब तो पतनशील पूँजीवाद और साम्राज्यवाद में होता आया है। लेकिन उत्तर-आधुनिकता का दौर एक संस्कृति के नष्ट होने और दूसरी के जबर्दस्त तेजी से आ जाने का दौर है। इस बार यह परिवर्तन भूमि पर, बाजार पर, उद्योग पर काबू करके घटित नहीं हुआ। यह पहले महायुद्ध से पहले औद्योगिक राष्ट्रों द्वारा दूसरे देशों का, लेनिनीय अर्थ में शोषण भी नहीं है। अकेली इलेक्ट्रॉनिक और सूचना-क्रान्ति ने आधुनिक समाजों की अर्थव्यवस्था का चेहरा बदल दिया है। सैटलाइट, टी.वी. और अब इण्टरनेट ने कितना आसान बना दिया है सूचनाओं के साथ प्रभावों का दुनिया के उस कोने से इस कोने तक पलक झपकाते पहुँचना। इसके स्वीकार-अस्वीकार या विवेकपूर्ण चयन के तमाम विकल्प एक चुनौती के रूप में विकासशील देशों के समाजों के सामने खड़े हैं। ध्यान से देखें तो विकल्प भी कहाँ हैं? उत्तर-औद्योगिक समाज, अतिविकसित तकनीकी व्यवस्था के बल पर अपना वर्चस्व कायम किये हैं। यह सूचना का साम्राज्यवाद है। संस्कृति इसमें एक उद्योग है। विज्ञापन, सीरियल, मनोरंजन, खेल–जैसे साधनों से यह एक वातावरण तैयार करता है। उपभोक्ता-ग्राहक तैयार करता है जो संस्कृति (?) इन माध्यमों से परोसी जाती है, पिछड़े समाजों का श्रोता-दर्शक उसके सामने हक्क-बक्का, निरस्त्र, उसे यथाशीघ्र आत्मस्थ करने के लिए आतुर और न कर पाने की स्थिति में अपने को हीनभाव से ग्रस्त पाता है। कलाकृतियों का सबसे बड़ा मानक होता है उनकी लोकप्रियता, उनका ग्लैमर। निर्माता की सारी चिन्ता यह होती है कि उसकी निर्मितियाँ किन तरीकों से 'हिट' और 'बेस्ट सेलर' हो सकती हैं। अधिक से अधिक लोगों द्वारा अधिक से अधिक उपभयोग–ऊपर से देखने पर जनतान्त्रिक तर्क, पर बाजार की शब्दावली में फॉर्मूलाबद्ध 'ब्रांडधर्मी' उत्पादन, विज्ञापनों द्वारा प्रचार और लोकरुचि का नियमन-नियन्त्रण।

ऐसा नहीं है कि इस पूरे तन्त्र में वैशिष्ट्य के लिए कोई जगह न बची हो पर उस तथाकथित वैशिष्ट्य के पीछे भी व्यावसायिक दृष्टि की प्रेरणा होती है। इस बात को 'डिज़ाइनर संस्कृति' के उदाहरण से आसानी से समझा जा सकता है। 'डिज़ाइनर' कपड़े, फर्नीचर, जेवरात, इसलिए बनते हैं ताकि उनको उपलब्ध और इस्तेमाल करने वाले औरों से विशिष्ट महसूस करें। यही कारण है कि वे उसी वर्ग की सामान्य चीजों से कई गुना महँगे होते हैं। उनका यह महँगापन ही उनकी बहुत बड़ी विशिष्टता होती है। उत्सवों-आयोजनों के अवसरों पर जब धनाढ्य वर्ग के युवक कढ़ाई और जरदोज़ी के तम्बूनुमा कुरते पहने दिखाई देते हैं तो सौन्दर्य-दृष्टि और सुरुचि को

पुनः परिभाषित करने की जरूरत महसूस होती है। महत्त्वपूर्ण यह नहीं रह जाता कि पोशाक उन पर फब रही है या नहीं। महत्त्व इस बात का होता है कि वे गर्व से बता सकें कि उन्होंने रोहित बल का डिज़ाइन किया हुआ कुरता पहन रखा है। गरचे यह अलग सवाल है कि एक विशेष वर्ग की उपभोक्तावादी वृत्ति के कारण उसकी यह विशिष्टता विज्ञापित होकर लगभग ब्रांड में बदल जाती है। लेकिन उसकी प्रसिद्धि हमारी पसन्द को पहले से तय कर छोड़ती है। उपयोग और उपभोग की वस्तुएँ ही नहीं संस्कृति और कलाकृतियाँ भी इस परिदृश्य में उत्पाद हो जाती हैं और पाठक और दर्शक उपभोक्ता—ऐसा उपभोक्ता जो खुद अपना चुनाव भी नहीं करता। यह विकल्प उसकी गैर-जानकारी में निर्माता उससे छीन कर पहले से तय कर देता है। पूरा ध्यान प्रभाव की प्रकृति और गुणवत्ता पर नहीं, प्रसार और सफलता पर टिका रहता है। कलाकृतियाँ इस प्रक्रिया में अपनी विशिष्टता, निजता, मौलिक पहचान खोने लगती हैं। या तो उनकी शैली किसी चली आती 'ब्रांड' का ठप्पा लगा लेती है, वरना वे खुद ऐसी शैली की तलाश करने लगती हैं जिनमें एक नया 'ब्रांड' बनने की सम्भावना हो।

मौलिकता या सर्जनात्मकता का आग्रह तब सामने आता है जब नियमों और ब्रांडों के बढ़ते वर्चस्व के बीच कोई रचनाकार अपने अन्तर, अपनी विशिष्टिता और निजता को प्रमाणित करने की बेचैनी महसूस करता है। औरों से अपना अन्तर सिद्ध करने की यह व्याकुलता उसे अपने अतीत, अपने जड़-मूल की ओर ले जाती है। सूचनार्थी समाज द्वारा निर्मित 'पाठ' से हटकर वह अपनी शैली में अपना 'पाठ' तैयार करना चाहता है। यह असमंजस उसे विचित्र विरोधाभासी स्थिति में ला खड़ा करता है। एक तरफ प्रचलित मुहावरे को अपनाकर अपनी अत्याधुनिकता प्रमाणित करने का लोभ और दूसरी तरफ अपने वैशिष्ट्य की धाक जमाने की आकांक्षा। कृतियों में उत्तर-आधुनिक फार्मूलों का प्रतिफलन और सोच में भारतीय रूढ़ियों और विश्वासों की सनातनत्व की दुहाई। आखिर क्यों पैदा होता है हमारे सोच में यह दुमुँहापन?

सदियों पहले जब दर्शन और कलाओं के बीच चुनाव का असमंजस प्लेटो के सामने आया था तो उन्होंने ईमानदारी से स्वीकार किया था कि इस संघर्ष में बड़ी भारी बाजी लगी है। प्लेटो ने तर्क देकर आपाततः कलाओं की वर्जना की, पर लगे हाथों उनके प्रवेश के लिए पीछे का दरवाजा सशर्त खोल दिया। उसी तरह उत्तर-साम्राज्यवाद की सांस्कृतिक छवि के सामने सब निहत्थे, मूक-बधिर आँखें फाड़े खड़े हैं। आपाततः उसकी आलोचना करते हुए भी हम चाहते यही हैं कि पीछे का दरवाजा उसके लिए खुला रहे। एडवर्ड सईद ने इस साम्राज्यवाद के व्यापक प्रभाव को लक्ष्य करते हुए कहा था कि आज साहित्य और संस्कृति के तमाम रूप यूरोपीय

समाज की जारज सन्तति हैं। हमारा इतिहास, हमारी आत्म-छवि, यहाँ तक कि हमारी आकांक्षाएँ और हमारे सपने भी परागत भाषा से बने हैं। बात उससे भी गम्भीर है। हम जिसे यूरोपीय साम्राज्यवाद के वर्चस्व की भाषा कहते-समझते हैं, वह वास्तव में अमरीकी साम्राज्यवाद के वर्चस्व की भाषा है। यूरोप के देश भी आज इस बात से आशंकित हैं। बी.बी.सी. के प्रबन्ध निदेशक बिल वायट ने आशंका व्यक्त की थी कि रूपर्ट मर्डोक की नयी योजना ब्रिटेन में 'अमरीकी सूचना संस्कृति' के आयात को बढ़ायेगी। उन्हें इस आयात से बी.बी.सी. के स्वरूप और ढाँचे के बदल जाने की आशंका थी।

कुछ समय पहले दिल्ली में आयोजित फ्रांसीसी-फिल्म समारोह के अवसर पर प्रसिद्ध फ्रांसीसी फिल्म निर्माता अनातोले दाअमो ने भय व्यक्त किया कि मौजूदा हालात में हालीवुड सिनेमा फ्रांसीसी सिनेमा को जड़ से साफ कर देगा। उन्होंने इस खतरे का कारण बताया—अमरीकी फिल्मों की लोकप्रियता, भूमण्डलीकरण का हौसला और नैतिक बोध का अभाव। उनका कहना था कि सिनेमा के बाजार से हालीवुड को बाहर रखने का एकमात्र तरीका बच रहा है उसके साथ तालमेल करना।

यदि ब्रिटेन और फ्रांस जैसे देशों के अभिव्यक्ति-माध्यम अपनी अस्मिता के संकट से इतने भयभीत हैं तो विकासशील देशों की स्थिति का अनुमान सहज ही लगाया जा सकता है। हमारी अर्थ-नीतियाँ ही इस भूमण्डलीकरण और बाजारवाद की चपेट में नहीं हैं, हमारे संस्कृतिकर्मी, विचारक, सब यूरोप-अमेरिका केन्द्रित सोच की भाषा बोलते हैं। हमें न इस बात की चिन्ता है और न हमारे पास इतना नैतिक साहस बचा है कि उन क्षेत्रों को तलाश कर बचाने और विकसित करने का प्रयत्न करें जो पश्चिम के इस हमले से अभी बच रहे हैं।

संस्कृति के इस सर्वग्रासी रूप ने बहुराष्ट्रीय निगमों के विकास के समानान्तर उसी तकनीकी क्रान्ति और सूचना-तन्त्र के सहारे अपना वर्चस्व कायम किया है। इसकी खूबी यह है कि भौगोलिक सीमाओं के साथ बिना छेड़छाड़ किये तकनीकी के रास्ते यह सूचना, संस्कृति और अर्थतंत्र में प्रवेश कर गया है, आकाश-मार्ग से, सैटलाइट से, ऑटोमेशन से। ऐसा करने के लिए इसे न किसी की इजाजत चाहिए न सहयोग। राष्ट्र-राज्यों की कल्पना इनके सामने व्यर्थ होती जाती है। बहुत पहले 'चैलेंज ऑफ वर्ल्ड पावर्टी' में गुन्नार मिर्डल ने कहा था कि विकसित देशों ने अविकसित देशों का आर्थिक चेहरा बदल कर रख दिया है। आज हमारे सामने राजनीतिक, भौगोलिक, वैचारिक सभी सीमाओं को तोड़कर लगभग निर्विकल्प, अनिवार्य और लाचार स्थिति पैदा कर दी गयी है।

दिलचस्प बात यह है कि किसी दूसरी भूमि पर अंकुरित होने वाले मौलिक

विचार इसी सूचना-तन्त्र के सहारे अमरीकी जमीन पर इतनी तेजी से पहुँचकर पल्लवित होने लगते हैं कि उनकी अपनी पहचान क्षीण होती जाती है। उत्तर-आधुनिकता में 'टेक्स्ट' या 'पाठ' की जिस अवधारणा का आज इतना बोलबाला है, उसका बीज रूसी रूपवाद में पड़ा था। भाषा-केन्द्रित अध्ययन की बात 'नयी समीक्षा' में कही गयी थी। वहीं साहित्य को स्वायत्त इकाई के रूप में रचनाकार और परिस्थिति से अलग किया गया था। आज वह लगभग इतिहास की बातें हैं और अपनी प्रतिष्ठा के लिए, इतिहास का नकार जरूरी है।

तीसरी दुनिया के अविकसित देशों के सामने आज जो लगभग विकल्पहीनता की स्थिति पैदा हो गयी है, उसका बहुत बड़ा कारण है विचारधारा के रूप में मार्क्सवाद का सन्देहों के घेरे में दाखिल हो जाना। साम्राज्यवाद ने जिस औद्योगिक क्रान्ति का रास्ता प्रशस्त किया था, तीसरी दुनिया के देश उसी के अनुसरण में आज भी लगे हैं। उस दिशा में धीमी रफ्तार से प्रगति करते हुए ये पिछड़े हुए समाज सहज ही उस रास्ते की उत्तर कड़ी में जुड़ जाते हैं। यानी आधुनिकतावाद, उत्तर-आधुनिकतावाद और अब उत्तर उत्तर-आधुकितावाद। यह बात अलग है कि अभी तीसरी अवस्था तक पहुँचने में कुछ विलम्ब है। उन्हें इस बात का अहसास ही नहीं होता कि उत्तर-औद्योगिक समाज बौद्धिक तकनीक के जरिये उनका विकास कम कर रहा है, अपना वर्चस्व अधिक कायम कर रहा है। समाजवादी विचारधारा जिस समय शीतयुद्ध में लगी थी अमरीका उन्हीं दिनों बौद्धिक तकनीकी क्रान्ति के माध्यम से अपना प्रभुत्व विस्तार कर रहा था—ऐसे साम्राज्यवाद का विस्तार जो जल और थल दोनों मार्ग छोड़कर आकाश-मार्ग से आता है—सेटलाइट नेटवर्क से, और बुद्धि पर छा जाता है।

इस दौर की सबसे बड़ी दुर्घटना है 'विचारधारा' का केन्द्र से स्खलित हो जाना 'आइडियालॉजी' की जगह टेक्नालॉजी का वर्चस्व कायम होना। कम्प्यूटर, इलेक्ट्रॉनिक मीडिया, इन्फार्मेशन टेक्नालॉजी ने चिन्तन और सृजन के आयामों की जो नयी दुनिया रच दी है उसमें मुद्रित माध्यम संकट में आ गया है। बात अब उसके क्रमशः अदृश्य होने और श्रव्य-दृश्य प्रस्तुतियों के लोकप्रिय होने की है। इसके बावजूद फिलहाल 'साहित्य' है। उत्तर-आधुनिक शब्दावली में यह साहित्य एक 'पाठ' है। 'पाठ' है तो अन्त की तमाम घोषणाओं के बीच कोई है जो इस 'पाठ' का निर्माता है। इसका माध्यम और पाठकीय 'प्रति पाठ' का हेतु भी यही मुद्रित शब्द है।

सम्भावना व्यक्त की जा रही है कि सदी का अन्त होते-होते कहानी-उपन्यास सिलोलायड पर लिखे जायँगे, बस देखने-सुनने के लिए, पढ़ने के लिए नहीं। और तब संवेदनों के शब्द-प्रतीक और शब्द-प्रतीकों के संवेदनात्मक-बिम्बों में रूपान्तरित होने की प्रक्रिया ही गायब हो जायगी।

यह केवल माध्यम के बदलने की नहीं, यथार्थ-बोध की नयी अलग ढंग की दुनिया को रचने और उसका सामना करने की चुनौती है। कहा जा सकता है और कहा जा रहा है कि 'मास मीडिया' के इस फैलाव ने हमारे सोच और संवेदना को विस्तार दिया है। तमाम बातों पर नये सिरे से सोचने की बाध्यता पैदा की है। ऑडियो-वीडियो तकनीकी ने ज्ञान, कला, संस्कृति का दूरव्यापी, वर्ग-भेद मुक्त प्रसार किया है। महत्त्व वैशिष्ट्य का नहीं, संख्या और प्रसार का हो गया है। 'विश्व ग्राम' में सब भूमण्डलीकृत है। कला और संस्कृति के बाजार के खरीदार बदल गये हैं। स्वभावतः नये माध्यम रचे जा रहे हैं और पुरानों की तकनीक बदल रही है। वे पुनर्नवा हो रहे हैं। जो थे और जो अब हैं, सबके बीच एक अन्तःक्रिया चल रही है। कोई बरी नहीं है—न बोला गया शब्द, न लिखा और छपा हुआ शब्द। कागज, छापेखाने, मुद्रण तकनीक, रेडियो, टीवी, दूरभाष सब इस 'मीडिया' मन्थन में शामिल हैं।

माध्यमों की दुनिया में यह बदलाव, यह क्रान्ति, सिर्फ ग्रहण की प्रक्रिया में इन्द्रियों की केन्द्रीयता का बदल जाना नहीं होता। 'माध्यम' की प्रकृति बदलती है तो 'सन्देश' की प्रकृति बदलती है। इन्द्रियों के अन्तर से हमारे संज्ञान और बोध का रूप तय होता है। किसी को सुनना, देखना या छूना, एक ही आनुभविक प्रक्रिया के अलग-अलग रूप नहीं होते। वे अलग-अलग अनुभव होते हैं। एक ही 'सन्देश' माध्यम के बदलने से अलग सन्देश बन जाता है। कविताओं और कहानियों की मंच पर प्रस्तुति का आग्रह 'माध्यम' के केन्द्रीय हो जाने का प्रमाण है। इस सन्दर्भ में गौरतलब बात यह है कि यह यात्रा एकतरफा है, दोतरफा नहीं। यानी नाटकों के कहानी या कविता में रूपान्तण करने का आग्रह कहीं नहीं दिखाई पड़ता। प्रस्तुति की सम्भावना के अभाव में नाटकों का वाचन 'प्ले रीडिंग' तो बराबर होता आया है, पर अगर उन्हें नेरेटिव और कविता में रूपान्तरित करने की ओर रुझान दिखाई नहीं पड़ता तो इससे यही सिद्ध होता है कि साहित्य 'श्रव्य' से 'दृश्य' की ओर बढ़ रहा है (या लौट रहा है) ऐसा हर बदलाव एक नयी भाषा, एक नया 'पाठ' तैयार करता है, जो हर पहले 'पाठ' से अलग होता है।

इस बात को समझने-समझाने में विशेष श्रम की जरूरत नहीं कि दृश्य-श्रव्य माध्यमों की दुनिया में यह लगभग विस्फोटक क्रान्ति एक बहुत बड़ा सांस्कृतिक परिवर्तन है। यह परिवर्तन जिन संचार माध्यमों से घटित हो रहा है, वे सामूहिक संचार के माध्यम हैं। इनकी दृष्टि सिर्फ लोकप्रिय संस्कृति के विकास और प्रसार पर टिकी रहती है। 'गम्भीर' साहित्य इन्हें रास नहीं आता। मुद्रित शब्द की तुलना में श्रव्य-दृश्य माध्यम यथार्थ को अधिक निकट ले आता है। ये विवरण प्रस्तुत नहीं करते, साक्षात् दर्शाते हैं, तत्काल प्रभावित करते हैं। जो इस भ्रम में हैं कि इस

सम्प्रेषण-परिवेश में वे प्रत्येक माध्यम की भूमिका को समझकर उसका प्रयोग मनुष्य की चेतना को समृद्ध करने के लिए कर लेंगे, उन्हें यह नहीं भूलना चाहिए कि ये माध्यम सबसे पहले मनुष्य की चेतना को ही गिरफ्त में लेते हैं। हम घटनाओं के साक्षी नहीं होते उनमें शामिल होते हैं—कम से कम हम ऐसा समझने लगते हैं।

दिलचस्प बात यह है कि अधिसंख्यक उपभोक्ता समाज कलाओं के लिए भी एक बड़ा बाजार चाहता है जो सिर्फ प्रभावित करे। परिणामतः आधुनिकतावाद के गहन अभिव्यंजनात्मक सौन्दर्य के विरोध में 'पैबन्दबाजी और अनेक शैलियों की गड्डमड्ड स्वीकृति' इस शैली की पहचान बन जाती है। इसके अनुसार आधुनिकतावाद के दौर में विकसित साहित्य रूपों के नायकों का स्थान अब संग्रहालयों और विश्वविद्यालयों भर में रह गया है। इन्हें ये सौन्दर्यमान जड़ीभूत लगते हैं। इस जड़ता को जिस भाषा से तोड़ने का प्रयास किया जाता है वह भाषा खुद भी अपने नियमों से स्वतन्त्र है। हिन्दी के कथाकारों में मनोहर श्याम जोशी और कृष्ण बलदेव वैद के भाषिक प्रयोग इस दृष्टि से विशेष अध्ययन की अपेक्षा रखते हैं। यह एक ऐसी भाषा बन गयी है जिसे हर समूह अपने लिए प्राइवेट भाषा बनाये ले रहा है। हर धन्धे की अपनी अलग संहिता विकसित हो रही है, सबका अपना रजिस्टर है और हर व्यक्ति एक 'भाषाई द्वीप'।

लेखक के भाषाई व्यापार को आज का उत्तर-आधुनिकतावादी 'व्यंजकों (चिह्नों) की मनमानी और शुद्ध लीला' के रूप में देखता है जिनमें आधुनिकतावाद की तरह कोई बड़ा सृजन सम्भव ही नहीं है। बल्कि पहले से मौजूद 'पाठ' के टुकड़ों का निरन्तर परावर्तन भर है। जाहिर है रचना के पुराने मॉडल यानी परम्परा के नकार की स्थिति में समीक्षा की किसी पूर्व-प्रचलित पद्धति के होने का प्रश्न ही नहीं उठता। समीक्षा के लिए जो 'पाठ' है उसका न इतिहास है, न परम्परा, न कोई तयशुदा ढाँचा, न कोई आदर्श। यह 'पाठ' घटना भर होता है, सिद्धि नहीं। इसलिए वह अपने सर्जक का भी नहीं होता। उसका अर्जन तात्कालिक रूप में हो जाता है। किसी 'पाठ' को पूर्व परिभाषित अभिधाओं के भीतर रखकर किन्हीं तयशुदा नियमों के तहत जाँचा ही नहीं जा सकता। आश्चर्य नहीं है कि फ्रेडरिक जेम्सन ने अपनी पुस्तक 'पोस्ट मॉडर्निज़्म : द कल्चर लॉजिक ऑफ़ लेट केपिटलिज़्म' में भाषा, सिद्धान्त, देशभक्ति, फिल्म, अर्थशास्त्र, रेडियो सब पर लिखा है। इसके अलावा उन्होंने 1987 में एक लम्बा निबन्ध लिखा 'रीडिंग विदाउट इंटरप्रेटेशन : पोस्ट मॉडर्निज़्म एण्ड द वीडियो टेक्स्ट'। इस निबन्ध में उन्होंने अर्थव्यवस्था और जीवन स्थितियों तथा नयी सांस्कृतिक संरचनाओं के बीच अन्तस्सम्बन्ध को स्पष्ट किया। नयी सांस्कृतिक संरचनाओं में माध्यम की अहम भूमिका है। यह अब सम्भव नहीं कि कोई समीक्षा,

माध्यम शून्य में स्थित हो सके या किसी कलारूप का कोई ऐसा 'एक्सक्लूसिव' वर्जित क्षेत्र हो जिसमें दूसरे माध्यमों के प्रवेश और हस्तक्षेप की मुनादी हो। आज समीक्षा पर भी माध्यम का प्रभाव अनिवार है। एक दृष्टि से हमारी समीक्षा अब माध्यम की ही तलाश और समीक्षा होती है। आज एक ही कविता के 'लिखित' और 'प्रस्तुत' पाठों की समीक्षा शायद माध्यम की चर्चा के बिना मुकम्मल नहीं हो सकेगी।

पर 'समीक्षा' से आधुनिकतावाद तक हम जो समझते आये हैं, उस अर्थ या रूप में समीक्षा है कहाँ? जेम्सन के आलोचकों का कहना है कि उत्तर-आधुनिकतावाद के इस परिदृश्य में समीक्षा और ऐतिहासिकता दोनों खत्म हो जाती हैं। उत्तर-आधुनिकता में सिद्धान्त निर्माण नहीं होता । कुछ नये विमर्श हैं जो अपने आप में पूर्ण हैं। इनमें आर्थिक भविष्यवाणियों और बाजार अध्ययन से लेकर धार्मिक पुनर्जागरण, फिल्म समारोह की समीक्षा या व्यक्ति पूजा, सब शामिल हैं। सब अपने में पूर्ण हैं—और जेम्सन के अनुसार ये सब उत्तर-आधुनिक सिद्धान्त हैं। उन्हें खुद नहीं मालूम कि वे अपने लेखों में सिद्धान्त बता रहे हैं या उदाहरण दे रहे हैं। आचार-विचार और अनिवार्यता-विरोध का उत्तर-आधुनिकतावादी सिद्धान्त खुद समग्रता में ठीक-ठीक सामने आया या नहीं, कहा नहीं जा सकता।

सवाल यह है कि आलोचक का कर्म और दायित्व क्या है? रोलाँ बार्थ का कहना है कि आलोचक का काम 'एक पाठ के लिए एक अर्थ का निर्माण है'। सिर्फ 'अर्थ खोलना' नहीं। मूल 'पाठ' हमेशा बहुलार्थी/अनेकार्थी होता है। इन अनेकार्थी के बीच से आलोचक एक को बनाता है। जरूरी नहीं कि यह लेखक का अभिप्रेत 'एकार्थ' हो, क्योंकि जरूरी नहीं कि वह वहाँ हो ही। रचना के बाद 'पाठ' से जो अर्थ उपस्थित होता है या कि पाठक जिस अर्थ को उसमें से निर्मित करता है, वह तो लेखकीय उद्देश्य और हेतु से एकदम मुक्त चिह्नों (शब्द) की स्वतन्त्र लीला पर निर्भर रहता है। स्वभावतः वहाँ किसी के निजी अर्थ के लिए कोई गुंजाइश नहीं होती। संरचनावादी सिद्धान्त का यही वह बिन्दु है जहाँ से लेखक का विकेन्द्रण होता है। इसी का पूर्ण विकास देरिदा के विखण्डन के सिद्धान्त में जाकर हुआ है।

आलोचक का काम 'पाठ' के एकमात्र अर्थ को निकालना नहीं, बल्कि तमाम अर्थों के बीच से एक अर्थ को स्थापित करना है। साहित्य की विशेषता यही है कि वह एक पाठक को अनेक अर्थ देता है, और साथ ही यह अवसर देता है कि वह उनमें से एक अर्थ को एक नये पाठ में स्थापित करे। 'पाठ' के बीच अनेक अर्थ केन्द्रों में से एक को स्थिर करने का दायित्व पाठक का होता है लेखक का नहीं। इस एक अर्थ को स्थिर करने के लिए लेखक के अनुभव तक पहुँचना न जरूरी होता है न सम्भव! सिर्फ पाठ का विखण्डन करके उससे 'निर्माण की प्रविधि' तक पहुँचा

जा सकता है। यह बात अलग है कि इधर पाठ की उत्तर-आधुनिकतावादी विखण्डन पद्धति के नाम पर कुछ उत्साही समीक्षकों ने जो करतब दिखाये हैं, उनसे विखंडित पाठ की समझ और सराहना में कोई सहायता नहीं मिलती।

फ्रांस में सातवें-आठवें दशक में देरिदा ने अपनी विखण्डनवादी दृष्टि से विश्व के बौद्धिक माहौल पर निर्णायक प्रभाव डाला। उनके विखण्डन को किसी परम्परागत रूप-विधान में अँटाना सम्भव नहीं। वहाँ न विधाओं के वर्गीकरण का सिद्धान्त है, न कोई तत्त्ववाद और न व्यवहार की सुनिश्चित पद्धति।

देरिदा ने अपनी विखण्डनवादी दृष्टि में साहित्यिक पाठ और आलोचनात्मक पाठ में कोई भेद नहीं माना और इस तरह उस मिथ को तोड़ा जो आलोचना को दोयम दर्जे का काम मानती रही है। वह किसी एक रूप को दूसरे के मुकाबले विशेष दर्जा नहीं देते। उनके मतानुसार सभी लेखन बराबर हैं इसलिए न रचना या 'पाठ' बड़ा है और न समीक्षा। रचनात्मक भाषा को आलोचनात्मक भाषा से ऊँचा दर्जा देना भी इसीलिए गलत है। आलोचनात्मक कर्म उतना ही महत्त्वपूर्ण और स्वायत्त है जितना रचनाकर्म। यह मानना सही नहीं है कि प्रामाणिक अनुभव साहित्यिक पाठ में बैठा रहता है और आलोचक का काम उसकी तरफ इशारा-भर करना है।

देरिदा लेखन की अद्वितीयता इसी में मानते थे कि 'पाठ' के बाहर कुछ नहीं है। और चूँकि 'पाठ' के बाहर कुछ है ही नहीं तो समीक्षा उसकी समझ के लिए बाहरी प्रमाणों या 'कार्य' के कारणों की खोज न करके केवल उसका 'विखण्डन' करती है। 'विखण्डन' के द्वारा ही समीक्षा लेखन की कैद में दबे अर्थ को मुक्ति देती है। वह अर्थ, जो ज्ञान रूप में सांस्कृतिक कर्म के द्वारा लेखन के भीतर निहित रहता है।

विखण्डन इस प्रकार साहित्य की उत्तर-आधुनिक स्थिति है। यहीं से साहित्य सिद्धान्त नाम की विधा की शुरुआत होती है। यहीं वह दर्शन और समाजशास्त्र का दर्जा और स्वतन्त्र सत्ता ग्रहण करती है। मूलतः यह साहित्यिक रणनीति तो है ही, दुनिया को देखने-पढ़ने की एकमात्र आधुनिक-विधा भी है।

विखण्डन को आलोचना का एकमात्र कर्म और धर्म मान लेने से एक बहुत बड़ी सुविधा और दूसरी उतनी ही बड़ी अराजकता के लिए बेहद्दी मैदान तैयार होता है। सामाजिक न्याय की दृष्टि से देखने पर इसे पश्चिम के साम्राज्य विरोधी सिद्धान्त के रूप में भी पढ़ा जा सकता है। क्योंकि केन्द्रीयता अर्थ की हो या वर्चस्व की, उसके अस्वीकार का अर्थ है आत्यन्तिक रूप में किसी अर्थ या किसी व्याख्या की अनिवार्यता और वर्चस्व से इनकार। हर व्याख्या की एक से अधिक व्याख्या हो सकती है। कोई व्याख्या अन्तिम नहीं। तो कोई व्याख्या प्रामाणिक है या नहीं, यह प्रश्न बेमानी है, क्योंकि प्रमाण का कोई प्रतिमान नहीं। यही 'फ्री प्ले' अर्थ की लीला

है। विखण्डन कोई तयशुदा विमर्श नहीं नतीजतन अमरीका में सबके विखण्डन, सबके विमर्श अलग-अलग हैं। सब वैध हैं क्योंकि वैधता प्रश्नातीत है। वैधता के लिए जिस शास्त्र का साक्ष्य अपेक्षित होता है, उस तरह की शास्त्रबद्धता के लिए उत्तर-आधुनिकतावाद में कोई जगह नहीं। वस्तुतः शास्त्रविहीनता तो विखण्डन की मूल विशेषता है। इसलिए हर पाठ की निजी पद्धति विकसित करना या उससे नया पाठ निर्मित करना शास्त्रहीन स्थिति पैदा करता है। इसी 'स्यादवाद' या 'अनेकान्तवाद' में यह सम्भव है कि सब कुछ को पाठ की तरह पढ़ा जा सके। इस हद तक कि दर्शन और साहित्य की पाठ विधि एक ही तरह खुली हो।

उत्तर-संरचनावादियों के इस मुक्ति-अभियान में मार्क्सवादी विचारकों ने पद्धति के नाम पर 'अराजकता' का खतरा देखा। टेरी ईगलटन ने 'क्रिटिसिज़्म एंड आइडियालॉजी' (1978) में 'पाठ' की मुक्ति की इस अवधारणा पर घोर आपत्ति व्यक्त करते हुए कहा कि यह उसी पाठ की नितान्त मुक्ति का प्रतिबिम्ब है जो राजनीति में बूर्जुआ 'अराजकतावाद' के रूप में प्रकट होती है। किसी आधिकारिक केन्द्र से आधिकारिक प्रामाणिक अर्थ को सम्बद्ध न करके शुद्ध स्वतन्त्र लीला में अर्थ खोजना वास्तव में अर्थ का निषेध करना है। 'विखण्डन' ईगलटन की दृष्टि में एक 'रहस्यवादी' और अनन्त प्रक्रिया है जो 'पाठ' में अन्तःस्थित अर्थ को खोलती तो है ही उसका एक 'पाठ' तैयार करती है, किन्तु उसकी अपनी न कोई तर्कसम्मत नियम विधि है, न अन्त। वे साहित्य को विचारधारा से मुक्त करने के पक्ष में नहीं हैं।

लुई अल्थुसर ने भी पाठ की विचारधारात्मक अन्तर्वस्तु पर बल देते हुए कहा कि मार्क्सवाद भी तो विखण्डनवाद है जो पाठ की प्रक्रिया को वहाँ तक ले जाता है जहाँ तक पहुँचकर विचारधारा को पाया जा सके।

दरअसल विखण्डन का स्रोत 'पाठ' में निहित रहता है, उसके बाहर नहीं। 'पाठ' का विखण्डन इसलिए कि उसमें विचारधारा की स्थिति अनिवार्य मानकर चला जाए—यह एक रास्ता है, और 'पाठ' के विखण्डन की प्रक्रिया में पाठक विचारधारा तक पहुँच जाए, यह दूसरा रास्ता है। कहना न होगा उत्तर-आधुनिकतावादियों का रास्ता यही दूसरा रास्ता है और बड़ा सुविधाजनक रास्ता है। समीक्षक इस अन्तहीन गलियारे में प्रवेश करने के बाद किसी के प्रति जवाबदेह नहीं है। न इतिहास के, न परम्परा के, न मूल्यों के और न शास्त्र या सिद्धान्त के। विखण्डन का सारा बल पाठ पर, उसके पाठक और पढ़ने की क्रिया पर होता है। लेकिन इस प्रक्रिया के बाद या पहले वह न किसी सिद्धान्त का सहारा लेता है और न ही पढ़ने के बाद कोई सर्वसम्मत निष्कर्ष प्रस्तुत आरम्भ के लिए बाध्य होता है। लेखकीय 'पाठ' उसका प्रस्थान बिन्दु होता है, जिससे आरम्भ करके वह एक प्रति 'पाठ' की रचना भर करता है।

प्रश्न यह है कि पश्चिम के इस परिदृश्य के सन्दर्भ में हिन्दी आलोचक की स्थिति क्या है? हिन्दी का तथाकथित आलोचक चौराहे पर खड़ा विलाप कर रहा है। उसके दुखी होने के दो कारण हैं—पहला, उसके समकालीनों को 'उत्तर-संरचनावादी विखण्डन की रणनीति का दूर तक पता नहीं' और दूसरा—उन्हें 'अपने शास्त्र का भी भयावह विस्मरण है।' यह बात कुछ ऐसे अन्दाज से कही जाती है जैसे 'उत्तर-संरचनावादी' विखण्डन की रणनीति की जानकारी का अभाव होने से ज्ञानवत्ता और बौद्धिकता पर बहुत बड़ा बट्टा लगता हो। यदि कुछ लोग ऐसा सोचते हैं तो बहुत आश्चर्य की बात नहीं है। लम्बे समय से हिन्दी आलोचना यूरोप के आधुनिकतावादी सम्प्रदायों की उपजीवी रही है। हम अपने यहाँ की समस्याओं के हल आयातित मुहावरे में ढूँढ़ते रहे हैं। अपनी लड़ाई उधार के हथियारों से, एक सीमा से आगे नहीं लड़ी जा सकती। ऐसा तभी सम्भव है जब समस्याएँ पूरी तरह नहीं तो लगभग वहीं जैसी हों, जहाँ से हम उनके उत्तरों की भाषा की तलाश कर रहे हैं। भूमण्डलीकरण के तमाम हो-हल्ले के बावजूद वास्तविकता यह है कि तीसरी दुनिया के देश अब भी औपनिवेशिक मानसिकता की खोल से बाहर नहीं निकल पाये हैं। यूरोप-अमरीकी संस्कृति के प्रति हमारे मन में बराबर 'लव-हेट' सम्बन्ध-भावना बनी रहती है। अपने पिछड़ेपन को हम आज भी उनकी नकल से ढाँपने की दयनीय कोशिश करते हैं। जो विदेशी विचारकों के नामों का सही उच्चारण नहीं कर पाते वे ही उनके सिद्धान्तों को अधकचरी समझ के सहारे निगल-उगल रहे हैं, और ऐसा करते हुए बड़े गर्व की अनुभूति कर रहे हैं। उन्हें यह कहने में न लज्जा आती है, न संकोच होता है, कि हमारी समीक्षा की दरिद्रता पश्चिमी समीक्षाशास्त्र के मौजूदा संकट के कारण और बढ़ गयी है। यानी संकट पश्चिमी समीक्षाशास्त्र के सामने है और दरिद्रता हमारी समीक्षा की बढ़ गयी है। संकट वहाँ ज्यादा गहराया है और दयनीय हम हो रहे हैं।

हमारी समीक्षा दयनीय हो रही है, इसमें शायद विवाद की बहुत गुंजाइश नहीं है। इसका कारण इतना भर नहीं है कि हमने अपने को जिस स्रोत से नाभिनालबद्ध मान लिया था, वह स्रोत ही दिशाहीन हो गया है। इसका शायद ज्यादा बड़ा कारण यह है कि हमने बड़ी शिद्दत से यह तो पहचान लिया कि हम जिस भाषा में सपने देखते थे, सिद्धान्त गढ़ते थे, सपनों के टूटने और सिद्धान्तों के खोखले हो जाने के कारण वह भाषा विसर्जित हो गयी, लेकिन इस विसर्जन से पैदा होने वाले शून्य को हम अपने ही स्रोतों से भरने में अभी कामयाब नहीं हो सके हैं। हम भाषाविहीन हो जाने की जिस पीड़ादायक स्थिति को स्वीकार कर रहे हैं, उससे मुक्ति सिर्फ पश्चिम के पिछलगुए होकर नहीं पाई जा सकती।

हमारी आधुनिक आलोचना की मूल धारा पॉज़िटिविज़्म की रही है। पॉज़िटिविज़्म यह मानकर चलता है कि रचना में कोई विशेष मूल्य निहित होते हैं। अगर रामचन्द्र शुक्ल और रामविलास शर्मा और नामवर सिंह अब हिन्दी साहित्य में 'या तो राष्ट्र के महावृत्तान्त को खोजते हैं या समाजवाद के महावृत्तान्त को' खोजते हैं तो क्या हमें इसलिए शर्मसार हो जाना चाहिए कि 'यूरोप में यद्यपि यह खोज पुरानी हो गयी है जहाँ अब उनके विद्यार्थी भी इसे नहीं खोजते। और मार्क्सवादी भी नहीं खोजते'। अगर हिन्दी के आलोचक अब भी बजिद आधुनिक हैं, उत्तर-आधुनिक नहीं, तो इसलिए हमारी हीनता ग्रन्थि हमें व्यर्थता के भयावह एहसास से भर दे?

यह सही है कि मूल्य-वाचक तमाम शब्द अब या तो निरर्थक हो गये हैं, या उनके अर्थ बदल गये हैं। पाप-पुण्य, सच-झूठ, ईमानदारी-बेईमानी, त्याग-संग्रह, न्याय-अन्याय जैसे शब्द युग्म, बदले सन्दर्भों में हो सकता है एक-दूसरे के खिलाफ खड़े होने के बजाय साथ-साथ खड़े हों। जिस समाज में भौतिक सफलता, और भोग सबसे बड़े मूल्य हों, उस समाज के नायकों के मॉडल बदलना सम्भव तो है ही, स्वाभाविक भी है। बदली हुई परिस्थितियों में अगर युवा वर्ग संजयदत्त, हर्षद मेहता या ऐसे ही तमाम दूसरे लोगों को अपना 'मॉडल' बनाना चाहे तो आश्चर्य नहीं होना चाहिए। धर्म के नाम पर स्वामियों और बाबाओं का बोलबाला हो और मोक्ष का कोई पता ठिकाना न हो तो जाहिर है काम और अर्थ अन्य तमाम मूल्यों पर भारी पड़ेंगे।

उपभोक्तावाद की भयंकर अप-संस्कृति की गिरफ्त में धँसती चली जा रही वर्तमान मानसिकता के बचाव के तमाम रास्ते सिर्फ उत्तर-आधुनिकतावाद की खोज की सोच को ओढ़ लेने से निकल आएँगे, ऐसा समझना अपनी क्षमताओं का अपमान करना है।

यह तो सही है कि एक भूमण्डलीय यथार्थ के सामने स्थानीय यथार्थ फीके पड़ते जा रहे हैं। जातीय वैशिष्ट्य रंग फीका होने लगा है। हमारी कोशिश उसे अतिक्रान्त करने की ही होती है। सूचना-तन्त्र और तकनीकी क्रान्ति इसे आसान बनाये दे रही है। इस नये परिदृश्य को पुरानी भाषा में व्यक्त करना कठिनतर होता जा रहा है।

इस बात से इनकार नहीं किया जा सकता कि 'विखण्डन' के सिद्धान्त ने जहाँ 'पाठ' को मुक्त किया वहाँ 'सत्य' को भी । परिणामतः 'सत्य' के 'सर्वानुमति-सम्मत' केन्द्रीय वृत्तान्त के अतिरिक्त उपकेन्द्रों की तलाश शुरू हुई। उसे स्त्रियों, उपेक्षितों, दलितों, बच्चों, पागलों, भाषायी समुदायों, यानी हाशिये के लोगों की दृष्टि से देखा जाने लगा। इनको इनकी हाशियाकृत स्थिति से उबारकर केन्द्रों के समानान्तर स्थापित कर दिया गया क्योंकि 'विखण्डन' की प्रक्रिया में न कोई प्रधान होता है न गौण। अर्थ की लीला यह होती है कि एक ही 'पाठ' की दो या अधिक व्याख्याएँ

हो सकती हैं, जिनमें किसी भी उपकेन्द्र से देखा गया सत्य उतना ही वैध माना जाता है जितना किसी भी अन्य केन्द्र से देखा गया सत्य। यह इस सिद्धान्त की बहुत बड़ी देन और शक्ति है। इसलिए इसे साम्राज्यवाद के वर्चस्ववाद के ऐसे विरोध के रूप में भी देखा जा सकता है जो किसी भी सर्वाश्लेषी विचार केन्द्र को अस्वीकार करता है। भारत के राजनीतिक सन्दर्भ में 'संयुक्त मोर्चा' सरकार का गठन क्या केवल संयोग भर है। क्या इस बात का सार्थक संकेत नहीं है कि आज किसी भी विचारधारा की प्रभुसत्ता तब तक स्वीकार नहीं की जाएगी जब तक वह अपनी प्रश्नातीत विश्वसनीयता प्रमाणित नहीं कर सके। उसमें कहीं कोई छिद्र न रह जाए।

केन्द्रीयता और वर्चस्व का टूटना या बदलना चिन्ता की बात नहीं है। चिन्ता की बात है विचारधारा मात्र का निषेध। सवाल यह है कि रचना के सामने क्या हम सचमुच निहत्थे खड़े हो सकते हैं। विचार के बिना न रचना सम्भव होती है न सांस्कृतिक कर्म। हम चाहें न चाहें, वह सहज रूप से आएगा अवश्य।

पश्चिम में आज भी विचार का अन्त नहीं हुआ है कि रचना के पीछे रचनाकार के उस परिवेश की भूमिका होती है जिसमें वह जन्म लेता और परवरिश पाता है। यह विचार भी वहाँ पूरी तरह स्वीकृत नहीं हो पाया है कि साहित्य, कला और सामान्य उपयोग की वस्तुओं में कोई भौतिक अन्तर नहीं। परिवेश और विचारधारा के एकतरफा अप्रासंगिक करार दिये जाने पर पुनर्विचार किया जा रहा है। इसमें सन्देह नहीं कि हमारे चिन्तन को धार देने में यूरोपीय दर्शन और अन्य शास्त्रों की महत्त्वपूर्ण भूमिका रही है। बहुत-सी बातें हमारे विचारतन्त्र का हिस्सा भी हो गयी हैं। लेकिन इसमें भी सन्देह नहीं कि हमारी निजी अस्मिता और सांस्कृतिक पहचान है, जो रचना और समीक्षा का अनिवार्य सन्दर्भ भी है। हमारे पास चिन्तन की भी समृद्ध विरासत है। क्या उत्तर-आधुनिकता के एक ही प्रहार से हम उसे अप्रासंगिक या निरर्थक मान लेने के लिए तैयार हैं? पश्चिमी ज्ञान और विचार हमारे सोच और सैद्धान्तिकी को समृद्ध करे यह एक बात है और वे मॉडल बनकर हमारी पहचान को ढाँप लें यह दूसरी बात है। इसलिए हमारे सामने उससे सम्बद्धता और बचाव की दुहरी नीति को एक साथ अपनाने के अलावा कोई विकल्प नहीं है। सबसे खतरनाक बात तो यह है कि सूचना-तन्त्र की इतनी गतिशीलता के बावजूद अक्सर जब कोई विचार वहाँ पुराना पड़कर सन्देह के घेरे में आने लगता है तब हमारे यहाँ उसका जयघोष शुरू होता है। देवेन्द्र इस्सर ने इस तरफ सही ध्यान दिलाया है कि 'हम अपने काव्य-चिन्तन को यूरोप का जंकयार्ड बनाने से बचा सकते हैं। उनके चिन्तन को रिसाइक्ल करके प्रस्तुत करने के बजाय अपनी सृजनात्मक और बौद्धिक प्रतिभा को भरपूर तौर पर अमल में ला सकते हैं।' उम्मीद भी ऐसे ही हमखयाल लोगों से की

जा सकती है। वरना 'विख़ण्डन' के नाम पर जटिल-संकुल रचनाओं के तरह-तरह से सार-संक्षेप प्रस्तुत कर करके स्वनामधन्य समीक्षक पाठकों को भरमाते और आत्ममुग्ध होते रहेंगे।

सिद्धान्त-निर्माण का काम बहुत कठिन होता है। यह और भी कठिन हो जाता है जब हम सर्वाश्लेषी या शाश्वत सिद्धान्तों के निर्माण का जोखिम उठाना चाहते हैं। साहित्य की दुनिया में जीवन की ही तरह स्थायी और शाश्वत कुछ नहीं होता। समय के साथ हर रचना का या तो मूल्य बदलता है या मूल्यांकन का पैमाना। महत्त्व प्रासंगिक और सार्थक का होता है। और समीक्षा की सार्थकता का अनिवार्य सन्दर्भ रचनात्मक साहित्य और समय का होता है। सन्दर्भ उसी देशकाल का जिसमें साहित्य रचा या पढ़ा जाता है। यदि उससे अलग होकर हमारी समीक्षा के पैमानों का स्रोत या केन्द्र कहीं और है तो उसकी निरर्थकता तय है।

साहित्य में आरक्षण (?) महिला-लेखन

क्या महिलाएँ एक वर्ग के रूप में एक जैसा या खास किस्म का लेखन करती हैं। शायद हाँ, शायद नहीं, शायद हाँ और नहीं के बीच एक तीसरा विकल्प, जहाँ खड़े रहकर सुविधानुसार इधर या उधर आया-जाया जा सकता है। वर्ग के भीतर लिखने की बहुत बड़ी सुविधा है कि जो "साहित्य" के नाम पर भले ही उल्लेखनीय न हो, वर्गीय लेखन के रूप में चर्चा के केन्द्र में लाया जा सके। असुविधा यह है कि जो रचना के रूप में महत्त्वपूर्ण हो, वह भी कुछ रियायत देकर वर्गीय-लेखन के दायरे में 'किन्तु', 'परन्तु' के साथ सराहा जाए। क्यों होता है ऐसा कि महिलाओं के लिए अलग पत्रिकाएँ, महिलाओं के लिए विशेष रेडियो प्रोग्राम, बस में अलग सीट, 'वीमेन स्टडीज़' के अलग विभाग और कुछ इसी तर्ज़ पर 'महिला-लेखन', की आरक्षित दुनिया जिसमें कोई लेखक की हैसियत से भले ही प्रवेश न पा सकें—महिला-लेखन के नाम पर घुसपैठ निश्चित रूप से हो सकती है। फिर एक लम्बा सिलसिला शुरू होता है। लम्बे अरसे तक आत्ममुग्धता की स्थिति में नोटिस न लेने वालों की समझ पर तरस खाने का, क्षुब्ध और क्रुद्ध होने का, उन्हें भला-बुरा कहने का, एक-दूसरे पर कीचड़ उछालने का, मोहल्ले-टोले की बतकही के लहजे में चटखारे लेकर अफवाहें फैलाने का—वगैरह, वगैरह। यह भी असम्भव नहीं कि किसी दिन प्रजातन्त्र की परिभाषा की तरह महिला-लेखन के नाम पर 'महिलाओं के बारे में, महिलाओं के द्वारा और महिलाओं के लिए' रचनाओं की अलग पहचान बनती दिखायी पड़े। अगर ऐसा हुआ, तो वह कैसा लेखन होगा, कहना मुश्किल है।

यह एक सम्भावना है। लेकिन एक दूसरी वास्तविकता यह है कि भारत की अनेक भाषाओं में महिलाएँ लगातार ऐसे साहित्य का सृजन कर रही हैं जिसकी अलग पहचान तो है ही, उनके बीच तमाम रचनाएँ ऐसी भी हैं जिन्हें गुमनाम रचना के रूप में पेश कर दिया जाय तो लेखकीय पहचान असम्भव नहीं तो कठिन अवश्य हो जाय।

देखना यह भी ज़रूरी है कि अलग से महिला-लेखन के वर्गीय चरित्र की पहचान का आग्रह स्वयं लेखिकाओं की ओर से है या एक कमतर रियायती श्रेणी

का यह प्रस्ताव साहित्य में अपनी प्रभुसत्ता बनाये रखने के लिए पुरुष-रचनाकारों की साज़िश है। सवाल और भी हो सकते हैं, परन्तु उनके दो टूक, बेबाक उत्तर पाना कठिन है।

कड़वी सच्चाई यह है कि पुरुष-प्रधान समाजों में सदियों से महिलाओं का दमन और शोषण होता रहा है। समाज में उनकी भूमिका और उनकी सामाजिक हैसियत का निर्धारण पुरुष के द्वारा हुआ है। समाज के हाथों जो दर्जा स्त्री को दिया जाता है वह किसी हद तक उसकी मानसिक बनावट का नियामक होता है। औपनिवेशिक मानसिकता इस पूरे प्रश्न को पुरुष के खिलाफ़ स्त्री या पुरुष बनाम स्त्री के ढाँचे में देखने की मजबूरी पैदा करती है। कुल जमा नतीजा यह होता है कि वह या तो पुरुष प्रदत्त परिभाषा में अपनी सार्थकता तलाशती हुई उसके समर्थन में खड़ी हो जाती है या विरोध में। इसीलिए तमाम महिला रचनाकारों ने इसी 'एंग्जाइटी ऑफ ऑथरशिप' के मानसिक फ्रेम में रचना-कर्म को अंजाम दिया है।

स्त्री और पुरुष के बीच प्राकृतिक अन्तर केवल जैविक है। परन्तु पुरुष सत्ताक समाज ने दमन के लिए, स्त्रियोचित व्यवहार के जो प्रतिमान निर्धारित किये, वे लम्बे अरसे तक अर्जित करते रहने के कारण स्त्री का स्वभाव हो गये। पश्चिम के नारीवादी विचार-तन्त्र में सावधानी से 'फीमेल' और 'फेमिनिन' के इस अन्तर को कायम रखते हुए 'फीमेल' शब्द का प्रयोग किया गया है। 'नर' और 'मादा' का अन्तर जन्मना और जैविक होता है। लेकिन यही 'फीमेल' लम्बे सांस्कृतिक-बोध का अर्जन करके अपने को 'फेमिनिन' समझने लगती है। इस प्रकार जो सहज और जैविक अन्तर है वह क्रमशः बोधगत और सांस्कृतिक अन्तर हो जाता है। ऐसा होना एक सहज प्रकृत जीव का अर्जित और आरोपित जीव में रूपान्तरित हो जाना है। सिमोन द बोउआ ने इसी परिवर्तन को लक्ष्य करके कहा था : 'वन इज़ंट बॉर्न ए वुमेन, वन बिकम्स वन'। सबसे बड़ी दुर्घटना यह हुई कि स्त्री समाज जो अर्जित और पोषित है उसे प्राकृतिक समझने लगा। कहना न होगा कि पितृसत्ताक समाज की सुख-शान्ति के लिए 'फीमेल' और 'फेमिनिन' के बीच इस घपले का बना रहना सुविधाजनक और जरूरी था। जब तक यह घपला है तब तक यथास्थिति बनाये रखने में कोई दिक्कत नहीं है। स्त्री, पूजा और भर्त्सना की ध्रुवीय व्याख्या को सहज रूप में स्वीकार कर उसी साँचे में अपनी रचनात्मक मानसिकता को ढालती रहेगी। वह 'देवी, माँ, सहचरि, प्राण' बनी रहकर आत्मदान और आत्मपीड़न में ही जीवन की सार्थकता तलाश करेगी। शरत के नारी पात्र, जैनेन्द्र की मृणाल, कट्टो, सुखदा, और तो और उत्सर्ग के इसी मन्त्र से बिद्ध प्रेमचन्द के बहुत से चरित्र उसके लिए मॉडल का काम करेंगे। चारों ओर का अतिपरिचित परिवेश, सीमित दायरे में बँधा

जीवन, उससे पैदा होने वाली मानवीय स्थितियाँ, उसकी रचनाओं की अन्तर्वस्तु की हदें निर्धारित करेंगी। स्त्री की भूमिका यहाँ पुत्री, पत्नी, माँ, बहिन या फिर प्रेमिका की होगी। वह दूसरों के सन्दर्भ में अपने को व्याख्यायित करेगी। रोज़मर्रा के अतिपरिचित सीमित फलक से चुनी हुई विषयवस्तु उसे प्रायः भोगे हुए यथार्थ की विश्वसनीयता को प्रस्तावित करती प्रतीत होगी। अक्सर वह आत्मकथात्मक होने का भ्रम पैदा करके प्रामाणिक लेखन की दावेदार हो जाएगी।

ये सवाल अलग हैं कि भोक्ता और रचयिता का फासला अच्छे लेखन के लिए कहाँ तक और कितना ज़रूरी है। साथ ही यह भी कि अनुभव और रचना का एकात्म अच्छी रचना के लिए साधक होता है या बाधक। यह भी कि यदि प्रामाणिक रचना के लिए आत्मानुभव ज़रूरी है तो जैनेन्द्र के 'त्यागपत्र', हरिनारायण आप्टे के 'कौन ध्यान देता है', और रवीन्द्रनाथ ठाकुर के 'गोरा' की प्रामाणिकता की व्याख्या कैसे की जाएगी। ऐसे और तमाम सवाल हैं जो साहित्य के बीच किसी तरह का वर्ग-विभाजन करते ही पैदा होने लगेंगे। सवाल तो यह भी है कि नौकरीपेशा महिलाओं की समस्याओं की समझ के लिए क्या स्वयं लेखिका का नौकरी करना जरूरी है? या फिर प्रेम के त्रिकोण या तलाकशुदा जोड़ों की मानसिकता को विषय बनाने के लिए खुद तीन में से एक या दो में से एक होना जरूरी है। अगर नहीं, तो यह कहना भी काफी हद तक बेबुनियाद है कि अनुभवों का एक क्षेत्र ऐसा है भले ही वह सीमित हो, जिसके प्रामाणिक लेखन की हकदार सिर्फ़ महिलाएँ हो सकती हैं। दरअसल बुनियादी सवाल यह है कि किसी भी रचना की पड़ताल गुमनाम कृति के रूप में की जानी चाहिए या ट्रेड मार्का वस्तु के रूप में। वस्तुतः रचनाकार की न जाति होती है, न धर्म और न वर्ग।

इस बात पर भी ध्यान देना ज़रूरी है कि अधिकांश रचनाकारों का रिश्ता समाज के मध्य वर्ग से है। महिला रचनाकारों का तो और भी। क्या इसे संयोग ही कहा जाएगा कि वे प्रायः अनुभव की प्रामाणिकता और भोगे हुए यथार्थ के चित्रण के मोह में इसी वर्ग की नारी के जीवन से सम्बद्ध सामान्य-असामान्य स्थितियों के चारों ओर मँडराती रहती हैं। इसीलिए जब वे इस वर्ग-बन्ध से मुक्त होकर लिखती हैं तो जैसे कुछ असामान्य घटित होता है—'मित्रो मरजानी' या 'अनारो' की शक्ल में। ठीक इसी तरह जब स्त्री-पुरुष सम्बन्ध, पारिवारिक तन्त्र, अविवाहित मातृत्व, कामकाजी महिलाओं की रोज़मर्रा की ज़िन्दगी जैसे अहम लेकिन सीमित दायरे को लाँघ कर वे देशव्यापी, विश्वव्यापी मानव-नियति के सवालों का सामना करती हैं तो ऐसी रचनाएँ सामने आती हैं जिनके पीछे की औरत को पहचानना असम्भव नहीं तो मुश्किल ज़रूर होता है—बेघर, महाभोज, ज़िन्दगीनामा, आग का दरिया और ऐसी

तमाम और रचनाएँ—जिन्हें महिला-लेखन के लेबिल की ज़रूरत नहीं होती।

इस सन्दर्भ में लेखन के एक और स्वरूप पर विचार कर लेना मुनासिब होगा। नारी के शोषण या भर्त्सना के विरोध में महिला लेखिकाओं द्वारा किया गया प्रतिस्पर्धी लेखन। इतिहास साक्षी है कि पुरुष ने स्त्री को जिन दो प्रमुख मोर्चों पर लगातार मात दी है उनमें से एक है अर्थ और दूसरा सेक्स। आर्थिक दृष्टि से आत्मनिर्भर होने के लिए संघर्ष करती हुई स्त्री, महिला लेखिकाओं की प्रिय थीम है। मध्यवर्ग की स्त्रियों के सामने यह स्थिति एक ओर पारिवारिक सम्बन्धों में जटिलता और तनाव पैदा करती है और दूसरी ओर व्यक्तित्वों के बीच टकराहट। समस्याएँ दैहिक और मानसिक दोनों तरह की होती हैं और अक्सर एक-दूसरे से कार्य-कारण-सम्बन्ध से जुड़ी हुई इन समस्याओं को बड़ी मार्मिकता से तमाम महिला लेखिकाओं ने उठाया है। जहाँ वे अनुभव से प्रेरित हैं वहाँ प्रभावित तो करती ही हैं, विचारोत्तेजना भी पैदा करती हैं। आत्मसजगता का एक और रूप विरोधजन्य साहसी लेखन में दिखाई पड़ता है। जिसके विरोध में आप हैं, अवचेतन स्तर पर कहीं न कहीं उसी जैसा होने या उसे पीछे छोड़ देने के अतिरिक्त उत्साह में। यह साहसिकता प्रायः दो रूपों में प्रकट होती है—भाषिक प्रयोगों में और सेक्स-चित्रण में। जब वस्तुस्थिति के अनुरोध से ऐसा होता है तो साहसिकता की रचनात्मक परिणति उच्च कोटि की कला-कृति को जन्म देती है। लेकिन जब ऐसा समानान्तर पुरुष-लेखन की होड़ में होता है तो रचने से ज्यादा, प्रदर्शित करने की वृत्ति से अतिरंजित अभिव्यक्तियाँ सामने आती हैं। एक तरह का बनावटीपन, जहाँ अभिव्यक्ति से ज्यादा परफोर्मेन्स प्रधान होने लगता है। कुछ ऐसा जो चौंकाए, 'सेन्सेशन' पैदा करे। पढ़ने वाले सराहें न सराहें, पर चर्चा ज़रूर करें। पत्रिकाएँ उस पर कुछ समय चटखारेदार बहस कर सकें और नोटिस लेने की गुंजाइश ही न रहे। ऐसी रचनाएँ तत्काल चर्चा के केन्द्र में आ जाने का अस्थायी सन्तोष भले ही प्रदान करें पर उन सभी का दीर्घकालीन प्रभाव या स्थायी मूल्य हो, कतई ज़रूरी नहीं। कृष्णा सोबती की कहानी 'यारों के यार' और मृदुला गर्ग का उपन्यास 'चित्तकोबरा' सतर्क लेखन के ऐसे ही प्रयास हैं। चित्रा मुद्गल और मणिका मोहिनी की कई कहानियों में यही मोह दिखाई पड़ता है।

समस्या 'मित्रो मरजानी' में भी देह की आवश्यकता की ही है। जिस स्त्री को पुरुष वस्तु बनाकर भोगता रहा वह इस उपन्यास में वस्तु से सप्राण जीव होकर खड़ी हो गयी। कुछ लोगों को इस बात पर एतराज हो सकता है कि क्या नारीत्व की चेतना केवल देह की आवश्यकता के निर्भीक और सहज स्वीकार तक सीमित है। क्या मित्रों को सजीव मांस-पिण्ड में 'रिड्यूस' कर देना एक दूसरे ढंग की एकपक्षीयता नहीं है। शारीरिक आवश्यकता की आपूर्ति और सामने वाले पुरुष की पुंसत्व-हीनता का बेधक

एहसास नारी की पीड़ा का बहुत महत्त्वपूर्ण कारण होता है यह सच है। फर्क इतना ही है कि औसत नारी में इसके स्वीकार का साहस नहीं होता। सामाजिक परम्परा ने उसे सदियों से सिखाया है कि सेक्स में वह दूसरे दर्जे की पार्टनर है। पुरुष की माँग के सामने समर्पण करते रहने में उसकी सार्थकता है। खुद पहल करना उसकी निर्लज्जता का लक्षण तो है ही, एक सीमा के आगे न जाने किस तर्क से वह अनैतिकता के दायरे में भी आता है।

ग्रामीण जीवन और परिवेश से इस पात्र के चुनाव का कारण शायद यही है कि नैतिकता के ढोंग के नीचे दबी मध्यवर्ग की शहरी स्त्री जिस कृत्रिम और दमनकारी व्यवस्था में जीने के लिए अभिशप्त है, उसमें इस तरह की साहसिकता की कल्पना असहज होती।

समय के साथ जिस मानसिकता को असंलक्ष्यक्रम में पुरुष सत्ताक समाज ने विकसित और नारी ने अर्जित किया उसमें मानव के व्यक्तित्त्व और व्यवहार का दो टुकड़ों में अस्वाभाविक विभाजन कर दिया गया—हृदय-पक्ष और बुद्धि-पक्ष। हृदय-पक्ष को स्त्री के हिस्से में डालकर बुद्धि-पक्ष पर पुरुष ने अपना एकाधिकार जमाने और जतलाने का जो अतर्क्य अभियान आरम्भ किया उसका सिलसिला आज भी कायम है। स्त्री जब इस क्षेत्र में अपवाद के रूप में प्रवेश करती है तो अपने वर्ग के लिए ईर्ष्या और पुरुष वर्ग के लिए ख़ौफ का कारण होती है। बौद्धिक क्षमताओं का सजग उपयोग और अभिव्यक्ति आत्मविश्वास की साधक तो हो सकती है पर जब इण्टेलेक्च्युलिज़्म का मारा नारी लेखन बुद्धि के कारखाने से गढ़-गढ़ कर (रचकर नहीं) नमूने पेश करता है तो ये कृतियाँ 'केस स्टडीज़' लगती हैं। बौद्धिक जुगाली की प्रक्रिया कथ्य की मार्मिकता को चर जाती है, जीवन-रस को सोख लेती है। बच रहता है भाषाई गुँजलक में लिपटा बौद्धिक छद्म। ऐसी रचनाओं के मूल में बौद्धिक दम्भ और शायद यह भ्रम होता है कि बौद्धिकता 'हाई ब्राओ' साहित्य की जननी होती है। कुछ ऐसी लेखिकाएँ जिनके आरम्भिक लेखन से बहुत आशा बँधी थी, आगे चलकर इस भ्रम का शिकार हो गयीं। राजी सेठ और मृदुला गर्ग तक की कुछ कहानियाँ इसी ढंग की हैं। इस तरह की कहानियों में अक्सर स्थिति और समस्या कम, चिन्तन-मनन और बौद्धिक विश्लेषण (कभी-कभी फार्मूलों और किताबी विचारों के आधार पर) अधिक रहता है। इधर उबाऊ, अपठनीय, जटिल भाषाई व्यूह-रचना से दबी तथाकथित कहानियाँ और उधर आत्ममुग्ध, अपनी बौद्धिक सम्पत्ति पर गर्वीली, बाहर से विनम्र भीतर से दृप्त, बाहर से भूली, भीतर से फूली सी लेखिकाएँ, जिन्हें जमाने से नोटिस न लेने की शिकायत है। तटस्थ आत्म-विश्लेषण और रचना के पुनरीक्षण के बजाय बदनीयती के इतने सकारण प्रत्यारोप और

प्रक्षेपास्त्र नोटिस न लेने वाले या अप्रिय सत्य कहने का साहस करने वाले आलोचक पर फेंके जाएँगे कि वह कान पकड़कर कहेगा 'तोबा मेरी तोबा'। यह विषयान्तर इस बात को समझने के लिए जरूरी है कि महिला-लेखन का जितना नोटिस लिया जाना चाहिए, आखिर क्यों नहीं लिया जाता। अनेक कारणों के बीच एक कारण यह भी है कि पुरुष रचनाकारों की अपेक्षा महिलाएँ अपनी रचनाओं के बारे में कहीं अधिक सतर्क, आत्मसजग और सावधान रहती हैं। अगर सहज-जीवन से कहानी की अन्तर्वस्तु को ग्रहण कर उदय प्रकाश, शिवमूर्ति, संजीव, सृंजय जैसे और तमाम लेखकों को पठनीय कहानियों की रचना करने में कोई परेशानी नहीं होती तो आखिर महिला कथाकारों को बौद्धिकता का घटाटोप खड़ा करने का मोह क्यों पैदा होता है।

विचार रचना को गरिमा और गहराई देता है बशर्ते वह रचना को मकड़जाल न बनाये। वह प्रभावित करे, सोचने के लिए प्रेरित करे, आतंकित करने का प्रयास न करे। जीवन अपनी सहजता में अनुभव की राह से गुजरकर रचनात्मक रूप धारण करता है तो रचना कालजयी भले न हो, उसकी प्रभावात्मकता और सफलता एक हद तक निश्चित हो जाती है। इसके विपरीत सूक्ष्म वैचारिकता का दुर्भेद्य मायामहल रचने वाली कृतियाँ, अपनी तात्कालिकता में भले ही आतंकित करें, अबूझ पहेली की तरह चकराएँ, पर अन्तिम परिणति में ताश के महल की तरह भरभराकर गिर पड़ती हैं।

प्रभावी रचनाएँ अक्सर वही होती हैं जिनमें चाहे जैसे चाहे जिन रूपों में जीवन की धड़कन महसूस की जा सके। कभी-कभी लगता है कि और बातों के अलावा आंचलिक कथा कृतियों की सफलता का एक महत्त्वपूर्ण कारण यह भी होता है। भौगोलिक और भाषिक दूरियों के बावजूद, जीवन का एक खण्ड अपनी सहज-समग्रता में इन रचनाओं में स्पन्दित होता महसूस किया जा सकता है—अक्सर संवेदनात्मक लगाव के साथ।

महिला कथाकारों के बीच अपेक्षाकृत कम जानी-मानी मैत्रेयी पुष्पा के उपन्यास 'इदन्नमम' की पठनीयता के कारणों की पड़ताल करने पर यह बात कुछ और साफ दिखाई पड़ती है। मैत्रेयी ने हर तरह की लेखकीय अदाओं से, बौद्धिक दाँव-पेंचों, से, चमक-दमक, और भाषायी पेचीदगियों से मुक्त सीधी-सादी प्रायः इकहरी कहानियों के सहारे लेखन की दुनिया में प्रवेश किया। प्रतिष्ठित महिला कथाकारों से अलग ढंग की आंचलिक सी महसूस होने वाली इन कहानियों में कुछ ताजगी और नयापन तो दिखाई पड़ता था, पर ऐसा कुछ नहीं जो उनकी हर रचना को पढ़ने का उत्साह पैदा करता हो। पाठकों के उत्साह की चिन्ता किए बगैर मैत्रेयी ने बड़ी निष्ठा से कथाकृतियों का ताँता बाँध दिया। (परिवार नियोजन के सारे नारे उनकी

रचनात्मक उर्वरता के सामने व्यर्थ हो गये)। 1990 में 'स्मृति देश', 1991 में 'चिहूनार', 1993 में 'बेतवा बहती रही' और अब 'इदन्नमम'।

'इदन्नमम' की भूमिका में राजेन्द्र यादव ने जिन दो बातों को लक्ष्य किया है उनमें से एक है सामान्य महानगरीय मध्यमवर्ग की कथा-नारियों से भिन्न इस उपन्यास की नायिका के व्यक्तित्व का वैशिष्ट्य और दूसरी उसके चारों ओर की भरी-पूरी दुनिया का लोक-कथाओं की सहज बतकही और स्वाभाविक भाषा-शैली में चित्रण। इसकी आंचलिकता उन्हें लगभग 'रेणु' की याद दिलाती है।

देखा जाना चाहिए कि मैत्रेयी के उपन्यासों में अंचल कथा-नायक है या माध्यम? ध्यान देने पर यह पहचानने में देर नहीं लगती कि 'अंचल' मैत्रेयी के उपन्यास का 'देशकाल' है उनका 'लोकेल', स्वयं विषय या कथ्य नहीं, रेणु के उपन्यासों की तरह। इन उपन्यासों में कहानियाँ हैं उर्वशी—मीरा की, मन्दा, बऊ और प्रेम की। लेखिका का केन्द्रीय सरोकार है : विपन्न मानसिकता के दुमुँहे समाज में आज भी नारी मात्र वस्तु। मात्र सम्पत्ति। विनिमय की चीज़!... 'औरत सदैव रहती है—सहने के लिए, झेलने के लिए और जूझने के लिए' (**बेतवा बहती रही**)।

'इदन्नमम' में लेखिका कथा-स्रोत या रचना-प्रक्रिया के बारे में मौन है। उसके बजाय एक वक्तव्य है राजेन्द्र यादव का जिसमें लेखिका को चलते-चलाते एक नेक और कारगर मशविरा भी दिया गया है।

राजेन्द्र यादव का कहना है कि 'मंदा एक अजीब, निरीह, निष्कवच, निश्छल संकल्प-दृढ़ नारी व्यक्तित्व लेकर उभरती है' और यह भी कि 'उसकी लड़ाई दुहरी है, औरत होने की और वंचितों के अधिकारों की...।' इस बात से सहमति कठिन है। मंदा न निरीह है न निष्कवच। यही उसमें और 'बेतवा बहती रही' की उर्वशी में अन्तर है। उसका सबसे बड़ा कवच तो बऊ हैं—उसकी दादी...छप्पर-छाजन की तरह हर विषम परिस्थिति में उस पर छाया किए। दोनों में टकराहट का एकमात्र बिन्दु है उसकी माँ। बऊ इस प्रसंग में जितनी निर्मम और असहिष्णु है वह उतनी ही मानवीय और करुणार्द्र कहीं-कहीं तो लगता है कि माँ-बेटी की भूमिकाएँ उलट गयी हैं। प्रेम के प्रसंग में मंदा बेटी न होकर उसकी माँ अधिक लगती है। जीवन का कटु यथार्थ उसे असमय प्रौढ़ बना देता है। बऊ को शिकायत है 'ऐसी छिनार किसी की मतारी होगी? जो बिटिया को छोड़ के भग जाय। खसम कर जाय।' और मंदा के लिए जैसे यह बात कोई खास मायने नहीं रखती। इस उपन्यास में प्रेम का जीवन, एक ऐसा प्रसंग है जिसके सन्दर्भ में एक ही काल के बिन्दु पर वर्तमान तीन पीढ़ियों का अन्तर साफ दिखाई पड़ता है। बऊ के लिए प्रेम अपराधिनी है, और उसका अपराध अक्षम्य है। प्रेम के लिए वह जीवन की अनिवार्यता है पर

अपराध-बोध के साथ और मंदा के लिए जैसे यह सवाल नैतिकता का उतना नहीं है जितना मानवीयता का। यह बात अलग है कि इस प्रसंग में बऊ और मंदा के चरित्र जितने उजागर होते हैं उतना प्रेम का नहीं। शायद उस चरित्र में जितनी सम्भावनाएँ थीं उनका पूरा उपयोग करने के लिए कुछ दूसरे ढंग का रचनात्मक सामर्थ्य अपेक्षित था।

वस्तुतः यह उपन्यास औरत होने की लड़ाई का उपन्यास है, वही इसकी सफलता और पठनीयता का कारण भी है। मंदा को वंचितों के अधिकारों की लड़ाई का सरगना बनाकर मैत्रेयी ने उसके चरित्र को सामाजिक सरोकार का जो अतिरिक्त आयाम देने की कोशिश की है वह उपन्यास के मूल कथ्य में क्षेपक जान पड़ता है—उपन्यास की सहज बनावट में पैबन्द।

एक बार मंदा क्रेशरों के बीच पहुँच गयी तो सामाजिक-राजनीतिक जीवन के सारे लबाज़मात इकट्ठा करने जरूरी थे। मजूर, शोषण, संगठन, विरोध, चुनाव, वोटों की राजनीति, दौरे, अहलकार, एमैले, नेता, प्रधान, नारे, प्रदर्शन सब कुछ जो सामाजिक-राजनीतिक क्षेत्र में मंदा की क्षमता को उजागर करने के लिए वाजिब समझा गया, सब इकट्ठा किया गया है। दृश्य, ब्योरे, संवाद—सब मुकम्मल, भरे-पूरे हैं। बड़ी सावधानी से लेखिका ने इस पक्ष को प्रस्तुत करने के लिए जो ज़रूरी समझा वह जुटाया है। पर इससे यह साबित नहीं होता कि औपन्यासिक संरचना के लिए भी वह ज़रूरी है। इस बात की सबसे बड़ी पहचान यह है कि वह पूरा प्रसंग निकाल देने पर उपन्यास के कथ्य और उसकी पठनीयता पर जो उसका बहुत आकर्षण है, कोई विशेष अन्तर नहीं पड़ेगा।

दरअसल इस उपन्यास का सामर्थ्य है उसके नारी चरित्र और भाषा। बुन्देलखण्ड के इस 'अंचल' में नारी जीवन के अनेक पक्ष सजीव पात्रों के माध्यम से गहरी संवेदनशीलता और भावात्मक लगाव के साथ उकेरे गये हैं। मुख्य पात्रों के अलावा और तमाम पात्र अन्तरालों को भर कर जैसे चित्र को पूरा करते हैं। प्रेम, कुसुमा भाभी, सुगना—सबमें साहस और निरीहता का अद्भुत संयोग है। तीनों पात्र इस कड़वी सचाई को प्रस्तुत करते हैं कि समाज के द्वारा निर्धारित भूमिका के विरोध में साहसपूर्ण विकल्प का चयन उनके लिए अन्ततः कारुणिक और त्रासद अन्त का चयन है। इस तरह एक मायने में विकल्पहीनता की स्थिति है। इस चरित्र-सृष्टि में प्रभावित करने वाली बात यह है कि सहन और प्रतिरोध दोनों स्थितियों में इनके सोच में चिन्तन की कृत्रिम गुत्थियों से बुना जटिल वैचारिक ऊहापोह कहीं नहीं दिखाई पड़ता। उनका सारा व्यवहार सहज संवेदना और भावावेग से परिचालित है। चिन्तन-मनन से लैस अपनी बौद्धिक क्षमताओं के प्रति आश्वस्त किसी दूसरे

रचनाकार के हाथों में इन पात्रों की गति कुछ और ही होती। मंदा और बऊ के साहस की प्रकृति में जो अन्तर दिखाई पड़ता है वह दो पीढ़ियों का अन्तर है। लेकिन दोनों में जो साहस और गुत्थीहीन खुलापन है वह उनकी आंचलिक पृष्ठभूमि की देन है। यह वह माद्दा है जो गाँव और कस्बे की स्त्रियों में जिस रूप में दिखाई देता है, शहर के मध्यवर्गीय स्त्री-पात्रों में दुर्लभ है। इसका अर्थ यह नहीं है कि ये पात्र इकहरे और सपाट हैं गोकि इनमें गोलाइयाँ भी नहीं हैं। इनकी चारित्रिक सजीवता जिन पात्रों की भीड़ के बीच निखरती है वे भी क्राउड-सीन की तरह निर्जीव, यांत्रिक और चेहराहीन पात्र नहीं हैं। स्त्रियों के बरक्स जो पुरुष हैं उनकी अलग पहचान है... मकरन्द, दाऊ जू, दादा, कक्का, यशपाल, जगेसर, अभिलाख और इन सबसे अलग और विशिष्ट डब्बल बाबा, जो चम्बल की घाटियों के यथार्थ के एक और ही रूप की ओर संकेत करके रह जाते हैं। 'प्रेम बहू' की तरह विस्तार की सम्भावना से युक्त एक पुरुष पात्र।

दरअसल नारी जीवन की जिन समस्याओं को मैत्रेयी ने प्रस्तुत किया है उनका परिदृश्य इन पुरुष पात्रों के बिना पूरा नहीं होता। फोकस जिस पर हो, अभीष्ट प्रभाव के लिए उसके चारों ओर का दृश्य रचने में भी उतनी ही सतर्कता बरतनी पड़ती है।

यह उपन्यास घटनाओं, दृश्यों और संवादों के माध्यम से बढ़ता है पाठक को साथ लिए। 'इदन्नमम' शीर्षक इसकी बुनावट को समझने का सूत्र है। रचनाकार की अनुपस्थिति ने इसे सहज भी बनाया है और पठनीय भी। अपनी ओर से कुछ कहने-सुनने की बजाय लेखिका ने लगभग वीडियो फिल्म की तरह कैमरे के पीछे रहकर इस उपन्यास को साधा है। कारण चाहे विनम्रता हो या आत्मसंकोच—उपन्यासकार ने घटना-क्रम और जीवन में प्रवेश करके न हस्तक्षेप किया न साझेदारी। उसने साक्षी-भाव से पूरी सहजता में उसे भाषिक माध्यम में कैद कर लिया है। भाषा की यह सहज-स्वाभाविकता शब्द-भण्डार में नहीं, बातचीत की लय में है जो अन्ततः क्रैशरों के बीच पहुँचने पर ही टूटती है।

गाँव-कस्बे के पिछड़े जीवन की स्त्री को केन्द्र में रखकर लिखा गया एक और महत्त्वपूर्ण उपन्यास इस बीच प्रकाशित हुआ 'मुझे चाँद चाहिए'। यह उपन्यास मोहन राकेश के बाद की पीढ़ी के सबसे सशक्त नाटककार सुरेन्द्र वर्मा की रचना है। उसकी नायिका सिलबिल यानी यशोदा शर्मा का ताल्लुक भी शाहजहाँपुर के एक कस्बाई परिवार से है। दोनों की लड़ाई परिवार-विरोध से शुरू होकर समाज तक जाती है। मंदा की यात्रा सम-रेखीय है और सिलबिल उर्फ वर्षा वशिष्ठ की ऊर्ध्वरेखीय। विद्रोह के पारिवारिक और सामाजिक धरातल पर दोनों में से कोई विफल नहीं होती लेकिन वैयक्तिक स्तर पर दोनों के जीवन में एक खालीपन है। न मंदा के लिए मकरन्द

लौटता है और न वर्षा अन्ततः हर्ष को पाने में सफल होती है। दोनों ने विकल्पों को स्वेच्छया अस्वीकार कर दिया है। फिल्मी दुनिया के प्रभाव और अपनी सामाजिक प्रतिष्ठा के दम पर बतर्ज नीना गुप्ता, वर्षा वशिष्ठ ने अविवाहित मातृत्व के स्वीकार का जो अतिरिक्त साहस दिखाया है, उसकी कोई गुंजाइश मंदा के चरित्र में है ही नहीं। उसका आकाश वर्षा की तुलना में बहुत छोटा है। एक के लिए उसका गाँव केवल प्रस्थान-बिन्दु है। उसके बाद उसकी दुनिया और उपन्यास का फलक फैलते-फैलते ग्लोबल हो जाता है। दूसरी की दुनिया ज्यादा से ज्यादा एक गाँव से दूसरे गाँव तक जाकर खत्म हो जाती है। 'मुझे चाँद चाहिए' में बम्बई पहुँचने पर यह फैलाव अखरने लगता है, विशेष रूप से वर्णनात्मक ब्योरे परन्तु वह उपन्यास की बुनावट का फालतू हिस्सा नहीं लगता जबकि 'इदन्नमम' के अन्तिम हिस्से के बारे में यह पूरी तरह सच नहीं है। दोनों उपन्यासों के अन्त में एक चरित्र बलि होता है। दिव्या विंडपाइप के कैंसर की अतर्क्य मेलोड्रमेटिक स्थिति में और सुगना अभिलाख के अन्याय का प्रतिशोध लेकर आत्महन्ता के रूप में। दोनों की नायिकाएँ सारे साहस और प्रतिरोध के बाद जैसे अपने को नियति के हवाले कर देती हैं—लगभग निरीह भाव से। भारतीय नारी जीवन की इस कटु वास्तविकता का कोई हल, कोई उत्तर नहीं है दोनों के पास।

इस तुलना का अर्थ यह बिल्कुल नहीं है कि इन दोनों रचनाओं में कहीं कोई कलात्मक समानान्तरता या समकक्षता है। दोनों दो भिन्न स्तरों की रचनाएँ हैं। 'मुझे चाँद चाहिए' एक सिद्ध नाटककार की सधी कलम से नाटकों के बाद उपन्यास विधा में भी एक महत्त्वपूर्ण देन है, जिसका भाषा विधान ही स्वतन्त्र विश्लेषण की अपेक्षा रखता है। एकदम खराद पर चढ़ाई, चिज़ल्ड भाषा जो विभिन्न औपन्यासिक स्थितियों में एक खास माहौल बनाती है। जो स्वयंसिद्ध नहीं है जिसे साधा गया है। जिसमें नैरेटर चेखव, कालिदास, कामू को उनकी रचनाओं के साथ लिए-दिए उनका अंतःपाठीय उपयोग करता हुआ हर क्षण उपस्थित है, अक्सर व्यंग्यकार के रूप में, लगभग एक अदृश्य चरित्र के रूप में। बहुत बड़ी तैयारी से लिखा है सुरेन्द्र वर्मा ने इस उपन्यास को। एकदम 'फ़िनिश्ड प्रोडक्ट' की तरह।

'इदन्नमम' की लेखिका से उस कलात्मक ऊँचाई की अपेक्षा करना उसके प्रति ज्यादती होगी। ध्यान से देखा जाय तो उस तरह का हौसला और प्रतिज्ञा भी नहीं है इसकी लेखिका की। एक को 'चाँद' चाहिए और दूसरे को जो है उसे अपनाने में भी संकोच—'इदन्नमम'। यह बात अलग है कि यह उपन्यास उसकी पिछली रचनाओं की तुलना में एक बड़ी छलाँग है, लगभग आश्चर्य पैदा करने वाली।

फिर भी इन दोनों उपन्यासों का एकसाथ जिक्र करने का निश्चित और विशेष

मकसद है मेरे सामने। एक ऐसा प्रश्न जिसका बेबाक उत्तर नहीं है कम-से-कम फिलहाल मेरे पास। दोनों कृतियों में जो कलात्मक स्तर-भेद है, वह स्त्री-पुरुष के अन्तर से भिन्न, महज दो प्रतिभाओं का अन्तर है—साधनावस्था और सिद्धावस्था का अन्तर। क्या इस अन्तर को महिला प्रतिभा और पुरुष प्रतिभा के रूप में व्याख्यायित किया जा सकता है? यदि हाँ, तो किस रूप में? साथ ही यह भी कि नारी-जीवन की बहुआयामी प्रस्तुति में रचनाकार की अलग पहचान (महिला और पुरुष के रूप में) की कुंजी कहाँ है? इस प्रश्न के उत्तर में शायद उस बड़े सवाल का उत्तर पाने में मदद मिले कि क्या एक वर्ग के रूप में महिला-लेखन की पहचान की जा सकती है, या की जानी चाहिए।

राजनीति : शिक्षा और साहित्य

राजधानी दिल्ली स्वाधीनता के बाद धीरे-धीरे सम्भावनाओं की नगरी की हैसियत अख्तियार करती जा रही थी। संविधान बना, मन्त्री और मन्त्रालय बने। उनसे जुड़े सरकारी कार्यालय बने। लोकसभा और राज्यसभा के चुनाव हुए। विभाजन से उत्पन्न राजनीतिक-आर्थिक समस्याएँ धीरे-धीरे सुलझती गयीं और जिन्दगी अपनी लय बाँधकर चल निकली।

जवाहरलाल नेहरू के सांस्कृतिक रुझान के कारण सरकार ने कलाओं और संस्कृति के प्रोत्साहन पर भी अपेक्षित ध्यान दिया। राज्यसभा में साहित्यकारों और संस्कृतिकर्मियों को मनोनीत करने के पीछे यही दृष्टिकोण काम कर रहा था। पर बहु भाषा-भाषी देश होने के कारण संविधान में भाषाओं की सापेक्ष स्थिति के बारे में मन्त्रिमण्डल का नजरिया बहुत साफ नहीं था। सदियों से भारतीय भाषाओं ने गुलामी की ज़िल्लत भोगी थी। भारतीय भाषाओं के प्रति मुगल बादशाहों और हुकूमते बरतानिया के रुख में बुनियादी अन्तर था। मुगलों ने शासन कायम किया तो यहीं बसने के इरादे से। अंग्रेजों के लिए उनके अधिकृत इलाके उपनिवेशों से अधिक और कुछ न थे। लिहाजा भारतीय भाषाओं और कलाओं में दोनों की दिलचस्पी के कारण अलग-अलग थे। फारसी और उर्दू सरकारी कामकाज की भाषाएँ ज़रूर रहीं पर भारतीय भाषाओं में रचित साहित्य, संगीत की शास्त्रीय परम्पराओं और चित्रकला की विभिन्न शैलियों के प्रति मुगलों में कद्रदानी का जो जज्बा था, वह न कम्पनी सरकार और न उसके बाद रानी विक्टोरिया के शासनकाल में दिखाई पड़ा। अंग्रेजी शासन ने स्थानीय भाषाओं में उतनी ही दिलचस्पी ली जितनी जनसम्पर्क के लिए, या फिर शासितों की संस्कृति और मानसिक बनावट को समझने के लिए जरूरी था। आरम्भिक दौर में मिशनरियों का रुझान ईसाई-धर्म के प्रचार-प्रसार के लिए भारतीय भाषाओं की तरफ जरूर हुआ।

प्राच्य विधा के विद्वानों की रुचि आधुनिक भारतीय भाषाओं में उतनी नहीं थी जितनी संस्कृत, फारसी के क्लासिकी साहित्य में। इसके अलावा इस बोध ने कि

आधुनिक ज्ञान-विज्ञान और नयी जानकारियों का स्रोत अंग्रेजी में रचित साहित्य ही है, अंग्रेजी के बरक्स भारतीय भाषाओं की हैसियत 'वर्नाक्यूलर्स' के रूप में तय कर दी। यह महज संयोग नहीं है कि जॉर्ज ग्रियर्सन ने अपने इतिहास में भारतीय भाषाओं के लिए 'लैंग्वेज' नहीं, 'वर्नाक्यूलर्स' संज्ञा का प्रयोग किया है। नतीजा यह हुआ कि भारतीय जनमानस में धीरे-धीरे अपनी भाषाओं के बारे में हीन-ग्रन्थि ने अंकुरित होकर जड़ें जमा लीं। अंग्रेजी शासन के दौरान मध्यवर्ग के बीच एक ऐसा भद्र लोक तैयार हुआ जो सरकारी तन्त्र से किसी न किसी रूप में जुड़ा था और अंग्रेजी भाषा, पोशाक, रहन-सहन सबको अपनाने में शान समझता था। इस प्रवृत्ति ने अपनी मातृभाषाओं को लेकर जो अवरोध पैदा किया, उसका प्रतिफलन इस भ्रम में हुआ कि ये भाषाएँ अभी राज-काज, ज्ञान-विज्ञान, शिक्षा-संस्कृति के तन्त्र की बागडोर सँभालने में पूरी तरह समर्थ नहीं हैं। इस भद्र लोक की सन्तति की शिक्षा या तो विदेशों में अथवा अंग्रेजी माध्यम की संस्थाओं में हुई थी।

पहली बार स्वाधीनता आन्दोलन ने इस वर्ग को देसी भाषाओं के महत्त्व से अवगत कराया। उसमें भी दो तरह के स्वाधीनता सेनानी थे—एक ठेठ स्वदेशी काट के—गांधी, पटेल, लाला लाजपतराय जैसे, दूसरे वे, जिन्होंने आन्दोलन के प्रभाव से स्वदेशी बाना धारण किया था। इनमें जवाहरलाल नेहरू का परिवार मुख्य था। संघर्ष के दौरान अंग्रेजी और अंग्रेजियत का परित्याग करने पर भी नेहरू के भाषणों की बनावट से साफ दिखाई पड़ता था कि वे सोच अंग्रेजी में और बोल हिन्दी में रहे हैं। इसी दुविधापूर्ण मनःस्थिति के कारण नेहरू और उन जैसी सोचवाले राजनेताओं ने स्वाधीन भारत की भाषा नीति को निर्णायक रूप से प्रभावित किया। यह जानते हुए भी कि भारत में हिन्दी बोलनेवालों की संख्या सर्वाधिक है, हिन्दी को राजभाषा का दर्जा नहीं दिया गया।

भारत ने रूस से पंचवर्षीय योजनाओं का मॉडल तो लिया, पर सोवियत संघ (अविभाजित) की भाषा नीति से कुछ नहीं सीखा। हिन्दी के प्रसिद्ध रूसी विद्वान वरन्निकोव ने इस विषय पर बातचीत के दौरान मुझे जानकारी दी थी कि बहुभाषा-भाषी रूस में इस सिलसिले में सरकार की नीति आरम्भ से ही स्पष्ट रही। वहाँ मातृभाषा वाले कॉलम में हर व्यक्ति दो भाषाएँ भरता था—एक रूसी और दूसरी अपनी क्षेत्रीय भाषा। जब तक सोवियत संघ का विभाजन नहीं हुआ, स्थिति यही बनी रही। राजकाज और सम्पर्क की भाषा रूसी और आपसी बोलचाल और दैनन्दिन जीवन-व्यवहार की भाषा क्षेत्रीय। वहाँ भाषागत अस्मिताओं का सवाल सोवियत संघ के विघटन के समय उठाया गया। भारत में शासन की ढुलमुल नीति के कारण यह प्रश्न स्वाधीन अखंड भारत में ही पैदा हो गया था। दक्षिण का तत्कालीन हिन्दी विरोधी आन्दोलन इसका प्रमाण है।

बहरहाल, राजधानी दिल्ली में तो राजनीतिक हलक़ों में असमंजस के बावजूद, व्यावहारिक स्तर पर हिन्दी की लहर-बहर थी। राज्यसभा में राष्ट्रकवि मैथिलीशरण गुप्त आये, उनके पीछे बालकृष्ण शर्मा 'नवीन', रामधारी सिंह दिनकर, विदेश मन्त्रालय में हरिवंश राय बच्चन, आकाशवाणी में नरेन्द्र शर्मा, गाँधी प्रतिष्ठान में भवानीप्रसाद मिश्र और अखबारों की दुनिया में अज्ञेय, सर्वेश्वर दयाल सक्सेना, रघुवीर सहाय, श्रीकान्त वर्मा जैसे रचनाकार धीरे-धीरे आकर जुड़ गये। इनमें गिनती कवियों की ही ज्यादा थी। नये-पुरानों के बीच सम्बन्ध सहज थे। मैथिलीशरण गुप्त आयु में सबसे बड़े थे। उनका नॉर्थ एवेन्यू का सरकारी फ्लैट उत्तर-छायावादी पीढ़ी के रचनाकारों का मिलन-स्थल था। दद्दा सबकी श्रद्धा के पात्र थे। वे बड़े सहज भाव से सबका आदर-सत्कार करते। स्वयं बतरस के लोभी दद्दा के निवास से, नगर बाहर के साहित्यिक जगत की तमाम खबरें संचारित होतीं। वे स्वयं बिना लाग-लपेट के उनमें हिस्सेदारी करते। परिहास वृत्ति की भी उनमें कमी नहीं थी। यह बात अलग है कि कभी-कभी परिहास की चोट सुननेवाले पर भारी पड़ जाती थी। पर वक्ता की नीयत पर सन्देह की गुंजाइश नहीं ही रहती थी।

उस पीढ़ी की मानसिक बनावट का अन्दाजा इस बात से लगाया जा सकता है कि उनकी महफिल बिना भेदभाव के सबके लिए खुली थी। डॉ. नगेन्द्र उनके उतने ही कृपापात्र थे जितने अज्ञेय। मशहूर था कि दिल्ली से दद्दा की अनुपस्थिति में उनके फ्लैट की चाबी अज्ञेय जी के पास रहती है और नगेन्द्र जी नियमित रूप से उनके यहाँ मय डॉ. सावित्री सिन्हा के पधारते थे। औरों का स्वागत घर के बने बेसन के लड्डू-मठरी से होता था, पर नगेन्द्र जी अक्सर रात्रि का भोजन करके ही लौटते थे क्योंकि आजी (दद्दा-पत्नी) का आग्रह ब्राह्मण को भोजन कराके, पुण्य लाभ करने पर रहता था। राष्ट्रपति राजेन्द्र प्रसाद और डॉ. नरेन्द्र के बीच सम्बन्ध-सूत्र मैथिलीशरण गुप्त की अनुकम्पा से ही कायम हुआ। अफ़वाह यह भी थी कि 1956 में दिल्ली विश्वविद्यालय में डॉ. नगेन्द्र की प्रोफेसर पद पर पदोन्नति स्वयं राष्ट्रपति के हस्तक्षेप पर हुई थी। इस अफ़वाह के सत्यापन की कहीं कोई गुंजाइश नहीं थी। पर सच्चाई की सम्भावना इसलिए दिखाई पड़ती है कि अपनी सत्ता और शक्ति में अहंकार की सीमा तक डॉ. नगेन्द्र में जो घोर आत्मविश्वास पैदा होकर निरन्तर संवर्धित होता गया, उसके पीछे अपनी योग्यता और कर्मठता के अलावा एक कारण उनके सम्बन्ध-सूत्र भी थे। बहुत जल्दी वे मध्याह्न के सूर्य की तरह तपने लगे। अखिल भारतीय स्तर पर हिन्दी के किसी विभागाध्यक्ष का इतना ताप उनसे पहले या बाद में देखने में नहीं आया। डॉ. धीरेन्द्र वर्मा इलाहाबाद विश्वविद्यालय में बड़े समादृत थे। बनारस में आचार्य हजारीप्रसाद द्विवेदी की प्रतिष्ठा भी किसी मायने में कम नहीं थी। दोनों ही नगेन्द्र जी

की चयन समिति के सदस्य भी थे और उनकी नियुक्ति के विरुद्ध भी थे। इसके बावजूद डॉ. नगेन्द्र की नियुक्ति हुई और देखते-देखते इन सबके साथ अवसर के तकाजे से उनके सम्बन्ध बड़े मैत्रीपूर्ण हो गये और हिन्दी की शैक्षिक दुनिया का संचालन-सूत्र पूरी तरह नगेन्द्र जी के हाथ में आ गया।

डॉ. नगेन्द्र के व्यक्तित्व में जो गरिमामय आतंक दिखाई पड़ता था, वह उन्होंने बड़े जतन से अर्जित करके ओढ़ लिया था। धीरे-धीरे वे उसी को अपना स्वभाव मानने लगे। भीतर से वे शायद उतने मजबूत और सुरक्षित नहीं थे। यह बात उनके निकट के लोगों को वर्षों बाद समझ में आयी। वे स्वयं अपने व्यक्तित्व की व्याख्या नारियल की उपमा देकर किया करते थे। पर दिक्कत यह थी कि ऊपर का कवच टूटने न पाये, इसके बारे में वे बड़ी सावधानी बरतते रहे। रूप-रंग और सलीकेदार वेशभूषा से वे सामनेवाले को जितना सम्मोहित करते थे, स्वभाव की कठोरता और रोबीली औपचारिकता से उतना ही दूर फेंकते थे। जिस दिन वे कक्षा लेते हुए हँस देते थे, विद्यार्थियों के लिए वह दुर्लभ अनुभव का क्षण होता था। उनके व्यक्तित्व की सबसे बड़ी शक्ति कर्त्तव्य-निष्ठा और कर्मठता थी और सीमा हठाग्रह और लचीलेपन का लगभग अभाव। जीवन हो या साहित्य, औरों के लिए गुंजाइश देने या अपनी गलती को स्वीकार करने में उन्हें अपनी हेठी लगती थी। किसी प्रसंग में अगर वह मन ही मन दूसरे को सही मान भी लेते थे, तो घुमा-फिराकर बात को ऐसा मोड़ देते थे कि अन्ततः पक्ष उनका ही सही मालूम हो।

उनकी इस बनावट में उनकी सामन्ती विरासत और आर्यसमाजी संस्कारों का मिला-जुला योगदान था। विचित्र बात यह थी कि सत्ता के गलियारों में उनकी विनम्रता देखते बनती थी। पर उनमें सत्य-निष्ठा और औचित्य-बोध कम नहीं था, जिसके बल पर उन्होंने एक बार भारत के राष्ट्रपति की सिफारिश को बड़ी विनम्रता से ठुकरा दिया था। उनके साहस के ऐसे अनेक उदाहरण हैं।

1956 से 1968 तक डॉ. नगेन्द्र ने दिल्ली की साहित्यिक गतिविधियों में व्यक्ति की नहीं, संस्था की भूमिका निभाई। विश्वविद्यालय में तो उनका दबदबा था ही। प्रशासन में उपकुलपति के पद के अलावा शायद ही कोई पद ऐसा रहा हो जिस पर उनकी नियुक्ति न हुई हो। दूसरे विभागाध्यक्षों के ऊपर वे बराबर भारी पड़ते थे। उनकी राय की हर उपकुलपति ने कद्र की। उन्होंने बड़ी सूझ-बूझ और निष्ठा से पाठ्यक्रम बनाये। विभाग में अनुसन्धान परिषद् का गठन किया। शिक्षा मन्त्रालय की सहायता से हिन्दी माध्यम कार्यान्वयन निदेशालय कायम किया। वर्षों दिल्ली विश्वविद्यालय का हिन्दी विभाग पूरे देश के लिए मॉडल बना रहा। कॉलेजों की बढ़ती संख्या के कारण उन्होंने सैकड़ों नियुक्तियाँ कीं, जिसमें उनका मुख्य सरोकार

विषय और कॉलेज का हित रहता था। जाति-धर्मनिरपेक्ष दृष्टि से वे चुन-चुनकर योग्य व्यक्तियों को विभाग और स्थानीय कॉलेजों में लाते रहे। विभाग में डॉ. दशरथ ओझा के अतिरिक्त कोई ब्राह्मण नहीं था, न ही कोई दिल्लीवासी था। यही स्थिति कॉलेजों में थी। चूक उनकी पहचान में हो सकती थी, इरादे या नीयत में नहीं। यह बात अलग है कि उनकी इस गुणग्राहकता को लक्ष्य कर कुछ लोग खुशामद के रास्ते, महत्त्वाकांक्षा और भविष्य में उन्नति के मनसूबे साधे, विभाग और कॉलेजों में प्रवेश कर गये।

बाहर से आनेवालों में निपट अध्यापकों से ज्यादा संख्या युवा रचनाकारों की थी। इनमें देवीशंकर अवस्थी, रामदरश मिश्र, विश्वनाथ त्रिपाठी, नित्यानन्द तिवारी, लक्ष्मीनारायण लाल, मन्नू भंडारी, कैलाश वाजपेयी, अजित कुमार, महीप सिंह, स्नेहमयी चौधरी, इन्दु जैन जैसे तमाम लोग शामिल हैं। मोहन राकेश को भी वे बड़ी उम्मीद और सम्मान से आमन्त्रित करके विभाग में लाये, पर उनके फक्कड़ाना मिजाज को विश्वविद्यालय की अनुशासन बद्धता रास नहीं आयी और वे बहुत जल्दी भाग खड़े हुए। पर इस बहाने दिल्ली उनकी कर्मस्थली हो गयी। उसी दौर में राजेन्द्र यादव का दिल्ली आकर बसना भी मन्नू भंडारी की नियुक्ति के कारण ही सम्भव हुआ।

जिन विद्वानों को वे कुशल अध्यापन की दृष्टि से लाये, उनमें डॉ. उदयभानु सिंह तो आरम्भ में ही विभाग में आ गये थे, पर बाद में बौद्ध साहित्य के प्रकाण्ड विद्वान भरत् सिंह उपाध्याय और भाषा-विज्ञानी भोलानाथ तिवारी की नियुक्ति उन्होंने क्रमशः हिन्दू और किरोड़ीमल कॉलेजों में की। और तो और, उनकी सेवा-निवृत्ति से पहले कुछ ही वर्ष के लिए वे पं. कृष्णशंकर शुक्ल और पं. कैलाशचन्द्र मिश्र को भी विभाग में ले आये।

भाषा और साहित्य की दृष्टि से दिल्ली में हिन्दी के परिदृश्य को भरा-पूरा बनाने में डॉ. नगेन्द्र का ऐतिहासिक योगदान था—इससे इनकार नहीं किया जा सकता। दिक्कत की बात यह थी कि वे एक बार जिसकी नियुक्ति करके शैक्षिक दुनिया का सदस्य बना लेते थे, उससे पूरे समर्पण और फ़रमाबरदारी की अपेक्षा करने लगते थे। इस सामन्तशाही प्रवृत्ति के दो दुष्परिणाम हुए। एक तो यह कि बहुत-से लोग उनके आतंक के कारण भीतर ही भीतर क्षुब्ध रहने लगे। दूसरे, उनके चारों तरफ़ चाटुकारों, चुग़लखोरों की मण्डली तैयार हो गयी। वातावरण में भीतर ही भीतर विरोध पनपने लगा, जिसकी उनके शासन-तन्त्र में कोई गुंजाइश नहीं थी। वे सही नहीं, अनुकूल बात सुनना चाहते थे। नतीजा यह हुआ कि आगे बढ़ने के लिए योग्यता से ज़्यादा चाटुकारिता फलदायिनी होने लगी। विद्रोह का पहला अंकुर तब फूटा जब

इसी प्रवृत्ति के कारण विभाग के भीतर डॉ. उदयभानु सिंह की उपेक्षा कर उन्होंने रीडर पद पर एक के बाद एक कई नियुक्तियाँ स्थानीय कॉलेजों से कर डालीं। अपनी ऐसी कार्यवाहियों का औचित्य वे हमेशा बड़े लचर तर्कों पर आधारित नीतियों की दुहाई देकर किया करते थे। शर्मनाक बात यह थी कि भीतरी सहयोगियों में से भी कुछ लोग इधर उनकी हाँ में हाँ मिलाते और उधर डॉ. उदयभानु सिंह के यहाँ विद्रोह को हवा देते।

डॉ. उदयभानु सिंह दर्शन और मध्ययुगीन साहित्य, विशेषकर तुलसीदास के विशेषज्ञ और बड़े निष्ठावान अध्यापक थे। विद्यार्थियों के बीच उनकी अच्छी साख थी। सहयोगियों के लिए यह स्थिति अपचनीय थी। नतीजा यह हुआ कि कान के कच्चे अध्यक्ष नगेन्द्र जी के कान भर-भरकर सबने उन्हें लगभग बिरादरी बाहर करवा दिया। अपने काम से ज्यादा मनोयोग से उनके विरुद्ध षड्यन्त्र क़रना मन्द प्रतिभावानों का शगल हो गया। मुझे आज भी याद है, एक बार उनके विरोध में एक हस्ताक्षर अभियान पर जब मैंने हस्ताक्षर करने से इनकार कर दिया तो डॉ. नगेन्द्र यह सूचना पाकर बौखला गये। मेरी तलबी हुई। मैंने जिरह की तो उन्होंने इसे मेरी हिमाकत और अपनी सत्ता को चुनौती समझा। मैंने यह कहने की धृष्टता की कि उन्हें गुमराह किया जा रहा है, तो उन्होंने मेरी नाफ़रमानी को 'छोटे मुँह बड़ी बात' या 'इस अदना से जीव की यह मजाल' जैसा कुछ सोचते हुए धमकी के से लहजे में कुछ बुदबुदाया, पर दस्तखत करने के लिए बाध्य नहीं किया। मैं कभी-कभी अपनी असहमतियाँ दर्ज करती रहती थी। यह साहस मैंने इसलिए जुटा लिया था क्योंकि उन चार-पाँच वर्षों में उनकी मेरे परिवार से बहुत निकटता हो गयी थी। वे बहुत-से कामों के लिए हम पर निर्भर रहने लगे थे। बच्चों के प्रति तो उनके मन में हमेशा वत्सल भाव रहता ही था, वे चाहे किसी के हों। हमारी गिनती तो मेरे प्रति स्नेह के कारण उनके अपनों में होने लगी थी, जो मुझे उनके निकटवर्तियों की आँख की किरकिरी बनाने के लिए काफी था।

इस सबके बावजूद विभाग और शहर की साहित्यिक गतिविधियों में उनका रास्ता काटने का, या मतभेद रखने का अधिकार उन्होंने मुझे तो क्या, कभी किसी को नहीं दिया। अलबत्ता, वे जब भी घर आते, चहलक़दमी करते हुए आत्मालाप के स्वर में बहुत-सी बातों की जानकारी दे दिया करते थे जिनकी मैं कभी मूक और कभी वाचाल श्रोता रहती। जब किसी बात को लेकर तकरार जैसी स्थिति बनती, तो मेरे धीर और शालीन पतिदेव अपने ढंग से दखल देकर तापमान को सहज बनाने में कारगर होते। उनके प्रति डॉ. साहब के मन में बेहद सम्मान था। शायद इसी कारण अपनी अजीबोग़रीब दिनचर्या और खाने-पीने की विचित्र आदतों के बावजूद उन्होंने

हमारे पूरे परिवार में अपनी हैसियत वर्षों तक सम्मान्य बुजुर्ग की बनाये रखी। परिवार में वे मेरी सतत संघर्षरत माँ और मेरे ससुराल पक्ष के नातेदारों को भी शामिल करके चलते थे। सम्बन्धों के निर्वाह का यह उनका तरीका था, जो उनके तमाम इष्ट-मित्रों पर लागू होता था। वे व्यक्तियों को पारिवारिक समग्रता में अपनाते थे। यह उनका मानवीय पक्ष था जिसके कारण वे उन लोगों की कुशल-क्षेम के बारे में भी चिन्ता करते थे, जिनसे उनके सम्बन्ध मित्रता के नहीं थे। उनके जीवन की सबसे बड़ी विडम्बना यह थी कि वे सम्बन्धों को कायम भी अपनी शर्तों पर करते थे, और उनका निर्वाह भी अपनी ही इच्छानुसार करना चाहते थे। स्वभावतः उनके और अपर पक्ष के बीच डिक्टेटरशिप की एक ऐसी गिरह लग जाती थी जो अनायास बराबर अवरोधक होती थी। उनकी उपस्थिति मात्र पूरे वातावरण को असहज बनाती थी। इसी कारण अपने अन्तिम वर्षों में वे बेहद अकेले पड़ गये थे, लगभग अवांछित से। उनका अन्त स्वयं उनके परिवारियों के हाथों बड़े कारुणिक ढंग से हुआ।

यह बहुत बाद की बात है। सातवें दशक के मध्य तो वे दिल्ली की साहित्यिक गतिविधियों में लगभग निर्णायक भूमिका निबाह रहे थे। शहर में इस दृष्टि से तीन मुख्य केन्द्र थे। साहित्य अकादमी जिसके सचिव कृष्णा कृपलानी के बाद प्रभाकर माचवे हो गये थे। भारतीय ज्ञानपीठ, जिसका संचालन सूत्र साहु जैन परिवार के दम्पति शान्तिप्रसाद और रमा जैन के हाथ में था और लक्ष्मीचन्द्र जैन उसके निदेशक थे। हिन्दी साहित्य सम्मेलन जिसके सर्वेसर्वा गोपालप्रसाद व्यास थे। पहली दो संस्थाओं की गतिविधियाँ सभी भारतीय भाषाओं तक व्याप्त थीं। इसके अलावा टाइम्स ऑफ इंडिया ग्रुप हिन्दी के अखबारों और पत्र-पत्रिकाओं में भी पर्याप्त रुचि ले रहा था। 'धर्मयुग' और 'सारिका' तो मुम्बई से निकलते थे पर दिल्ली में 'नवभारत टाइम्स' के अलावा उन्होंने 'दिनमान' की शुरुआत की। इसी साप्ताहिक के माध्यम से अज्ञेय जी ने हिन्दी पत्रकारिता में विषय और भाषा दोनों दृष्टियों से नये मानक कायम किये। सर्वेश्वरदयाल सक्सेना, रघुवीर सहाय इसी अख़बार से जुड़े थे और बड़े भाई अज्ञेय की तर्ज पर छोटे भाई और मोटे भाई कहलाते थे। श्रीकान्त वर्मा भी इसी से सम्बद्ध थे। इस दुनिया में ज़ाहिर है, नगेन्द्र जी की दखलंदाजी की कोई गुंजाइश नहीं थी।

साहित्य अकादमी की स्थिति दूसरी थी। वहाँ हिन्दी सम्बन्धी मामलों में उनकी पूछ थी और राय का वजन भी था। पर माचवे जी से उनकी विशेष पटरी नहीं बैठती थी। उधर माचवे जी अपने अधीनस्थ सहायक सचिव भारतभूषण अग्रवाल की हर समय ऐसी-तैसी किये रहते थे। भारत जी वहाँ से निकलने के लिए छटपटा रहे थे। उसी दौरान उनकी पत्नी डॉ. बिन्दु अग्रवाल की नियुक्ति लेडी श्रीराम कॉलेज के

हिन्दी विभाग में हो गयी। मैं अध्यक्ष होने की हैसियत से कॉलेज की चयन समिति की सदस्य थी। अतः इस बात की गवाह भी कि बिन्दु की नियुक्ति का मुख्य कारण उनकी शराफत और व्यक्तित्व की सरलता थी जिससे यह विश्वास पैदा होता था कि वे परम निष्ठा से कर्त्तव्य निर्वाह करेंगी। कॉलेज कुछ तेज-तर्रार महिलाओं से परेशान था अतः औसत प्रतिभा के बावजूद बिन्दु की नियुक्ति हो गयी। महज परिस्थिति के अनुरोध से। पर अग्रवाल दम्पति ने इसे परम कृतज्ञ भाव से ग्रहण किया। इस प्रसंग से उन्हें वह आर्थिक और नैतिक बल मिला जिसकी उस समय उन्हें बेहद ज़रूरत थी। यह अलग बात है कि इस घटना से माचवे जी से ही नहीं, उनके एक निकट सम्बन्धी परिवार से भी ईर्ष्यावश उनके सम्बन्धों में फाँक आ गयी। इधर हमारे परिवारों के बीच मैत्री सम्बन्ध बड़ी तेजी से प्रगाढ़ होते चले गये। भारत जी से मेरा कोई पूर्व परिचय नहीं था। मैंने तो बिन्दु की नियुक्ति के बाद जाना कि वे 'तार सप्तक' वाले भारतभूषण अग्रवाल की पत्नी हैं। इस बात का भारत जी के मन पर इतना गहरा असर हुआ कि वे बड़ी जल्दी हम लोगों के परम आत्मीय हो गये। मुझे शैक्षिक जगत की अनुशासनबद्ध जड़ता से अनायास मुक्त कराकर रचनाकारों की जीवन्त दुनिया में प्रवेश कराने का श्रेय इसी मित्रता को है।

भारत जी ने ही मुझे अजित कुमार और स्नेहमयी चौधरी से परिचित कराया और इन्हीं सबके बीच राजेन्द्र यादव और मन्नू भंडारी से परिचय हुआ। कहना न होगा, मित्रों की यही टोली नामवर जी से परिचय का निमित्त बनी जो उन दिनों यदा-कदा बनारस से दिल्ली आया करते थे। यूँ सबके परिचय की अपनी अलग-अलग कहानियाँ हैं। अजित जी को स्नेह जी के लिए नौकरी की तलाश थी और भारत जी का आग्रह था कि मैं उनके लिए कुछ करूँ। राजेन्द्र यादव को मेरे घर पहली बार हिन्दी विभाग के रीडर डॉ. ओमप्रकाश लेकर आये थे। वे एकेडमिक काउंसिल का चुनाव लड़ रहे थे और उनका ख़याल था कि उस समय नई कहानी के नामी कथाकार को साथ लाने से वे मेरा वोट सुनिश्चित कर लेंगे। उस दिनों राजेन्द्र जी और उनके बीच 'सामनेवाली खिड़की' का सम्बन्ध था।

सबसे दिलचस्प प्रसंग नामवर जी से परिचय का था। मैंने कलकत्ता के भारतीय हिन्दी परिषद् के अधिवेशन में (शायद 1962 में) उनका आलेख-पाठ सुना था, जिसने मुझे बहुत प्रभावित किया था। उसके बाद पहली मुलाकात दिल्ली में नगेन्द्र जी के ही घर पर हुई। वे सम्भवतः डॉ. बच्चन सिंह के साथ डॉ. नगेन्द्र से मिलने आये थे। संयोग से मैं किसी काम के सिलसिले में वहाँ पहुँची। कमरे में घुसी, संक्षेप में अपनी बात कही, और मुड़ने ही वाली थी कि डॉ. नगेन्द्र सहसा बोले, "अरे, तुमने पहचाना नहीं, ये डॉ. नामवर सिंह हैं।" मेरे लिए उनका यह व्यवहार अप्रत्याशित था क्योंकि अपने

मेहमानों से किसी का इस तरह औपचारिक परिचय कराना उनकी आदत नहीं थी। मैंने अचकचाकर नमस्कार का आदान-प्रदान किया और उलटे पाँव वापस हो ली।

कुछ दिन बाद नामवर जी फिर दिल्ली पधारे। इस बार कांस्टीट्यूशन क्लब में कविवर सुमित्रानन्दन पन्त के 'लोकायतन' पर एक अर्ध-औपचारिक सी संगोष्ठी का आयोजन था। एक के बाद एक धुरन्धर लोग कुछ ऐसी शैली में भाषण दे रहे थे जिसमें निन्दा भी प्रशंसा-सी लगे। वाक्पटुता की परीक्षा का संकट बहुतों की जान साँसत में डाले था। नामवर जी कुछ विलम्ब से टहलते हुए पहुँचे। उनसे अन्त में बोलने के लिए कहा गया। उन्होंने अत्यन्त संक्षिप्त टिप्पणी की। बेहद सारगर्भित, शालीन, पर मारक। उसके बाद सन्नाटा हो गया। महफिल बर्खास्त। मैं भारत जी के साथ थी। लौटते समय मैंने उनसे कहा कि वे नामवर जी से मेरी मुलाकात की व्यवस्था करा दें। उन दिनों मैं अपने डी.लिट्. के शोध-प्रबन्ध पर काम कर रही थी। नामवर जी अगले ही दिन बनारस लौटनेवाले थे। भारत जी ने इस सुझाव के साथ सूचना दी कि यह दायित्व अजित कुमार को सौंपा जाए क्योंकि वे दिल्ली आने पर अजित जी के पड़ोस में प्रायः देवीशंकर अवस्थी के यहाँ ठहरते हैं। अजित जी ने सहर्ष जिम्मेदारी ओढ़ ली।

दिल्ली का मॉडल टाउन धीरे-धीरे शहर का साहित्यिक 'हब' (अड्डा) बनता जा रहा था। हर रंग के रचनाकार और शिक्षक वहीं बसे थे। किराये और भूगोल दोनों दृष्टियों से इलाका अनुकूल पड़ता था। तब यातायात की इतनी किल्लत भी नहीं थी। सहज रूप से लोग बसों से दूरियाँ तय कर लेते थे। दूसरा सिरा नयी दिल्ली का विनय मार्ग, सरोजिनी नगर और आसपास के इलाके थे। सुरेश अवस्थी और नेमिचन्द्र जैन उधर ही कहीं रहते थे। रघुवीर सहाय और श्रीकान्त वर्मा का डेरा भी वहीं कहीं था। पर असल गहमागहमी तो मॉडल टाउन में ही रहती थी। स्वभाव के मधुर और मिष्टभाषी होने के कारण अजित कुमार का घर लगभग सबका मिलन-स्थल हो गया था। राजेन्द्र-मन्नू शक्ति नगर में रहते थे। वह फ़ासला भी बहुत दूर नहीं था। अजित जी और सर्वेश्वरदयाल सक्सेना के घर अगल-बगल थे।

लगभग रोज शाम होते ही हम दम्पति गाड़ी उठाकर अजित जी के घर पहुँच जाते। गाड़ी दरवाजे पर लगते ही सर्वेश्वर जी बगल से जीना चढ़कर आ पहुँचते। नज़र चूक जाए तो खिड़की से जैसे ही मेरी हँसी की आवाज सुनते, अविलम्ब प्रकट हो जाते। इस प्रसंग पर उन्होंने एक कविता भी लिखी थी। फिर धीरे-धीरे उदयभान मिश्र, रमेश गौड़, कभी-कभी देवीशंकर अवस्थी, यहाँ तक कि मीलों की दूरी तय कर कमलेश जी (प्रतिपक्ष वाले) के साथ अशोक वाजपेयी भी कभी-कभार प्रकट होते। जब नामवर जी शहर में होते, वे भी शामिल हो जाते।

इससे पहले नामवर जी की नौकरी को लेकर आचार्य हजारीप्रसाद द्विवेदी अपनी चिन्ता डॉ. नगेन्द्र से व्यक्त कर चुके थे। डॉ. नगेन्द्र को उनकी योग्यता और पात्रता में कोई सन्देह नहीं था। बनारस और सागर को उन्होंने जिन कारणों से छोड़ा था, उसका भी उन पर कोई असर नहीं था। चिन्ता थी तो बस यही कि वे उनकी अनुशासनबद्ध कार्य-शैली में पूरी तरह अट सकेंगे या नहीं। एक दिन चहलकदमी करते हुए बुदबुदाये : "पंडित जी नामवर के बारे में परेशान हैं। जिन ससुरों को (उनका इशारा अपने मन्द प्रतिभा गुरुभक्त शिष्यों की तरफ था) आये दिन जगह-जगह लगा रहा हूँ, उनका नामवर से क्या मुक़ाबला, पर डर यही है कि आकर पाजीपन न करें।" उन्होंने अपनी इस आशंका को पंडित जी से दूसरे शब्दों में व्यक्त कर दिया, "बाकी सब तो ठीक है पंडित जी, पर 'दिल्ली इज़ ए लॉयल सिटी'।" पंडित जी ने अपने हँसोड़ स्वभाव के अनुरूप बात नामवर जी से कह दी। नामवर जी सुनकर गम्भीर हो गये, बोले, "पंडित जी, आप डॉ. नगेन्द्र से कह दीजिए कि नामवर सिंह बिकाऊ नहीं हैं।" इतना ही नहीं, कुछ ही दिन पहले वे खुद डॉ. नगेन्द्र से किरोड़ीमल कॉलेज में काशीनाथ सिंह की नियुक्ति के लिए कहने गये थे। इस प्रसंग के बाद उन्होंने काशी को साक्षात्कार के लिए आने से रोक दिया।

इस घटना से मेरी नजर में नामवर सिंह का दर्जा ऊँचा उठ गया। उन दिनों उन्हें नौकरी की सख्त जरूरत थी। पाँच वर्ष की बेकारी के बाद भी कुछ हाथ नहीं लग रहा था। ये सब बातें मैंने दूसरों से जानी थीं। दिल्ली आते, तो जहाँ सामान रखते, वहाँ से यायावरी ढंग से निकलते तो तभी वापसी होती जब कपड़े धुलवाने की नौबत आती। बकौल देवीशंकर अवस्थी।

उसी दौर में अजित कुमार के कहने पर उन्होंने मेरे यहाँ चाय पीने का निमन्त्रण स्वीकार किया। पता अजित कुमार ने समझाया था पर वे माल रोड के बजाय बनारसीदास एस्टेट में लगभग डेढ़ घंटे तक मकान ढूँढ़ते-भटकते रहे। अजित दम्पति समेत हम सब प्रतीक्षा में परेशान। टेलीफोन नम्बर शायद उनके पास रहा भी होगा, तो उस समय के गँवई नामवर जी से यह उम्मीद करना व्यर्थ था कि वे कहीं से फोन का जुगाड़ करेंगे। समय के साथ मेरा धीरज छूट रहा था, पर इस आशंका से कि वे अन्ततः आये तो चाय की जगह भोजन ही करेंगे, मैं तैयार करती जा रही थी। आखिर नामवर जी प्रकट हुए, पसीने से लथपथ, पद-यात्रा से थके बेहाल, तमतमाये हुए। घुन्नी मुद्रा के बावजूद अजित पर झुँझलाते हुए। कुछ देर में सहज हो गये और बातचीत का सिलसिला चल निकला। जैसी आशा थी, भोजन का समय हो गया था। खाने की मेज पर उन्होंने मूर्धन्य और तालव्य वर्णों के उच्चारण को लक्ष्य करके मुझसे पूछा कि क्या मैं महाराष्ट्री हूँ। मैंने उनका भ्रम दूर करते हुए यह भी बताया

कि मैं 'छायावाद और रस-सिद्धान्त' पर डी. लिट्. के लिए काम कर रही हूँ। उन्होंने राय दी कि 'रस-सिद्धान्त' को प्रतिमान के रूप में लागू करने में व्यावहारिक कठिनाई हो सकती है, इसलिए मैं विषय पर एक बार पुनर्विचार कर लूँ। साथ ही यह भी कि बनारस जाकर 'छायावाद' पर मुकुटधर पांडेय के आरम्भिक चार लेखों की प्रति मुझे डाक से भेज देंगे। बड़े स्नेह-सौहार्दपूर्ण वातावरण में गुजरी वह शाम आज भी मेरी स्मृति में अंकित है। विदा लेने लगे तो मैंने अजित जी से एक तरफ ले जाकर पूछा कि क्या नामवर जी वायदे के मुताबिक लेख सचमुच भेज देंगे? अजित जी ने शरारत से मुस्कुराते हुए उत्तर दिया कि अगर वे मेरा घर ढूँढ़ने के लिए भीषण गर्मी में डेढ़ घंटा भटक सकते हैं तो लेख भी आ ही जाने चाहिए। बात आयी-गयी हो गयी, पर लेख शुभकामनाओं के पत्र के साथ सप्ताह बीतते-बीतते मिल गये। मैंने कृतज्ञ महसूस किया।

उपर्युक्त घटना के कुछ ही समय के बाद अचानक मित्रों से ख़बर मिली कि नामवर जी 'जनयुग' के सम्पादक होकर दिल्ली आ रहे हैं। जाहिर है, इस समाचार से मित्र-मंडली बहुत प्रसन्न और उत्साहित हुई। अजित जी, राजेन्द्र, मन्नू और भारत भूषण अग्रवाल के परिवारों के साथ इस बीच हम लोगों के बड़े आत्मीय सम्बन्ध हो गये थे। अलग-अलग भी और एक टोली के रूप में भी। भारत जी तब जंगपुरा में रहते थे। फिर भी दूरियाँ फलाँगते हुए परिवरों के बीच नियमित मिलना-जुलना होता था। जैन साहब बड़े अच्छे मेज़बान थे। साहित्य से उनका कोई लेना-देना नहीं था, पर बड़े धैर्य और प्रसन्न भाव से वे हम सबके मूक श्रोता बने रहते। ऊबने पर, किसी के दीवान या सोफे पर झपकी ले लेना उनकी आदत्त में शुमार हो गया था। उन्हें हमारी बौद्धिक तकरारें बड़ी मनोरंजक लगतीं। गाहे-बगाहे बड़ी प्रसन्न मुद्रा में कोई मारक टिप्पणी करने से भी नहीं चूकते। सभी मित्रों के बीच वे बड़े सम्माननीय और प्रिय थे। उन्होंने मेरी मित्र-मंडली को लगभग परिवार की तरह अपना लिया था। परम हितु-भाव से सबके सुख-दुख के साक्षी होकर।

नामवर जी आये तो मित्र-मंडली ने उन्हें भी मॉडल टाउन में ही मकान किराये पर दिलवा दिया और सान्ध्यकालीन बैठकों में उनकी भी शिरकत होने लगी। नगेन्द्र जी भी अपनी साहित्यिक-योजनाओं के सन्दर्भ में उनसे गाहे-बगाहे सम्पर्क करने लगे पर दोनों के दृष्टिकोणों में बुनियादी अन्तर के कारण बात बनी नहीं। यूँ भी डॉ. नगेन्द्र जैसे औसत प्रतिभा वाले ख़ुशामदी तत्त्वों से घिरे रहते थे, वह सोहबत नामवर जी को कभी रास नहीं आयी।

इसी बीच भारत भूषण अग्रवाल ने दिल्ली विश्वविद्यालय से पीएच.डी. करने का मन बनाया। नियम इसकी इजाजत नहीं देते थे। एक तो वे अंग्रेजी में एम.ए. और

वह भी तृतीय श्रेणी में। उधर यह ख़बर मिलते ही माचवे जी ने डॉ. उदयभानु सिंह को साधकर विश्वविद्यालय के भीतरी तन्त्र में विरोध की मुहिम चला दी। नगेन्द्र जी ने डटकर मोर्चा लिया और सारे नियमों को बलाये ताक रखकर साहित्यकार होने के नाते 'स्पेशल केस' के रूप में पंजीकरण करा दिया। भारत जी पर एक और एहसान।

डॉ. नगेन्द्र उन्हीं दिनों अपनी प्रसिद्ध पुस्तक 'रस-सिद्धान्त' लिखकर पूरी कर चुके थे और उसे 'भारतीय काव्यशास्त्र की भूमिका भाग-2' के रूप में प्रकाशित कराने की योजना बना रहे थे। उन्होंने किसी दिन भारत जी से चर्चा की तो असावधानी से अनायास भारत जी के मुँह से निकल गया कि वे ऐसा न करें क्योंकि साहित्य अकादमी का पुरस्कार स्वतन्त्र रचना पर मिलता है, खंड पर नहीं। बात कहते ही हाथ से निकल गयी। डॉ. साहब ने भारत जी के गले में ऐसी रस्सी कसी कि जान छुड़ाये नहीं बन रही थी। वस्तुतः भारत जी मन से उन रचनाकारों के साथ थे जो मुक्तिबोध को मरणोपरान्त यह पुरस्कार दिलाने के लिए प्रयत्नशील थे। नामवर जी की इस अभियान में विशेष भूमिका थी। भारत जी की गति 'साँप छछूँदर केरी'। वे मेरे मित्र थे अतः लपेट में मैं भी आ गयी। डॉ. नगेन्द्र ने ऐसा चक्रव्यूह रचा कि भारत जी की निकासी न हो सकी और पुरस्कार नगेन्द्र जी को मिल गया। इस जानकारी के साथ कि तमाम विरोधियों के सरगना नामवर जी थे। एक दिन मेरे ही घर पर भोज के लिए आमन्त्रित कुछ लोगों के बीच यह चर्चा हो रही थी, जिसमें नामवर जी ने टिप्पणी की थी कि वे 'रस-सिद्धान्त' को आलोचना नहीं, 'स्कॉलरशिप' का ग्रन्थ मानते हैं। एक चुगलखोर ने तत्काल नगेन्द्र जी तक बात पहुँचा दी और उन्होंने मेरी जवाबदेही की। ऐसी छोटी-छोटी बातों पर लोगों की जवाबतलबी करना और उन बातों को गाँठ बाँध लेना उनका सहज स्वभाव था, जिससे वातावरण दमघोंटू बना रहता था। बहरहाल, इस घटना से दोनों के बीच बोलचाल तक बन्द हो गयी। डॉ. नगेन्द्र अपने निकटवर्तियों से उम्मीद करने लगे कि वे नामवर सिंह का 'सोशल बायकाट' करें। जाहिर है, सूची में मेरा नाम सबसे ऊपर था। कभी हमारे घर में दोनों का आमना-सामना हो जाता तो बाद में हम पर कहर बरपा होता था।

घटनाएँ तेजी से घट रही थीं। इस बीच नामवर जी 'जनयुग' के साथ-साथ दो वर्ष के अनुबन्ध पर 'राजकमल प्रकाशन' के साहित्यकार सलाहकार नियुक्त हो चुके थे। कुछ ही महीने गुजरे थे कि शीला सन्धू ने उनके सामने दोनों में से एक का चुनाव करने की पेशकश कर दी। नामवर जी ने मुझसे सलाह की तो मैंने राय 'जनयुग' के पक्ष में दी। इसके बावजूद कुछ वित्तीय लाभ और कुछ प्रकाशकीय चकाचौंध के कारण उन्होंने राजकमल का वरण किया और दो वर्ष पूरे होते ही वहाँ से उनकी मुक्ति हो गयी। हाथ में 'आलोचना' के सम्पादन के अलावा कुछ न था।

उन्होंने बनारस लौटने का निर्णय लिया—कुछ-कुछ क्रोध और आवेग में। पर भारत जी और मेरे समझाने पर वे रुक गये। हमें लगता था कि वापसी पर वे फिर उसी किनारे लग जाएँगे और भविष्य अनिश्चित हो जाएगा। पर सवाल आजीविका चलाने का था, तो उनके परिचितों ने तिमारपुर के फ्लैटों के बीच डोरीलाल शर्मा नाम के किन्हीं सज्जन के यहाँ उनका प्रबन्ध 'पेइंग गेस्ट' के रूप में बाजिव वित्तीय शर्तों पर करा दिया। डोरीलाल जी सम्भवतः किसी स्कूल में अध्यापक थे और नामवर जी के लेखन और ख्याति से परिचित। उन्होंने इस व्यवस्था को अपना अहोभाग्य माना।

अब नामवर जी के पास सड़क पार हमारा पड़ोस और समय ही समय था। सम्पादन, मित्र-मंडली अध्ययन और सन्ध्या-गोष्ठियाँ। वे मुझे और भारत जी को अधिक सुलभ होने लगे और उसी अनुपात में मॉडल-टाउन निवासियों को दुर्लभ। उनके मेजबानों में कुछ का कारोबार उन्हीं के सहारे चलता था। शाम को नामवर जी से की गयी साहित्य-चर्चा अगले ही दिन लेखन में परिणत हो जाती और वे वाहवाही के हकदार होते। ज़ाहिर है कि ऐसे लोगों को नयी व्यवस्था खटकने लगी। इसे भंग करने का सबसे सरल रास्ता था चुगलखोरी। प्रत्यक्ष-अप्रत्यक्ष रूप से डॉ. नगेन्द्र के कान भरने का अभियान चालू हो गया और सम्बन्धों पर डॉ. नगेन्द्र की चौकसी और कड़ी हो गयी। उन्हें बराबर यकीन दिलाया जाने लगा कि वातावरण में उनके विरुद्ध षड्यन्त्र पनप रहे हैं, जिनके सरगना विश्वविद्यालय के भीतर डॉ. उदयभानु सिंह और बाहर नामवर सिंह हैं। कुछ को इस रास्ते व्यक्तिगत लाभ की उम्मीद थी—कुछ निन्दा रस में चटखारा ले रहे थे, कुछ ईर्ष्या के मारे अकारण दायें-बायें किया करते थे। यहाँ तक कि डॉ. बच्चन सिंह ने बनारस से डॉ. नगेन्द्र को रहस्योद्घाटन-सा करते हुए पत्र लिखा कि नामवर जी आचार्य हजारीप्रसाद द्विवेदी के शिष्यों, सम्बन्धियों को संगठित कर उनके बरक्स द्विवेदी जी के पक्ष में गुटबन्दी कर रहे हैं। मैंने यह पत्र देखा था।

डॉ. साहब ने आव देखा न ताव, सबको जवाबतलबी की गरज से बुलावा भेजा और लगभग ताकीद की कि वे लोग नामवर जी से सम्बन्ध न रखें। ताकीद में प्रच्छन्न धमकी भी रही ही होगी कि उपस्थित लोगों में से विश्वनाथ त्रिपाठी तैश खा गये। मॉडल टाउनी स्कैंडलबाजी से वे भी अछूते नहीं थे। उस समय मुझसे विशेष परिचय भी नहीं था। जो बोले, उसका सार यह था कि आप पहले अपने करीब के लोगों को तो रोक लें। ऐसी चुनौती? डॉ. साहब उन लोगों को बर्खास्त करके सीधे मेरे घर की तरफ लपके। उन्होंने इस प्रसंग को आत्मसम्मान का प्रश्न बना लिया। परिणामतः सहज-स्वाभाविक सम्बन्धों के बीच अजीब आँख-मिचौनी और पैंतरेबाजी का सिलसिला शुरू हुआ। मेरा परिवार और पूरी मित्र-मंडली मेरे ऊपर छाजन ताने

हुए, जिनमें तब शीला सन्धू भी शामिल हो गयी थीं और मैं अपनी स्वतन्त्रता पर अंकुश स्वीकार करने के लिए किसी भाव तैयार नहीं।

इसी प्रसंग का विस्तार डॉ. नगेन्द्र द्वारा भारत जी पर जल्दी शोध-प्रबन्ध पूरा करने के दबाव के रूप में हुआ। दबाव डॉ. साहब मेरे माध्यम से बनाते थे, जो जाहिर है, भारत जी को अखरता था। मैं स्वयं अपने शोध-कार्य में जी-जान से जुटी थी। हम दोनों को ही नामवर जी के परामर्श का पूरा लाभ मिल रहा था। जहाँ तक मेरा प्रश्न था, उन्होंने घोर शास्त्रीय विषय पर मुझे शास्त्रबद्ध जड़ता से मुक्त किया। कभी-कभी तकरार का ख़तरा मोल लेकर भी।

आख़िर भारत जी ने संकल्प करके दफ्तर से छुट्टी ली और धूनी रमा ली। उन्होंने मुझसे कहा कि उनके पास पहले ड्राफ्ट को दोहराने का समय भी नहीं होगा इसलिए मैं उसकी प्रथम पाठक होने की जिम्मेदारी ले लूँ। मैंने इस प्रस्ताव से सम्मानित अनुभव किया। डॉ. नगेन्द्र इस प्रक्रिया के साक्षी थे। शोध-प्रबन्ध पूरा हुआ, डॉ. नगेन्द्र ने बिना पढ़े गद्‌गद होकर हस्ताक्षर किये, 'दस्तखत करता हूँ, ताकि सनद रहे।' कहना न होगा, वह हिन्दी के गिने-चुने सर्वोत्तम शोध-प्रबन्धों में से है।

उधर मेरा शोध-प्रबन्ध भी पूरा हो गया था। मेरे मन में दिल्ली विश्वविद्यालय की पहली डी.लिट्. की उपाधि पाने की उमंग थी। उपाधि उस समय प्रकाशित रचना पर दी जाती थी। अतः प्रकाशन-व्यवस्था की समस्या थी। मैंने नेशनल पब्लिशिंग हाउस के श्री कन्हैयालाल मलिक से बात की—दो अनुरोधों के साथ—पुस्तक दो महीने में छप जाए और वह भी आगरा के दुर्गा प्रेस से। उस समय उस प्रेस की बेहद ख्याति थी। मलिक साहब ने बड़ी दरियादिली से प्रस्ताव स्वीकार कर लिए बशर्ते दुर्गा प्रेस के साथ प्रूफ़ मँगाकर पढ़ने और लौटाने की व्यवस्था मैं कर लूँ। राजेन्द्र यादव ने दुर्गा प्रेसवालों से बातचीत करके व्यवस्था कराने का आश्वासन दिया और मेरी एम्बेसेडर गाड़ी में भरकर हम सब आगरा के लिए निकल गये। लगभग पिकनिक के मूड में। वहाँ पहुँचकर तय पाया गया कि जो टैक्सी रोज रात को दिल्ली से बारह बजे के बाद अख़बार लेकर आगरा जाती है और अगले दिन शाम को वापिस लौटती है, प्रूफ़ों की आवाजाही उसी के माध्यम से हो। अगर मित्र साथ न देते तो कुछ घंटों में प्रूफ़ पढ़कर वापिस करना सम्भव हो ही नहीं सकता था। इस काम में अजित जी परम पारंगत थे। हम लोग रात में आठ बजे मलकागंज के पेट्रोल पम्प से प्रूफ़ इकट्ठा करते और अक्सर गाड़ी सीधे ओबराय इंटर कॉन्टिनेंटल का रुख करती। वहाँ कॉफी हाउस में बैठकर प्रूफ़ पढ़े जाते ताकि नींद बाधा न दे और बारह बजे के बाद उसी पेट्रोल पम्प पर प्रूफ़ लौटाकर घर वापसी होती। कभी-कभी यह काम घर पर सम्पन्न होता और कभी अजित जी की जगह भारत जी ले लेते। इस पूरे

अभियान के सारथी थे जैन साहब। रेस्तराँ और कॉफी के शौकीन, पर उससे ज़्यादा मेरी उपलब्धियों में अपना सन्तोष पानेवाले परम उदार और धीर व्यक्ति।

शोध-प्रबन्ध 'रस-सिद्धान्त और सौन्दर्यशास्त्र' छपकर तैयार हो गया और डॉ. नगेन्द्र को कानोकान खबर नहीं लगी। वैसे वे रात-दिन मुझे काम करता देखते ज़रूर थे, पर उनकी इच्छा थी कि मेरा शोध-प्रबन्ध दिल्ली विश्वविद्यालय की डी.लिट्. की उपाधि के लिए जमा किये जानेवाला पहला शोध-प्रबन्ध न हो क्योंकि विश्वविद्यालय की नियमावली तक साफ़ नहीं थी। वे दो दिन के लिए शहर के बाहर गये और मैंने आवेदन के साथ उनकी गैर-मौजूदगी में प्रबन्ध जमा करा दिया। लौटने पर सूचना देते हुए प्रति उनकी नज़र की, इस आशंका के साथ कि अब कहर बरपा होगा। पर ऐसा हुआ नहीं। उन्होंने आश्चर्य मिश्रित प्रशंसा-भाव से अपने को स्थिति के लिए तैयार कर लिया। जैसी आशा थी, कला-संकाय की बैठक में नियमों के हवाले से खूब बमचक मची। दूसरे विभागाध्यक्षों को यह हज़म नहीं हो रहा था कि हिन्दी का कोई शोधार्थी यह पहल करे, और वह भी ऐसे कठिन विषय पर। डॉ. नगेन्द्र ने डटकर मोर्चा लिया और नैया पार हो गयी। मित्रों और परिवार में बहुत उछाह। दीक्षान्त समारोह पर अखबारों ने इस ख़बर का नोटिस लिया। पर डॉ. साहब के विभागीय सहयोगियों को यह घटना हज़म नहीं हुई।

कुछ दिन पहले मुझसे उम्र में काफी बड़ी एक विभागीय सदस्य के किसी दूसरे विश्वविद्यालय से यही उपाधि पाने पर शहर के साहित्यकारों को कला-संकाय में आमन्त्रित कर लगभग जश्न मनाया गया था। मेरी बारी आयी, तो सामान्य रूप से आठ-दस पीएच.डी. पानेवाले शोधार्थियों के बीच मेरा नाम डालकर अनुसन्धान-परिषद् की बैठक में, जैसा आमतौर पर होता था, चाय का निमन्त्रण चालू कर दिया गया। जाहिर है, मेरे आत्मसम्मान को इससे बेहद ठेस पहुँची। मैंने नगेन्द्र जी की इच्छा और प्रत्यक्ष-परोक्ष आदेशों की अवहेलना करते हुए, शामिल होने से इनकार कर दिया। मेरे इस व्यवहार को उन्होंने अपना अपमान और सत्ता को चुनौती माना। न जाने कहाँ से मैंने वह साहस जुटाया था कि जब उन्होंने यह प्रसंग उठाया तो मैं उनके लचर कुतर्कों का तुर्की-ब-तुर्की जवाब देती रही और वे क्रोध से पैर पटकते हुए विदा हुए।

इतना ही नहीं, इस पूरी स्थिति से अवगत मित्रों में से मन्नू भंडारी ने इस अवसर पर साहित्यिक इष्ट-मित्रों को प्रीतिभोज के लिए आमन्त्रित किया जिसमें डॉ. नगेन्द्र शामिल नहीं किये गये। खबर छिपनेवाली नहीं थी। छिपाने का कोई इरादा भी नहीं था, पर इस घटना ने डॉ. नगेन्द्र की नज़र में हम सबको लगभग विद्रोही गुट का दर्जा दे दिया। वे नहीं जानते थे कि असल विद्रोही हम नहीं थे। विद्रोह तो उनके

आसपास के विश्वविद्यालीय परिवेश में पनप रहा है, जिसका एक कारण उनका सामन्तवादी तानाशाही रवैया और दूसरा उनको मित्र वेश में घेरे हुए वे तथाकथित हितू पर वास्तव में ईर्ष्याग्रस्त चाटुकार हैं, जो संकट आने पर मूक-बधिर हो जाएँगे।

इसी बीच, नामवर सिंह की पुस्तक 'कविता के नये प्रतिमान' प्रकाशित हुई जिस पर उन्हें साहित्य अकादमी का पुरस्कार मिला। वह अलग अजीबोगरीब किस्सा था। एक दिन हमारी मित्र-मंडली गाड़ी में भरकर कहीं जा रही थी। औरों के बीच भारत भूषण अग्रवाल और नामवर सिंह भी थे। नगेन्द्र जी को साहित्य अकादमी का पुरस्कार मिलने के बाद अक्सर भारत जी लोगों के व्यंग्य-बाणों की नोक पर रहते थे। ऐसे ही किसी सन्दर्भ में उन्होंने ठहाका लगाकर कहा, "गुरुजी (वे परिहास में नामवर जी को ऐसे ही सम्बोधित करते थे), आप भी लिख दीजिए किताब, तो आपको भी दिलवा दूँ पुरस्कार।" मेरी तत्काल प्रतिक्रिया हुई, "भारत जी, वादा पक्का रहा?" और भारत जी ने फक्कड़ाना हँसी हँसते हुए दोहराया, "एकदम पक्का, ये लिखें तो सही।" हम सबको कहीं-न-कहीं विश्वास था कि नामवर जी कुछ करने-धरनेवाले नहीं हैं, पर रह-रहकर मैंने उन्हें ठेलना शुरू किया। विषय कहीं-न-कहीं उनके मन में पक रहा होगा और नगेन्द्र जी को लेकर आक्रोश भी, वरना किसी के वादे और ठेलने से क्या होता। बहरहाल, दबाव हम लोगों ने बनाये रखा। इस अभियान में जैन साहब भी बराबर शरीक हो जाते थे।

अन्ततः पुस्तक पूरी हुई, जिस कठिन प्रक्रिया से गुजरकर, उसकी साक्षी होने के कारण मैं आज भी उनके कम लिखने या न लिखने के कारणों को समझ सकती हूँ। भारत जी ने वादा पूरा किया और पुरस्कार वितरण समारोह में आचार्य द्विवेदी बड़े गर्व से नामवर जी को बग़लगीर किये कहते सुने गये, "है कोई दूसरा, जिसके शिष्य को भी साहित्य अकादमी का पुरस्कार मिला हो!" दरअसल उन दिनों इस पुरस्कार का बड़ा गौरव और मान्यता थी। उस दौर में हिन्दी की श्रेष्ठ रचनाएँ अधिक संख्या में राजकमल से ही प्रकाशित होती थीं। नामवर जी के दो वर्ष के कार्यकाल में एक बड़ा काम यह हुआ था कि हिन्दी के नामी-गिरामी रचनाकार राजकमल से जुड़ गये थे। साल-दर-साल राजकमल से प्रकाशित किसी रचना को साहित्य अकादमी का पुरस्कार मिलता और शीला सन्धू 18 रिंग रोड पर अपने निवास में इस उपलक्ष्य में भव्य प्रीति-भोजों का आयोजन करतीं। आरम्भ की संकोची शीला जी धीरे-धीरे बड़ी आत्मविश्वासी हो गयी थीं। हरदेव सन्धू बड़े निर्यात गृह के स्वामी, बेहद सम्पन्न-शालीन व्यक्ति थे। शीला जी की साहित्यिक गतिविधियों में कभी वित्तीय अवरोध उन्हीं के कारण पैदा नहीं हुआ। जब तक प्रकाशन उनके हाथ में रहा, बड़े ईमानदार बेबाक ढंग से कारोबार चलता रहा। तमाम नामी-गिरामी

रचनाकारों को उनकी मेहमाननवाज़ी का लाभ मिला। किसी को हिसाब के बारे में कभी कोई शिकायत नहीं हुई।

उनसे भी मेरी पहली भेंट अजित कुमार ने ही उनके दरियागंज के दफ़्तर में कराई थी, संक्षिप्त और औपचारिक। पहली भेंट का प्रभाव दोनों पक्षों में अनुकूल नहीं हुआ था, पर समय के साथ हमारे बीच इतनी पारिवारिक आत्मीयता हो गयी कि आज भी हम दोनों ही एक-दूसरे को गिने-चुने परम विश्वासी मित्रों में मानते हैं।

1956-70 के बीच का समय राजनीतिक और साहित्यिक दोनों दृष्टियों से दिल्ली में बड़ा घटना-संकुल दौर रहा है। चीनी आक्रमण के बाद केन्द्र में सत्ता की चूलें हिल रही थीं। आन्तरिक स्तर पर इस्पात कारखानों और भाखड़ा-नाँगल बाँध जैसी कुछ योजनाओं के अलावा, पंचवर्षीय योजनाओं की विफलता से असन्तोष फैल रहा था। अन्तर्राष्ट्रीय और राष्ट्रीय दोनों स्तरों पर अपेक्षित सफलता न मिलने के कारण पहले नेहरू का मनोबल टूटा, और अन्त में उनकी मृत्यु हो गयी। लालबहादुर शास्त्री की साफ और निश्छल छवि के कारण जनता में उनके प्रति आदर तो बहुत था पर उनका कद और रौब-रुबता नेहरू जी की तुलना में कहीं नहीं ठहरता था। राज्यसभा से राष्ट्रकवि मैथिलीशरण गुप्त की बिदाई हुई। राजेन्द्र यादव ने जवाहर चौधरी के साथ मिलकर अक्षर प्रकाशन खोला। अक्षर प्रकाशन ने आरम्भ में लेखकों और रचनाओं के चुनाव में जिस विवेक का परिचय दिया, उसके कारण देखते-ही-देखते उनकी छवि कुछ ऐसी बनी कि तमाम नामी-गिरामी रचनाकार अपनी रचनाएँ वहाँ से छपवाने के लिए उत्सुक रहने लगे। अनुमान है कि कृतियों का चुनाव राजेन्द्र यादव करते होंगे और उनके प्रोडक्शन का दायित्व जवाहर चौधरी ने सँभाला होगा। बहरहाल, जिन उम्मीदों से यह अभियान शुरू हुआ था, उन पर पानी फिरते लम्बा समय नहीं लगा। अफवाह यह थी कि इसकी तालाबन्दी में 'नई कहानी' आन्दोलन के दो शेष महारथियों की भी कारगर भूमिका रही थी। नई कहानी आन्दोलन के उतार को लक्ष्य कर तीन तिलंगों ने अपनी पक्षधरता के लिए पीठ ठोंककर देवीशंकर अवस्थी को अपने आलोचक के रूप में तैयार किया। किन्तु दुर्भाग्यवश वे एक सड़क दुर्घटना के शिकार होकर दिवंगत हो गये। 'नई कहानी' पत्रिका का सम्पादन भीष्म साहनी के हाथ में आ गया।

विश्वविद्यालय में डॉ. नगेन्द्र के विरुद्ध जो आन्दोलन बल पकड़ रहा था, उसकी नजाकत को समझते हुए उन्होंने डॉ. उदयभानु सिंह की रीडर पद पर नियुक्ति भी कर दी, पर बात बनी नहीं। विद्यार्थियों की नज़र अपनी नियुक्तियों पर लगी थी। उन्हें अपनी रोजी-रोटी का सवाल सता रहा था। वामपन्थी विचारधारा की पताका के नीचे उन्होंने हल्ला बोला, तो तत्कालीन उपकुलपति अर्थशास्त्री के.एन.राज ने, जो

स्वयं भी वामपन्थी थे, योजना बनाकर डॉ. नगेन्द्र को ऐसा गिरफ्त में लिया कि उन्हें अध्यक्षता से त्यागपत्र देना पड़ा। छात्रों की अगुवाई औरों के अलावा मुख्य रूप से सुधीश पचौरी और कर्णसिंह चौहान कर रहे थे। इनका साथ लगभग गुमनाम रहकर प्रताप सिंह नेगी दे रहे थे, जिनका काम मुख्य रूप से रात के समय कन्धे पर पोस्टर लादकर चिपकाने का अभियान चलाना था। पर विचारधारा के प्रति सबसे समर्पित सम्भवतः वही थे, जो बाद में इमरजेंसी के दौरान कई महीने गिरफ्तार भी रहे।

उधर अजित कुमार के घर में जमनेवाली सान्ध्यकालीन बैठकें पहले ही भंग हो चुकी थीं। हुआ यह कि उनमें धीरे-धीरे कुछ अवांछित तत्त्वों ने प्रवेश करना शुरू किया। बातों में असंयत बहस-मुबाहिसा और यदा-कदा गरमा-गरमी होने लगी। मैंने यह भविष्यवाणी करते हुए कि अब माहौल बैठने लायक नहीं रह गया है, किसी दिन बखेड़ा खड़ा होनेवाला है, जाना कम कर दिया। एक दिन सुना कि वहाँ चप्पल चल गयी। वादी-प्रतिवादी सम्भवतः रमेश गौड़ और उदयभान मिश्र थे। हमेशा की तरह नामवर जी अध्यक्ष पद पर आसीन थे। उपस्थितों में देवीशंकर अवस्थी भी थे। जब चप्पलें हाथों में आ गयीं तो शराफत के मारे अवस्थी जी बीच-बचाव करने उठे। लगे हाथों दो-एक चप्पल उन पर भी पड़ गयी । अध्यक्ष जी अतिरिक्त गम्भीर मौन धारण किये रहे और अजित जी वाचिक रूप से बीच-बचाव करते रहे। बाद में शायद अजित जी ने पूरे प्रसंग पर अपनी नाराजगी जाहिर की, और सार्वजनिक बैठकी उसके बाद बन्द हो गयी।

इसके समानान्तर एक दुर्घटना और हो चुकी थी। होली के अवसर पर मॉडल टाउन निवासी मित्रों की टोली होली मिलन के लिए इकट्ठे होकर एक-दूसरे के घर जाती थी। मित्रों के अनुसार, एक ऐसे ही अवसर पर जब कुछ लोग सर्वेश्वर दयाल सक्सेना के घर पहुँचे तो किसी प्रच्छन्न कारणवश उन्होंने क्रोध में नामवर सिंह का कुरता फाड़ दिया। प्रतिक्रिया में नामवर सिंह चुपचाप मुड़े और उलटे पाँव लौट गये। लोगों का कहना था कि उन्होंने उस दिन अद्भुत शालीनता और संयम का परिचय दिया। यदि वे भी ठकुराई पर उतर आते तो न जाने क्या होता। बहरहाल, उसके बाद वह होली मिलन भी बन्द हो गया। वैसे हम मित्र लोग घरों में वर्षों इकट्ठे होकर होली खेलते-खिलाते रहे। उधर विश्वविद्यालय में भी स्थितियाँ तेजी से बदल रही थीं। दिन-पर-दिन दिल्ली शहर के भौगोलिक विस्तार और विद्यार्थियों की बढ़ती संख्या के कारण दक्षिणी दिल्ली में एक और परिसर खोलने का निर्णय लिया गया, साथ ही यह भी कि उसकी शुरुआत स्नातकोत्तर स्तर पर अंग्रेजी और हिन्दी साहित्य और कॉमर्स की पढ़ाई से की जाए। विभाग की अध्यक्ष उस समय डॉ. सावित्री सिन्हा थीं। वे मेरे पीएच.डी. के शोध-प्रबन्ध की निर्देशक रह चुकी थीं और उस सन्दर्भ में मेरे

और उनके बीच भारी मतभेद के बाद बातचीत तक लगभग बन्द हो गयी थी। वे स्वभाव से बड़ी निश्छल पर कान की कच्ची और तुनकमिजाज थीं। साथ ही बड़ी हँसमुख। बहरहाल, नियुक्तियों की पूरी प्रक्रिया बड़े रहस्यमय गोपनीय ढंग से सम्पन्न की जा रही थी। डॉ. नगेन्द्र के हाथ में कुछ नहीं था। मैं पूरे आत्मविश्वास से मैदान में कूद गयी। डॉ. सिन्हा ने बड़े उदार मन से मेरा समर्थन किया। बहुतों को इससे निराशा हुई पर मेरे और डॉ. सिन्हा के बीच उनके इस व्यवहार से सारी कटुता धुल ही नहीं गयी, बल्कि विभागीय प्रशासन में वे मेरे ऊपर बराबर निर्भर रहने लगीं।

इधर मेरी नियुक्ति दक्षिण परिसर में हुई, उधर शिवमंगल सिंह 'सुमन' की सिफारिश पर जोधपुर विश्वविद्यालय के उपकुलपति प्रो.वी.वी. जॉन ने डॉ. नामवर सिंह को आमन्त्रित करके प्रोफेसर पद पर नियुक्त कर दिया। नामवर जी ने जिस दिन सफ़दरजंग हवाई अड्डे से जोधपुर के लिए प्रसन्न, पर भारी मन से प्रस्थान किया, उन्हें विदा करनेवालों में सिर्फ मैं, जैन साहब और भारत भूषण अग्रवाल थे।

(दिल्ली : शहर-दर-शहर से)

परिशिष्ट : अनुवाद

एडविना और नेहरू

नेहरू जेल की सलाखों से आजाद दिखाई दे रहे थे। सुबह की उमसदार गर्मी घटनी शुरू हो गयी थी, वर्षा के पहले बादलों को सूरज ने गुलाबी छींटों से रँग दिया था। दूर देहातों में गायों ने रँभाना शुरू कर दिया था, और वर्षा ऋतु की घोषणा करनेवाले पपीहे ने गला खोलकर कूजना शुरू कर दिया था। नेहरू को अब बाहर निकलना था, जिन्दगी को फिर से देखना था।

× × ×

उन्होंने बात जारी रखी, 'भाइयो! मैं आपके जोश की वजह समझता हूँ, क्योंकि हमारा संघर्ष लम्बा भी था और कठिन भी। पर अभी हमारी लड़ाई खत्म नहीं हुई है; और अगर हमें रचनात्मक बातचीत करनी है, तो कोई गड़बड़ी नहीं होनी चाहिए। अपने प्यारे महात्मा का उपदेश याद रखिए : सत्य की खोज के लिए एक-दूसरे का सम्मान करना जरूरी है और उसमें हिंसा के लिए जगह नहीं है। जल्दी ही पार्टियों के नेता वायसराय की सत्ता के तहत होनेवाली कॉन्फ्रेंस में मिलेंगे।'

ब्रिटिश इंडिया के वायसराय के नाम के उल्लेख पर लोगों ने हूट करना शुरू किया। भीड़ फिर उत्तेजित होने लगी।

'नहीं भाइयो नहीं, नफरत नहीं। लन्दन सरकार के साथ बातचीत के बिना हम लोग स्वतन्त्र नहीं हो सकते। और सुप्रीमो में मुझे एक ऐसा व्यक्तित्व मिला है जो उन तमाम गुणों से युक्त है जिनकी गणना इंग्लैंड शालीनता के लिए करता है। भाइयो, उदारता को नहीं भूलो, गाँधी ने तुम्हें उसकी शिक्षा भी दी है। हमें अपने दुश्मन का आदर जरूर करना चाहिए, विशेषकर तब जब उसका नाम हो लॉर्ड लुई माउंटबेटेन बाइकाउंट ऑफ बर्मा।'

और लॉर्ड लुई का हाथ पकड़कर, उन्होंने उनके लिए तालियाँ बजाने को कहा। 'जय हिन्द। स्वतन्त्र भारत अमर रहे।' उन्होंने नारा लगाया और उत्साहित भीड़ ने उनके नारे का अनुसरण किया।

धीरे-धीरे करके शान्ति छा गयी।
नेहरू ने अपना माथा पोंछा।

कलकत्ता, 16 अगस्त 1946

सुबह का गर्म धुँधलका अभी कुछ-कुछ साफ होना शुरू ही हुआ था जब कमीजों के नीचे हथियार दबाये धूर्तों की छायाओं की पहली टोली ने घरों के किनारे-किनारे पैर दबाकर चलना शुरू कर दिया था। इतनी अल्ल-सुबह सिर्फ कौए जागे थे, जो बड़ी ढिठाई से मैदानों में चारा तलाश़ रहे थे। शहर के ऊपर दो-तीन चीलें उड़ती दिखाई पड़ रही थीं। चारों तरफ सन्नाटा था। सायबानों के नीचे अपनी दुकानों के प्लेटफार्मों पर दुकानदार नींद में खर्राटे भर रहे थे; कहीं दूर से गर्मी से बेचैन किसी बच्चे के रोने की आवाज बीच-बीच में सुनाई पड़ जाती थी। सूरज उगकर दुनिया पर हमला करने वाला था।

जिला नोआखाली, बंगाल, 17 दिसम्बर 1946

आँखें मिचमिचाते हुए, उस बूढ़े आदमी ने दरवाजे के बीच में उगते हुए सूरज को देखा। दिन की रोशनी केले के सघन गाछ के बीच से पहले ही दिखाई देने लगी थी। महात्मा के अगल-बगल आभा और मनु सोई थीं। गाँधी ने सावधानी से अपना चश्मा ठीक किया और फिर काले बालोंवाले दोनों सिरों को थपथपाया। आभा ने तुरन्त आँखें खोल दीं। मनु ने कराहते हुए करवट बदल ली।

गाँधी चुपचाप उठकर घर के बाहर चले गये। रात में कोई घटना नहीं घटी थी; इस गाँव ने जिन्ना के 'सीधी कार्रवाई का दिन' वाले आदेश के बाद होनेवाले दंगे में सैकड़ों जानें ली थीं। और इसी हत्यारे गाँव ने बिना विशेष विरोध किये उनका स्वागत किया था। पूरा नोआखाली जिला 10 अक्तूबर को आग की लपटों में धधक रहा था, और सिर्फ गाँधी जानते थे कि गाँववासियों को कैसे शान्त किया जाता है। पूरे दो महीने से वे विध्वस्त गाँवों के बीच यात्रा कर रहे थे और यह गाँव दूसरे गाँवों से बदतर नहीं था। शुरू में, बेशक उन्हें आता देखकर किसान उत्तेजित हो गये थे। लेकिन उन्हीं की तरह निहत्थे, कंगाली की स्थिति में जमीन पर बैठकर महात्मा ने इस समस्या के बारे में नम्रता, लेकिन सरगर्मी के साथ उनसे बातचीत करके उन्हें शान्त कर दिया था। उसके बाद गाँधी ने रात उन्हीं की झोंपड़ी में गुजारने की इच्छा प्रकट की। जिस आदमी ने यह प्रस्ताव स्वीकार किया वह झोंपड़ी के बाहर सोया, एक तकलीफदेह कम्बल पर पैर फैलाकर। उस रात वहाँ और आक्रमण नहीं हुए। वह रात बिना लाशों के, बिना आग के शान्तिपूर्वक बीत गयी।

कुछ आगे बढ़कर गाँधी के साथियों को दूसरे घरों में आश्रय मिल गया था। कन्धे पर थैला लटकाये, सीमाप्रान्त के गाँधी विशालकाय गफ़्फ़ार ख़ाँ, अपनी दाढ़ी को सीधा करते हुए इन्तजार कर रहे थे।

सब लोग जल्दी ही तैयार होनेवाले थे। ठण्डी साँस लेकर गाँधी घर में लौटे और दोनों उनींदी युवा लड़कियों को झकझोरकर जगा दिया। उन्हें शान्ति स्थापना के मिशन पर दूसरे गाँव जाना था।

कुछ ही देर बाद जुलूस रवाना हो गया। गाँधी सबसे आगे थे हमेशा की तरह सफेद चादर लपेटे, हाथ में लाठी, पाँव में सैंडिल। उनके पीछे-पीछे दोनों लड़कियाँ चल रही थीं, उसके बाद पठान और उसके बाद बाकी की छोटी-सी टुकड़ी। वे एक धान के खेत के किनारे पहुँचे; काले बादलों के पहाड़ ने सूरज को ढक लिया था। रास्ता उन चमचमाते खेतों के बगल से होकर जा रहा था, जहाँ सर्दी के धान की खेती हो रही थी। सहसा गाँधी जड़ हो गये; भूमि के एक बंजर टुकड़े में शीशे के टूटे हुए नोकदार टुकड़े गड़े थे। उनकी नोकें सीध में ऊपर थीं। उस कारस्तानी के ऊपर तख्ती लगी थी 'गाँधी मुर्दाबाद'। और नीचे टेढ़े-मेढ़े अक्षरों में लिखा था : 'पाकिस्तान को स्वीकार करो'।

वृद्ध ने अपनी छड़ी की नोक से, एक-एक करके टुकड़ों को एक तरफ कर दिया। जैसे ही उन्होंने अपना रास्ता साफ करना खत्म किया, ऊपर काले आसमान में स्वच्छ बगुलों का एक झुण्ड उड़ता हुआ निकल गया जैसे तेज हवा से उड़ता हुआ कोई सफेद दुपट्टा हो।

× × ×

इसके बाद भाषण देने की बारी सरोजिनी की थी। उन्होंने अपने कागज निकाले, उन्हें अपने सामने रखा, उलटे हाथ से उन्हें सपाट किया, उसके बाद, उनकी तरफ देखे बिना उन्होंने अपनी चमकती हुई आँखों से श्रोताओं को बाँध लिया।

'आप लोग सोचते होंगे कि आज इस सम्मानपूर्ण पद के लिए एक औरत का चुनाव क्यों किया गया है। जवाब सीधा-सादा है। भारत ने हमेशा अपनी स्त्रियों को आदर दिया है। जब मैं एशिया के राष्ट्रों के इस अद्भुत समागम को देखती हूँ तो भावोद्वेलित हो जाती हूँ, इस हद तक कि मेरी वाणी मूक हो गयी है। किसी महिला की बोलती बन्द करना आसान नहीं होता। मेरे भाई और नेता और भारत के नायक पण्डित जवाहरलाल नेहरू ने जो कुछ कहा जा सकता था वह सब कह दिया और बहुत सुन्दर ढंग से कह दिया।

आप लोग ऊँची पहाड़ियों के बीच दर्रों को पार करके आये हैं, रंग-बिरंगे समुद्रों के विस्तृत वक्षस्थल पर तैरकर आये हैं, सुबह और शाम के बादलों पर सवारी करके

आये हैं। मैं नहीं जानती कि आपमें से कितने यह समझते हैं कि हम इस समय और यहाँ खड़े हैं, यह सिर्फ एशिया का हृदय नहीं है, बल्कि वह भारत के हृदय का मर्म और केन्द्रस्थल है। यह पुराना किला, यह ऐतिहासिक खँडहर, टूटे हुए मेहराब, ये सब क्या सूचित करते हैं? ये इतिहास के सबेरे का संकेत करते हैं, तमाम भूले हुए युगों के इतिहास का। ये एक नये युग के सबेरे के प्रतीक हैं जिसकी शुरुआत आज हो रही है।'

उनकी चूड़ियाँ खनखनाईं, उनकी स्वर्णिम आवाज से जैसे सूरज दमकने लगा, उत्तेजना में वह जिन्ना को भूल गयीं और साथ ही अपनी कुरूपता को भी... 'जब वह इस तरह उड़ान भरती हैं तो कितनी सुन्दर लगती हैं', नेहरू सोच रहे थे, 'इस बात का यकीन करना मुश्किल नहीं है कि उसके इस रूप को देखकर बहुत-से आदमी प्रेम करने लगे होंगे।'

'इसलिए, हम विश्व के पहले बसन्ती समय में हैं,' सरोजिनी ने अपनी आवाज ऊँची करते हुए बात जारी रखी। 'जब चिड़ियाँ गाती हैं, जब सूर्य के दिखाई देते ही जलाशय मुस्कुरा उठते हैं; जब फूल खिलते हैं और नववधुएँ उन्हें अपने बालों में सजाती हैं और बच्चे उनसे हार पिरोते हैं और जब हम उन सबको याद करते हैं जो हमारे पूर्ववर्ती थे। मैं तुम्हारा आह्वान करती हूँ;' उन्होंने बड़ी गम्भीर आवाज में कहा, 'अपनी कक्ष से उठो; मैं तुम्हारा आह्वान करती हूँ, अनन्त बसन्त के वैतालिक बनो।'

लगता था जैसे उनके मुँह से निकलनेवाले हर शब्द को प्रतिनिधियों का समूह बड़े ध्यान से सुन रहा था : 'आइए हम सितारों की ओर बढ़ें,' उन्होंने अपनी स्थूल बाँहों को राजसी अन्दाज में उठाते हुए कहा। चिड़ियों ने कहा, 'तुम चाँद को क्यों पुकारते हो?' 'हम चाँद को पुकारते नहीं, हम उसे आकाश से तोड़ लाते हैं और उसे एशिया की आजादी के मुकुट पर धारण करते हैं।'

उन्होंने अपनी बाँहें नीचे कर लीं, उन्हें सेल्यूट किया और तालियों की गड़गड़ाहट के बीच अपना सिर उठाया। नेहरू मुस्कुराए; वह सरोजिनी के अब तक के भाषणों में सर्वोत्तम भाषण था।

× × ×

गाँधी का चश्मा झिलमिलाया, और उनके हाथ काँपने लगे। उन्होंने काफी देर तक अपना सिर झुकाए रखा, और जब उसे ऊपर उठाया, तो उनकी आँखें आँसुओं से चमक रही थीं।

'योर हाइनेस, मेरे कितने बच्चे कलकत्ता में मारे गये। बंगाल में कितने मुसलमानों का कत्लेआम हुआ। बिहार में कितनी जिन्दा हिन्दू औरतों को कुओं में

फेंक दिया गया। मैंने भाई-भाई को नफरत से एक-दूसरे से लड़ते हुए देखा है, और यह तब तक नहीं रुकेगा जब तक हम उनके बीच समझौता कराने का प्रयास नहीं करेंगे...समझौता करना जरूरी है।'

'आप मिस्टर जिन्ना को मुझसे बेहतर जानते हैं, सर,' लॉर्ड लुई ने सावधानी से कहा।

'निश्चित रूप से।' गाँधी ने ठण्डी साँस ली, 'तीस साल से ऊपर से जानता हूँ। वे दुर्दमनीय और चालाक आदमी हैं, इतने जिद्दी कि यकीन नहीं किया जा सकता। उनमें चोट खाई आत्माओं का-सा साहस है। मैं उन्हें खूब समझता हूँ...'

'लेकिन वे मिली-जुली सरकार में शामिल नहीं होना चाहते। आप नहीं जानते कि वे कांग्रेस के साथ हर तरह के समझौते को नामंजूर कर रहे हैं।'

'मिस्टर जिन्ना का अपना अहंकार है, योर हाइनेस! लेकिन मैं जानता हूँ कि उन्हें कैसे राजी किया जा सकता है। उन्हें भारत सरकार में प्रधानमन्त्री का पद चाहिए,' गाँधी ने जोर देकर कहा।

'जिन्ना', माउंटबेटेन ने सन्न होकर पूछा।

'मोहम्मद अली जिन्ना, हाँ,' महात्मा ने जोर देकर कहा।

'मिस्टर नेहरू कभी स्वीकार नहीं करेंगे', लॉर्ड लुई ने कहा।

'मैं उन्हें कायल करूँगा', महात्मा ने धीमी आवाज में कहा। 'उन्हें स्वीकार करना पड़ेगा, वरना भारत नष्ट हो जाएगा, हम उसे गँवा देंगे, योर हाइनेस! लीग अपने पाकिस्तान के लिए और झगड़ा करेगी; वक्त की कमी के कारण आप आखिर समर्पण कर देंगे और...' उस बूढ़े आदमी ने अपना सिर थाम लिया।

'फिर हजारों नहीं, लाखों लोग मारे जाएँगे, योर एक्सिलेंसी, लाखों।'

'क्या ऐसा तय है?' एडविना ने धीरे-से पूछा।

'मैडम, भारत के हर गाँव में आपको एक मन्दिर दिखाई पड़ेगा और सड़क के दूसरे कोने पर एक मस्जिद। मेरे देश को आप किस तरह बाँटना चाहते हैं? छः लाख भारतीय गाँव कैसे बाँटे जा सकते हैं? क्या आप कल्पना कर सकते हैं कि सारे मुसलमानों को इकट्ठा करके उनकी जन्मभूमि से दूर भेजा जा सकता है? सदियों से वे हिन्दुओं के अपने भाइयों के साथ रहते आये हैं; कोई वजह नहीं है कि वे अब एक-दूसरे से नफरत करने लगें। उन्हें ऐसा करने के लिए मजबूर किया गया है।'

× × ×

'मैं एक गाँव देखना चाहती हूँ,' एडविना ने हिचकिचाते हुए कहा, 'कोई गाँव।'

शोफर ने निश्चयपूर्वक एक कच्चा रास्ता पकड़ा। चारों तरफ से हिचकोले खाती हुई एडविना को दूर एक तालाब दिखाई पड़ा। बड़े पेड़, एक झोंपड़ी और एक मोड़

घूमकर एक खेड़ा। शोफर ने तालाब के पास गाड़ी रोक दी। एडविना उतर गयी।

पानी में फूले हुए लिली के फूलों के बीच, भैंसों के आत्मतुष्ट सिर उठे हुए थे। वे सूरज की रोशनी में आँखें मिचमिचा रही थीं। शान्त जल में से उनकी थूथन बाहर निकली थी। तालाब के बाहर खड़ी गायें अपनी बारी के इन्तजार में थीं, कुछ सलेटी रंग की चिड़ियाँ उनकी पीठ पर टिकी थीं; कौवे उनके पास चारा तलाश रहे थे। वह जगह इतनी शान्त थी कि एडविना को लगा कि वह दूसरी दुनिया में है। साम्राज्य की राजधानी से कुछ ही किलोमीटर दूर, विशाल भारग्रस्त शहर से दो कदम हटकर, ये स्वर्गीय तालाब जिसमें भैंसें नहा रही हैं...

वह कुछ कदम चली, उस कुएँ को देखा जहाँ महिलाएँ सिर पर पीतल के घड़े थामे आपस में बात कर रही थीं, उनके घेरदार लहँगे उनके कूल्हों पर इकट्ठे थे। उन्होंने उसे देखा, चुप हो गयीं, और एक आँख खुली छोड़कर चुपके से अपने चेहरों पर घूँघट खींच लिए। एडविना रुक गयी। वे उसको देखने लगीं। औरतों के झुंड से एक नंगा बच्चा अपने को छुड़ाकर एडविना की तरफ दौड़ा। वह उसे उत्सुकता से परखता रहा; फिर थैले के पट्टे को खींचकर उसने मेमसाहिब के कन्धे से सरका लिया और इस पुरस्कार को लेकर भाग निकला।

× × ×

नेहरू को नींद आ गयी। उन्हें बीच-बीच में नदियों और विराट पीपल के पेड़ों के सपने आते रहे; उन्होंने एक बार फिर अपने बचपन के शहर के बीच से गंगा को बहते देखा। आसमान की स्वच्छता, पानी का प्रवाह, घंटों की अनुगूँजें, पूजा की गुनगुनाहट सबने उन्हें शान्ति दी; माथे पर भस्म लगाये पुजारियों के मुसे-तुसे गमछे हवा में लहरा रहे थे। फिसलनी सीढ़ियों पर औरतें अपने गीले बालों को निचोड़कर सुखा रही थीं। एक काला भैंसा थूथनी बाहर निकाले तिनकों जैसे पलकों के साये में शान्त आँखों से उनकी तरफ देख रहा था। सहसा रात हो गयी, पत्तों के दोनों में रखे दीये नदी के प्रवाह में बह आये। वे हल्के होने के कारण लुढ़क रहे थे। अवगुंठन की तरह उन्हें पूरी तरह शान्ति ने ढाँप लिया। 'शान्ति' वे नींद में बड़बड़ाये 'योग चित्तवृत्ति निरोधः' एडविना सुनने के लिए उन पर झुक गयी और नेहरू के सुन्न हाथ से उसका हाथ छूट गया। नेहरू थरथराये।

× × ×

एडविना ने गाँधीजी से पहले प्रवेश किया। वह निस्तेज लग रही थी। लॉर्ड लुई ने देखा कि महात्मा ने उसकी पत्नी के कन्धे का सहारा नहीं लिया। उनके हाथ उनकी सफेद चादर पर बँधे हुए थे, चेहरा झुका था और वे धीमी गति से आ रहे थे। और जब वे आरामकुर्सी के किनारे पर बैठे तो हमेशा की-सी मिलनसारी के साथ माउंटबेटेन को नमस्कार करने के बजाय वे खामोश रहे। एडविना तेजी से खिसक गयी।

'डियर मिस्टर गाँधी,' माउंटबेटेन ने गला साफ करते हुए कहा, 'मुझे मालूम है कि आपके पास समय कम है। हम लोग बात शुरू करें।'

गाँधी ने सिर उठाया और लॉर्ड लुई ने देखा कि उनके चेहरे पर मुर्दनी छायी थी। उनकी आँखों की चमक गायब थी। बाकी थी सिर्फ असह्य वेदना।

'सर!' बेहद विगलित लॉर्ड लुई पुकार उठे 'मैं आपसे प्रार्थना करता हूँ, अपने पर काबू रखें...मैं आपको इस तरह कष्ट पाते नहीं देख सकता।'

'यह अपराध है, योर हाइनेस, घोर अपराध...आप भारत की हत्या कर रहे हैं।' महात्मा ने कराहते हुए कहा।

'बिल्कुल नहीं,' लॉर्ड लुई ने उनकी बात का विरोध किया। 'आप जानते हैं कि मैंने कांग्रेस और लीग के बीच समझौता कराया है।'

'तुमने अपने लिए समझौता किया है,' गाँधी बुदबुदाये। उन्होंने माउंटबेटेन की तरफ़ ऐसी नज़र डाली जिसमें तिरस्कार का भाव था, 'मैं अपने से समझौता नहीं करता। तुम्हें समर्पण नहीं करना चाहिए था।'

'मिस्टर गाँधी, मुझे एक मिशन सौंपा गया था, एक अन्तिम तिथि, और उस सबसे ज्यादा एक निरंकुश माँग। आपकी ही तरह, मैं भी विभाजित भारत के ख़याल को नहीं सह पाता; मुझे इसके खतरों की भी जानकारी है। पर मेरी जगह आप होते तो क्या करते?'

'आप हमें छोड़ जाइए, सर', यह कहते हुए गाँधी की आँखों की चमक लौटनी शुरू हो गयी। 'हमें हमारे भाग्य पर छोड़ दिया, हम आग और तलवार की राह से गुजरेंगे, पर वह हमारा शोधन करेगी। आप सर्वाधिकार कांग्रेस को सौंप दीजिए। भगवान हमारे शासकों की रक्षा करेगा।'

'आप जिन्ना को दंगे भड़काने के लिए छोड़ देंगे। आप पाकिस्तान की तुलना में अव्यवस्था का चुनाव कर रहे हैं,' लॉर्ड लुई बोले।

'लेकिन पाकिस्तान को जन्म देकर भी तो अव्यवस्था फैलेगी, सर। आप फिर भी यन्त्रणा से नहीं बच सकते। क्या आपको दिखाई नहीं देता कि सीधे छोड़कर जाने से इंगलैंड को कितना फायदा होगा? भारत को छोड़कर जाने के बाद आप पर कोई जिम्मेदारी नहीं रहेगी, अपना बोझ हम खुद अपने कन्धों पर उठाएँगे।'

'मिस्टर गाँधी, क्या आप यह सिफारिश कर रहे हैं कि हम पलायन कर जाएँ?'

'नहीं! मैं अपनी माँ के शरीर के टुकड़े-टुकड़े नहीं कराना चाहता। आप चले जाइए, मैं आपसे भीख माँगता हूँ।'

वृद्ध सज्जन रो रहे थे।

'लेकिन, कांग्रेस तो अपनी रजामन्दी दे चुकी है, मिस्टर गाँधी। ऐसे में मैं क्या

कर सकता हूँ?' माउंटबेटेन ने धीरे-से कहा।

'ओह! मैं जानता हूँ', महात्मा सुबक रहे थे, 'मैंने आपसे नेहरू के अहंकार की चर्चा की थी, और वे अकेले नहीं हैं, पटेल, मेनन, उन सबने मुझे त्याग दिया है ...वे लोग अब मेरी बात नहीं सुनते।'

'अब आप ऐसी स्थिति में क्या करेंगे?' लॉर्ड लुई ने परेशानी के साथ पूछा।

गाँधी ने उनकी तरफ बड़ी संजीदगी से देखा और कोई जवाब नहीं दिया।

'मिस्टर गाँधी, आप इस घण्टे-भर में, प्रार्थना-सभा में क्या करेंगे?'

'आप अच्छी तरह जानते हैं,' गाँधी ने बुदबुदाकर कहा।

'आप ऐसा न करें,' कातर होकर लॉर्ड लुई ने विनय की।

'यह मेरा फ़र्ज है, सर,' महात्मा ने गम्भीर स्वर में कहा। 'कम-से-कम मेरे पास यह हथियार तो है।'

माउंटबेटेन सहसा खड़े हो गये और खिड़की तक गये। आसमान का रंग गहराने लगा था और समय उनके हाथ से उँगलियों के बीच से रेत की तरह फिसला जा रहा था।

× × ×

'इस समय, वक्त के तकाज़े ने इसे असम्भव कर दिया है,' गाँधी कहते रहे, 'लेकिन, शायद एक दिन ऐसा आएगा जब भारत को एक उपयुक्त राज्याध्यक्ष मिलेगा—यानी एक हरिजन लड़की।'

'एक अछूत?' लॉर्ड लुई चकराये।

'ईश्वर की एक सन्तान, सर। बीस साल की, जिसे रद्दी काम करने की आदत हो, जिसके हाथ भले ही गन्दे हों लेकिन हृदय जो शुद्ध और निर्विकार हो। स्फटिक जैसा,' उन्होंने उत्साह से कहा।

'यह बड़ा प्रशंसनीय विचार है लेकिन क्या आपको लगता है कि भारत इसके लिए तैयार है?' माउंटबेटेन ने पूछा।

'भारत ने इस पर बहुत विचार नहीं किया,' महात्मा ने स्वीकार किया। 'लेकिन वे एक दिन याद करेंगे कि मैंने कभी इसकी माँग की थी; शायद इसमें बीस-तीस वर्ष लगें, मैं नहीं जानता सर कि तब तक हम लोग ज़िन्दा भी होंगे या नहीं।'

'हम लोग इसे देखेंगे, मिस्टर गाँधी। दूसरी बात क्या थी?'

'यह भवन बहुत बड़ा है' कहते हुए महात्मा ने लम्बी साँस ली। 'हर बार जब मैं आपसे मिलने आता हूँ और इन अनन्त गलियारों से गुजरता हूँ और इन तमाम खाली पड़े हुए कमरों को देखता हूँ, तो मैं अपने-आपसे कहता हूँ कि इस पूरे भवन को एक आदमी पर ज़ाया करना कितना बेतुका है।'

महात्मा ने अपनी आवाज जरा-सी ऊँची करके बात जारी रखी, 'क्योंकि जब तक आप वायसराय हैं, तब तक आपकी रहने की शैली पर टिप्पणी करना मेरा काम नहीं है, लेकिन जब आप गवर्नर जनरल हो जाएँगे तो आप उन करोड़ों भारतीय नागरिकों के प्रति जवाबदेह होंगे जिनके आप सरकारी प्रतिनिधि हो जाएँगे। आदर्श कायम कीजिए। जाकर बँगले में रहिए, माँग कीजिए कि घरेलू कामों के लिए आपको कोई सहायक न दिये जाएँ और नये सिरे से इतिहास लिखिए।'

'सर', माउंटबेटेन ने अपनी हँसी रोकने का प्रयत्न करते हुए कहा, 'मैं आपकी भावना को समझता हूँ। आपकी नज़र में यह भवन उस अतीत का प्रतीक है जो जल्दी ही समाप्त होनेवाला है।'

'यह उन करोड़ों किसानों के खिलाफ अपराध है, जो बिना बिजली-पानी के, बिना इस कृत्रिम रूप से ठण्डा करने वाली मशीन के, बिना इस तमाम साज़ो-सामान के कच्ची झोंपड़ियों में रहते हैं। आपको सिर्फ निर्णय लेना है, बस...।'

'मिस्टर गाँधी, चाहे जो हो, मैं 1948 में जून के बाद यहाँ नहीं रहूँगा,' माउंटबेटेन ने घोषणा की, 'तब और अब के बीच, यह स्थानान्तरण महँगा भी पड़ेगा और इसमें समय भी बर्बाद होगा।'

'ओह! यह सच है। मैंने इस बारे में नहीं सोचा था।'

'यह काम मेरे उत्तराधिकारी का, उस पहले हिन्दुस्तानी का होगा जिसकी नियुक्ति इस पद पर होगी कि वह इस भवन को अस्पताल में बदल दे; वह चाहे तो बगीचे में गौशाला भी बना सकता है,' लॉर्ड लुई बोले, 'औद्योगिक दुनिया के बारे में मैं आपके विचार जानता हूँ; आप उसे पसन्द नहीं करते।'

'सर, ये हमारे पुराने औज़ार, हल और चरखा ही हैं, जिनसे हमारी परम्पराओं को सन्तुलन और समझदारी मिली है। लोग एकसाथ बहुत कुछ चाहते हैं। कारें, रेडियो, फूँकने के लिए मशीनें और हवा...और न जाने क्या? उन्हें कभी सन्तोष नहीं होगा। मनुष्य कभी आराम से नहीं बैठता, उसकी अपेक्षा बढ़ती ही जाती है।...यह सब फिजूलखर्ची...'

× × ×

दिल्ली, 17 जनवरी 1948

महात्माजी ने 13 जनवरी को उपवास शुरू कर दिया। इस बार पूरे बगीचे में सन्नाटा छाया हुआ था। हिन्दुस्तानियों की बेशुमार भीड़ थी वहाँ—कुछ छोटे-छोटे झुंडों में बैठे हुए, कुछ अलग होकर प्रार्थना करते हुए, कुछ हताश और पस्त। सब चुप्पी साधे थे। काले या सफेद बुर्कों में लिपटी मुसलमान औरतें लॉन पर निश्चल बैठी थीं।

गुलाब की झाड़ियों में फूल खिल रहे थे और उनके पास ललाट पर भस्म रमाए साधु ध्यान लगाये बैठे थे। बड़ी-बड़ी उदास आँखों से सिख इस विराट भवन के निःशब्द अग्रभाग को हताशा से देख रहे थे। घेरा डाले अनुयायी इस भवन की रखवाली कर रहे थे।

महात्माजी का वजन तीन किलो घट गया था। अब उनका वजन सिर्फ अड़तालीस किलो रह गया था। उनकी नब्ज़ लगभग डूब चुकी थी। उन्हें नींद में सन्निपात होने लगा था और उनके प्राकृतिक चिकित्सा सम्बन्धी विचारों का सम्मान करने वाली उनकी युवा डॉक्टर को डर था कि वे बेहोशी में चले जाएँगे। उनके गुर्दे काम नहीं कर रहे थे। चार दिन से वे थोड़ा-सा सोडा-मिले गुनगुने पानी पर ही जिन्दा थे।

अपनी लिमोसीन कार में बिरला हाउस जाते हुए गवर्नर जनरल को प्रदर्शनकारियों का एक लम्बा जुलूस मिला जो उसी दिशा में जा रहा था। पहली कतारवाले लोगों के हाथों में एक तख़्ती थी जिस पर लिखा था : गाँधी को बचाओ।

उपवास के दूसरे दिन ही भारत सरकार ने पाकिस्तान का देना चुका दिया था। पर महात्माजी के लिए इतना ही काफी नहीं था। वे मुसलमानों की सुरक्षा के लिए एक घोषणापत्र भी जारी करवाना चाहते थे। नींद के दो दौरों के बीच गाँधीजी ने अपने सचिव प्यारेलाल को उस घोषणापत्र की शर्तें बोलकर लिखवाई थीं। कोई भी बात उनकी नज़र से नहीं छूटी थी : वह मलबे का ढेर बना दी गयी मस्जिदों का पुनर्निर्माण हो; या रेलों में मुसलमानों की सुरक्षा हो; या चाँदनी चौक में मुसलमानों की दुकानों के बॉयकॉट पर रोक हो। तमाम धार्मिक तथा राजनैतिक नेताओं ने इस घोषणापत्र पर हस्ताक्षर कर दिये थे। पाकिस्तान से इस 'इन्सानियत के मसीहा' के नाम सैकड़ों की तादाद में सन्देश आ रहे थे। पर दो हस्ताक्षर होने अभी भी बाकी थे। ये हत्याकांड के जिम्मेदार उन दो अतिवादी हिन्दू गुटों के हस्ताक्षर थे जिन्होंने हर कीमत पर तमाम मुसलमानों को खदेड़ देने का संकल्प लिया था।

× × ×

'सुबह की धूप में यह हँसती और नाचती है—छायाएँ घिर आती हैं : शीत ऋतु में यह एक सँकरी, मन्द और ललित धारा बनकर बहती है और वर्षा ऋतु में यही विशाल गर्जना करती हुई वस्तु बन जाती है। इसका सीना लगभग समुद्र जितना चौड़ा हो जाता है और कुछ-कुछ वैसी ही संहारक शक्ति भी इसमें आ जाती है। गंगा मेरे लिए एक प्रतीक रही है, भारत के अतीत की एक स्मृति जो वर्तमान से होकर बहती हुई जाकर भविष्यरूपी महासागर में मिल जाती है।'

भारत की तमाम नदियों की प्रफुल्लित, ओजस्विनी देवी, समस्त जीवन को

महासागर की शून्यता तक ले जानेवाली गंगा नदी इस कवित्वहीन विश्व में रोमान के आदर्श की तब भी रक्षा करे जब यहाँ श्रेष्ठता या गर्व के लिए कोई स्थान न रह जाए।

क्या यह कल्पना करना सिर्फ उत्कण्ठा ही होगी कि उत्तरी सागर से बंगाल की खाड़ी तक के लम्बे जलमार्ग से होकर एडविना और उसके प्रियतम नेहरू के अवशेष परस्पर मिल गये होंगे और वे ही लहरें दोनों को दुलरा-सहला रही होंगी?

परिशिष्ट-2

सच, प्यार और थोड़ी-सी शरारत

महीने में एक बार हमें दिल्ली के पुराने स्मारक दिखाने ले जाया जाता। हमें उनके इतिहास के बारे में बताया जाता और मकबरों, मस्जिदों तथा महलों में घूमने के लिए छोड़ दिया जाता। साल में दो बार हम भारत के विभिन्न भागों के भ्रमण के लिए जाया करते थे। कुछ अनुभव आज भी मेरी स्मृति में तरोताजा हैं। उनमें से एक उस समय का है जब मैंने पहले-पहल समुद्र को देखा। बम्बई में एक स्काउट रैली चल रही थी जिसमें मैंने भी हिस्सा लिया था। पानी के अनन्त विस्तार को देखकर मैं स्तब्ध और अवाक् रह गया। मैं आगे आती हुई लहर से भेंटने के लिए दौड़ा और हथेली में उसका पानी भरकर चखने लगा। फौरन ही मैंने उसे थूक दिया। हमारी राजस्थान-यात्रा और भी ज्यादा सुन्दर रही। वहाँ जिन स्थानों को हम देखने गये उनमें से एक था एक पहाड़ी की चोटी पर बना चित्तौड़ का विशाल राजपूत किला। महलों और मन्दिरों के खँडहरों में घूम-घामकर हम बस पकड़ने के लिए पहाड़ी से नीचे उतरे। सूरज डूबने ही वाला था। तभी हमने देखा कि किले की दीवार पर सैकड़ों मोर पंक्तिबद्ध होकर बैठ गये। फिर, जैसे अपने नेता का संकेत पाकर पूरा-का-पूरा दल 'पाउँ पाउँ' करते हुए, और डूबते हुए सूर्य की अन्तिम किरणों में अपनी लम्बी, सुनहरी, हरी और नीली पूँछों को चमचमाते हुए, नीचे उतरने लगा। ऐसे दृश्य को कोई कैसे भूल सकता है! इसी यात्रा के दौरान हमें अजमेर और उदयपुर ले जाया गया। हमने वहाँ झीलें, किले और महल देखे। एक दिन शाम को कोई केवड़े की एक बाली ले आया और उसे कमरे में लैम्प के ऊपर लटका दिया। सहसा पूरा कमरा एक तेज मीठी सुगन्ध से भर गया। केवड़ा और खस आज भी मेरी पसन्द के इत्र हैं। वे तपी हुई पृथ्वी पर वर्षा की पहली-पहली फुहार से उठी मिट्टी की सोंधी गन्ध की याद दिलाते हैं। स्मारकों के भ्रमण और उनके बारे में लिखने में मैंने कभी थकान का अनुभव नहीं किया।

इन यात्राओं में सबसे स्मरणीय थी फतेहपुर सीकरी और आगरा की यात्रा। सीकरी के लाल-बलुआ पत्थरों से बने महलों और मस्जिदों में घण्टों पैर घसीटने के

बाद हमें आगरा का किला देखने ले जाया गया। यह लाल-मटियाले पत्थरों और सफेद संगमरमर का एक और सिलसिला था। मैं थक गया था और बेहद बोर हो गया था। फिर हमें ताजमहल के प्रवेश-द्वार के सामने कतार में खड़ा किया गया। और फिर एक अन्य भाषण चालू हो गया : 'बच्चो, अब तुम दुनिया के सात आश्चर्यों में से एक को देखोगे। यह शहंशाह शाहजहाँ ने अपनी बेगम मुमताज महल की कब्रगाह के रूप में बनवाया था।' थकान के उस क्षण में मुझे न तो दुनिया के आश्चर्यों की कोई परवाह थी, न किसी शहंशाह के अपनी स्त्री के प्रति प्रेम की। भाषण समाप्त होने के बाद हमसे एक कतार में चलने को कहा गया। और लो, ताज हमारे सामने एकबारगी प्रकट हो गया। मैं उसकी विराट भव्यता को देखकर स्तब्ध रह गया। मेरा मुँह खुला-का-खुला रह गया था और मैं उसे एकटक निहार रहा था। मैं और आगे नहीं जाना चाहता था। मैं बस प्रवेश-द्वार के पास सीढ़ियों पर बैठ गया और ताज का सम्पूर्ण सौन्दर्य जैसे अपने अन्दर समो लिया।

× × ×

मुझे उन लोगों की बात समझ में नहीं आती जो वक्त न कटने की शिकायत करते हैं। मुझे बोरियत भी समझ में नहीं आती। खुद अपने पर लादी गयी यह वक्त खराब करने की बीमारी उन्हीं को लगती है जो पैदाइशी आलसी होते हैं। और मजा यह कि ऐसे ही लोग मौत से ज्यादा डरते हैं बनिस्बत उन लोगों के जो काम में लगे रहने की वजह से इस बारे में सोच ही नहीं पाते। 'कुछ भी साथ न जाएगा' माननेवाले लोग पूछ सकते हैं कि अगर मरने पर तुम अपना कमाया हुआ पैसा और ठाठ-बाट साथ नहीं ले जा सकते तो जीते-जी यहाँ तन-तोड़ मेहनत करने की क्या जरूरत है? यही है, कफन में जेबें नहीं होतीं पर कुछ चीजें हैं जो मौत के बाद भी बची रहती हैं। उसके पीछे पैसा रहता है। आपकी औलाद भी रहती है और धर्मार्थ संस्थाओं को दिया गया दान भी। किसी आदमी का सीखा-पढ़ा, किताबों से हासिल किया हुआ ज्ञान तो उसके साथ मर जाता है पर वह जो कुछ कागज पर उतार जाता है, वह उसके जाने के बाद भी बना रहता है। उसकी नेकनामी या बदनामी भी उसकी मौत के बाद बनी रहती है।

यहूदियों की संहिता *तालमूद* में लिखा है, 'जब मौत इनसान को सर्जनहार के सामने हाजिर होने के लिए बुलाती है तब उसके साथ तीन दोस्त होते हैं। सबसे ज्यादा प्यार वह पहले दोस्त से करता है और वह दोस्त है पैसा। पर वह उसके साथ एक कदम भी नहीं चलता। दूसरा दोस्त है, रिश्तेदार। पर वे उसका साथ सिर्फ कब्र तक दे सकते हैं और न्यायाधीश के सामने उसका बचाव नहीं कर सकते। पर तीसरा दोस्त है उसके सत्कर्म जिनकी वह कोई खास गिनती भी नहीं करता। ये उसके साथ जा सकते हैं, उसके साथ ही बादशाह के सामने हाजिर भी हो सकते हैं और उसे बरी भी करवा सकते हैं।' इस तरह का तर्क सिर्फ उन्हीं लोगों को कायल कर सकता

है जो मानते हों कि शरीर नष्ट हो जाने पर भी अशरीरी कुछ बना रहता है। किसी ज्यादा सही शब्द की गैरमौजूदगी में वे इसे आत्मा कह देते हैं। आत्मा दरअसल है क्या, इसकी किसी को धुँधली-सी जानकारी भी नहीं है। मैं मान लेता हूँ कि इनसान में गोश्त, खून और हड्डियों से आगे और भी कुछ है। वह बोलने और सोचनेवाला प्राणी है और उसका सबसे अलग अपना एक चरित्र होता है। उसके जो अशरीरी गुण हैं, क्या उन्हीं के समूह को लोग आत्मा कहते हैं? अगर ऐसा है, तो वे गुण भी तो उसके मरने के साथ ही गायब हो जाते हैं। आत्मा भी मनुष्य की कपोल-कल्पनाओं में से एक है जिसका इस्तेमाल वह परलोक की धारणा को मजबूत करने के लिए करता है। यही काम उस स्वर्ग-राज्य की धारणा का भी है जहाँ इन्द्रधनुष कभी धुँधला नहीं होता है। हैरत की बात तो यह है कि स्वर्ग जाने के लिए सभी उतावले होते हैं, पर इस दुनियावी जिन्दगी को नरक मानते हुए भी इसे छोड़ने के लिए कोई भी खास उतावला नजर नहीं आता।

मैं मानता हूँ कि स्वर्ग अगर है तो वह पृथ्वी पर ही हो सकता है। मैं बहुत-से मुल्कों में बहुत-सी ऐसी जगहों पर गया हूँ, जो स्वर्ग की मेरी कल्पनाओं से भी बढ़कर हैं—रौकी पर्वत-शृंखला, थाउजेंड आइलैंड, मस्कोका और न्याग्रा प्रपात की विस्मयकर भव्यता; इंग्लैंड का लेक डिस्ट्रिक्ट और कॉट्सवोल्ड्स, इटली की झीलें, गार्डन और मैग्योरे, न्यूजीलैंड की असंख्य जुगनुओं से झिलमिलाती भूगर्भ गुफाएँ; आस्ट्रेलिया में आयर्स चट्टानों की प्रागैतिहासिक शान; उगांडा से निकलती नील नदी के मर्चिसन झरनों के आसपास वन्य प्राणियों का बेहिसाब जमाव; रियोदजेनारो, कोवलम और गोवा के समुद्रतट; कश्मीर के पहाड़ और सोते और ताजमहल। ताजमहल, जिसकी स्वर्गिक सुन्दरता दिन के किसी भी समय उतनी ही मोहक रहती है—सुबह-सुबह गुलाबी आभा झलकाता, दोपहरी के सूरज तले अपनी चमक से चौंधियाता, ढलती शाम को कोमल-कोमल गोधूलि की आभा से दमकता और चाँदनी में शीतल रेशमी सुन्दरता ओढ़े। दुनिया-भर में और भी सैकड़ों स्वर्ग इधर-उधर बिखरे हुए हैं। इनकी पार्थिव सच्चाई का स्वीकार मुझे ज्यादा खुशी देगा बनिस्बत उस जन्नत के बेचैन तसव्वुर के जिसमें शफ्फाक पानी के तेज सोते बहते हैं और अपने कुँआरेपन को फिर-फिर हासिल कर सकनेवाली हूरें रहती हैं। और कुँआरी चाहिए भी किसे? तजुर्बेकार, जिन्दादिल और दिमागदार खूबसूरत औरतें कहीं बेहतर प्रेमिका और साथी साबित होती हैं।

इस सबका नतीजा क्या निकलता है? कुछ खास नहीं। मुझे यह नहीं पता कि मैं कहाँ से आया हूँ; मुझे यह नहीं पता कि मेरे होने का मकसद क्या है; मुझे यह नहीं पता कि मर कर मैं कहाँ जाऊँगा।

□□